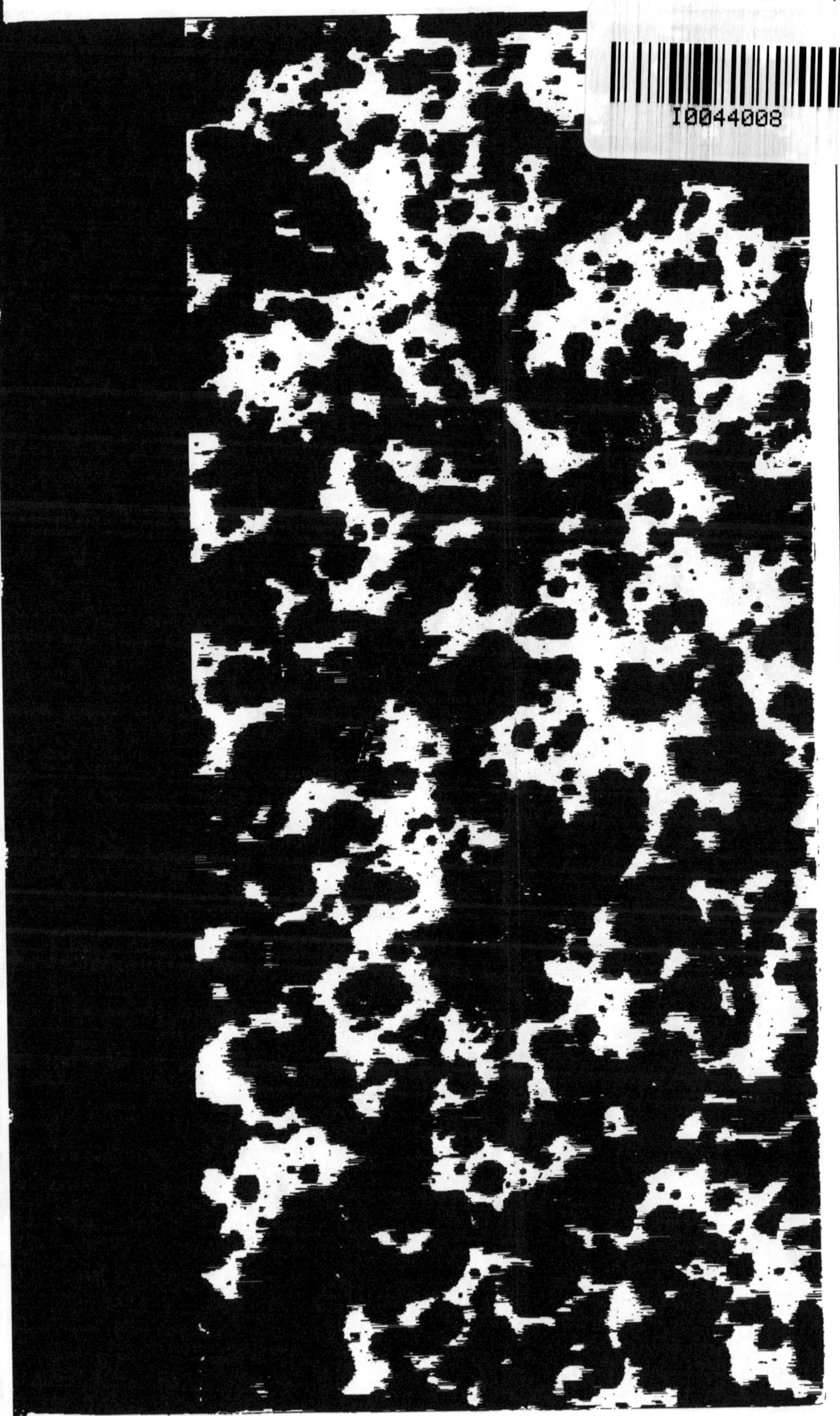

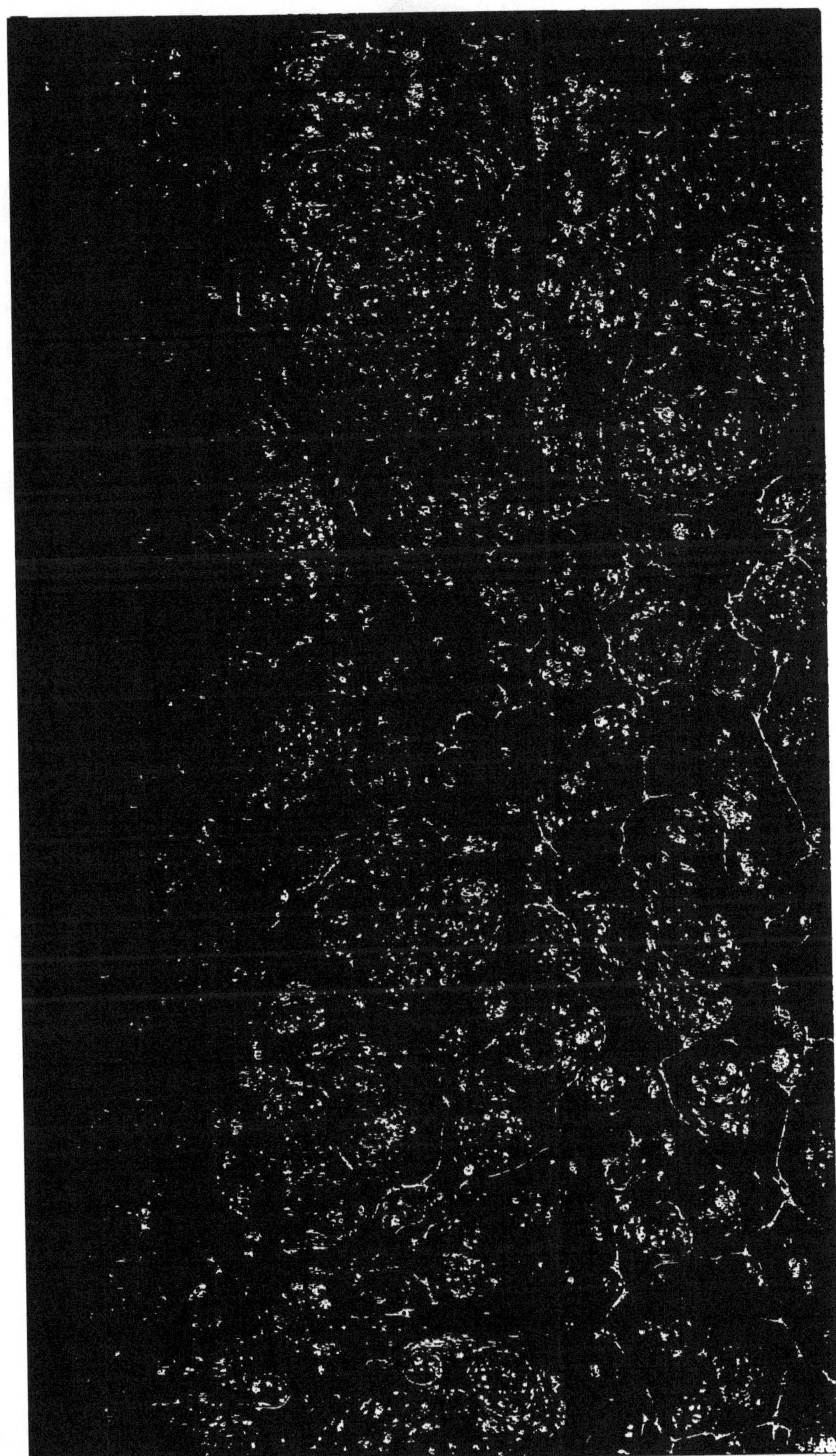

TRAITÉ

DE

LA SOCIÉTÉ D'ACQUÊTS.

SE VEND :

A BORDEAUX, chez GASSIOT fils aîné, libraire, *fossés de l'Intendance*, n°. 61.

A PARIS, chez BACHELIER, libraire, *quai des Augustins*, n°. 55.

Chez LECOINTE, libraire, *quai des Augustins*.

TRAITÉ

DE

LA SOCIÉTÉ D'ACQUÊTS,

SUIVANT LES PRINCIPES

DE L'ANCIENNE JURISPRUDENCE

du Parlement de Bordeaux;

PAR H^re. TESSIER,

AVOCAT PRÈS LA COUR ROYALE DE BORDEAUX.

A BORDEAUX,

DE L'IMPRIMERIE DE LANEFRANQUE FRÈRES, S. DE RACLE,

RUE SAINTE-CATHERINE, N°. 74.

1829.

A MONSIEUR RAVEZ,

CHEVALIER DES ORDRES DU ROI,

GRAND OFFICIER DE L'ORDRE ROYAL DE LA LÉGION D'HONNEUR,

CONSEILLER D'ÉTAT,

PREMIER PRÉSIDENT DE LA COUR ROYALE DE BORDEAUX.

Monsieur le Premier Président,

Il est des hommes dont le nom suffit à leur éloge : la louange n'est pas faite pour eux ; comment seroit-elle un tribut à vous offrir? Je ne peux donc consigner ici que l'expression de ma gratitude pour la bienveillance avec laquelle vous m'avez permis de publier sous vos auspices cet ouvrage. Je l'aurois cru exempt d'erreurs, si j'avois

*

toujours eu pour guide vos réponses comme jurisconsulte, et vos décisions comme magistrat.

Je suis,

MONSIEUR LE PREMIER PRÉSIDENT,

Votre très-humble et très-obéissant serviteur.

Hré. Tessier.

PRÉFACE.

Il étoit presque de style de stipuler dans les anciens contrats de mariage « que les époux s'associoient aux acquêts, qu'ils déclaroient affecter aux enfants à naître de leur union, sous la réserve de pouvoir avantager desdits acquêts un ou plusieurs des mêmes enfants ».

Qu'étoit-ce que cette société, que cette affectation, que ce pouvoir d'avantager?

Nous nous sommes proposé de l'expliquer, ce qui nous conduira à examiner beaucoup de questions relatives à la dot.

Pour le faire avec quelque apparence de succès, il faudroit produire les attestations (1) de l'ancien barreau, découvrir les autres monuments de notre jurisprudence, interroger

---

(1) Les attestations, extraites de nos recueils m. s., ont été collationnées sur le recueil original des attestations du barreau, appartenant à M. le premier président Ravez.

les auteurs de notre ressort (1), mais ne publier qu'avec précaution leurs réponses. Il faudroit pouvoir se servir des différentes sources du droit, soit pour suppléer au silence de notre jurisprudence sur une foule d'objets, soit pour éclaircir ou développer des points de doctrine. Il faudroit aussi, pour éviter les nombreuses taches qui se sont successivement étendues sur les ouvrages les plus estimés, n'alléguer aucun texte avant de l'avoir lu, aucun arrêt récent sans l'avoir vérifié au greffe, aucun arrêt ancien qu'après l'avoir trouvé consigné dans plusieurs manuscrits. Il faudroit encore que chaque décision présentât toujours la raison de décider, appuyée, autant que possible, du suffrage des auteurs originaux, et que les citations de ces auteurs fussent faites avec un tel choix, qu'elles offrissent, le plus souvent, de nouvelles lumières

---

(1) Entr'autres manuscrits, nous avons consulté les deux Conférences sur Lapeyrère, les Conférences sur la Coutume de Bordeaux et sur le Code de Justinien, les collections et le recueil d'arrêts de Despiau, les consultations de Cazalet; enfin, les notes de Beaune sur Lapeyrère, celles de Cazalet et de Dumoulin, ainsi que les collections de ce dernier.

à celui qui viendroit à les consulter. Il faudroit surtout que l'économie du plan permît de dire beaucoup en peu de mots, et de donner, au moins en germe, la solution des difficultés dont on ne se seroit pas particulièrement occupé. Il faudroit enfin apporter, dans l'examen des questions, la plus grande indépendance de jugement, et, dût-on se tromper soi-même, ne se laisser pas plus subjuguer par l'autorité d'un arrêt qui ne paroîtroit pas conforme aux règles, qu'ébranler par le poids d'un auteur dont l'opinion ne paroîtroit pas juridique.

Tels sont les moyens d'arriver au but : nous nous étions efforcé, il y a déjà long-temps, de les mettre en pratique pour notre usage.

Nous publions aujourd'hui le fruit de notre travail, qui n'étoit pas destiné à voir le jour.

Nous croyons devoir avertir qu'ayant à traiter des sociétés d'acquêts d'après les principes de l'ancienne jurisprudence, nous ne pouvions avoir à nous occuper, ni des dispositions du code civil sur la même matière, dispositions avec lesquelles notre ouvrage fournira d'utiles points de comparaison et dont il offrira, le plus souvent, le commentaire, ni des lois intermédiaires, qui, à raison des pactes intervenus sous leur empire, auront quelquefois besoin d'être prises en considération.

On trouvera, à la suite de ce traité, la consultation de M. Ravez sur les acquêts.

ÉDITIONS

AUXQUELLES SE RÉFÈRENT LES CITATIONS D'AUTEURS FAITES DANS LE COURS DE CET OUVRAGE *.

AGUESSEAU (d'), ses œuvres, édit. de 1759 et années suiv., 13 vol. in-4°.

ALBERT, Arrêts du Parlem^{t}. de Toulouse, édit. de 1731, 1 vol. in-4°.

ARGENTRÉ, Cout^{e}. de Bretagne, édit. de 1614, 1 vol. in-f°.

AUTOMNE, Comm^{re}. sur la Coutume de Bordeaux, édit. de 1728, 1 vol. in-f°.

BECHET, édit. de 1701, comprenant les différents ouvrages de cet auteur, 1 vol. in-4°.

BERGER, sur RICARD. (V. RICARD).

BLONDEAU, Recueil d'arrêts des différents parlements, ou Journal du Palais, édit. de 1775, 2 vol. in f°.

BONIFACE, Arrêts notables du parlement de Provence, édit. de 1708, 5 vol. in-f°.

BOUCHEUL, Cout^{e}. de Poitou, édit. de 1727, 2 vol. in-f°.

BOURJON, Droit commun, édit. de 1775, 2 vol. in-f°.

---

* Nous indiquons, au fur et à mesure des citations, les éditions que nous avons suivies pour les auteurs invoqués le moins fréquemment.

BOUHIER, Coutᵉ. de Bourgogne, édit. de 1742, 2 vol. in-fº.

BRODEAU, sur LOUET. (V. LOUET).

BRETONNIER, sur HENRYS. (V. HENRYS).

CAMBOLAS, Décis. notables sur diverses questions de droit, édit. de 1735, 1 vol. in-4º.

CATELAN, Recueil d'arrêts du parlement de Toulouse, édit. de 1723, 2 vol. in-4º.

CHOPIN (œuvres complètes), édit. de 1662, 5 vol. in-fº.

COCHIN (ses œuvres), édit. de 1760 et années suiv., 6 vol. in-4º.

COQUILLE, édit. de 1703, contenant toutes ses œuvres, 2 vol. in-fº.

DESPEISSES (ses œuvres), édit. de 1778, 3 vol. in-4º.

DE BÉZIEUX, Arrêts notables du parlement de Provence, édit. de 1750.

DENISART (Nouveau), édit. de 1783 et années suiv., 9 vol. in-4º.

DOMAT, Lois civiles, édit. de 1777, 1 vol. in-fº.

DUMOULIN, édit. de 1658, en 4 vol. in-fº., renfermant tous les ouvrages de cet auteur.

DUPLESSIS, (œuvres complètes), édit. de 1726, 2 vol. in-fº.

DUPIN, des Secondes Noces, édit. de 1743, 1 vol. in-4º.

ESPIARD, sur LEBRUN, des Successions. (V. LEBRUN).

FABER, son Code, édit. de 1681, 1 vol. in-f°.

FERRIERE, Compilation sur la Cout^{e}. de Paris, édit. de 1714, 4 vol. in-f°.

FROMENTAL, Décisions du Droit civil, édit. de 1740, 1 vol. in-f°.

FURGOLE, Questions sur les Donations, édit. de 1761, 1 vol. in-4°.; Comm^{re}. sur l'ord^{ce}. des Donations, édit. de 1761, 1 vol. in-4°.; traité des Testaments, édit. de 1779, 3 vol. in-4°.

GUÉRET, (V. BLONDEAU).

GUYOT, Rép^{re}. de jurisprudence, édit. de 1785 et années suiv.

HENRYS, édit. de 1738, 4 vol. in-f°.

JUIN (de), Arrêts du parlement de Toulouse, édit. de 1758 et suiv., 6 vol. in-4°.

LAPEYRÈRE, Décisions sommaires du Palais, édit. de 1749, 2 vol. in-f°.

LAMOTHE (les frères), Com^{re}. sur la Coutume de Bordeaux, édit. de 1768, 2 vol. in-8°.

LAPLACE, Maximes journalières du droit français, édit de 1749, 1 vol. in-4°.

LEBRUN, de la Communauté, édit. de 1754, 1 vol. in-f°.; des Successions, édit. de 1775, 1 vol. in-f°.

Legrand, Coutume de Troyes, édit. de 1737, 1 vol. in-f°.

Louet, Recueil d'arrêts notables du parlement de Paris, édit. de 1712, 2 vol. in-f°.

Loyseau, des Offices, édit. de 1660, 1 vol. in-f°.

Mantica, *de Tacit. et Amb. convent.*, édit. de 1723, 2 vol. in-f°.

Maichin, Comm^re. sur la Coutume de Saint-Jean d'Angély, édit. de 1708, 1 vol. in-4°.

Merlin, Nouveau Rép^re. de jurisprudence, 4e. édit.; Questions de droit, 2e. édit.

Perier (Scipion du), édit. de 1759, en 3 vol. in-4°.

Perrier (François), Arrêts notables du parlement de Dijon, édit. de 1738, 2 vol. in-f°.

Pothier, Traités du Droit français, édit. de 1781, en 4 vol. in-4°.; Œuvres posthumes, édit. de 1777, 3 vol. in-4°.; Coutume d'Orléans, édit. de 1772, 1 vol. in-4°.

Poullain-Duparc, Principes du droit français, édit. de 1767, 12 vol. in-12.

Prévost de la Jannès, Principes de la jurisprudence française, édit. de 1750, 2 vol. in-8°.

Raviot, sur Perrier. (V. Perrier).

Renusson, (œuvres complètes), édit. de 1760, 1 vol. in-f°.

Ricard, des Donations entre-vifs et testamentaires, des Substitutions, etc., édit. de 1783, 2 vol. in-f°.

Roussilhe, de la Dot, édit. de 1785, 2 vol. in-12.

Salviat, Jurisprudence du parlement de Bordeaux, édit. de 1787, 1 vol. in-4°.

Sérieux, sur Renusson. (V. Renusson).

Serres, Institution du droit français, édit. de 1778, 1 vol. in-4°.; Explication de l'ord^ce^. des testaments, édit. de 1766, 1 vol. in-12.

Stockmans, du Droit de dévolution, édit. de 1700, 1 vol. in-4°.

Thévenot d'Essaule de Savigny, Traité des Substitutions fidéicommissaires, édit. de 1778, 1 vol. in-4°.

Touloubre, sur Perrier. (V. Perrier).

Valin, Coutume de la Rochelle, édit. de 1756, 3 vol. in-4°.

Vigier, Coutume d'Angoumois, édit. de 1738, 1 vol. in-f°.

Voet, *Comm. ad Pandectas*, édit. de 1707, 3 vol. in-f°.

Vulson, des Élections d'héritier, édit. de 1753, 1 vol. in-4°.

FAUTES ESSENTIELLES A CORRIGER.

Pag.	lig.	
22	25,	*lisez* 2e. nte., *au lieu de* nte. 2.
24	19,	p. 329, vo. *Nota*, *au lieu de* p. 329; V. *Nota*.
34	12,	à ce sujet, *au lieu de* à cet sujet.
43	7,	*voluntates*, au lieu de *volontates*.
61	21,	t. 1er., *au lieu de* tit. 1er.
64	20,	et payé, *au lieu de* est payé.
79	4,	p. 578; *au lieu de* p. 578);
101	1,	Cambous, *au lieu de* Cambos.
103	6,	n. 49). *Nec obstat*, *au lieu de* n. 49), *nec obstat*.
115	4,	*erciscundæ*, au lieu de *eruscundæ*.
125	6,	let. C, n. 16, *au lieu de* let. C, n. 16),
150	12,	et 278, *au lieu de* et 278).
178	11,	le décidoient, *au lieu de* décidoient.
187	13,	de dernière maladie, *au lieu de* de cette dernière maladie.
260	26,	29 Messidor, *au lieu de* 20 Messidor.
456	11,	11 Août, *au lieu de* 2 Août.
501	15,	*propriæ*, au lieu de *propria*.

NOTA. Dans tous les endroits où la citation de Bourjon est ainsi indiquée : Bourjon, 2e. (3e. ou 4e.) partie, de la Comté., *lisez* : Bourjon, 2e. (3e. ou 4e.) part. de la Comté.

TRAITÉ

DE

LA SOCIÉTÉ D'ACQUÊTS.

ARTICLE PRÉLIMINAIRE.

1. La plupart des coutumes avoient admis de plein droit, entre le mari et la femme, une espèce de société de biens, connue sous le nom de *communauté légale*.

2. Cette communauté étoit inconnue aux Romains, chez qui il falloit une convention expresse pour établir une société de biens entre époux, et telle étoit la règle observée en pays de droit écrit, particulièrement dans le ressort du parlement de Bordeaux.

3. Notre usage a été attesté à cet égard,

notamment le 13 Juillet 1715, dans les termes suivants : « Dans la coutume de Bordeaux, » comme dans le reste du ressort, il n'y a de » société qu'autant qu'elle est stipulée par le » contrat de mariage ». Pareille attestation, le 12 Février 1746, syndics Mes. Terrasson et Bouan. Cet usage se trouve consacré par la Coutume de Bordeaux elle-même, qui déclare, par l'art. 26 *in fine,* « qu'il n'est pas » dit par la Coutume que mari et femme sont » communs en acquêts ».

4. L'Apostillateur de Lapeyrère, let. A, n. 2, v°. *Bien qu'il n'y ait pas de société,* dit, il est vrai : « Bien qu'il n'y ait pas de société » stipulée dans le contrat de mariage, si, » pendant le cours d'icelui, le mari et la » femme acquièrent une métairie ou autre » fonds, la moitié en appartient à la femme, » en payant la moitié du prix. La question » s'étant présentée, a été décidée, le 10 Juil- » let 1673, dans l'espèce suivante : Fayol et » Rupé étoient mariés ensemble, entre les- » quels il n'y avoit aucune société contractée. » Pendant le mariage, le mari et la femme » acquièrent une métairie : le mari la paie de » ses deniers. Après son décès, les héritiers

» de la femme demandent la moitié de cette » acquisition. Le fils aîné, héritier du mari, » qui étoit président au présidial de Sarlat, » vouloit retenir le tout, parce que l'acqui- » sition avoit été faite des deniers de son » père. Il fut jugé que les puînés, qui étoient » les héritiers de la mère, en auroient la » moitié, en payant la moitié du prix de la » métairie ».

5. Cet arrêt, que le même Apostillateur cite de nouveau, au mot *Société*, n°. 48, p. 418 *in fine*, ne contrarie en rien le principe qu'il n'y avoit pas de société d'acquêts entre époux, à moins d'une stipulation expresse.

6. Remarquez, en effet, que dans l'espèce de cet arrêt, le mari et la femme, non-associés, avoient fait l'acquisition de la métairie *en commun*. Or, comme rien n'empêchoit que des époux, quoiqu'il n'y eût pas de société stipulée entr'eux par leur contrat de mariage, ne pussent acquérir conjointement, puisque tous contrats leur étoient permis, (Conférences m. s. sur Lapeyrère, let. A, n. 2, v°. *Bien qu'il n'y ait pas de société;*

Apostillateur de Lapeyrère, let. S, n. 48, v°. *Cela est sans aucune difficulté;* Cambolas, Décis. notab., liv. 4, ch. 42, p. 310, et, d'après cet auteur, Furgole, sur l'art. 46 de l'ordon[ce]. des Donat., pag. 359; Voët, sur le Digeste, tit. *de donat. int. vir. et ux.*, n. 8, tit. 2, pag. 127), il étoit conforme aux règles de décider (et c'est ce qu'on trouve écrit dans Mantica, *de tacit. et amb. conv.*, liv. 4, tit. 22, n. 6 à 8, t. 1er., p. 187) que la moitié de la métairie appartiendroit à chacun des conjoints ou à leurs héritiers, ainsi qu'on l'auroit jugé à l'égard de tous autres qui auroient acheté ensemble.

7. C'est donc avec raison que les auteurs des Conférences m. s. sur Lapeyrère critiquent l'Apostillateur de s'être tant appesanti sur la citation de l'arrêt en question. « Cet » arrêt, disent-ils sur le n. 48 de la let. S, » n'a rien d'afférent aux sociétés, et cette » note n'a, sans doute, été mise que pour » interpréter ce qu'il y avoit d'obscur et d'é- » quivoque dans la note placée sous le n. 2 » de la lettre A, v°. *Bien qu'il n'y ait pas de* » *société;* car, quelle merveille qu'un mari et » une femme, qui sont tous deux conjointe-

» ment acquéreurs du même bien, le parta-
» gent, comme auroient pu faire deux autres
» acquéreurs étrangers ! »

8. Cette société, qui étoit comme un accident du régime dotal en vigueur parmi nous, n'altéroit en rien le caractère d'inaliénabilité que ce régime imprimoit à la dot [1].

---

[1] Ayant à traiter, dans le cours de cet ouvrage, de questions qui présupposeront établies quelques notions sur les paraphernaux (*) et sur la dot, nous allons rappeler ici ces notions, dont le lecteur aimera à se ressouvenir.

(*a*) Dans la Cout[e]. de Bordeaux, le mari (après la célébration du mariage, arrêt de la cour de Bordeaux, du 11 Juillet 1810, 2e. sect., président M. Cavaillhon, rapporteur M. de Chalup) avoit l'administration et la jouissance des paraphernaux, même les actions concernant cette jouissance, en supportant les charges desdits biens; (Frères Lamothe, sur l'art. 42 de la Cout[e]. de Bordeaux; Apostillateur de Lapeyrère, let. P, v°. *Paraphernaux*, et let. F, n. 71) : la femme, *salvo mariti usufructu*, pouvoit toutefois disposer du fonds même et du capital de ses paraphernaux, sans être

(*) On ne lira pas sans utilité, sur les paraphernaux, Fontanella, *de pact. nupt.*, clause 6, glose 2, part. 7, p. 291 et suiv., édit. de 1719.

Du reste, les époux, en stipulant une telle société, avoient principalement en vue les

---

autorisée de son mari. (Frères Lamothe, *sup.*, t. 1er., p. 291, nte. 2, et t. 2, p. 128 et 129, n. x; arrêt de la cour de Bordeaux, du 11 Juillet 1810, *sup.*). Il n'en étoit pas ainsi dans les pays du ressort du parlement de Bordeaux soumis au pur droit écrit, la femme, dans ces pays, ayant tout pouvoir à l'égard de ses paraphernaux, dont elle pouvoit disposer à toute sorte de titres, sans le consentement du mari (V. L. 6, cod. *de revoc. donat.*; L. 8 et 11, cod. *de pact. convent.*; Salviat, p. 391; frères Lamothe, *sup.*, t. 2, p. 126, 127), et le mari, hors le cas de l'autorisation expresse ou tacite de sa femme, n'ayant pas le droit de les administrer et d'en faire les fruits siens. (V. L. 8 et 11, *sup.*; L. 21, cod. *de procurat.*; Lapeyrère, let. F, n. 71, et *ibi* Conférences m. s.; Réprc. de Guyot, vo. *Paraphernal*, §. 5, t. 12, p. 546 et suiv.; Salviat, p. 392.

(*b*) Les biens de la femme non constitués en dot, étoient paraphernaux (L. 8, cod. *de pact. convent.*). Bien plus, si une femme s'étoit constituée *tous ses biens, sans dire présents et à venir*, les biens échus par la suite à la femme étoient paraphernaux, la dotalité ne frappant que les biens présents. (Arrêt du parlement de Bordeaux, de l'année 1732; Faber, Cod., liv. 5, tit. 7, déf. 48, p. 523; Catelan, liv. 4,

bénéfices attachés à un même ménage, à un travail commun, à des économies récipro-

---

chap. 56, t. 2, p. 156; Chabrol, sur la Cout[e]. d'Auvergne, t. 2, p. 263; Despeisses, tit. de la Dot, sect. 2, n. 30, t. 1er., p. 490).

(c) Pour imprimer la qualité de dotaux aux biens qui composoient l'apport d'une femme ou qui lui étoient donnés par son contrat de mariage, il n'étoit pas nécessaire d'exprimer formellement qu'ils étoient constitués en dot. Les expressions qu'on donnoit telle chose *en faveur et contemplation du mariage*, ou *pour supporter les charges du mariage*, ou autres équivalentes, étoient suffisantes. (Salviat, p. 190; attestation du 10 Septembre 1772; arrêt de la cour de Bordeaux, du 11 Juillet 1810, 2e. sect., président M. Cavailhon, au rapport de M. de Chalup). La clause insérée dans le contrat de mariage, par laquelle les époux déclaroient se prendre *avec leurs biens et droits*, équivaloit pour la femme à une constitution expresse de tous ses biens et droits, et emportoit dotalité des biens possédés par la femme à l'époque du contrat, mais non des biens à venir. (Arrêts du parlement de Bordeaux, des.... Mai 1764, 4 Août 1769 et 19 Juillet 1775; Consult. de M[e]. Denucé, du 10 Septembre 1808; arrêt de la cour de Bordeaux, du 1er. Février 1827, en 2e., président M. Dutrouilh. V. *sup.*, let. *b*). *L'institution ou la promesse d'institution*, par contrat

ques. Mais comme cette cohabitation, cette collaboration, cette industrie commune, ne

---

de mariage, faite *en faveur et contemplation du mariage*, par les père et mère, en faveur de la future, frappoit de dotalité tout ce qui étoit échu à la femme par l'effet de cette institution ou promesse d'institution. (Arrêt du parlement de Bordeaux, du 18 Juin 1725; Chabrol, Coutᵉ. d'Auvergne, t. 2, p. 263. V. ci-dessous, *ubi Exception*).

Mais quoique la constitution de dot pût être faite en termes équipollents, comme on vient de le voir, toujours est-il qu'il n'y avoit de dotal que ce qui se trouvoit constitué en dot, le droit romain n'admettant pas les constitutions tacites de dot. (V. L. 9, §. 2, ff. *de jure dot.*; Domat, Lois civiles, tit. 9, de la Dot, préf., p. 106, et sect. 4, n. 6, p. 117; Pérézius, *ad cod.*, liv. 5, tit. 12, n. 10, t. 1er., p. 373, édit. de 1740; Quest. de droit de M. Merlin, t. 2, p. 247; Furgole, Quest. sur les Donat., quest. 25, n. 37, p. 192; Salviat, p. 190). Ainsi, dans le cas où le contrat de mariage contenoit la constitution *d'une somme actuelle*, cette somme seule étoit dotale et non les immeubles recueillis dans la succession des constituants, quand bien même il eût été dit que la somme étoit constituée en dot *en avancement d'hoirie de la succession future desdits constituants*; (Consult. de Me. Denucé, du 30 Mai 1809), ou quand bien même le

pouvoient commencer qu'après la célébration du mariage, qui formoit ainsi la condi-

---

contrat de mariage eût renfermé (outre la constitution de la somme) une *institution* ou une *promesse d'institution* en faveur de la future. (Salviat, p. 190, *ubi* Consult. de Me. Lagrange, du 15 Juin 1776, contre l'opinion de Chabrol, *sup.*, dont la décision est à la vérité fondée sur les principes posés par la Coute. d'Auvergne touchant la dotalité). De même, quoique la dot pût être constituée ou augmentée pendant le mariage (§. 3, *Inst. de donat.*, novelle 97, ch. 2; M. de Bézieux, p. 362 et précéd.; Salviat, p. 191; Nouveau Denisart, t. 7, p. 100), la dotalité n'avoit lieu que tout autant qu'il y avoit eu, au moins implicitement, une stipulation dotale. (Consult. de Mes. Martignac père et Denucé, du 9 Mai 1809; autre Consult. de Me. Denucé, du 26 Octobre 1816).

Il étoit de jurisprudence certaine dans notre parlement (et cette jurisprudence étoit contraire au sentiment d'une foule d'auteurs, V. Furgole, quest. 23 sur les Donat., p. 169 et suiv.; M. de Juin, en son recueil d'arrêts, t. 5, p. 132 et suiv.), que la constitution de dot faite à la fille, ou la donation faite au fils dans leur contrat de mariage, demeuroient valables et irrévocables, quoique le mariage n'eût pas été accompli et que les enfants fussent en la puissance de leur père. (Lapeyrère et son Apostillateur, let. D,

tion tacite de l'association des époux, il étoit de droit commun que cette association n'avoit

---

n. 61 ; Faulte sur Maurice Bernard, liv. 5, chap. 9, p. 545; Conférences m. s. sur Lapeyrère, let. D, n. 61 ; Conférences m. s. sur le code Justinien, à la loi 1re. du tit. 6 du liv. 4), quand même la donation ou la dot eussent été contenues dans des articles de mariage sous seing privé. (Ainsi jugé en thèse, par arrêt du 4 Juillet 1753, cité à la nte. 1re. du n. 10, al. 2). Mais cette jurisprudence n'avoit pas lieu, 1°. s'il avoit été dit que la donation étoit faite ou la dot constituée *en contemplation du présent mariage, et non autrement.* (Conférences m. s. sur le code Justinien, *sup.*; Collections m. s. de Despiau, v°. *Dot, constitution de dot ;* ntes. m. s. de Dumoulin sur Lapeyrère, let. D, n. 61 ; dernière note sur la quest. 145 de Gui-Pape); 2°. lorsque c'étoit un étranger qui avoit fait la donation ou constitué la dot. (Conférences, *sup.*; Albert, lettre D, chap. 42, p. 161 ; arrêt du parlement de Bordeaux, à la 2e. chambre des enquêtes, au rapport de M. Rocart, dans la cause de Castera, curé de Langoiran). Mais la donation faite par l'étranger, de même que la dot par lui constituée, n'étoit pas révoquée *ipso jure*, et elle se confirmoit par sa mort. (*Sic judicatum*, dans la cause de Jacob et Pierre Martin, contre Marthe Saubes, par arrêt rapporté, sans indication de date,

lieu que du jour de la bénédiction nuptiale, selon la maxime rappelée par Furgole, quest.

---

avec le précédent, dans un de nos recueils m. s.

A l'égard des intérêts de la dot, ils couroient de plein droit (*), à moins de stipulation contraire, du jour du mariage, contre ceux qui l'avoient promise : ces intérêts tenoient lieu d'aliments, et la loi 20, cod. *de jure dot.*, les accorde au mari *pro oneribus matrimonii*. (V. Salviat, p. 198, 314, 320 ; Nouveau Denisart, t. 7, p. 135, §. 15, n. 1 à 5 inclusivement). 1re. *Exception :* L'intérêt ne pouvoit être demandé au père pour les années pendant lesquelles il avoit nourri son fils et sa bru. (Despeisses, tit. de la Dot, sect. 2, n. 20, *secundò*, t. 1er., p. 484 ; Apostillateur de Lapeyrère, let. J, n. 46, v°. *l'Intérêt de la dot*, p. 182, et *ibi* Conférences m. s. — V. là-dessus Répre. de Guyot, t. 9, p. 459). 2me. *Exception* : Si un terme avoit été fixé pour le paiement, les intérêts, à moins

(*) Les donations faites par un père ou une mère à leur fils, en le mariant, sont souvent appelées *Dot,* quoique improprement, parce que la dot n'est vraiment que le bien de la femme, dont le mari a la jouissance pendant le mariage (Nouveau Denisart, t. 7, p. 107, §. 6, n. 3). Aussi du Pineau, Coute. d'Anjou, p. 548, édit. de 1698, prétendoit-il que ces donations n'avoient pas les mêmes priviléges que les dots des filles ; que, p. ex., les intérêts n'en étoient pas dus de droit. Mais ces mêmes donations sont destinées, comme les dots, à soutenir les charges du mariage, et, comme les dots, elles nous semblent avoir dû produire des intérêts *ipso jure*. (V. Répre. de Guyot, t. 9, p. 459).

43e., sur les Donations, n°. 37, *Tabulæ nuptiales ad tempus matrimonii referri debent.*

---

de stipulation contraire, n'étoient dus que depuis l'échéance du terme. (Catelan, liv. 4, chap. 42, p. 106; Despeisses, *sup.*, n. 19, p. 485; Legrand, Coute. de Troyes, tit. 5, art. 86, n. 15, p. 375; Boucheul, Coute. de Poitou, art. 230, n. 17, t. 1er., p. 769; Nouveau Denisart, *sup.*, n. 4). Prenez garde, toutefois, que cette dernière exception, rejetée par quelques auteurs (V. Bourjon, Droit commun, t. 2, p. 442, n. 25; Répre. de Guyot, t. 9, p. 459), n'étoit pas admise indistinctement par d'autres. (V. Valin, Coute. de la Rochelle, t. 2, p. 592, 593, qui voudroit que la dot fût entièrement gratuite; Domat, Lois civiles, liv. 3, tit. 5, sect. 1re., n. 7, p. 265, suivant lequel l'intention des contractants devoit paroître prononcée contre le cours des intérêts pendant la durée du terme; Salviat, p. 198, *ubi* mentionnées des consultations de Mes. d'Albessard et Poitevin, d'après lesquelles les intérêts n'étoient pas dus ou cessoient de l'être, *si on avoit pourvu aux aliments*, opinion qui rentre dans la première exception ci-avant rappelée, et à laquelle nous nous rangerions). Quant aux meubles constitués en dot, ils ne produisoient intérêt que du jour de l'estimation. (Apostillateur de Lapeyrère, let. I, n. 46, v°. *Meubles constitués*).

(*d*) Les biens dotaux dont le mari faisoit les fruits

(Voy. d'Argentré, Coute. de Bretagne, art. 418, glose 4, n. 1er. à 4, p. 1662, 1re. col.;

---

siens (L. 7, ff. *de jure dot.*; L. 20, cod., *eod.*; attestation de l'année 1713), et dont il avoit l'administration, avec toutes les actions les concernant, à l'exception des actions réelles que la femme, en qui elles résidoient, pouvoit seule exercer, autorisée de son mari ou de la justice; (Salviat, p. 195 et 196; attestation du 30 Juin 1673, syndics Mes. Poitevin et Borie; Louet sur Brodeau, let. M, som. 1er., t. 1er., p. 91); les biens dotaux, disons-nous, ne pouvoient être aliénés ni par le mari, ni par la femme, ni par les deux conjointement, soit pendant le mariage (L. unique, §. 15, cod. *de rei ux. act.*; Salviat, p. 200; attestations des 4 Décembre 1686, 7 Juillet 1796, 2 Juillet 1708), soit même après la séparation de biens (L. 29, cod. *de jure dot.*; Lapeyrère, let. S, n. 27; Despeisses, tit. de la Dot, sect. 2, n. 33, t. 1er., p. 492; attestations de 1696 et 1708, *sup.*), laquelle séparation ne donnoit même pas à la femme la faculté de toucher et recevoir le capital de la dot mobilière à elle constituée, si ce n'étoit à la charge de faire emploi en fonds, ou de donner caution. (Attestation de l'année 1699, syndics Mes. Silvestre et Fonfrède; arrêt du parlement de Bordeaux, du 18 Mai 1733, en grand'chambre, au recueil d'arrêts de Despiau, vo. *Dot;* arrêt de la cour de Bordeaux, du 2 Août 1813, en 1re., président

Lebrun, de la Comté., liv. 1er., chap. 4, n. 5, p. 42; Bourjon, Droit comm., 2e. partie de

---

M. de Brézets, plaidants Mes. Ravez et Lainé). Aussi la femme, contre laquelle aucune prescription non commencée avant le mariage (L. 16, ff. *de fundo dotali;* Apostillateur de Lapeyrère, let. P, n. 87, p. 329), ne pouvoit courir, *constante matrimonio*, à l'égard des fonds dotaux aliénés (L. 30, cod. *de jure dot.;* Apostillateur de Lapeyrère, let. P, n. 87, p. 329, vo. *Le contraire se juge à présent; sic* jugé même à l'égard des ventes faites par la femme elle-même (*), par deux arrêts du parlement de Bordeaux, des 12 Juillet 1727 et 24 Mars 1738, et par un troisième arrêt de l'année 1745, au rapport de M. de Melon), avoit-elle le droit, après la dissolution du mariage, et non du vivant du mari, de revendiquer le fonds dotal, quoiqu'elle fût entrée dans la vente. (Arrêt du parle-

(*) Lapeyrère et son Apostillateur, let. P, n. 87, vo. *La prescription,* disent (sans faire de distinction entre les biens dotaux et les biens paraphernaux) que la prescription court contre les femmes mariées quand le mari n'est pas garant. Les auteurs des Conférences m. s., sur ce no. 87, tiennent indistinctement le même langage; mais ces décisions ne peuvent être justes qu'à l'égard des paraphernaux. (Consult. de Cazalet, du mois d'Août 1786; Salviat, p. 501). Quant aux biens dotaux, la prescription ne couroit pas contre la femme, quoique le mari ne fût pas garant. (Consult. *sup.;* arrêts de 1727, 1738, 1745, plus haut cités). M. Merlin, dans ses Questions de droit, t. 4, p. 81, paroît avoir été induit en erreur à ce sujet par la décision de Lapeyrère, *loc. sup. cit.*

la Com[té]., ch. 1er., n. 6, t. 1er., pag. 517; Consult. de M[e]. Lisleferme, du 5 Janvier

---

ment de Bordeaux, du 5 Mai 1736, en 2e., dans le recueil d'arrêts de Despiau, v°. *Dot;* Vedel sur Catelan, liv. 4, chap. 45, t. 2, p. 88, 89); mais *quid* s'il avoit existé entr'elle et son mari une société d'acquêts par elle acceptée? V. *inf.*, n. 122.

(*e*) La femme devoit exercer la revendication, savoir, dans les trente ans à partir du décès du mari, si l'aliénation avoit été consentie par le mari seul, (Fromental, Décis. de droit, v°. *Dot*, p. 259, 1re. col.; Salviat, p. 503; arrêt de la cour de Bordeaux, du 4 Prairial au 13, 1re. section, président M. Faure de Lussac, plaidants M[es]. Ravez et Duranteau), le possesseur d'un fonds acquis à *non domino* ne prescrivant que par ce laps de temps, (Serres, Inst., p. 156; Boutaric, Inst., p. 182; Apostillateur de Lapeyrère, let. P, n. 83, v°. *Si le créancier*, et n. 86, n[te]. C, vers la fin), et dans les dix ans, à partir de la même époque, si la vente avoit été faite par la femme seule ou conjointement avec son mari. (Arrêts du parlement de Toulouse, des 9 Juillet 1704 et 31 Août 1730, rapportés par M. de Juin, en son recueil d'arrêts, t. 3, p. 150, et t. 5, p. 108, *in princip.;* Fromental, *sup.;* Salviat, *sup.*, et p. 438 et 107). *Nota.* Dans cette dernière hypothèse, Chabrol, Cout[e]. d'Auvergne, t. 2, p. 195 et précéd.; du Perier, Quest.

1763). Par suite de ce principe, l'immeuble acquis, par l'un des époux, dans le temps

---

notables, liv. 4, quest. 17, p. 421; Boniface, liv. 8, tit. 3, chap. 14, t. 1er., p. 484, entr'autres auteurs, enseignoient que l'action de la femme duroit trente ans, la vente faite contre la prohibition de la loi se trouvant nulle sans qu'il fût besoin de lettres de rescision. Mais il résulte des attestations de notre barreau (V. notamment attestation des 28 Avril 1698, syndics Mes. Planche et Beaune, et 24 Janvier 1722, syndics Mes. Fonteneil et Roborel), que les nullités de droit n'étoient pas reçues dans le ressort du parlement de Bordeaux, et que les femmes n'avoient que dix ans, à compter du décès de leurs maris, pour se pourvoir contre les actes où elles avoient été parties. Aussi Brillon, qui avoit remarqué notre usage, dit-il dans son Dictre. des arrêts, t. 1er., p. 821, édit. de 1727, qu'à Bordeaux, les femmes dont le fonds dotal avoit été aliéné, étoient obligées de prendre des lettres; et c'est ce qu'attestent les auteurs des Conférences m. s. sur la Coutе. de Bordeaux, à l'art. 53.

(f) La femme, quoique héritière de son mari, pouvoit agir d'éviction, si ce dernier, en consentant la vente des biens dotaux comme mari, n'avoit promis aucune garantie en son propre nom (du Perier, quest. notables, liv. 1er., quest. 9, p. 53 et suiv.; Roussilhe,

intermédiaire du contrat de mariage à la bénédiction nuptiale, ne faisoit pas partie des

---

de la Dot, t. 1er., p. 452, édit. de 1785; Montvallon, des Success., ch. 3, art. 20, t. 1er., p. 169). Au lieu d'attaquer les acquéreurs de son fonds dotal, dont la loi ne prononçoit la nullité de l'aliénation qu'en sa faveur (du Perier, *sup.*, p. 56 et 57; Chabrol, Coute. d'Auvergne, t. 2, p. 219), la femme avoit la faculté, après la dissolution du mariage, de poursuivre, sur les biens du mari, le paiement du prix d'aliénation. (Apostillateur de Lapeyrère, let. P, n. 104; Boucheul, sur la Coute. de Poitou, art. 230, n. 109; Despeisses, tit. de la Dot, sect. 3, n. 29, t. 1er., p. 509). — En cas de dissolution du mariage par le prédécès de la femme, les enfants, à moins qu'ils ne fussent émancipés (Salviat, p. 221 et 222; Lapeyrère et Conférences m. s., *inf.*), n'étoient pas fondés à attaquer, pendant la vie du père, les aliénations par lui faites des biens dotaux (Salviat, p. 221; *ubi* arrêt du mois d'Avril 1733, et p. 503 *ubi* Consult. de Beaune, du 17 Avril 1736; Despeisses, tit. de la Dot, sect. 3, t. 1er., p. 513); mais après la mort de leur père, ils pouvoient, quoique ses héritiers, faire révoquer la vente des biens dotaux, en remboursant le prix de ladite vente; dans le cas où le père avoit consenti l'aliénation *en qualité de mari, sans promettre aucune garantie en son propre nom* (du

acquêts. Des auteurs décidoient, il est vrai, différemment à l'égard des communautés cou-

---

Perier et son Annotateur, Quest. notables, liv. 1er., quest. 9, t. 1er., p. 53 et suiv.; arrêts du parlement de Bordeaux, des 10 Août 1752 et 30 Mars 1754); *secùs*, lorsque la vente avoit été faite par le père, *soit en nom qualifié, avec promesse de garantir la vente ou de la faire ratifier* (du Perier et son Annotateur, *sup.*; Roussilhe, de la Dot, t. 1er., p. 446 et suiv.; Chabrol, Cout[e]. d'Auvergne, t. 2, p. 220; Consult. de Cazalet, du mois d'Août 1783), *soit en son propre et privé nom, comme propriétaire du bien, soit tant en son nom personnel qu'au nom de sa femme.* (V. par analogie, sur ce dernier point comme sur ceux qui précèdent, les autorités citées au n. 377, *inf.*).

(*g*) L'acquéreur d'un fonds dotal, qui l'avoit su tel (que la vente eût été faite par le mari en son propre nom ou en nom qualifié, ou tant en son propre nom qu'en sa qualité de mari, n'importe), n'avoit droit de prétendre, contre le mari ou ses héritiers, le cas d'éviction arrivant, que la remise du prix et les frais et loyaux-coûts du contrat, sans dommages et intérêts (Pothier, de la Vente, n. 187, p. 535; Lapeyrère, let. G, n. 2; Conférences m. s. sur la Cout[e]. de Bordeaux, à l'art. 53), à moins d'une stipulation expresse de garantie (d'après Pothier, de la Vente,

tumières, par la raison que les deniers ayant servi à l'acquisition, avoient été destinés à

---

n. 190, p. 536; Serres, Inst., p. 498; M. de Juin, t. 6, p. 191; les Conférences m. s. sur la Cout[e]. de Bordeaux, *loc. sup. cit.*, *ubi* rappelés deux arrêts du parlement de Bordeaux, l'un de l'année 1725, au rapport de M. Duval, et l'autre, du 14 Février 1727, au rapport de M. de Lavie. (V. *inf.*, n. 376). Il avoit droit d'être remboursé des réparations utiles et nécessaires (M. de Bézieux, pag. 370 et 371; Boniface, t. 1er., pag. 378), dont la femme étoit également tenue, mais non (en thèse générale, du moins) du remboursement du prix (Mallebay de la Mothe, Quest. de droit, pag. 61 et 62, édit. de 1782; arrêt du tribunal d'appel de Bordeaux, du 8 Fructidor an 8, présid[t]. M. de Brézets), quand même elle fût entrée dans la vente faite par son mari, la présomption étant que le mari avoit seul touché le prix et qu'il en avoit seul profité. (Conférences m. s. sur la Cout[e]. de Bordeaux, à l'art. 53; autres autor. mentionnées *inf.*, n. 249). Au surplus, l'acquéreur d'un fonds qu'il ne savoit pas être dotal, pouvoit demander la rescision de son contrat (Chabrol, Cout[e]. d'Auvergne, t. 2, pag. 220 et 221; Roussilhe, de la Dot, t. 1er., p. 453; M. de Bézieux, p. 370); mais le mari ne pouvoit lui-même revenir, pendant le mariage, contre l'aliénation qu'il avoit consentie du fonds dotal. (Rous-

entrer dans la communauté, et que l'un des conjoints ne pouvoit, en fraude de l'autre,

---

silhe, de la Dot, t. 1er., p. 442; Nouveau Denisart, t. 7, p. 125, n. 5; Conférences m. s. sur la Coute. de Bordeaux, à l'art. 53, *ubi* attesté que telle étoit notre jurisprudence, ce que confirment Dumoulin, dans ses notes m. s. sur Lapeyrère, let. P, n. 87, et Me. Cazalet, dans une consultation du mois d'Avril 1777). Cette jurisprudence étoit contraire au sentiment de plusieurs auteurs qui accordoient la revendication à celui qui, investi de l'administration des biens d'autrui, en avoit consenti la vente sans droit, p. ex., au tuteur pour les biens du pupille, au mari pour le fonds dotal *quippè non in suum, sed tantùm in tertii (putà ejus cujus res erat) commodum contrà suum veniens factum.* (V. Voët et les auteurs qu'il cite, Commre. *ad Pand.*, tit. *de rei vind.*, n. 19, t. 1er., p. 424; du Perier et son Annotateur, Quest. notab., liv. 1er., quest. 9, p. 57 et suiv., 58, *ubi tamen* distinction; Ranchin, let. V, art. 10, part. 5, conclus. 122, p. 603, édit. de 1709, contre l'opinion de son Annotateur; Serres, Inst., p. 192; Salviat, p. 503.

(*h*) Quant à l'inaliénabilité de la dot, elle cessoit dans plusieurs cas, et, p. ex. :

1°. Lorsque, par contrat de mariage, le pouvoir de vendre avoit été donné au mari par la femme majeure (Salviat, p. 203 et 204; attestation du 9 Avril

changer la nature des biens qu'il avoit lors du mariage. (V. Pothier, de la Comté., n. 281;

1691, syndics Mes. Merle et Ledoux), pouvoir que la séparation de biens pouvoit seule détruire (arrêt du parlement de Bordeaux, du 11 Août 1732, en la 2e. chambre des enquêtes, au rapport de M. de Richon, dans la cause du sieur Leriche et de la demoiselle Chaumeton; Consult. de Mes. Boudin père et Despiau, du 23 Novembre 1757, et de Bouquier, du 26 Avril 1758), et qui, une fois révoqué, laissoit la femme maîtresse d'aliéner elle-même, sous autorisation, les biens que son mari avoit eu mandat de vendre. (Arrêt de la cour de Bordeaux, du 30 Juillet 1811, plaidants Mes. Ravez et de Peyronnet, dans l'espèce d'une hypothèque consentie, après la séparation de biens, par la femme, autorisée de son mari). *Nota*, que si le pouvoir de vendre n'avoit été donné qu'à la charge d'un emploi, l'acquéreur, sous sa responsabilité, devoit veiller à ce que l'emploi fût effectué. (Chabrol, Coute. d'Auvergne, t. 2, pag. 197; attestation du 9 Avril 1691, *sup.*;

2°. Lorsque, par contrat de mariage, la femme, autorisée de son mari, faisoit à ses enfants une donation de ses biens dotaux (Conférences m. s. sur Lapeyrère, let. F, n. 53, v°. *Il a été jugé*, et let. D, n. 100; Consult. de Cazalet, du mois de Décembre 1784), une pareille donation étant moins une alié-

Lebrun, de la Com[té]., liv. 1er., ch. 4, n. 8 et 9, pag. 43); mais cette raison de décider

---

nation qu'une anticipation de succession. (L. 11, ff. *de liberis et posthumis*);

3°. Lorsque l'immeuble dotal avoit été livré, avec estimation, au mari qui en devenoit ainsi propriétaire, et n'étoit plus que débiteur du prix d'estimation. (L. 5, cod. *de jure dot.*; L. 10, ff. *eod.*). Notez, toutefois, que pour que l'estimation fît vente, il falloit que le contrat de mariage ne portât aucune clause d'où l'on pût induire que l'estimation avoit été faite pour un autre objet et pour tout autre motif que celui de faire une vente au mari. (V. L. 21, cod. *de jure dot.*; L. 69, §. 7, ff. *eod.*; L. 10, §. 6, ff. *eod.*; L. 11, ff. *de fund. dotali*). Notez encore, qu'en cas d'insolvabilité du mari, le fonds estimé étoit subsidiairement dotal à la femme (Serres, Inst., p. 191; Catelan, liv. 4, chap. 32, t. 2, p. 82 et suiv.; Fromental, Décis. de droit, p. 256, 2e. col. *in fine*; Mantica, *de tacit. amb. convent.*, liv. 12, tit. 28, n. 16, t. 1er., p. 576; attestation du 7 Septembre 1747, syndics M[es]. Dumoulin jeune et Valen), comme l'étoit l'immeuble donné en paiement de la dot constituée en argent, dont nous parlerons plus tard. (V. n. 52, n[te]. 2, al. 2). — V. sur la dot donnée avec estimation, Fontanella, *de pact. nupt.*, clause 5, glose 8, part. 13, p. 176 et suiv., édit. de 1719.

n'étoit pas applicable aux sociétés d'acquêts, qui ne pouvoient éprouver aucun tort des

---

(*i*) Disons maintenant un mot de l'hypothèque de la femme, à raison des biens dotaux et de ses paraphernaux.

Pour sa dot et pour ses conventions matrimoniales, la femme avoit, à la date de son contrat de mariage, (attestations des 17 Février 1689, 22 Février 1695, 11 Février 1696; Apostillateur de Lapeyrère, let. H, n. 70, v°. *Sur cette loi Assiduis*), n'importe à quelle époque la numération de la dot avoit eu lieu (Mornac, sur les L. 1re., ff. *qui portior. in pig.*, et 48, ff. *de jure dot.*; Catelan, liv. 5, chap. 3, t. 2, p. 386; Vigier, Coute. d'Angoumois, p. 413, 412; Coquille, quest. 124 des Quest. et Rép. sur les art. des Coutes., p. 206), et quoique la quittance du mari, si elle avoit pour objet la dot d'une somme certaine, eût été fournie sous seing privé (V. attestation de 1685, à la nte. 1re. du n. 194; Furgole, sur l'ordonce. de 1747, p. 271; Roussilhe, de la Dot, t. 2, p. 367), une hypothèque à laquelle il ne lui étoit pas permis de renoncer directement ou indirectement (attestation du 2 Juillet 1708; art. 53 de la Coute. de Bordeaux, et *ibi* Commre. des frères Lamothe), le mari et la femme ne pouvant, conjointement ou séparément, faire aucun acte qui pût nuire à la dot (attestation du 4 Décembre 1686, syndics Mes. Gre-

acquisitions faites par l'un des époux des deniers à lui propres, ces deniers, comme on

---

nouilleau et Laneverre), à raison de l'inaliénabilité dont cette dot étoit frappée (V. autor. à la let. *d, sup.; Junge* Henrys, liv. 4, quest. 141, t. 2, p. 772), hypothèque qui s'exerçoit sur tous les biens généralement quelconques de son mari, et même sur les acquêts aliénés par le mari au cours de la société (Renusson, de la Com^{té}., 2e. part., chap. 3, n. 42 à 44, p. 135; Duplessis, de la Com^{té}., p. 460; Lebrun, de la Com^{té}., liv. 3, chap. 2, sect. 2, dist. 5, n. 85 et suiv., p. 501 et suiv.; Le Camus, dans la Compil. de Ferrière sur la Cout^{e}. de Paris, art. 225, t. 3, p. 227 et suiv.; Bourjon, Droit commun, 7e. part., de la Com^{té}., chap. 2, sect. 10, n. 156, t. 1er., p. 671), et dont la prescription au profit des tiers-acquéreurs des biens du mari, ne couroit pas *constante matrimonio* contre la femme, quoique séparée de biens. (Apostillateur de Lapeyrère, let. P, n. 87, p. 329; V. *Nota, Le contraire se juge à présent;* arrêt du parlement de Bordeaux, du 26 Août 1745, au rapport de M. de Baritault) : aussi la femme séparée ne pouvoit-elle, durant le mariage, agir hypothécairement contre lesdits tiers-acquéreurs. (*Sic* décidé en consultation par M^{e}. Dumoulin, le 15 Janvier 1754). — Quant au supplément de dot, la femme n'avoit hypothèque que du jour du supplément. (Lapeyrère et son Apostillateur,

le verra plus tard, n'étant pas et ne pouvant être destinés à entrer dans lesdites sociétés.

---

let. D, n. 122, v°. *Les enfants ne sont colloqués, et Richon mariant sa fille;* arrêt du parlement de Bordeaux, du mois de Septembre 1747, en grand'chambre, dans le procès de Roquette). — La femme, dans le cas d'aliénation de ses biens dotaux, avoit, sur les biens de son mari, une hypothèque à la date de son contrat de mariage, et non pas seulement du jour des ventes consenties. (Apostillateur de Lapeyrère, let. P, n. 104, v°. *La femme a hypothèque;* Ferron, cité dans la Conférence de Dupin, let. H, n. 22, et let. F, n. 18; Lapeyrère, let. H, n. 46; Conférences m. s. sur Lapeyrère, let. F, n. 17, v°. *La femme qui a approuvé.* — V. dans le même sens, Lebrun, de la Com[té]., liv. 3, chap. 2, sect. 1re., dist. 2, n. 52 et suiv., p. 363 et suiv.; Renusson, des Propres, chap. 4, sect. 8, n. 9 à 16, p. 201 et suiv.; Annotateur de Renusson, *sup.*, n. 27, p. 205; Duplessis, de la Com[té]., p. 446; Bourjon, Droit commun, 6e. part., de la Com[té]., chap. 2, sect. 3, dist. 4, n. 47 et 48, t. 1er., p. 619; Pothier, de la Com[té]., n. 611 et 763, lesquels font remonter l'hypothèque, pour les propres aliénés pendant la communauté, au jour du contrat de mariage). Mais dans le cas où il avoit été donné au mari, par contrat de mariage, un pouvoir de vendre postérieurement révoqué par la séparation de biens (V. *sup.*,

9. Ceci suppose que la stipulation de la société avoit précédé la célébration du ma-

---

let. *h*, 1°.), si le mari avoit fait usage de ce pouvoir après la séparation, et que la vente par lui consentie eût été ratifiée par la femme, cette dernière n'avoit d'hypothèque que du jour de ladite vente. (Arrêt du parlement de Bordeaux, du 11 Août 1732, déjà rappelé à la let. *h*, 1°., *sup.*).

La femme, à raison des sommes paraphernales, avoit, sur les biens de son mari, une hypothèque qui se prenoit, en règle générale, du jour où ce dernier les avoit reçues (Automne, sur la Cout[e]. de Bordeaux, art. 53, n. 26, *ubi* cité un arrêt du 18 Août 1614; Lapeyrère, let. P, p. 291, v°. *L'hypothèque des paraphernaux*, et *ibi* Conférences m. s.; Apostillateur de Lapeyrère, let. P, n. 104, v°. *La femme a hypothèque*, p. 332, et let. H, n. 40, v°. *Lorsque la femme*), et non du jour du contrat de mariage, ainsi que paroît l'avoir jugé un arrêt du parlement de Bordeaux, du 30 Avril 1667, rapporté par l'Apostillateur de Lapeyrère, let. D, n. 122, v°. *Une femme s'étant constitué*, arrêt que cet Apostillateur dit avoir été rendu sur quelque circonstance particulière qu'on n'a pas eu soin de faire connoître. — L'hypothèque, pour les paraphernaux aliénés, n'avoit également lieu, en règle générale, que du jour de la réception par le mari du prix de la vente. (Ferron, cité par Dupin

riage. *Quid*, si l'association formée entre les époux étoit postérieure à cette époque : une semblable association étoit-elle valable? quels en étoient les effets? D'après le droit commun des pays coutumiers, toute donation, directe ou indirecte, soit entre-vifs, soit à cause de mort, étoit interdite entre mariés, à qui il n'étoit même pas loisible de faire entr'eux aucun contrat. (Ricard, des Donat.,

---

dans sa Conférence, let. H, n. 23, et par Bretonnier, Quest. de droit, p. 215, édit. de 1783; Dupin sur Automne, art. 53, n. 28 et 29, p. 243 et suiv.; Conférences m. s. sur la Cout^e. de Bordeaux, à l'art. 45. V. n. 249). — Mais l'hypothèque avoit exceptionnellement lieu du jour du contrat de mariage, soit lorsque la femme, ayant stipulé une hypothèque dans son contrat de mariage, le mari lui avoit spécialement affecté des biens (L. 11, cod. *de pact. convent.*), soit lorsque, par son contrat de mariage, la femme avoit fait son mari son procureur général, avec pouvoir de vendre, ou lui avoit autrement permis la libre et entière administration de ses paraphernaux (Conférences m. s. sur Lapeyrère, let. H, n. 47), soit enfin, suivant Lapeyrère, let. H, n. 47, et les Conférences m. s., *sup.*), lorsque, d'après la coutume, comme celle de Bordeaux, le mari avoit l'administration des biens paraphernaux.

ch. 3, sect. 6, n. 364, p. 88, et n. 378 et 379, p. 90; Pothier, des Donat. entre mari et femme, n. 33 et suiv., et n. 78 et suiv.; Pocquet de Livonière, Règles du droit français, sect. des Donat. entre mari et femme, art. 1er., n. 4 et 5, p. 258, édit. de 1768). Suivant les principes du droit romain, au contraire, les époux à qui il étoit permis de se donner à cause de mort (V. §. 1er., *inst. de donat.; §. 24, inst. de Leg.;* L. 9, ff. *de mort. caus. donat.;* L. 2, cod. *de infirm. pœn. celibatûs;* Furgole, des Testam., ch. 6, sect. 1re., n. 28, t. 1er., p. 376), et qui pouvoient faire ensemble tous les contrats qu'ils jugeoient à propos (V. autor. au n. 6 *sup.*), étoient incapables de se donner entre-vifs, soit directement (L. 1re. à 3, ff. *de donat. int. vir. et ux.*), soit indirectement (L. 5, §. 5, et L. 7, §. 5, ff. *de donat. int. vir. et ux.;* Pothier, des Donat. entre mari et femme, n. 78, p. 231), ou, du moins, les donations qu'ils se faisoient à ce titre pouvoient, à l'instar des donations à cause de mort, être révoquées pendant la vie de l'époux donateur, et n'avoient d'effet qu'autant qu'elles avoient été confirmées par le prédécès dudit donateur, et du jour seulement de la mort de ce dernier, à l'égard de ses créanciers et des tiers-acquéreurs des biens donnés. (L. 32, §. 1er. à 3, ff. *de donat. int. vir. et ux.;* L. 25, cod., *cod.;* Ricard, des Donat., 1re. part., ch. 2, n. 25 à 33, p. 7 et 8; Boucheul, sur la Coute. de Poitou, art. 209, n. 5, t. 1er., pag. 566, et art. 213, n. 16, t. 1er., p. 595; Serres, Inst. du droit français, p. 169; Pothier, des Donat. entre mari et femme, n. 6, p. 202 et 203). Cela posé, la question qui nous occupe devient d'une solution plus facile. Dans ceux des pays coutumiers où régnoit entre les époux la prohibition de se donner, même à cause de mort, il ne leur étoit pas permis de se rappeler à la communauté, contre la teneur de leur contrat de mariage, une semblable convention passant pour une donation indirecte. (Lebrun, de la Comté., liv. 1er., ch. 2, n. 63, p. 21; Boucheul, sur la Coute. de Poitou, art. 229, n. 13, t. 1er., p. 750 et 751; Valin, Coute. de la Rochelle, art. 48, §. 1er., n. 17 et suiv., t. 2, p. 690; Pothier, des Donat. entre mari et femme, n. 78 *in fine*, p. 233; Conférences m. s. sur Lapeyrère, qui restreignent aux pays coutumiers les décisions analogues portées par Lapeyrère, let. M., n. 1er. et 2, et let. C, n. 40). Mais dans les pays régis par le droit écrit, et conséquemment dans le ressort du parlement de Bordeaux, comme les époux pouvoient contracter ensemble, ainsi qu'auroient pu le faire des personnes étrangères, et comme, d'un autre côté, les avantages entre époux n'étoient pas défendus, il nous semble qu'une société d'acquêts, stipulée après la célébration du mariage, devoit sortir à effet au moins comme donation à cause de mort. Tel est le sentiment de Bouhier, sur la Cout^e^. de Bourgogne, ch. 21, n. 156 et suiv., t. 1er., p. 406 et suiv.; de Boucheul, sur la Cout^e^. de Poitou, art. 229, n. 14, t. 1er., p. 751; de Maichin, Cout^e^. de Saint-Jean d'Angély, tit. 8, part. 4, ch. 1er., p. 250; de Lebrun, de la Com^té^., liv. 1er., ch. 2, n. 62 et 67, pag. 21 et 22. La cour de Bordeaux, dans un arrêt du 14 Mars 1820, en 1re., présid^t^. M. Marbotin de Conteneuil, pose, à la vérité, en principe, qu'en pays de droit écrit, la communauté ne pouvoit être accordée avec effet par le mari à la femme après le mariage; mais cet arrêt, qui est par défaut, indépendamment qu'il contredit les autorités plus haut invoquées, est contraire à l'opinion des anciens jurisconsultes de notre barreau (Beaune, Dumoulin, les auteurs des Conférences m. s.), lesquels, dans leurs remarques sur Lapeyrère, let. C, n. 40, et let. M, n. 1er. et 2, s'accordent au moins à dire que la société contractuelle après le mariage valoit comme donation à cause de mort, et citent un arrêt, au rapport de M. Dubernet, le décidant ainsi.

10. Au surplus, pour être valables, les clauses d'un contrat de mariage relatives à de simples conventions matrimoniales, p. ex., à la stipulation d'une société d'acquêts, n'avoient pas besoin d'être consignées dans un acte public; car, d'un côté, il n'existoit aucune loi qui annullât les contrats de mariage sous seing privé (M. Merlin, au Nouveau Répre., vo. *Conventions matrimoniales*. §. 1er., t. 3, p. 180 et 181), dont l'usage avoit lieu parmi nous, et, d'un autre côté, les conventions matrimoniales n'étoient pas soumises à l'art. 1er. de l'ordonce. de 1731. (Furgole, sur l'art. 1er. de cette ordonce., p. 17; Nouveau Denisart, t. 7, p. 56). Mais comme les actes sous seing privé, sujets à être antidatés, ne faisoient pas foi de leur date contre les tiers, à moins qu'ils n'eussent une date constatée,

p. ex., par le contrôle, par le décès de l'une des parties qui les avoient souscrits (Apostillateur de Lapeyrère, let. D, n. 1er., p. 79, v°. *L'écriture privée ;* Pothier, des Oblig., n. 749, p. 373), il s'ensuivoit que les articles de mariage sous seing privé ne prenoient régulièrement date contre les tiers que du jour où on les leur produisoit (Raviot sur Perrier, quest. 10, t. 1er., p. 28), et n'emportoient hypothèque à leur égard que du jour où ils avoient été approuvés et ratifiés par acte devant notaire (attestation du 23 Février 1711, pour M. de Fajet, syndics M[es]. Fortin et Monnereau [1]; Salviat, p. 218,

---

[1] « Attesté... que les articles de mariage qui sont » approuvés et ratifiés par acte public pardevant no- » taire, portent hypothèque des jour et date dudit » acte d'approbation et ratification, pour le paiement » de la reprise de la dot et des autres conventions ma- » trimoniales mentionnées dans lesdits articles, soit » que la dot ait été payée réellement lors dudit » acte, soit qu'elle ne l'ait été que postérieurement » et long-temps après, lesdits articles étant le véri- » table contrat d'entre les parties contractantes; et la » cour adjuge toujours la dot et autres conventions » matrimoniales des jour et date dudit acte de ratifi-

219; Boucheul, sur la Cout^e. de Poitou, art. 408, n. 60 et 61, t. 2, p. 702 et 703; Journal du Palais de Guéret et Blondeau, t. 2, p. 102 et suiv.), ou bien, du jour que la date en étoit devenue autrement certaine, p. ex., par le décès de l'un des signataires des articles de mariage. (Arrêt de la cour de Bordeaux, du 20 Juin 1826, en 1re., présid^t. M. de Saget.

La décision que nous avons adoptée pour les conventions ordinaires de mariage, s'applique-t-elle à l'affectation des acquêts aux enfants? En d'autres termes, cette affectation pouvoit-elle être contenue dans des articles de mariage sous seing privé? L'art. 1er. de l'ordon^ce. de 1731 dit que « tous actes portant » donation *entre-vifs* seront passés pardevant notaires, à peine de nullité » ; et les auteurs remarquent que les donations entre-vifs, quoique faites par contrat de mariage, ne sont pas exceptées. (V. Furgole, sur cette ordon^ce., p. 17 et 83; Nouveau Denisart, t. 7, p. 56, et t. 5, p. 477; Quest. de droit, de

---

» cation ». Pareille attestation, dans les mêmes termes, donnée le 24 Décembre 1781, sous le syndicat de M^es. Saint-Guirons et Ferbos.

M. Merlin, t. 1er., p. 596, v°. *Car soyons justes*, et pag. suiv.; Nouveau Répre., t. 3, p. 526). D'un autre côté, l'art. 3 de la même ordonce., porte, que « toutes donations *à » cause de mort*, à l'exception de celles qui » se feront *par contrat de mariage*, ne pour- » ront avoir lieu que lorsqu'elles auront été » faites dans la même forme que les testa- » ments et les codicilles ». Ce dernier article, comme on s'en aperçoit, admet des donations à cause de mort dans les contrats de mariage. A cet sujet, Furgole, *sup.*, p. 31 et 24, observe « qu'il ne faut pas étendre la dispo- » sition de l'art. 1er. aux donations à cause de » mort, et qu'il suffit qu'on observe pour ces » donations, si elles ont été faites par contrat » de mariage, les formalités nécessaires pour » la validité des contrats de mariage ». Que les contrats de mariage pussent renfermer des dispositions à cause de mort et des dispositions entre-vifs, cela est sans aucune difficulté : aussi voit-on que le législateur, après avoir excepté, par l'art. 10 de l'ordonce., de la formalité de l'acceptation, les donations entre-vifs faites par contrat de mariage, affranchit de cette formalité, par l'art. 13 de la même ordonce., les institutions contractuelles et les dispositions à cause de mort qui seroient faites dans un contrat de mariage : « L'art. 3 de » notre ordon^ce^., dit Sallé sur cette ordon^ce^., » p. 28, édit. de 1759, en assujettissant les » donations à cause de mort aux formes des » dispositions testamentaires, en excepte cel- » les qui seront faites par contrat de mariage. » L'art. 10 a excepté de la formalité de l'ac- » ceptation les donations entre-vifs faites par » contrat de mariage, et le présent article, » qui n'est qu'une suite de ces deux articles, » autorise nommément les dispositions à » cause de mort dans les contrats de ma- » riage, et les dispense, ainsi que les dona- » tions entre-vifs, de la nécessité de l'accep- » tation ». (V., dans le même sens, Damours, Conf^ce^. sur l'ordon^ce^. des Donat., p. 121, édit. de 1753). — Mais est-il bien vrai, comme l'enseigne Furgole, que les donations à cause de mort pussent être contenues dans un contrat de mariage sous seing privé? La cour de cassation, par deux arrêts des 16 Fructidor an 7 et 20 Mai 1818 (V. ces arrêts, aux Quest. de droit de M. Merlin, t. 1er., p. 603, et au Nouveau Rép^re^., t. 16, p. 491), a jugé, dans le cas d'institutions contractuelles au profit d'enfants à naître, que ces institutions n'avoient pu être faites par contrat de mariage sous seing privé : c'est aussi ce que Me. Martignac père a décidé en consultation, le 9 Floréal an 9, après avoir dit que la question étoit de nature à embarrasser l'esprit. On peut voir, à l'appui de ces différentes résolutions, ce qui est écrit aux Quest. de droit de M. Merlin, t. 1er., p. 600, vo. *Mais que de réponses satisfaisantes.* Quels sont les motifs des décisions qui viennent d'être rappelées? « L'art. 1er. de l'ordonce., dit-» on, ne souffre qu'une exception, c'est celle » qui est portée par l'art. 46 (1); d'où il faut » conclure que toute autre donation doit être » faite devant notaires. D'ailleurs (c'est ici la

(1) La validité des donations faites, dans des articles de mariage sous seing privé, par un père à ses enfants en sa puissance, est établie par trois arrêts du parlement de Bordeaux, des 27 Mai 1737, à la 1re. chambre des enquêtes; 7 Juin 1757, à l'audience de la grand'chambre, plaidants Mes. Buhan et Desèze, et 4 Juillet 1753. (Ce dernier arrêt, rapporté au recueil d'arrêts de Despiau, vo. *Articles de mariage*, se retrouve dans Salviat, p. 218, et aux Quest. de droit de M. Merlin, t. 1er., p. 602, avec les deux autres). V. au Dictre. des arrêts de Prost de Royer, t. 7, p. 7, un arrêt conforme du parlement de Toulouse.

» cour de cassation qui parle), les institu- » tions contractuelles ont toujours été con- » sidérées comme de véritables donations » entre-vifs ». M. Merlin tient, au contraire, que l'art. 1er. de l'ordonce. ne frappe que les donations entre-vifs; que, par conséquent, les donations à cause de mort, et en particulier les institutions contractuelles, n'étoient pas soumises à la disposition dudit article, ces institutions n'ayant pas le caractère de donation entre-vifs, et ne différant des institutions d'héritier purement testamentaires, qu'en ce qu'elles étoient irrévocables [1]. (V. Nouveau Répre., t. 6, p. 178 et 180; t. 3, p. 527, 181 et 184; t. 16, p. 491, où se trouvent cités différents arrêts conformes). Quant à nous, il nous semble aussi que l'ordonnance, qui ne s'occupe pas seulement des donations entre-vifs, mais encore des institutions contractuelles et des donations à cause de mort, ne soumet à la nécessité d'un acte public que les seules donations entre-vifs. Il nous semble encore que l'affectation des acquêts aux enfants pouvoit être faite dans des articles de mariage sous seing privé. Pour-

---

[1] V. *inf.*, au n. 315, nte. 1re.

quoi cela? parce que cette affectation, indépendamment qu'elle étoit impliquée de la condition de survie des enfants à leurs auteurs, ne se trouvoit porter que sur des biens à venir, que sur les acquêts qui existeroient au décès des conjoints; parce qu'elle ne pouvoit, dès-lors, constituer qu'une donation à cause de mort. (V. *inf.*, n. 312): aussi laissoit-elle aux époux la faculté de vendre et d'engager les acquêts. (V. *inf.*, n. 315). A la vérité, cette donation à cause de mort que formoit l'affectation des acquêts aux enfants, étoit irrévocable à cause de l'acte qui la renfermoit; mais nous verrons plus tard (n. 312), que cette irrévocabilité, purement accidentelle, n'en changeoit pas la nature.

Quant à la clause par laquelle la totalité des acquêts étoit assurée en pleine propriété, ou en usufruit seulement, au survivant des époux, elle pouvoit également être mise dans un contrat de mariage sous seing privé, de quelque façon qu'on envisageât cette clause, ou comme une simple convention de mariage, ou comme une donation (V. *inf.*, n. 15 et 16), qui n'auroit jamais été qu'à cause de mort. (V. Nouveau Denisart, t. 7, v°. *Donation*, §. 2, p. 6 et suiv.; v°. *Donation à cause de mort*, §. 1er., n. 4, p. 14; v°. *Donation mutuelle*, p. 79 et 80).

11. La simple société d'acquêts contractée entre les époux (avant le mariage s'entend, car la société stipulée après cette époque dégénéroit en donation à cause de mort, V. n. 9), n'étoit pas sujette au retranchement de la loi *hâc edictali*, 6, *in princip.*, cod. *de secund. nupt.*, laquelle, ainsi qu'on le sait, défendoit aux pères et aux mères passant à de secondes noces, de laisser à quelque titre que ce fût, à leurs seconds époux, une part plus forte de leurs biens que celle de l'enfant qui prendroit le moins dans leurs successions. Cette décision étoit fondée sur ce qu'une telle société ne présentant rien de certain, n'étoit ni une libéralité, ni un titre lucratif, mais seulement une convention faite par les époux pour s'obliger réciproquement à mieux établir leur fortune, et à rapporter dans leurs familles plus de soins et d'industrie, plus d'économie et d'épargne. (Attestation du 8 Février 1689, syndics Mes. Dudon et Litterie fils; Apostillateur de Lapeyrère, let. N, n. 22, v°. *Il est d'usage;* Dupin, des Secondes Noces, tit. 4, ch. 2, n. 41 à 43, p. 266;

Henrys, liv. 4, quest. 58, t. 2, p. 402 et suiv.; Renusson, de la Com^{té}., 4e. part., ch. 3, n. 24 et 25, p. 248; Lebrun, des Success., liv. 2, ch. 6, sect. 1re., dist. 4, n. 13, p. 418).

Si la simple société d'acquêts convenue entre les époux n'étoit pas sujette au retranchement de la loi *hâc edictali*, en étoit-il de même de la stipulation par laquelle la totalité des acquêts avoit été assurée, soit en pleine propriété, soit en usufruit, au survivant des conjoints ? (V. *inf.*, n. 16).

12. C'est parce que la société d'acquêts ne constituoit aucune libéralité entre les époux, que, quoiqu'il fût de principe qu'un donateur ne pût donner atteinte à une donation de biens présents et à venir par des donations entre-vifs, ni par des dispositions testamentaires ou à cause de mort (Furgole, sur l'art. 17 de l'ordon^{ce}. des Donat., p. 163), on tenoit cependant parmi nous, qu'une donation de tous biens précédemment faite à des enfants d'un premier lit, n'étoit pas un obstacle à ce qu'en se remariant le donateur associât sa femme aux acquêts. (Laplace, Max. journ. du droit français, v°. *Acquêts*, max. 2, p. 45;

arrêt du parlement de Bordeaux, du 1er. Juillet 1747, au rapport de M. de Navarre; Consult. de Me. Denucé, du 20 Avril 1810). Cet arrêt, qu'on trouve dans le recueil m. s. d'arrêts de Despiau, v°. *Donation*, a même jugé qu'une fille, donataire des biens présents et à venir, ne pouvoit se prévaloir de la donation à elle faite, pour priver les enfants du second lit de la moitié d'acquêts de leur père décédé, et cela, par cette raison, peut-être, que l'affectation, quel que fût son effet à l'égard des enfants, n'étoit, quant aux époux, qu'une des conditions de leur union et de leur société d'acquêts, qu'un accord sans lequel il eût pu ne se former ni mariage, ni société, ni acquêts conséquemment, et qu'ainsi le père ne pouvoit être accusé d'avoir porté atteinte, par une disposition gratuite, à la donation par lui antérieurement faite des biens qu'il laisseroit à son décès. Cet arrêt ne nous semble pourtant pas devoir être suivi; car, enfin, l'affectation des acquêts aux enfants d'un mariage, constituoit au profit desdits enfants une véritable donation portant sur les biens à venir. (V. *inf.*, au n. 417). Or, déjà ces mêmes biens, dans l'espèce de l'arrêt, avoient été l'objet d'une disposition *irrévocable* en faveur d'un enfant d'un premier mariage. Le bénéfice de cette disposition ne devoit donc pas pouvoir être enlevé à cet enfant. Tel est, au reste, le sentiment exprimé par Me. Denucé, dans la consultation ci-dessus rappelée.

13. La société d'acquêts, considérée par rapport au pouvoir étendu que la puissance maritale donnoit au mari dans l'administration et la disposition des acquêts, étoit exorbitante des sociétés ordinaires, puisque la femme, pendant la durée du mariage, étoit moins associée que n'ayant l'espérance de l'être : *uxor non est socia æquè principaliter, nisi post obitum viri, vel soluto matrimonio.... et sic, non est propriè socia, sed speratur fore.* (Dumoulin, sur l'ancienne Coute. de Paris, art. 109, n. 3, vo. *La femme est tenue après le décès,* p. 1674, 1re. col.). Mais cette société, principalement envisagée abstraction faite des qualités d'administrateur et de chef, attachées à la personne du mari, ne différoit pas des sociétés ordinaires, ainsi que le répondit Me. Dumoulin, l'un des avocats qui ont le plus honoré notre ancien barreau, dans une consultation du 23 Septembre 1759, que rappelle Salviat, p. 7.

Cette remarque, dont la justesse se fera plus d'une fois sentir dans le cours de cet ouvrage, est importante : elle ne doit pas être perdue de vue.

14. A l'exemple des autres sociétés, la société d'acquêts étoit, dès-lors, susceptible de toute convention licite : « *Volontates.... legitimè contrahentium omnimodò conservandæ sunt* ». L. 6, *in fine*, cod. *pro socio*. Il pouvoit donc être stipulé, p. ex., que le survivant des époux, ou retiendroit l'usufruit de la moitié qu'amendoit dans la société le conjoint prédécédé, ou même conserveroit l'entier émolument de ladite société. (Ferriere, Compil. sur la Cout[e]. de Paris, art. 220, glose 1re., n. 22, t. 3, p. 38 ; Valin, sur la Cout[e]. de la Rochelle, t. 2, p. 688, n. 32 ; Lebrun, de la Com[té]., liv. 1er., chap. 3, n. 18, p. 32 ; Chopin, Brodeau et Ricard, cités au n°. suivant). Remarquons, en passant, au sujet de cette dernière stipulation, que, comme les dettes diminuoient d'autant les acquêts, elles se trouvoient naturellement à la charge du survivant des époux : aussi toute clause contraire étoit-elle nulle. (Valin, sur la Cout[e]. de la Rochelle, t. 2, p. 688,

n. 10; Lebrun, de la Com[té]., liv. 1er., ch. 3, n. 11, p. 31; arrêt dans Sœfve, aux Quest. notables, cent. 2, ch. 40, p. 127, édit. de 1682; autre arrêt dans le recueil d'arrêts de Guy du Rousseau de Lacombe, t. 1er., p. 419, édit. de 1742.

15. Nous considérons comme de simples conventions, comme des lois du contrat de société, les stipulations qui assuroient à l'époux survivant, soit la totalité des acquêts, soit l'usufruit de la portion d'acquêts de l'époux prédécédé. Aussi, nonobstant les dispositions législatives qui soumettoient les donations à la formalité de l'insinuation, les stipulations dont il est question étoient affranchies de cette formalité. (Chopin, Cout[e]. d'Anjou, liv. 3, ch. 2, tit. 1er., n. 11; Brodeau sur Louet, let. D, somm[re]. 64, n. 2, t. 1er., p. 571; Ricard, des Donat., 1re. part., ch. 4, sect. 3, glose 1re., n. 1128 et suiv., p. 283 et suiv., et 3e. part., ch. 8, sect. 8, n. 1085, p. 703). Il sembleroit donc qu'on devroit également décider que la portion d'acquêts du chef de l'époux prédécédé ne pouvoit être soumise à l'action des légitimaires, le retranchement pour la légitime ne s'exerçant, avant comme depuis l'ordonnance, que sur les donations. (V. Code de Justinien, liv. 3, tit. 29, *de inoff. donat.;* art. 34 de l'ordon[ce]. des Donations). C'est, du moins, ce qu'enseignoit Pothier, des Donat. entre-vifs, p. 515, pour ne citer ni Chopin, *sup.*, n. 14, p. 266, ni Ricard, *sup.*, 3e. part., chap. 8, sect. 8, n. 1085, p. 703, et 1re. part., chap. 4, sect. 3, glose 1re., n. 1135, 1136 et 1128, p. 283 et 284. Toutefois, il a été répondu en consultation, notamment par M[e]. Tuquo, le 12 Février 1765, et par M[e]. Dumoulin, les 27 Août 1744 et 12 Février 1765, dans l'espèce d'un époux usufruitier, par contrat de mariage, de la part de son conjoint dans la société d'acquêts, que la légitime, sur cette portion d'acquêts, étoit due aux enfants, tant en propriété qu'en usufruit, dès l'instant de la mort de l'époux prédécédé; et tel est le sentiment embrassé par M. Merlin, en ses Questions de droit, t. 3, p. 223 et suiv. Cette dernière opinion, à l'appui de laquelle on invoque communément, mais improprement, l'autorité de Bacquet, du droit de Bâtardise, chap. 5, n. 16, p. 775, édit. de 1668 (cet auteur, cité par Lapeyrère, let. L, n. 35, applique, en effet, sa décision au cas d'un usufruit *de tous les biens* du mari, laissé, par contrat de mariage, à la femme, et non à un usufruit des seuls acquêts); cette dernière opinion, disons-nous, est en opposition avec deux arrêts du parlement de Bordeaux, du 5 Avril 1732 et de l'année 1769, qu'on retrouve aux Questions de droit, *loc. sup. cit.;* mais elle avoit le suffrage de Me. Cazalet, comme le prouve la note par lui mise sur son Lapeyrère, let. L, n. 35, et elle paroîtra juste, si l'on reconnoît que les conventions dont il s'agit dégénéroient en libéralité. Au reste, c'est ainsi que Lebrun, des Success., liv. 2, ch. 3, sect. 7, n. 6, 11 et 12, p. 300 et suiv., et ch. 6, sect. 1re., dist. 4, n. 13, p. 419, envisage toute stipulation d'une communauté inégale, une telle stipulation n'étant pas du droit commun des sociétés conjugales.

16. Cette stipulation par laquelle la totalité des acquêts avoit été assurée, soit en pleine propriété, soit en usufruit, au survivant des conjoints, pouvoit-elle être soumise au retranchement de la loi *hâc edictali?* (V. n. 11). Des auteurs (V. Bechet, des secondes Noces, ch. 33, p. 328; Charondas, en ses

Réponses, liv. 9, rép. 59, p. 364, édit. de 1605; Voët, *ad Pand.*, tit. *de rit. nupt.*, n. 124, t. 2, p. 67 et suiv.; Me. Dumoulin, dans son Lapeyrère, let. N, n. 22, v°. *Il est d'usage*), ne voyoient dans une telle stipulation que le *jactum retis* de la loi romaine, que le prix *damni eventi*, auquel se trouvoit seul exposé le second conjoint: d'ailleurs, les époux n'avoient-ils pas pu se marier sans contracter aucune société? Ces raisons avoient porté Me. Lisleferme à décider en consultation, le 11 Juin 1738, qu'une femme ayant des enfants d'un premier lit, avoit pu, nonobstant les dispositions de l'art. 77 de la Coute. de Bordeaux (cet article interdit à une femme ayant des enfants de rien laisser de ses biens à un étranger), abandonner, par contrat de mariage, tous les acquêts à son second mari. Toutefois, d'après la doctrine développée par Pothier, du Contrat de mariage, part. 7, chap. 2, sect. 1re., art. 2, p. 384 et suiv.; par Ricard, des Donat., 3e. part., ch. 9, glose 2, p. 733 et suiv., et par Renusson, de la Comté., 4e. part., ch. 3, p. 242 et suiv. (pour ne citer que ces auteurs), tout pacte nuptial, quoique portant sur un objet incertain à l'époque du mariage, étoit sujet à retranchement, si, par événement, il se résolvoit, au temps de la dissolution du mariage, en un avantage en faveur du nouvel époux. C'est en conformité de cette doctrine, qu'on pourroit d'abord croire que notre jurisprudence s'étoit fixée. Les frères Lamothe, dans leur Commentaire sur la Cout[e]. de Bordeaux, t. 1er., p. 385, rapportent, en effet, un arrêt du parlement de Bordeaux, du 22 Avril 1747, qui déclare de nul effet et valeur, comme contenant un avantage indirect fait en contravention de l'art. 77 de la Coutume, la clause par laquelle il auroit été stipulé une société d'acquêts réversibles aux enfants, et convenu qu'au cas qu'il ne provînt pas d'enfants, les acquêts appartiendroient au survivant des conjoints. Mais cet arrêt, comme on le voit bien clairement au Lapeyrère de Dumoulin, *sup.*, et let. N, n. 15, étoit dans une espèce où les époux s'étoient fait, par leur contrat de mariage, *une donation mutuelle* des acquêts, pour le cas où ils n'auroient pas d'enfants, donation que M[e]. Dumoulin reconnoît ne pouvoir subsister dans la Cout[e]. de Bordeaux, et qu'il dit avoir été jugée sujette à retranchement en pays de droit écrit, par sentence du sénéchal de Guyenne, du mois de Juillet 1759. Il existe pourtant un arrêt qui, dans une espèce où il s'agissoit de l'usufruit des acquêts réservé à l'époux survivant, préjugea nettement que cette convention étoit soumise au retranchement de la loi *hâc edictali.* Cet arrêt [1], qui fut rendu le 2 Août

---

[1] Dans l'espèce de cet arrêt, il s'agissoit d'une liquidation d'hérédité de Jean Orthion. Cet Orthion s'étoit marié deux fois; il avoit stipulé, en faveur de sa seconde femme, 200 liv. d'agencement et 500 liv. de bagues et joyaux, plus une société d'acquêts, l'usufruit réservé au survivant. Il mourut avant sa femme qui jouit long-temps des acquêts. Les enfants du premier lit soutenoient que l'agencement et les bagues et joyaux excédoient ce que Jean Orthion avoit pu donner à sa seconde femme, et que l'usufruit des acquêts avoit dû lui fournir au prorata de la donation que son mari avoit pu lui faire. En conséquence, ils demandoient que ces 200 liv. d'une part, et 500 liv. d'une autre, fussent rapportées dans la masse de l'hérédité paternelle. Les enfants du second lit prétendoient, au contraire, que ces sommes n'excédoient pas ce que le mari avoit pu donner à sa femme. Sur ces contestations, il fut ordonné, par un chef interlocutoire de l'arrêt, « qu'avant de statuer sur la demande aux fins » de distraire des acquêts de la seconde société les

1760, au rapport de M. de Monbadon, ne passa qu'avec beaucoup de difficulté : quatre conseillers sur onze n'étoient pas d'avis du retranchement. Au surplus, cet arrêt est bien contraire à un précédent arrêt du même parlement, qui ; le 31 Janvier 1724, avoit jugé, au rapport de M. Beaune, contre l'opinion de l'Apostillateur de Lapeyrère, let. N, n. 20, v°. *Nous observons,* que l'usufruit, quoique *donné* par contrat de mariage, n'étoit pas sujet à retranchement.

17. Il a été attesté, le 20 Mai 1704, syndics M^es^. Peros et Bigorre, « que dans le ressort » de ce parlement, les notaires n'avoient pas » accoutumé de se servir du terme de *communauté* dans les contrats de mariage, » mais bien de celui de *société* d'acquêts, lequel signifioit la même chose que celui de » communauté en usage dans le ressort du

---

» bagues et joyaux et l'agencement stipulés en faveur » de la seconde femme, il seroit procédé par des experts à l'estimation de ce qu'avoit pu valoir, en capital, l'usufruit de la moitié des acquêts de la seconde » société stipulé en faveur du survivant ». Ainsi, cet arrêt préjugea bien la question du retranchement.

» parlement de Paris ». Pour nous conformer à cet usage, nous nous servirons exclusivement, dans le cours de cet ouvrage, du terme de *société*.

18. Il vient d'être parlé du ressort du parlement de Bordeaux; il en sera de nouveau fait mention, ainsi que du territoire de la coutume de Bordeaux. Ce n'est donc pas hors de propos que nous allons indiquer l'étendue de ce ressort et les limites de notre coutume.

Le ressort du parlement de Bordeaux ne comprenoit pas seulement la ville de Bordeaux, mais aussi les pays et sénéchaussées de Gascogne, d'Aquitaine, des Landes, d'Agenois, Bazadois, Périgord, Limousin..... « *Instituimus curiam nostram parlamenti in » ipsâ civitate nostrâ Burdigalensi* PRO » DICTA CIVITATE, *etiam pro patriis et se» neschaliis* VASCONIÆ, AQUITANIÆ, LAN» NARUM, AGENNENS., BAZATENS., PETRA» GORICENS., LEMOVICENS.,... *in quâ quidem » curiâ nostrâ parlamenti omnes et univer» sæ curiæ seneschaliarum, bailliviarum, » rectoriarum, vicariarum, judicaturarum » et cæterarum jurisdictionum quarumcum» que antedictarum patriarum..... suum ha-*

» *bebunt ressortum et ultimum refugium* ». (Lettres patentes de Louis XI, du 10 Juin 1462, dans Chopin, traité du Domaine, liv. 2, tit. 15, n. 6, p. 333). Tous ces pays étoient régis par le droit écrit pour tous les cas non prévus par les coutumes locales. (V. dans les Quest. de droit de Bretonnier, la liste des provinces, pays et villes appelés *pays de droit écrit*, notamment aux p. CIV, CX, XIJ, CIJ, CXJ, édit. de 1783).

Quant au territoire de la coutume de Bordeaux, il comprenoit le *Bordelais propre*, le *Médoc*, le *Vitrezay*, le *Blayais*, la *Benauge*, les *Landes*, le pays de *Buch* et celui de *Born*, qui étoient les bornes de l'ancienne sénéchaussée de Bordeaux, considérée avant qu'on en eût démembré certaines juridictions pour former le sénéchal de Libourne et ceux de Castelmoron et de Tartas. Les juridictions qui n'étoient plus de la sénéchaussée, et qui cependant suivoient la coutume, étoient celles de *Saint-Émilion*, de *Castillon* et de *Guîtres*, dans la sénéchaussée de Libourne; les sénéchaussées entières de *Fronsac* et de *Coutras*; les juridictions de *Rions*, *Vayres*, *Puynormant*, *Mont-Badon* et *Phèze*, dans la sénéchaussée de Castelmoron; la paroisse de *Tou-*

lène, juridiction de Langon; enfin la prévôté de *Born*, dans la juridiction de Tartas. (Frères Lamothe, à l'avant-propos de leur Comm^{re}. sur la Cout^{e}. de Bordeaux, t. 1er., p. xxxv et suiv.).

19. Cet ouvrage, composé d'une seule partie, sera divisé en deux titres, dont le premier aura pour objet la société d'acquêts considérée indépendamment de toute affectation en faveur des enfants, et dont le second sera spécialement consacré à cette même affectation.

Le premier titre sera subdivisé de la manière suivante : *Biens dont se composoit la société d'acquêts; Passif de la société; Droit des époux sur les acquêts; Dissolution de la société; Renonciation à la société, et effets de la renonciation; Acceptation de la société, et effets de cette acceptation :* 1°. à l'égard des créanciers; 2°. à l'égard des débiteurs; 3°. à l'égard des biens de la société et des actions auxquelles donnoit lieu le partage desdits biens.

Le second titre traitera, en premier lieu, *de la réserve statutaire des acquêts;* en second lieu, *de la réserve conventionnelle,* et par suite, *du droit d'élection dans les acquêts de la part des conjoints.*

Un appendice sera consacré à l'examen, 1°. de l'influence que peut avoir le code civil sur les sociétés d'acquêts antérieurement contractées ; 2°. de la question de savoir si la clause d'affectation des acquêts aux enfants, telle qu'elle avoit lieu sous l'ancienne jurisprudence, peut être admise sous l'empire du code civil.

TITRE PREMIER.

DE

LA SOCIÉTÉ D'ACQUÊTS,

CONSIDÉRÉE INDÉPENDAMMENT DE TOUTE AFFECTATION EN FAVEUR DES ENFANTS.

SECTION PREMIÈRE.

Biens dont se composoit la Société d'acquêts.

20. PARMI les différentes espèces de sociétés connues en droit romain, se trouvoit la société appelée *universorum quæ ex quæstu veniunt*, par laquelle les parties contractoient société de ce qu'elles pouvoient acquérir *ex mutuâ collaboratione : Quæstus intelligitur qui ex operâ cujusque descendit.* L. 8, ff. *pro socio.* — *Cùm quæstûs et compendii societas initur, quidquid ex* *operis suis socius acquisierit, in medium conferet.* L. 45, §. 2, ff. *de acq. vel omitt. hæred.* — *Universorum quæ ex quæstu veniunt, hoc est quod lucrum ex emptione, venditione, locatione, conductione descendit.* L. 7, ff. *pro socio.*

21. Cette société, restreinte aux seuls acquêts provenant du travail commun des associés, ne comprenoit pas ce que les associés acquéroient à titre de succession, don ou legs : *Nec adjecit Sabinus hæreditatem, vel legatum, vel donationes mortis causâ, vel non mortis causâ.....* L. 9, ff. *pro socio.* — *Sibi autem quisque hæreditatem adquirit.* L. 45, §. 2, ff. *de acq. vel omitt. hæred.*

22. La société d'acquêts entre époux se réglant, d'après l'observation que nous en avons faite (n. 13), en conformité des lois civiles relatives aux sociétés ordinaires, excluoit les biens échus aux époux par voie de succession, donation ou legs, et elle ne comprenoit que les seules acquisitions faites par les conjoints *ex mutuâ collaboratione.* V. *inf.*, n. 68.

« Dans l'usage de la cour, et suivant la

» jurisprudence des arrêts, dit l'Apostillateur » de Lapeyrère, let. A, n. 2, v°. *Dans l'u-* » *sage de la cour,* dans tout le pays de droit » écrit qui relève du parlement, quoiqu'il y » ait société d'acquêts stipulée dans le con- » trat de mariage, néanmoins les donations » faites à l'un des conjoints, soit en directe, » collatérale, ou par des étrangers, ne tom- » bent pas en communauté, n'y ayant d'au- » tres acquêts entre les conjoints que ceux » qui se font *ex mutuâ collaboratione*, par » le travail, l'industrie ou la ménagerie des » conjoints ».

Entr'autres attestations du barreau qui confirment cette jurisprudence, nous choisissons les suivantes : « La société d'acquêts » stipulée par contrat de mariage, comprend » toutes les acquisitions faites pendant le » cours du mariage, par le travail ou le soin » commun des époux, et même ce qui vient » des fruits des biens dotaux ou de l'usufruit » des biens donnés aux conjoints; les meu- » bles par eux acquis, quelque part que ce » soit; le prix des charges achetées pendant » le mariage; mais les biens donnés à l'un » des conjoints n'y sont pas compris ». (Attestation du 5 Avril 1699, syndics Mes.

Levasseur et Giniès). « Malgré la stipula-
» tion de la société d'acquêts entre futurs
» époux, les biens, soit meubles, soit im-
» meubles, obvenus à l'un des conjoints pen-
» dant le mariage, par voie de succession
» directe ou collatérale, sont particuliers à
» celui des conjoints auquel les successions
» sont échues, sans que l'autre conjoint ni
» des tiers y puissent rien prétendre, sous
» prétexte de ladite société, dans laquelle
» des biens ainsi échus n'entrent pas. Les
» dons faits à l'un des conjoints par son pa-
» rent de la même famille, des mêmes noms
» et armes que le donataire, n'ont pas plus
» de faveur que ceux qui sont faits par un
» étranger, et n'entrent pas dans la société
» d'acquêts, laquelle ne doit être composée
» que des biens que les conjoints acquièrent
» *ex communi quæstu et collaboratione*,
» quoique, dans la clause de ladite société,
» il soit dit que les futurs conjoints s'asso-
» cient en tous acquêts et conquêts, parce
» que, suivant l'usage dudit parlement, les
» termes d'acquêts et conquêts ne s'appli-
» quent qu'aux biens acquis par le travail et
» l'industrie des conjoints, ou par les épar-
» gnes de leurs revenus ». (Attestation du

4 Janvier 1695, syndics Mes. Grégoire et Bensman). « La société d'acquêts ne consiste » que dans ce qui est le fruit du travail ou » des épargnes des conjoints, *ex communi* » *collaboratione* ». (Attestation du 14 Juillet 1759, syndics Mes. Renard et Alexis Lamothe).

23. La société d'acquêts ne comprenant que les acquisitions faites *ex mutuâ collaboratione*, pendant le cours du mariage, il s'ensuit que tous les biens dont le titre d'acquisition précédoit le mariage, ne pouvoient pas tomber dans cette société: *Non omnis nova acquisitio communicatur inter virum et uxorem, sed solùm ea quæ fit constante matrimonio, et non dependet à jure jàm alterutri eorum antè matrimonium quæsito.* Dumoulin, Coute. de Paris, §. 43, n. 187, p. 1062. — V., dans le même sens, Pothier, du Contrat de société, ch. 2, sect. 1re., art. 2, n. 47, et de la Comté., n. 320; Voët, *ad Pand.*, tit. *de pact. dot.*, n. 39, t. 2, p. 103.

24. Ainsi, p. ex., lorsqu'un droit d'usufruit, établi sur le fonds propre de l'un des époux, venoit à cesser naturellement, sans qu'on en eût fait le rachat, cet accroissement de valeur n'étoit pas un acquêt, parce que le principe en existoit déjà dans le droit dont étoit investi le conjoint propriétaire : c'étoit comme si le fonds avoit reçu plus d'étendue par un effet de l'alluvion. (Valin, Cout^e^. de la Rochelle, t. 2, p. 713, n. 22; Lebrun, de la Com^té^., liv. 1er., ch. 5, sect. 3, n. 36, p. 158; Annotateurs de Duplessis, de la Com^té^., t. 1er., p. 367).

25. Ainsi encore, lorsqu'une acquisition avoit été faite par le mari, avant le mariage, et que le prix en avoit été payé *constante matrimonio*, la propriété du fonds appartenoit au mari : la moitié du prix seulement étoit à la femme, comme acquêt de la société. (Dumoulin, Cout^e^. de Paris, §. 119, n. 1er., p. 1687; d'Argentré, Cout^e^. de Bretagne, art. 418, glose 3, n. 5, p. 1657; Louet et Brodeau, let. A, somm^re^. 3, p. 11 et suiv.; Renusson, des Propres, ch. 4, sect. 11, n. 6 et 8, p. 223 et suiv.; Bourjon, Droit commun, 2e. part., de la Com^té^., ch. 10, sect. 1re., n. 2, t. 1er., p. 535. V. *inf.*, n. 271, 1°.). En effet, ce n'est pas le paiement du prix qui donne la propriété de l'héritage, *nihil facit ad dominii translationem solutionis tempus, ac ne solutio quidem;* c'est le contrat d'acquisition qui est translatif de propriété (d'Argentré, Cout^e^. de Bretagne, *sup.*, n. 3, p. 1657; Serres, Inst. du droit français, p. 130; Pothier, du Droit de propriété, n. 241, p. 433) : or, *in contractibus, tempus contractûs inspiciendum.* (L. 2, *in princip.*, ff. *pro emptore;* L. 144, §. 1er., ff. *de reg. jur.;* L. *unic.*, *in fine,* cod. *de imponendâ lucrativâ descript.*).

26. Étoit-il au pouvoir du mari ou de ses héritiers, dans l'espèce qui précède, de consentir au partage des biens acquis, ou de rembourser à la veuve ou à ses héritiers la moitié du prix payé pendant le mariage ? L'Apostillateur de Lapeyrère, let. A, n. 2, v°. *Avec cette différence,* enseigne l'affirmative, d'après un arrêt du 1er. Mars 1567, rappelé par Louet et Brodeau, let. A, somm^re^. 3, tit. 1er., p. 12. Mais Renusson, dans son traité des Propres, ch. 4, sect. XI, n. 9, p. 224, tient, avec raison, que cet arrêt ne doit pas être suivi, parce qu'il est contraire aux règles et aux principes. « Il n'est pas au pouvoir du mari,

» dit cet auteur, de détruire la vérité, qui » est que l'héritage a été par lui acquis avant » son mariage, et non pas pendant le ma- » riage. Le mari a été propriétaire de la to- » talité de l'héritage, du jour de son con- » trat d'acquisition; il n'y auroit aucune rai- » son de lui donner la faculté d'en faire un » acquêt au préjudice de sa femme ou de » ses héritiers, et ils ont droit de demander » la récompense de la moitié du prix qui a » été payé des deniers de la communauté ». Les auteurs des Conférences m. s. sur Lapeyrère, let. A, n. 2, v°. *Si une acquisition*, adoptent l'avis de Renusson, ainsi que Valin, sur la Coute. de la Rochelle, t. 2, p. 714.

27. Par suite du principe rappelé au n. 23 ci-dessus, ne tomboient également pas dans la société d'acquêts :

28. 1°. L'immeuble acquis avant le mariage par l'un des époux, sous une condition arrivée seulement *constante matrimonio*. *Quæsitum*, dit d'Argentré, Coute. de Bretagne, art. 418, glose 3, n. 9, pag. 1659, *de contractibus qui antè matrimonium essent* *initi sub conditione tamen quæ constante matrimonio evenit, an matrimonii, an superioris tempus is acquæstus esset : sed hæc non valdè dissidiosa est, quia certum est, purificatis conditionibus, actum retrò ad tempus ejus referri, et ex eo tempore valere, ac perindè haberi ratione quidem translationis dominii ac si conditio nunquàm fuisset apposita.* — V., dans le même sens, Lebrun, de la Com[té]., liv. 1er., ch. 5, sect. 3, n. 13, p. 152; Voët, *ad Pand.*, tit. *de pact. dot.*, n. 309, t. 2, p. 103. De même, et à raison de la rétroactivité attachée aux conditions, si l'un des conjoints avoit eu, en se mariant, une créance conditionnelle d'une somme d'argent, quoique la condition n'eût été accomplie, et que la somme n'eût été payée que durant le mariage, cette créance étoit exclue de la société d'acquêts. (Pothier, de la Com[té]., n. 320, p. 633). Par le même motif, si l'un des époux, à l'époque de son mariage, s'étoit trouvé possesseur d'un billet de loterie, quoique cette loterie n'eût été tirée et que le lot ne fût échu au billet que depuis le mariage, le lot gagné ne tomboit pas dans la société; car, dit Pothier, *sup.*, n. 321, p. 633, le billet de loterie étoit une espèce de créance conditionnelle du lot qui écherroit à ce billet, au cas qu'il en échût un ;

29. 2°. L'immeuble acquis par l'un des conjoints par l'effet d'une prescription commencée à son profit avant le mariage, mais accomplie durant le mariage. Dans cette espèce, la possession, qui est la cause de l'acquisition, précède, comme on s'en aperçoit, le temps de la société; c'est toujours droit antérieur au mariage, et que le temps ne fait que confirmer. (D'Argentré, Cout^e^. de Bretagne, art. 418, glose 3, n. 13, p. 1659; Lebrun, de la Com^té^., liv. 1er., ch. 5, sect. 3, n. 17, p. 152; Bourjon, Droit commun, 2e. part., de la Com^té^., ch. 1er., sect. 2, dist. 2, t. 1er., p. 538; Pothier, de la Com^té^., n. 157, p. 559 et 360; Voët, *ad Pand.*, tit. *de pact. dot.*, n. 39, t. 2, p. 104;

30. 3°. Le fonds acheté est payé, avant le mariage, par le conjoint qui, durant le mariage, et sur une action pour lésion d'outre-moitié dirigée contre lui, avoit suppléé le juste prix : l'argent seul déboursé durant le mariage étoit acquêt. L'acheteur, en effet, paie le supplément du prix forcément et pour éviter d'être évincé...... *Hi enim actus conditionem continent, nec sinunt libertatem esse voluntatis*, et le paiement de ce supplément n'opère pas un nouveau contrat, mais bien la confirmation du premier...... *Quod per modum supplementi fit, non facere id novum contractum ab eo tempore supplementi, sed retro factum confirmare.* (D'Argentré, Cout^e^. de Bretagne, art. 418, glose 3, n. 6, p. 1658; Voët, *ad Pand.*, tit. *de pact. dot.*, n. 42, t. 2, p. 105; Renusson, de la Com^té^., 1re. part., ch. 3, n. 50, p. 12, et des Propres, ch. 4, sect. 11, n. 10, p. 224; Lebrun, de la Com^té^., liv. 1er., ch. 5, sect. 3, n. 15, p. 152; Pothier, de la Com^té^., n. 160, p. 561). — V. *inf.*, n. 271, 4°.;

31. 4°. L'immeuble dont l'un des époux qui y avoit un droit de propriété contesté avant le mariage, étoit laissé en possession par suite d'une transaction intervenue pendant le mariage. *Transactione, etenim*, dit Dumoulin, sur l'ancienne Cout^e^. de Paris, §. 33, glose 1re., n. 67, p. 794, *nullum dominium transfertur, nec novus titulus in re acquiritur, sed sola liberatio contro-*

versiæ. — V., dans le même sens, Louet et Brodeau, let. T, somm[re]. 5, t. 2, p. 685 et 686; Renusson, des Propres, ch. 4, sect. 11, n. 11, p. 224, et de la Com[té]., 1re. part., ch. 3, n. 51, p. 12; Bourjon, Droit commun, 2e. part., de la Com[té]., ch. 1er., sect. 2, dist. 2, t. 1er., p. 537, n. 14 et 15; Pothier, de la Com[té]., n. 164, p. 562. — V. *inf.*, n. 271, 3°. On sent que si le litige sur la propriété de l'immeuble s'étoit terminé, non par une transaction, mais par la décision du juge, l'immeuble n'étoit pas également un acquêt, *non enim ex sententiâ judicis recens talis rei acquisitio est, sed tantum eam retro conjugis alterutrius propriam fuisse judex suo declarat judicio.* (Voët, *ad Pand.*, tit. *de pact. dot.*, n. 40, p. 104);

32. 5°. L'héritage que l'un des conjoints, avant son mariage, avoit acquis d'un mineur, et dont la vente avoit été ratifiée pendant le mariage de l'acquéreur par le vendeur devenu majeur. La ratification, dans ce cas, rétroagissoit de manière à rattacher la ratification à l'acte ratifié, qui formoit ainsi le titre d'acquisition de l'héritage : *Retro recurrit* *ratihabitio ad illud tempus quo convenit,* dit la loi 16, §. 1er., ff. *de pign. et hyp.* (V. Pothier, de la Com^té^., n. 160, p. 561);

33. 6°. L'immeuble acquis, avant le mariage, d'un tiers agissant au nom et comme se faisant fort du propriétaire, sans mandat de celui-ci, lorsque ledit propriétaire avoit ratifié la vente depuis le mariage de l'acquéreur..... : *Ratihabitiones negotiorum gestorum ad illa tempora reduci oportet in quibus contracta sunt.* L. 25, *in fine*, cod. *de donat. int. vir. et ux.* Ici, le titre d'acquisition, que la ratification ne faisoit que confirmer, étoit encore antérieur à l'existence de la société. (V. Pothier, de la Com^té^., n. 161, p. 561);

34. 7°. *Quid*, d'une acquisition faite, avant le mariage, par l'un des époux, d'un immeuble dotal vendu, soit par une femme seule autorisée de son mari, soit par ce dernier seul, au nom de sa femme, avec promesse de la faire ratifier, soit par le mari et la femme conjointement, lorsque la femme, propriétaire de l'immeuble, ratifioit la vente étant veuve et pendant la durée du mariage des époux associés aux acquêts? Il faut appliquer même à ce cas la décision portée cidessus (n. 32 et 33), décision à laquelle ne pouvoit faire obstacle la dotalité de l'immeuble aliéné, la nullité de l'aliénation des biens dotaux n'étant qu'une nullité relative, comme on l'a déjà vu, n. 8, n[te]. 1re., let. *f.*;

35. 8°. L'héritage que l'un des époux, avant son mariage, avoit acheté sous une faculté de rachat dont le vendeur, qui se l'étoit réservée, s'étoit désisté durant le mariage, par suite de nouveaux arrangements avec l'acheteur : *Quá pactionis remissione*, dit Voët (*ad Pand.*, tit. *de pact. dot.*, n. 42, t. 2, p. 105), à qui nous empruntons cet exemple, *prior venditionis contractus non innovatur, sed magis firmatur, sublato metu resolutionis, quæ ex pacto sequi posset; neque quicquam de novo acquiritur, sed id tantum efficitur ne rursus abeat atque recedat à nostro dominio, quod nostrum semel esse cœpit.*

36. La règle d'après laquelle les biens, dont le titre d'acquisition précédoit le mariage, ne tomboient pas dans les sociétés d'acquêts, recevoit son application, ainsi qu'on a pu s'en apercevoir par quelques-uns des exemples ci-dessus, quoique le titre, valable dans son origine, fût sujet à être rescindé par quelque vice qui n'eût été purgé que durant la société. Mais si le titre, confirmé pendant le mariage, étoit RADICALEMENT NUL DANS SON PRINCIPE, alors le bien acquis devoit faire partie de la société d'acquêts, la ratification étant considérée, en ce cas, comme un nouveau titre. C'est ce qu'enseigne Pothier, de la Com^{té}., n. 160, *in fine*, p. 561.

57. Cet auteur, à l'appui de ce nouveau principe qu'il pose, et suivant lequel l'immeuble acquis avant le mariage tomboit dans la société, si le titre, confirmé durant le mariage, étoit *absolument nul*, cet auteur, disons-nous, donne notamment pour exemple, au n. 160 ci-dessus, le cas auquel l'un des époux auroit acheté, avant son mariage, le bien d'une femme non autorisée de son mari, et auroit obtenu, *constante matrimonio*, la ratification de cette vente par la femme devenue veuve. Mais, d'un côté, il y avoit diversité d'opinions sur la question de savoir si la nullité résultante du défaut d'autorisation de la femme mariée étoit *absolue* (comme le prétendoit Pothier, de la Puissance du mari sur la personne et sur les biens de la femme, n. 5, p. 457, et, d'après lui, les auteurs du Nouveau Denisart, v°. *Autorisation*, §. 1er., n. 7 et précéd., t. 2, p. 787 et précéd., et ceux du Répre. de Guyot, t. 1er., p. 816), ou simplement *relative*. (Tel étoit le sentiment de Valin, sur la Coute. de la Rochelle, t. 1er., p. 537 et 538; de Lebrun, de la Comté., liv. 2, ch. 1er., sect. 5, n. 3, p. 193; des Annotateurs de Duplessis, de la Comté., p. 385; des frères Lamothe, sur la Coute. de Bordeaux, t. 2, p. 129 et suiv.). D'un autre côté, l'exemple donné par Pothier, pour être en harmonie avec le droit commun des pays coutumiers exigeant l'autorisation du mari dans les aliénations des biens de la femme, ne peut guère s'accorder avec les règles reçues en pays de droit écrit, et particulièrement dans le ressort du parlement de Bordeaux. En effet, dans les pays du ressort de ce parlement, soumis au pur droit écrit, la femme pouvoit disposer de ses paraphernaux à toute sorte de titres, sans le consentement du mari (V. n. 8, nte. 1re., let. *a*); et dans les pays du même ressort compris dans le territoire de la coutume de Bordeaux, la femme, *salvo mariti usufructu*, pouvoit disposer du fonds même et du capital de ses paraphernaux, sans être autorisée de son mari. (V. n. 8, nte. 1re., let. *a*). Enfin, les biens dotaux étoient inaliénables, à quelques exceptions près, même avec le consentement du mari, dans l'étendue comme hors le territoire de la coutume. On peut supposer toutefois, pour rentrer dans l'exemple donné par Pothier, que la vente a eu lieu dans le cas de ces exceptions, ou même dans le cas où l'immeuble vendu étoit frappé d'inaliénabilité. Dans cette dernière hypothèse, à la nullité prise du défaut d'autorisation, se joindroit la nullité résultante de la prohibition d'aliéner. La première nullité, si on la considéroit comme absolue, feroit juger la ratification comme non avenue, et dès-lors il deviendroit inutile de s'occuper de l'influence de la seconde nullité. Si, au contraire, la nullité prise du défaut d'autorisation n'étoit regardée que comme une nullité relative, il faudroit voir si la nature de la seconde nullité ne seroit pas un obstacle à ce qu'on pût envisager la ratification faite par la femme, devenue veuve, comme se rattachant au premier contrat. A cet égard, nous avons déjà dit (n. 34, *in fine*) que, quoique l'aliénation du fonds dotal fût nulle, cette nullité n'étoit cependant pas radicale et absolue.

38. De la règle posée au n. 23, et d'après laquelle les biens dont le titre d'acquisition étoit antérieur au mariage, n'étoient pas compris dans la société d'acquêts, découle naturellement cette autre règle suivant laquelle les choses dans la propriété desquelles l'un des époux étoit rentré, *durante matrimonio*, par la rescision, la résolution ou la simple cessation de l'aliénation qu'il en avoit faite avant le mariage, ne tomboient pas dans cette société. (Pothier, de la Société, n. 48, p. 550).

39. Tel étoit l'héritage dans la propriété duquel étoit rentré, pendant le mariage, l'un des époux, qui l'avoit vendu, sous faculté de réméré, avant le mariage : il n'y avoit d'acquêt que le prix déboursé pour exercer le réméré, *quia*, dit d'Argentré, Cout^e. de Bretagne, art. 418, glose 3, n. 10, p. 1659, *non est novi temporis acquisitio, sed ex veteri causâ et jure in priorem causam potius rediisse quàm esse innovatam.* C'est également ce qu'enseignent Voët, *ad Pand.*, tit. *de pact. dot.*, n. 41, t. 2, p. 104; Renusson, des Propres, ch. 4, sect. 11, n. 12, p. 225, et de la Com[té]., 1re. part., ch. 3, n. 52 à 54, p. 12 et suiv.; Lebrun, de la Com[té]., liv. 1er., ch. 5, sect. 3, n. 14, p. 152; Bourjon, Droit commun, 2e. part., de la Com[té]., ch. 1er., sect. 2, dist. 2, n. 20, t. 1er., p. 538; Dupin, dans sa Conf[ce]. sur Ferron, let. A, n. 13, et Pothier, de la Com[té]., n. 186, *in fine*, p. 571. --V. *inf.*, n. 271, 2°. — De même, si un bien, propre à l'un des époux, avoit été vendu pendant la durée de la société conjugale, sous faculté de réméré, et que cette faculté eût été exercée pendant ladite société, l'héritage ainsi retiré étoit propre à celui des époux à qui il avoit déjà appartenu : c'étoit résolution de la vente d'un propre, qui remettoit les choses dans leur premier état. (Bourjon, *sup.*, ch. 10, sect. 2, dist. 3, n. 25, t. 1er., p. 539; Lebrun, *sup.*, n. 34, p. 157).

40. Tel étoit encore l'immeuble vendu par

l'un des conjoints avant le mariage, et dans la propriété duquel il étoit rentré pendant le mariage, en faisant annuller la vente par des lettres de rescision..... *Certum est titulum non mutari, et antiquam causam manere ideòque acquæstum non posse videri, quòd retinetur potius quàm recuperatur.* (D'Argentré, Coutᵉ. de Bretagne, art. 418, glose 2, n. 18, p. 1655. — V., dans le même sens, Lebrun, de la Comté., liv. 1er., ch. 5, sect. 3, n. 15, p. 152; Annotateurs de Duplessis, de la Comté., liv. 1er., ch. 2, p. 368; Bourjon, Droit commun, 2e. part., de la Comté., ch. 1er., sect. 2, dist. 2, n. 21, t. 1er., p. 538; Pothier, de la Comté., n. 186, p. 571).

41. Tel étoit aussi l'immeuble dont l'un des époux avoit fait donation avant son mariage, et dont il avoit recouvré la propriété pendant le mariage, la donation ayant été révoquée par survenance d'enfants ou pour cause d'ingratitude. (Pothier, de la Comté., n. 187, p. 571, et n. 188, p. 572; de la Société, n. 48, p. 550). N'y ayant, dit cet auteur, aucun nouveau titre d'acquisition en vertu duquel le conjoint devienne propriétaire, il ne peut le devenir qu'au même titre auquel il l'étoit lorsqu'il a aliéné, lequel titre revit, en ce cas, par la résolution de l'aliénation.

42. Tel étoit également l'héritage vendu par l'un des conjoints avant le mariage, et recouvré par lui, durant le mariage, par suite du désistement pur et simple de l'acquéreur qui n'avoit pas encore payé le prix de son acquisition. Un semblable désistement n'étoit pas, en effet, une rétrocession ni une nouvelle vente, mais bien une résolution de l'aliénation consentie par le conjoint, *distractus potius quàm novus contractus.* (V. Pothier, de la Com[té]., n. 189, p. 572; de la Vente, n. 328, p. 591 et suiv.; Molières-Fonmaur, traité des Lods et Ventes, n. 621, 622 et 626 *bis*, t. 2, p. 146, 147 et 149, édit. de 1783; Guyot, traité des Fiefs, t. 3, p. 479, 487, 489 et suiv., n. 7, 16, 19 et suiv., édit. de 1751).

43. Les acquisitions, quoique faites en vertu d'un titre non antérieur au mariage, ne tomboient pas dans la société, lorsque, par l'effet de la loi ou d'une convention expresse, elles étoient subrogées soit à des héritages aliénés par l'un des époux à qui ils appartenoient, soit à des sommes de deniers dont l'emploi avoit été stipulé dans le contrat de mariage des époux.

44. Dès-lors, l'héritage acquis par l'un des époux, durant le mariage, en contre-échange d'un immeuble, dont il étoit propriétaire, restoit propre à cet époux, à cause de la subrogation (d'Argentré, Coute. de Bretagne, art. 418, glose 2, n. 1er., p. 1649; Renusson, des Propres, ch. 1er., sect. 10, n. 4, p. 25; Lebrun, de la Comté., liv. 1er., ch. 5, dist. 3, n. 9, p. 132; Lapeyrère, let. C., n. 24; Pothier, de la Société, n. 50, p. 551, et de la Comté., n. 197, p. 576 et suiv.) qui avoit lieu, suivant les autorités précitées, sans qu'il y en eût une déclaration expresse dans le contrat d'échange. Mais cette subrogation de plein droit dans l'échange, fondée sur l'art. 143 de la Coute. de Paris, et reçue par le droit commun des pays coutumiers, ne nous paroît pas autorisée par le droit romain, suivant les principes duquel nous écrivons. (V. Voët, *ad Pand.*, tit. *de pact. dot.*, n. 35, t. 2, p. 102; M. Merlin, au Nouveau Répre., t. 13, p. 12, vo. *On m'objectera peut-être*, et p. 15 et suiv.). Aussi Voët, *sup.*, décide-t-il que l'immeuble acquis en contre-échange tomboit dans la société d'acquêts, *si nihil in contrarium apertè declaratum fuerit.* — Si, en faisant l'échange de son héritage propre (avec la déclaration plus haut mentionnée), l'un des époux avoit donné une soulte, l'immeuble reçu en contre-échange lui restoit néanmoins propre pour le total; le prix de la plus-value formoit seul un acquêt : *Si fundus cum fundo permutatus sit, sed cùm aliquid ad justam alterius æstimationem deesset, datum est supplementum pecuniæ : an mulier fundata sit in parte rei acquisitæ pro rata pecuniæ? Breviter dico quodcumque nomine supplementi datum sit, id principalis contractûs naturæ accedere ideòque in ejus naturam transgredi, itàque totum acquiri ei de conjugibus cujus res fuit permutata, data, sed pecuniæ datæ dimidia, soluto matrimonio et communione, reddi debebit alteri de conjugibus, unus enim est contractus isque permutationis.* Ainsi s'exprime d'Argentré, Cout^e^. de Bretagne, art. 418, glose 2, n. 3, p. 1649 et 1650. V., dans le même sens, Renusson, des Propres, ch. 1er., sect. 10, n. 9, p. 25; Lebrun, de la Com^té^., liv. 1er., ch. 5, dist. 3, n. 10, p. 132;

Annotateurs de Duplessis, de la Com^té^., p. 369 et 370; Lapeyrère, let. C, n. 24; Pothier, de la Com^té^., n. 197, p. 577). — Que si la soulte égaloit ou surpassoit la valeur de l'héritage donné en échange, le contrat étant alors un contrat mixte, mêlé de vente et d'échange, l'héritage acquis en échange étoit acquêt jusqu'à concurrence de la somme déboursée. (Valin, Cout^e^. de la Rochelle, t. 2, p. 713; Bourjon, Droit commun, 2e. part., de la Com^té^., ch. 1er., sect. 2, dist. 1re., n. 9, t. 1er., p. 536; Pothier, de la Com^té^., n. 197, *in fine*, p. 577).

45. Voici d'autres exemples.

46. Si le mari, après avoir vendu un de ses propres, avoit acheté, durant sa société, un héritage, avec déclaration faite *incontinenti*, même en l'absence de la femme, que l'acquisition étoit faite des deniers provenus de l'aliénation de son propre et pour lui tenir lieu de remploi, l'héritage acheté, étant subrogé au propre vendu, ne tomboit pas dans la société. (Lebrun, de la Com^té^., liv. 3, ch. 2, sect. 1re., dist. 2, n. 69, p. 368; Duplessis, de la Com^té^., liv. 2, p. 447; Valin,

Coutᵉ. de la Rochelle, t. 2, p. 618; Bourjon, Droit commun, 6ᵉ. part., de la Comté., ch. 2, sect. 4, dist. 2, n. 59 à 61, t. 1ᵉʳ., p. 621; Pothier, de la Comté., n. 198, p. 578); arrêt de la cour royale de Bordeaux, du 6 Mars 1828 (1), en 1ʳᵉ., présidᵗ. M. de Saget, plaidants Mᵉˢ. Brochon jeune et Devaulx). —

---

(1) Dans l'espèce suivante : un homme avoit contracté deux mariages avec stipulation de société d'acquêts réversibles aux enfants. Pendant son premier mariage, il avoit acquis quelques immeubles ; durant son second mariage, il avoit vendu ces immeubles, avec déclaration, dans l'acte de vente, qu'il se proposoit d'en employer le prix en d'autres biens. Plus tard, il avoit acheté divers fonds qu'il avoit déclaré, dans le contrat d'achat, payer du prix des immeubles précédemment vendus. A sa mort, les enfants du second lit, qui avoient répudié sa succession pour s'en tenir au don des acquêts, revendiquèrent, comme acquêts du second mariage, les pièces de fonds en question. Les enfants du premier lit, qui s'étoient portés héritiers du père commun, soutinrent en cette qualité, comme auroit pu le faire ce dernier, que ces fonds n'étoient pas des acquêts du second mariage, qu'ils avoient été propres à leur père, et qu'ils n'appartenoient qu'à sa succession. L'arrêt le jugea ainsi.

De même si le mari avoit acquis, durant le mariage, un immeuble, avec déclaration que l'acquisition étoit faite pour tenir lieu du remploi du propre de sa femme ([1]), cet immeuble, se trouvant subrogé au propre vendu, ne tomboit pas dans la société, pourvu que la femme eût formellement accepté ce remploi *incontinenti aut ex intervallo* ([2]). (Lebrun, de la Com[té]., liv. 3, ch. 2, sect.

([1]) Pour concevoir l'application à la femme des questions de remploi, il faut ne pas oublier, 1°. que le fonds dotal étoit aliénable dans certains cas, p. ex., lorsque l'aliénation en avoit été permise par le contrat de mariage (V. n. 8, n[te]. 1re., let. *h*); 2°. que dans le cas où l'aliénation s'étoit trouvée défendue, la femme n'étoit pas obligée, si elle ne le vouloit, à la révoquer (même note, let. *f*); qu'elle pouvoit ainsi, ou se contenter du remploi effectué, ou, à défaut du remploi, prélever le prix d'aliénation sur les acquêts, comme il sera dit ci-après, n. 248; 3°. qu'indépendamment de ses biens dotaux, la femme pouvoit avoir des paraphernaux aliénables de leur nature (V. à la note ci-dessus), et susceptibles d'être l'objet, suivant les circonstances, soit du mode de remploi dont il vient d'être question, soit du prélévement dont il sera plus tard fait mention.

([2]) V. n. 107, *ubi Exception.*

1re., dist. 2, n. 72 et 73, p. 369, et liv. 1er., ch. 5, dist. 3, n. 8, p. 131; Duplessis, de la Comté., p. 447 et 370; Boucheul, Coute. de Poitou, art. 230, n. 119, t. 1er., p. 784; Pothier, de la Comté., n. 199 à 201, p. 578 *in fine* et suiv.), mais avant la dissolution de la société, suivant l'opinion la plus générale. (Duplessis, *sup.*, p. 447; Lebrun, *sup.*, n. 74, p. 370; Valin, Coute. de la Rochelle, t. 2, p. 618). Notez ici que la décision de Lapeyrère, let. C, n. 23, portant que « la chose » acquise du prix de la vente d'un bien ap- » partenant à l'un des conjoints, ne formoit » pas un acquêt, s'il étoit dit, dans le contrat » d'achat, que le paiement étoit fait des de- » niers du propre vendu », notez, disons-nous, que cette décision ne doit être suivie qu'avec les distinctions et sous les conditions qui viennent d'être rappelées.

47. Hors le cas de déclaration de remploi, la chose acquise par le mari du prix de la vente d'un bien appartenant à sa femme ou à lui propre, formoit un acquêt. (D'Argentré, Coute. de Bretagne, art. 418, glose 1re., n. 13, p. 1647; Mornac, sur la loi 54, ff. *de jure dot.*; Lapeyrère, let. C, n. 23). D'un côté, en effet, il ne s'opéroit aucune subrogation, puisque la subrogation n'étoit pas présumée *ipso jure* dans les choses singulières; (Renusson, des Propres, ch. 1er., sect. 10, n. 3, p. 25, et n. 30, p. 34, et traité de la Subrog., ch. 1er., n. 4, p. 2; Denis Godefroy, sur la L. 48, §. 7, ff. *de furtis*, dont les paroles sont citées *inf.*, p. 87); d'un autre côté, il étoit de règle que la propriété des choses achetées appartenoit à la personne au nom de qui l'acquisition avoit été faite, n'importe à qui fussent les deniers employés à l'achat [1]; (Sentences de Paul, liv. 2, tit. 17, §. 5; Denis Godefroy, sur les L. 1re. et 3, cod. *si quis alteri vel sibi*; Serres, Inst.,

---

(1) V. n. 49, 52, 69, 72, 73, etc., *ubi* application de cette règle qui recevoit une exception remarquable en faveur des pupilles auxquels on accordoit le choix de réclamer la propriété des choses achetées, de leur argent, par leur tuteur ou curateur, *proprio nomine*. (Bersanus, *de Pupillis*, ch. 1er., quest. 24, n. 7, p. 68, et ch. 5, quest. 5, n. 4 et 5, p. 503, édit. de 1705; Ferriere, des Tutelles, p. 175, édit. de 1766; Serres, Inst., p. 474; Despeisses, tit. de l'Achat, sect. 5, n. 29, t. 1er., p. 68; Apostillateur de Lapeyrère, let. D, n. 4, t. 1er., p. 82.

p. 473; du Perier, Quest. notab., quest. 21, p. 313 et suiv.; Despeisses, tit. de l'Achat, sect. 5, n. 29, t. 1er., p. 68); et l'acquisition faite au nom de l'un des époux associés aux acquêts, étoit nécessairement communicable. (V. *inf.*, n. 68).

48. Lorsque l'emploi des deniers dotaux avoit été stipulé dans le contrat de mariage (1),

---

(1) Le mari majeur n'étoit pas tenu de donner caution pour la réception de la dot (Lapeyrère, let. D, n. 123; le même et son Apostillateur, let. D, n. 135, et let. P, n. 135, v°. *Le mari mineur;* attestation du 1er. Août 1691, syndics Mes. Ledoux et Cheylan), quand bien même la femme, qui s'étoit constituée elle-même, eût été mineure au moment du contrat de mariage. (Arrêts du parlement de Bordeaux, du 13 Mars 1745, en grand'chambre, au rapport de M. de Lancre, en faveur du sieur Dufour, et du 1er. Avril 1745, rendu à l'audience de la grand'chambre, présidt. M. Leberthon, en faveur du sieur Tailhasson, lesdits arrêts rapportés au recueil de Despiau, v°. *Dot;* autre arrêt du 7 Septembre 1746, en faveur du sieur Jeannet, rendu à l'audience tenue à la chambre du conseil, présidt. M. Leberthon). Mais s'il avoit été convenu, dans le contrat de mariage, que le mari feroit emploi des deniers dotaux, ce dernier étoit tenu de donner

et que le mari avoit fait une acquisition, en déclarant que c'étoit pour sa femme et pour tenir lieu à celle-ci de la somme dont la condition de l'emploi avoit été imposée, l'immeuble acquis, comme subrogé à la place des deniers, étoit exclu de la société (Louet sur Brodeau, let. H, somm^re. 21, n. 12, t. 1er., p. 791; Renusson, des Propres, ch. 6, sect. 8, n. 25, p. 314, v°. *De sorte que si un mari;* Duplessis, de la Com^té., et ses Annotateurs, p. 370 et 448; Boucheul, sur la Cout^e. de Poitou, art. 285, n. 65 et 66, t. 2, p. 252; d'Aguesseau, 27e. plaidoyer, t. 2, p. 642 à 645; Auroux des Pommiers, Cout^e. de

---

caution ou de faire l'emploi stipulé; faute de quoi, les débiteurs, en cas d'insolvabilité du mari, pouvoient être obligés à payer une seconde fois. (Attestation du 9 Avril 1691, syndics M^rs. Merle et Ledoux; Apostillateur de Lapeyrère, let. D, n. 135). Dans l'absence même d'une stipulation d'emploi dans le contrat de mariage, le mari qui poursuivoit le paiement des sommes dues par un tiers avec condition de ne payer que sur un emploi solvable, étoit obligé de donner caution, quoique les sommes eussent été constituées en dot à sa femme. (Arrêt du parlement de Bordeaux, du 17 Novembre 1727, en grand'chambre, au recueil de Despiau, v°. *Dot*).

Bourbonnais, art. 329, n. 12 et 13, 1re. part., p. 391, édit. de 1780), pourvu, suivant ces auteurs, que la femme eût accepté l'emploi (1)

---

(1) C'est ainsi que d'anciens docteurs enseignoient que l'immeuble que le mari déclaroit acheter *pour sa femme*, *pour tenir lieu des deniers dotaux*, étoit dotal à la femme, si l'acquisition convenoit à cette dernière et si elle y donnoit son consentement. (V. Voët, sur les titres du ff. *de rei vind.*, n. 21, et *de ritu nupt.*, n. 35, t. 1er., p. 425, et t. 2, p. 101 et 102; Faber, liv. 5, Conject., ch. 9, p. 215 et suiv., édit. de 1605; Mantica, *de tacit. et amb. convent.*, liv. 12, tit. 27, n. 4, 6, 7, 14 et 18, t. 1er., p. 570 et 572; Brunemann, sur la L. 12, cod. *de jure dot.*, et sur la L. 26, ff. *eod.*; glose *ad dict.* L. 12 et *ad* L. 54, ff. *de jure dot.*). Mais observez, 1°. que ces docteurs, en entendant la L. 54 (*), ff. *de jure dot.*, de l'acquisition faite *au nom de la femme*, la concilioient par ce moyen avec la L. 12 (**), cod. *de jure dot.* (V. Faber, *sup.*; Brunemann, *ad dict.* L. 12; Godefroy, sur la L. 54, *sup.*, etc.), comme d'autres interprètes le faisoient en restreignant le cas de la même L. 54, soit à l'acquisition faite *par la femme* (V. Annotateurs de

(*) *Res quæ ex pecuniâ dotali comparatæ sunt* DOTALES ESSE VIDENTUR, dit cette L. 54.

(**) *Ex pecuniâ dotali fundus à marito tuo comparatus*, NON TIBI QUÆRITUR, porte la L. 12, *sup.*

in instanti ou *ex post facto*, mais avant la dissolution de la société. Lapeyrère, let. D,

---

Domat, Lois civiles, liv. 1er., tit. 10, sect. 1re., n. 26, p. 110), soit à l'acquisition faite *par le mari, avec déclaration qu'il achetoit des deniers dotaux, mais après une clause d'emploi insérée dans le contrat de mariage* (V. Conférences m. s. sur le code Justinien, liv. 4, tit. 50); 2°. que ces mêmes docteurs décidoient de la sorte, quoique les deniers dotaux n'eussent été soumis, par contrat de mariage, à la condition d'aucun emploi. Sur quoi, nous rappellerons d'abord qu'une autre conciliation des L. 12 et 54, *sup.*, avoit prévalu; que la L. 54 étoit expliquée en ce sens qu'elle ne consacroit qu'une dotalité *subsidiaire*, dotalité qui n'avoit lieu qu'en cas d'insuffisance des biens du mari et discussion faite desdits biens. (V. Godefroy et les auteurs qu'il cite, *ad* L. 54 et 12, *sup.*; Pothier, *ad Pand.*, liv. 24, tit. *solut. matrim.*, n. 85, t. 1er., p. 73, édit. de 1748; Louet sur Brodeau, let. H, sommre. 21, t. 1er., p. 790 et 791; Dumoulin, Coute. de Paris, tit. 1er., de Fiefs, §. 1er., glose 5, *in v°. Le fief*, n. 95, t. 1er., p. 171 et 172; d'Aguesseau, 27e. plaidoyer, t. 2, p. 643; de la Touloubre, sur la quest. 4 du liv. 3 des Quest. notab. de du Perier, p. 291 à 293; Albert, recueil d'arrêts du parlement de Toulouse, let. F, ch. 11, p. 215 et suiv.; arrêts de la cour de Bordeaux, des 31 Août 1807, 1re. sect., présidt. M. de

n. 4; son Apostillateur, let. H, n. 42, v°. *La décision;* Dupin sur Automne, art. 47 de la

---

Brézets, plaidant Me. Ravez, et 25 Avril 1820, en 2e., présidt. M. Delpit, plaidants Mes. Brochon jeune et Barennes, reconnoissant cette dotalité subsidiaire. — V. ci-après la 2e. note du n. 52, 2e. al., p. 101. — Mais, pour revenir à l'hypothèse ci-dessus prévue, est-il bien vrai (dans l'absence d'une stipulation d'emploi dans le contrat de mariage) que l'immeuble que le mari achetoit des deniers dotaux, au nom de sa femme, pour lui tenir lieu des mêmes deniers, pût être considéré comme dotal? Godefroy, sur la L. 48, §. 7, ff. *de furtis*, établit (ce que nous avons déjà eu l'occasion de rappeler au n. 47) que, *in particularibus*, il n'y avoit aucune subrogation, ni du prix à la chose, ni de la chose au prix, « *furtivum non est*, dit-il, » *quod ex re furtivâ redigitur..... aliud res est, aliud* » *rei pretium..... pretium regulariter loco rei non* » *fungitur..... in particularibus pretium non succedit* » *loco rei..... ideòque pecunia, ex rei mobilis ven-* » *ditione redacta, non erit mobilis, non erit viri, non* » *uxoris, non patrimonialis. Nec semper verum est* » *subrogatam pecuniam in locum rei subrogatæ suc-* » *cedere: sicuti res empta non succedit in conditionem* » *pecuniæ ex quâ res ipsa comparata est. Ideòque res* » *non fit mea, nec patrimonialis.* L. 6, cod. *de rei* » *vind.; dotalis,* L. 12, cod. *de jure dot.; pignorata,*

Cout^e^. de Bordeaux, n. 24 à 29, ne parlent pourtant pas de l'acceptation de l'emploi de

---

» L. 7, *in fine*, ff. *qui potiores; communis*, L. 67, §. 1er., » ff. *pro socio. Quinetiam, in particularibus, pretium* » *non succedit loco rei*, L. 29, §. 17, ff. *eod.*; L. 21, » ff. *de hæred. vel act. vend.* ». Voici bien une subrogation de plein droit exclue, mais non une subrogation qui résulteroit de la convention des parties : aussi Godefroy continue-t-il dans les termes suivants : « *At-* » *qui pecuniæ dominis succurri rei vendicatione* » *æquum est? Sic sanè quoad tamen ejus fieri pos-* » *sit. Ideòque non malè quidam suadent ementem* » *aut vendentem, in ipso actu denunciare posse, ac* » *protestari, eâ se mente contrahere ut res empta* » *loco sit pretii numerati, pretium loco rei venditæ,* » *Arg.* L. 67, §. 1er., ff. *pro socio*; L. 1re., cod. *si quis* » *alteri vel sibi, atque ita fore ut patrimonia viri et* » *uxoris et similium personarum non mutentur* ». Sur ce dernier point, Renusson, traité des Propres, ch. 1er., sect. 10, n. 30, p. 34, *junct.* n. 2 et 3, p. 24 et 25, enseigne, de son côté, qu'en droit romain, la subrogation réelle avoit lieu dans les titres particuliers, quand il y en avoit eu une convention et une déclaration expressément faites par les contractants; ce qui sembleroit, au reste, résulter des L. 26 et 27, ff. *de jure dot.*, ainsi conçues : *Ita* (c'est-à-dire, par suite d'une convention expresse, la loi précédente parlant d'une

la part de la femme, quoiqu'ils fondent leur décision notamment sur l'autorité de Louet,

---

subrogation qui se faisoit avant le mariage par une stipulation entre les futurs époux (V. M. Merlin, au Nouveau Rép^re^., t. 13, p. 13) *constante matrimonio, permutari dotem posse dicimus, si hoc mulieri utile sit, ut ex pecuniâ in rem aut ex re in pecuniam. Ideòque probatum est. Quod si fuerit factum, fundus vel res dotalis efficitur.* En admettant que le droit romain autorisât une subrogation réelle par suite de la convention des parties, il ne seroit pas douteux que, dans les pays uniquement régis par ce droit, on ne dût se prononcer pour la dotalité de l'acquisition faite des deniers dotaux par le mari, pour tenir lieu desdits deniers, *nomine et consensu mulieris cui res expediebat.* Les auteurs cités en tête de la présente note, le décidoient ainsi, et les deux lois ci-avant rappelées prêtent de la force à cette opinion. Mais cette question, si on devoit la résoudre d'après les principes du droit coutumier (nous allons, à présent, raisonner exclusivement d'après ces principes), recevroit plus de difficulté, par ce motif, que nous empruntons à Renusson, *sup.*, n. 30, p. 34, « que nos » coutumes et nos mœurs ayant attribué aux biens » différentes qualités de propres, d'acquêts, de meu- » bles et d'immeubles, et les déférant à différents hé- » ritiers, suivant les différentes qualités, la subroga-

loc. sup. cit. A ce sujet, voici comment s'exprime Coquille, Quest. et Rép. sur les

---

» tion étoit de plus grande conséquence parmi nous » que dans le droit romain ». C'est pour cela que cet auteur, après avoir dit, d'une manière générale, que, dans les titres singuliers, la subrogation pouvoit venir de la convention expresse des contractants (traité des Propres, *sup.*, n. 2 et 3; traité de la Subrogation, ch. 1er., n. 1er. et 4, p. 1re. et 2), distingue le droit romain d'avec le droit français (traité des Propres, n. 30, p. 34), et limite aux cas qui vont suivre ceux où il croit raisonnable d'admettre une subrogation conventionnelle en droit français. Selon lui, cette subrogation devoit avoir lieu seulement, 1°. lorsqu'elle résultoit des stipulations portées dans les contrats de mariage, p. ex., d'une clause d'emploi, ce qu'accordent Sérieux sur Renusson, des Propres, addit. à la suite du n. 36 de la sect. 10 du ch. 1er., p. 58, et Boucheul, Coutᵉ. de Poitou, art. 233, n. 39 et suiv., t. 1er., p. 694 et suiv. — V. *sup.*, n. 48; 2°. à l'égard des immeubles achetés, pendant une communauté entre époux, du prix d'aliénation des biens propres à ceux-ci, moyennant la déclaration, dans le contrat d'achat, que le paiement étoit fait dudit prix d'aliénation (traité des Propres, *sup.*, n. 31 et 32, *in princip.*, p. 34 et 35. — V. *sup.*, n. 46), ce que reconnoît également M. Merlin, Nou-

articles des coutumes, quest. 286, p. 314 et suiv. : « Quand, par le traité de mariage,

---

veau Répre., t. 13, p. 10, 12 et 13; 3°. même hors ces deux cas, lorsque le contrat de vente d'un héritage portoit déclaration de vouloir en employer le prix en d'autres héritages, et que le contrat d'acquisition contenoit une déclaration d'emploi (traité des Propres, *sup.*, n. 32 et suiv., p. 35 et suiv. ; Poullain Duparc, Principes du droit français, t. 3, p. 319, et t. 4, p. 34), ce que conteste, soit Sérieux, *sup.*, p. 37 et 38, soit M. Merlin, *sup.*, p. 5 et suiv. On voit par là que, d'un côté, l'espèce qui nous occupe ne rentre dans aucun des cas où la subrogation conventionnelle se trouve autorisée par la doctrine de nos auteurs français, et que, d'un autre côté, en accordant la subrogation de l'immeuble acquis des deniers dotaux à ces mêmes deniers, dans la seule hypothèse d'une stipulation d'emploi insérée dans le contrat de mariage, ces auteurs la rejettent, par cela seul, dans toute autre circonstance : telle est, au surplus, l'opinion formelle, à laquelle nous souscrivons, qu'on trouve consignée dans le Nouveau Denisart, t. 7, p. 118, où il est dit : « Sans la clause d'emploi, les » acquisitions que le mari feroit avec les deniers do- » taux, ne pourroient prendre la qualité de bien » dotal, quand il y auroit déclaration d'emploi et » consentement de la femme; car rien, pendant le

» est dit que partie des deniers dotaux sera » employée en achat d'héritage propre pour

---

» mariage, ne peut changer la nature de la dot, et » de mobilière qu'elle a été, la rendre immobilière, » et réciproquement ». Nous pensons toutefois que l'immeuble acheté des deniers dotaux par le mari, pour sa femme, dont le consentement interviendroit, quoiqu'il dût être dépouillé du caractère de dotalité, n'en devroit pas moins appartenir à la femme. Nous avons vu, en effet, que la propriété d'une chose achetée reposoit uniquement sur la tête de la personne au nom de laquelle l'acquisition avoit été faite (V. autorités, au n. 47), et nous ajoutons ici, que, nonobstant les dispositions, soit du §. 4, Inst., *de inutil. stipul.*, soit de la L. 6, cod. *si quis alteri vel sibi*, il est certain qu'on pouvoit traiter, acheter pour autrui, et en particulier pour sa femme, pourvu que le tiers auquel on avoit prêté son ministère, ratifiât le contrat (Mornac, sur la L. 6, *sup.*; Saint-Martin, *scholast. forens. Just.*, *inst.*, tit. *de inutil. stipul.*, p. 118, édit. de 1781; Conférences m. s. sur le code Justinien, liv. 4, tit. 50; Serres, Inst., p. 473; Pothier, des Oblig., n. 74 et 75, p. 38), ce qui étoit vrai, même pour les pays régis par le droit romain, les décisions de ce droit qui se trouvoient arbitraires ou subtiles n'étant pas reçues dans lesdits pays. (Saint-Martin, *sup.*, tit. *de jure nat.*, p. 29). Nous penserions

» la femme...., le mari qui les reçoit, qui » est maître et administrateur de la famille et » ménage, *quasi procurator in eam rem* » *constitutus,* doit être soigneux de faire au-» dit emploi ce qu'un bon ménager feroit...; » autrement je crois que la femme ou ses » héritiers... ne seroient tenus d'accepter tel » emploi. Le plus sûr est, quand tel emploi » se fait, que le mari ne fasse rien sans la vo-» lonté et consentement de sa femme, et que » tous deux, de commun accord et par en-» semble, fassent le marché et achat, et con-» tractent. Aussi bien la loi commande au » mari qu'aux affaires de la dot de sa femme, » quand aucune chose d'importance se pré-» sente, de ne rien faire sans le consentement

---

encore que, même dans l'absence de toute stipulation d'emploi dans le contrat de mariage, on devroit considérer comme dotal l'immeuble dans lequel, après une séparation de biens obtenue par la femme, il auroit été fait emploi des deniers dotaux de cette dernière, qui ne pouvoit les recevoir qu'à la charge dudit emploi (V. n. 8, n^te. 1re., let. *d*) : l'immeuble acquis des deniers dotaux, avec déclaration d'emploi stipulé dans le contrat de mariage, n'étoit-il pas dotal? N'y auroit-il pas même raison de décider?

» d'elle; L. 58, ff. *solut. matrim.* ». On trouve dans ce passage, indépendamment d'un conseil bon à suivre, cette remarque que le mari est *quasi procurator in eam rem constitutus.* D'Aguesseau, *sup.*, répète, de son côté, *que le mari est considéré en cette matière comme le procureur de sa femme.* S'il en est ainsi, et nous le pensons, qu'est-il besoin d'acceptation de l'emploi par la femme? Les acquisitions faites par un mandataire ne sont-elles pas, de plein droit, censées faites par le commettant? Tel est, au surplus, le sentiment de M. Merlin (Nouveau Rép[re]., t. 4, p. 222); et ce sentiment se trouve suivi dans les motifs d'un jugement du tribunal de première instance de Bordeaux, en date du 28 Avril 1817, confirmé sur appel par arrêt du 25 Avril 1820, 2e. chambre, présid[t]. M. Delpit, plaidants M[es]. Brochon jeune et Barennes. « Attendu, est-il dit dans ce jugement, qu'on doit distinguer les cas où les » contrats de mariage comprennent au profit » des femmes une stipulation d'emploi des » deniers dotaux, et le cas où cette stipulation n'y a pas été insérée; que lorsqu'il y a » une stipulation, il en résulte pour le mari » un mandat spécial et formel; qu'ainsi, lors-

» qu'en achetant, il a déclaré employer les » deniers dotaux, il ne fait alors autre chose » qu'exécuter son mandat; qu'il suit de là » que, dans cette supposition, la dotalité est » assurée indépendamment de toute appro- » bation postérieure; qu'au contraire, lors- » qu'il n'y a pas eu de stipulation, le mari, » en achetant au nom de sa femme, déclare » faire emploi des deniers dotaux, il n'agit » plus que comme *negotiorum gestor*; que » c'est de là que résulte la nécessité d'une » approbation postérieure donnée par la » femme, afin d'accepter l'acquisition, et de » lui imprimer le caractère de dotalité ». (V., sur ce dernier point, la 2e. note du présent numéro, p. 85).

49. Dans l'absence d'une déclaration d'emploi, l'acquisition faite par le mari des deniers dotaux, quoique l'emploi de ces deniers eût été stipulé, constituoit un acquêt. (Voët, *ad Pand., tit. de pact. dot.*, n. 35, t. 2, p. 101; Conférences m. s. sur la Coute. de Bordeaux, aux art. 47 à 50; Bourjon, Droit commun, 2e. part., de la Comté., ch. 10, sect. 1re., n. 4, t. 1er., p. 535; Renusson, des Propres, ch. 6, sect. 7, n. 19,

p. 313, et n. 25, p. 314; Ferriere, Compil. sur la Cout^e. de Paris, art. 225, glose 1re., n. 5, t. 3, p. 211; Legrand, Cout^e. de Troyes, tit. 5, art. 81, glose 4, n. 3, p. 326). La raison de décider rappelée ci-avant (n. 47), s'applique également ici.

50. On a dit au n. 21, que les immeubles échus à l'un des conjoints par voie de succession ou donation, n'entroient pas dans la société d'acquêts. Voyons quelques espèces :

51. Un père avoit donné à son fils, pendant le mariage, un héritage en paiement de la somme dont il lui avoit fait donation en le mariant. Cet héritage formoit-il un acquêt? Non. Il est pourtant de maxime que ce qui est donné en paiement tient lieu de vente, *hujus modi contractus vicem venditionis obtinet;* L. 4, cod. *de evict.* Toutefois, dans le cas dont il s'agit, la dation en paiement passe plutôt pour l'exécution de la donation qui se fait *quamvis in re diversâ*, que pour une vente faite au fils de cet héritage pour le prix de la somme qui lui est due. On suppose que les parties se sont désistées de la donation de la somme d'argent, qui n'étoit pas encore exécutée, pour faire, à la place, donation de l'héritage. Dès-lors, le fils est censé tenir l'héritage en exécution de la donation à lui faite dans son contrat de mariage, par conséquent à titre de donation en avancement de succession ; dès-lors aussi ce même héritage doit se trouver exclu de la société d'acquêts. (V., entr'autres auteurs, Pothier, de la Com[té]., n. 136, p. 548 et 549; Nouveau Denisart, v°. *Acquêt,* §. 4, t. 1er., p. 134, v°. *Qu'un père, ajouta M. l'avocat général*). Lebrun, de la Com[té], liv. 1er., chap. 5, n. 97 et 96, p. 118, décide, il est vrai, que le fonds donné au fils en paiement de la somme à lui constituée dans son contrat de mariage, tombe dans la communauté, « parce que (dit cet » auteur) la somme étoit entrée dans la » communauté qui y avoit un droit acquis, » droit auquel le père et le fils n'ont pu déro- » ger en donnant et recevant de la terre pour » de l'argent ». Pour écarter cette opinion, qui se trouve, au surplus, en opposition avec la doctrine des jurisconsultes plus haut cités, il suffit de faire remarquer que la raison de décider invoquée par Lebrun ne peut exister à l'égard de nos anciennes sociétés d'acquêts, dans lesquelles n'entroient pas, comme acquêts, les deniers donnés par contrat de mariage.

52. *Quid*, si c'étoit à la fille que le père eût constitué en dot une somme d'argent en paiement de laquelle il eût, pendant le mariage, donné un immeuble à son gendre? Comme le mari n'est censé recevoir la dot que pour et au nom de sa femme, qui est considérée comme l'unique objet de la libéralité du constituant (V. Dumoulin, *de donat. in contract. matrim. fact.*, n. 67 et 68, p. 1114), il semble, au premier aperçu, que cette espèce ne diffère pas de la précédente, et que, par application des principes déjà rappelés, l'immeuble reçu en paiement de la dot par le mari, devoit être réputé propre à la femme, et exclu de la société d'acquêts, comme si, dès le commencement, cet immeuble eût été constitué en dot. L'observation d'autres règles doit conduire à une décision différente. Il étoit de maxime, dans notre ancienne jurisprudence, que l'immeuble que le mari consentoit à recevoir [1],

---

[1] Je dis *consentoit à recevoir*, car il ne pouvoit y être contraint. Le parlement de Bordeaux, d'après la

pendant le mariage, en paiement de la somme constituée en dot à la femme, devenoit la propriété dudit mari [1], (Apostillateur de La-

---

maxime *aliud pro alio invito creditori solvi non potest*, L. 2, §. 1er., ff. *de reb. cred.*, le jugea ainsi par deux arrêts, l'un sous la date du 21 Mars 1709, présidt M. Dalon, et l'autre, du mois de Mars 1768, en grand'chambre, présidt. M. Leberthon. Ces deux arrêts se trouvent rapportés au recueil d'arrêts de Despiau, v°. *Créancier.*

[1] Entr'autres auteurs, Henrys, liv. 4, quest. 164, t. 2, p. 909 et suiv., et Tonduti, Quest. et Résol. civ., ch. 52, t. 1er., p. 114, édit. de 1683, prétendoient que la propriété du fonds donné en paiement de la dot constituée en argent, n'étoit acquise au mari que lorsque le bail en paiement avoit été fait *directement à la seule personne du mari;* qu'il en étoit autrement lorsque le délaissement avoit été fait *au mari et à la femme conjointement,* ou bien *au mari, comme mari, pour et au nom de la femme.* Cette distinction, dont on trouve les premières traces dans Dumoulin (Coutc. de Paris, §. 78, glose 1re., *in* v°. *Acheté à prix d'argent,* n. 101, p. 1456), et qui ne nous semble fondée en rien, n'est pas faite par l'attestation du 6 Mars 1686, citée au n. 52, *sup.*, et ainsi conçue : « Attesté que la propriété du fonds » donné au mari en paiement de la dot de sa femme,

peyrère, let. P., n. 158, v°. *Il est d'usage;* Lapeyrère let. D, n. 126; attestation du 6

» constituée en argent, appartient au mari, à la » charge de payer l'entière constitution faite en de- » niers ». Elle paroît pourtant avoir été reçue dans notre usage. A cet égard, voici comment s'expriment les auteurs des Conférences m. s. sur la Cout^e^. de Bordeaux, aux art. 47 à 50 : « Si le bail en paie- » ment est fait au mari *nomine proprio*, la femme » n'en peut pas prétendre la propriété, et les fonds » appartiennent au mari, ou du moins sont un ac- » quêt de la société, parce que, dans la jurispru- » dence de notre parlement, on distingue perpétuel- » lement de quelle manière le bail en paiement a été » fait : si c'est au mari *personnellement*, il est censé » l'acquéreur des fonds, et la propriété lui en appar- » tient, ou du moins les fonds sont un acquêt de » sa société; il en seroit autrement si les fonds étoient » délaissés *à la femme*, ou bien *au mari, nomine* » *qualificato* ». Ainsi, dans cette dernière hypothèse, le fonds donné en paiement après le mariage, et, à plus forte raison, dans le contrat de mariage, étoit dotal à la femme, comme s'il avoit été directement constitué en dot, et ce paiement faisoit disparoître la constitution d'abord faite en argent. De là, il a été anciennement décidé en arbitrage, dans cette même hypothèse, que la femme étoit recevable à rapporter

Mars 1686, syndics Mes. Cambos et Vigier; arrêt du parlement de Bordeaux, du 29 Jan-

---

l'immeuble au partage des biens paternels, sans être astreinte à y rapporter la somme primitivement constituée. Mais cette décision ne pourroit être admise dans le cas d'un bail en paiement fait au mari *nomine proprio*, auquel cas on jugeroit (et c'est à un cas semblable qu'on peut rapporter un jugement du tribunal d'appel de Bordeaux, en date du 25 Ventôse an 10, présidt. M. de Brézets), qu'au partage des biens des père et mère de la femme, ce ne seroit que la somme constituée à celle-ci qui devroit être rapportée, et non les immeubles donnés en paiement, la propriété de ces immeubles ayant été transmise au mari.

Il faut néanmoins faire attention que l'immeuble, quoique reçu par le mari *nomine proprio*, en paiement de la dot constituée en argent, en cas d'insolvabilité du mari, étoit *subsidiairement* dotal; de telle sorte, que la femme en avoit la revendication utile, et que, soit les tiers-détenteurs pouvoient se maintenir en possession en offrant à la femme de la payer, soit les créanciers du mari pouvoient faire cesser la distraction demandée par la femme en offrant d'enchérir les biens à somme suffisante pour la désintéresser. (De Bézieux, arrêts notab. du parlement de Provence, p. 213 et 214; Boniface, arrêts

vier 1731, au recueil d'arrêts de Despiau, v°. *Dot;* Conférences m. s. sur la Cout[e]. de Bordeaux, aux art. 47 à 50; *ubi* autre arrêt du 20 Mars 1737; Mantica, *de tacit. et amb. convent.*, liv. 12, tit. 28, n. 5, t. 1er., p. 575), ainsi que lui appartenoit l'héritage par lui acquis des deniers dotaux de sa femme, en règle générale du moins. (V. à la 2e. note du n. 48, p. 85 et suiv.). Par où l'on voit d'abord qu'il ne s'opéroit aucune subrogation des deniers à la chose en faveur de la femme, qui, loin d'acquérir en propre l'immeuble reçu en paiement par son mari, n'y avoit même, généralement parlant, aucun droit de copropriété. Mais comme dans le cas où une société d'acquêts avoit été stipulée, le mari ne pouvoit être propriétaire exclusif des acquisitions par

---

notab. du même parlement, t. 1er., p. 375; de Juin, recueil d'arrêts du parlement de Toulouse, t. 2, p. 438; arrêt du parlement de Bordeaux, du mois d'Août 1706, en la 2e. chambre des enquêtes, au rapport de M. de Bigot, consacrant le droit d'offrir en faveur des créanciers). L'action en revendication du fonds subsidiairement dotal duroit trente ans. (Arrêt du parlement d'Aix, du 2 Juin 1725, dans Augeard, t. 2, p. 797, édit. de 1706).

lui faites, on est conduit à cette conséquence, que le fonds donné au mari en paiement de la dot, tomboit dans la société d'acquêts, ainsi qu'y tomboient les héritages achetés par le mari des deniers dotaux. (V. n. 49), *nec obstat* que les fonds donnés en paiement ou avec estimation fussent exempts de lods. (V., entr'autres auteurs, Lapeyrère, let. V, n. 22; *ubi* un arrêt du 2 Avril 1648). Cette exception, inconciliable avec les principes d'après lesquels le mari devenoit propriétaire de l'immeuble reçu en paiement de la dot ou avec estimation (V. les observations judicieuses de Me. Henry, avocat au parlement de Paris, dans le Réprc. de Guyot, t. 10, p. 619 et 620; frères Lamothe, Commre. sur la Coute. de Bordeaux, t. 1er., p. 438, nte. 3), prenoit sa source dans des considérations particulières qui, dans l'intérêt des enfants, faisoient regarder l'immeuble donné en paiement de la dot ou avec estimation comme tenant lieu de légitime ou de portion héréditaire, même dans le cas (cet exemple est pris au hasard) où le bail en paiement étoit fait, pour la dot de la fille religieuse, au monastère qui acquéroit la propriété incommutable de l'héritage donné *in solutum*. (Arrêt du 7

Septembre 1667, dans Lapeyrère, let. V, n. 22; Molières-Fonmaur, traité des Lods et Ventes, t. 1er., p. 39, édit. de 1783). La décision que nous avons cru devoir adopter sur la question posée en tête du présent numéro, paroît se trouver en opposition avec un arrêt de la cour d'Agen, du 21 Décembre 1809, rapporté au recueil de M. Sirey, année 1810, 2e. part., p. 351. « Les acquêts » (dit-on à l'appui de cet arrêt) ne sont que » ce que les époux ont acquis par leur tra- » vail et par leur industrie : or, un immeuble » reçu par le mari en paiement de la dot de » son épouse, constituée en argent, n'est point » l'effet de ce travail et de cette industrie. » Si cet immeuble étoit acquêt, il en résul- » teroit que la femme ou ses héritiers au- » roient, en même temps, et la chose et » le prix, puisque, d'un côté, ils réclame- » roient le remboursement de la dot, et, de » l'autre, les immeubles acquis avec cette » même dot ». Nous répondons de suite sur ce dernier point : il n'y avoit, à la vérité, d'acquêts que ce que les conjoints avoient gagné *ex communi collaboratione;* aussi, dans le partage de la société, commençoit-on par prélever, p. ex., soit les apports des époux

(V. n. 246), soit le prix pour lequel avoient été vendus, pendant le mariage, leurs biens personnels. (V. n. 248). Mais, dès qu'il n'y avoit véritablement d'acquêts que ce qui restoit après ces prélèvements opérés, il est manifeste, sans aller plus loin, que l'inconvénient relevé ci-dessus ne pouvoit se présenter. C'est pour cela que nous avons décidé (V. n. 46) que l'héritage acquis du prix du propre de l'un des conjoints étoit acquêt, sauf remplacement du prix en faveur de celui des époux dont le bien avoit été aliéné. « Lapeyrère (dit la cour d'Agen) enseigne que le » fonds donné en paiement est propre et par» ticulier au mari; d'où il y a lieu de conclure » qu'il ne peut faire partie des acquêts ». Cette objection se trouve réfutée par les observations que nous avons faites plus haut, après avoir rappelé la décision de Lapeyrère. « L'acte (ajoute-t-on) par lequel un fonds » est donné en paiement de la dot constituée » en argent, prend sa source dans le contrat » de mariage, époque à laquelle il ne peut » y avoir d'acquêts ». Pour apprécier ce nouveau motif donné par l'arrêt en question, il suffit de faire remarquer que, lorsque le mari consent à recevoir un immeuble en paiement de la dot, les parties renoncent au premier contrat qui est éteint; qu'il se forme entr'elles un nouveau contrat assimilé à la vente et en réunissant les conditions essentielles (V. Dumoulin, Cout^e^. de Paris, tit. 1er., de Fiefs, §. 20, glose 5, *in* v°. *Vendu*, n. 47, p. 656; Gusman, *de evict.*, p. 158, 159 et 160, n. 3, 4, 6, 14, 17 et 18, édit. de 1736); que dès-lors il ne peut être exact de prétendre que le titre d'acquisition de l'immeuble précède le mariage, et que l'immeuble doit ainsi être exclu de la société d'acquêts. « Enfin (poursuit la » cour d'Agen), c'est un accord passé entre » les époux et leurs parents, accord par le- » quel, en cas d'incompatibilité, au lieu de » donner aux époux une certaine somme, on » leur donnera tels immeubles, estimés qu'ils » soient ». Si cette cour a statué sur une espèce offrant, dans le contrat de mariage des époux, une clause pareille à celle qui semble ressortir du considérant précité (le récit du fait, tel qu'il est établi par l'arrêtiste, est muet à cet égard), elle a déclaré avec raison l'héritage propre *propter jus quæsitum ante matrimonium*, comme nous avons déjà dit (V. n. 28) qu'on devoit le faire dans le cas d'un contrat fait avant le mariage, sous une condition arrivée durant le mariage, et comme on le décideroit, p. ex., dans le cas d'une promesse de vente faite avant le mariage et exécutée pendant sa durée. (Lebrun, de la Com^{té}., liv. 1er., ch. 5, sect. 3, n. 11, p. 151; Ferriere, Compil. sur la Cout^{e}. de Paris, art. 220, glose 3, §. 1er., n. 38, t. 3, p. 57; Bourjon, Droit commun, 2e. part., de la Com^{té}., ch. 10, sect. 2, dist. 2, n. 16, t. 1er., p. 537). Mais alors l'arrêt dont il s'agit ne seroit pas dans notre espèce, et il ne contrarieroit en rien cette opinion que nous avons émise, et à laquelle nous nous tenons, que l'immeuble donné au mari durant le mariage, en paiement de la dot constituée, purement et simplement, en argent à son épouse, étoit un acquêt de sa société conjugale. Maleville, dans ses observations sur les anciennes sociétés d'acquêts, au t. 3, p. 344 de son analyse, est du même sentiment, qui est celui des auteurs des Conférences m. s. sur la Cout^{e}. de Bordeaux, comme on le voit par la 2e. note du présent numéro, p. 100.

53. Il a été dit, au n. 51, que l'immeuble donné par le père à son fils, en paiement d'une dot précédemment constituée, étoit propre à ce fils.. Quelle décision porter, soit dans le cas où le père lui auroit fait la cession ou abandon d'un héritage, à raison de toute autre dette qu'une dot, p. ex., pour un compte de tutelle, soit même dans le cas où, sans se trouver débiteur envers son fils, il lui auroit cédé ou abandonné un immeuble, à la charge de payer ses dettes en tout ou en partie? Pothier, Introduction générale aux coutumes, n. 68, p. 28, nous fournit la réponse à cette question : « Lorsqu'un père, » dit-il, donne un héritage à son fils, à la » charge de payer ses dettes en tout ou en » partie, ou pour se libérer envers lui d'un » compte de tutelle, quoique ces actes pa- » roissent être des donations onéreuses ou » des dations en paiement qui sont des actes » équipollents à vente, néanmoins il a pré- » valu de les regarder plutôt comme des » anticipations de succession: le père fait » d'avance, de son vivant, succéder son fils » à cet héritage, aux mêmes charges qu'il y » auroit succédé après sa mort; car il n'auroit » pu succéder à son père qu'à la charge d'ac- » quitter ses dettes, soit envers les tiers, soit » envers lui-même ». Il résulte de cette doctrine que de tels immeubles se trouvoient exclus de la société d'acquêts, et c'est ce qu'enseigne le même auteur, traité de la Com[té]., n. 139, p. 551, ainsi que Lebrun, des Success., liv. 2, ch. 1er., sect. 1re., n. 30, p. 150; Valin, Cout[e]. de la Rochelle, t. 2, p. 715, n. 29, et Duplessis, 62e. Consult., t. 2, p. 399, v°. *Cette proposition est si véritable.*

54. Mais si le père avoit consenti une vente pure et simple à son fils, l'immeuble formoit un acquêt, comme si l'acquisition eût été faite d'un étranger, un père pouvant contracter avec son fils de la même manière qu'avec toute autre personne. (V. Pothier, Introduction générale aux coutumes, n. 68, p. 28; Nouveau Denisart, v°. *Acquêt*, §. 4, t. 1er., p. 133 et suiv.).

55. *Quid*, si la vente avoit été consentie par le père à son fils pour une rente viagère inférieure au revenu des biens aliénés? Pothier, de la Vente, n. 615, p. 693, et des Retraits, n. 79, p. 732, dit, à l'égard des donations à charge de rente viagère, que si la rente excède notablement le revenu de l'héritage, l'acte n'a, en ce cas, que le nom de donation, et renferme un véritable contrat de vente qui produit les mêmes obligations. D'un autre côté, l'on trouve dans le Nouveau Denisart, v°. *Conquêt*, §. 2, n. 17, t. 5, p. 207 et suiv., un arrêt du 12 Mars 1738 (Pothier, de la Com[té]., n. 324, p. 634, le rappelle), par lequel une maison donnée à des époux, à la charge d'une rente viagère de 1600 liv., fut déclarée conquêt de leur communauté, l'acte d'acquisition de la maison, à raison du taux élevé de la rente, ayant été jugé vente et non donation. On peut conclure, *è contrario*, de ces autorités, pour le cas de la vente à la charge d'une rente viagère inférieure au revenu de l'héritage aliéné, que le contrat, manquant évidemment de prix, ne constituoit en réalité qu'une donation dont l'émolument ne pouvoit former un acquêt. Nous pensons même que, dans l'hypothèse où l'espèce de vente qui nous occupe auroit été faite par le père à sa fille et à son gendre *conjointement*, cet émolument devoit appartenir uniquement à la fille. Il étoit en effet passé en maxime que toute donation faite aux deux conjoints collectivement, par quelque ascendant de l'un d'eux, étoit censée n'être faite qu'au descendant du donateur, à moins que la volonté dudit donateur ne parût évidemment contraire. (V. les nombreuses autorités citées par Valin, Cout[e]. de la Rochelle, t. 2, p. 715, n. 30, et par Bourjon, Droit commun, 2e. part., de la Com[té]., ch. 9, sect. 4, n. 14 à 16, et n. 18, t. 1er., p. 530).

Tout ce qui a été dit aux trois numéros précédents à l'égard du fils, reçoit, dans des circonstances semblables, son application à la fille.

56. Les exemples qui viennent d'être donnés ne sont pas les seuls auxquels puisse être appliquée la règle d'après laquelle les immeubles échus à titre de succession étoient exclus de la société d'acquêts.

57. Ainsi, les immeubles que l'un des conjoints avoit acquis par retrait successoral, suivant le droit que lui en donnoit la jurisprudence (V. Nouveau Denisart, v°. *Cession de droits successifs*, §. 4, t. 4, p. 397 et suiv.), n'entroient pas dans la société d'acquêts; ce droit étoit en effet un droit de succession.

58. Ainsi, les héritages échus à l'un des époux, par suite d'un partage fait, durant le mariage, d'une succession dans laquelle il étoit intéressé, étoient propres pour le total à cet époux, et non pas seulement pour la part dont il étoit héritier; il n'y avoit d'acquêt que le retour en deniers dont ces héritages étoient chargés. En effet, dit Dumoulin, sur l'ancienne Cout^e^. de Paris, §. 73, glose 3, n. 11, p. 1334, *divisio propriè non est alienatio nec nova acquisitio, sed portionum distributio, et semper censetur res haberi jure successivo primitivo, cujus virtute facta est divisio, quæ non est nisi illius juris et primariæ acquisitionis executio.* Pothier, de la Com^té^., n. 140, p. 552, et les Annotateurs de Duplessis, de la Com^té^., p. 364 et 365, portent la même décision. — V. *inf.*, n. 271, 5°.

59. Il en étoit de même de l'héritage dont l'un des conjoints s'étoit rendu adjudicataire, *constante matrimonio*, par licitation [1] avec

---

[1] Sur la matière des licitations, on ne lira pas sans fruit Guyot, traité des Fiefs, t. 1er., p. 1re. et suiv.

ses cohéritiers : le prix déboursé étoit seul un acquêt ; car, ainsi que le dit Dumoulin, sur l'ancienne Cout^e. de Paris, §. 33, glose 1re., n. 73, p. 797, *licitatio et assignatio non est contractus per se æquè principaliter subsistens et separatus à divisione, sed executio et finis divisionis cœptæ.* De telle sorte que, comme dans le cas de partage, ce conjoint étoit censé avoir succédé immédiatement au défunt, et n'avoir rien acquis de ses cohéritiers. (Sérieux sur Renusson, des Propres, ch. 1er., sect. 5, n. 15 *in fine,* p. 11; Lebrun, des Success., liv. 4, ch. 1er., n. 35, p. 247 et suiv. ; Pothier, de la Com^té., n. 145, p. 553 ; arrêt du parlement de Bordeaux, du 20 Juin 1702, rapporté par l'Apostillateur de Lapeyrère, let. P, n. 158, v°. *Par arrêt;* arrêts du même parlement, de l'année 1741, en la 2e. chambre des enquêtes, au rapport de M. de Marbotin, et du 25 Mars 1759, à la même chambre, au rapport de M. Darche.) — V. *inf.*, n. 271, 6°.

60. Remarquons *per transennam* que si l'un des conjoints avoit été, avant son mariage, copropriétaire par indivis d'un héritage, et que, durant le mariage, il l'eût acquis en entier par licitation [1] faite avec les autres propriétaires, cet héritage n'entroit pas dans la société, non pas, à la vérité, par suite de la règle dont nous nous occupons, mais par application de celle énoncée au n. 23, et d'après laquelle les immeubles dont le titre d'acquisition précédoit le mariage, étoient exclus de la société d'acquêts. En effet, la licitation équipollant à un partage, et le partage ayant un effet rétroactif, le titre de partage étoit censé le titre même par lequel le conjoint avoit originairement acquis en commun, et ce titre étoit antérieur au mariage. (Lebrun, de la Com^té^., liv. 1er., ch. 5, sect. 2, dist. 3, n. 12, p. 133).

61. *Quid*, de l'héritage acquis, par l'un des époux, de ses cohéritiers, à titre de vente ou à quelqu'autre titre onéreux ? Les principes sont : qu'on doit plus s'attacher à la réalité qu'au titre (L. 1re., cod. *plus valet quod agit.;* L. 6, §. 1er., ff. *de contrah. empt.;* Mantica, *de tacit. et amb. convent.*, liv. 2, tit. 2, n. 5 et 20, t. 1er., p. 38 et 39; Ricard, des Donat., ch. 3, sect. 16, n. 757, p. 195),

---

[1] V. n^te^. 1re. du n. précédent.

et que tout premier acte entre cohéritiers, de même qu'entre copropriétaires, est considéré comme un partage. (Mornac, sur le tit. du ff. *familiæ eruscundæ, in princip.*; d'Argentré, Avis sur les partages des nobles, quest. 40, p. 2315; Journal du palais de Guéret et Blondeau, t. 2, p. 804 et suiv.; Chabrol, Cout[e]. d'Auvergne, t. 2, p. 590 et suiv.; Pothier, de la Com[té]., n. 148, p. 555, et de la Vente, n. 643 et 644, p. 704 et suiv.; arrêt de la cour de Bordeaux, du 1er. Août 1807, présid[t]. M. de Brézets, au rapport de M. Duranteau). Dès-lors, le titre en vertu duquel l'acquisition avoit eu lieu, devant être regardé comme un acte tenant lieu de partage, il s'ensuit que l'immeuble ainsi acquis ne tomboit pas dans la société. (Pothier, de la Com[té]., n. 148, p. 555).

62. Les décisions rappelées aux n. 60 et 61 avoient lieu en faveur de la femme, quand bien même son mari fût devenu, seul et en son nom personnel, adjudicataire ou acquéreur de l'immeuble dans lequel elle avoit un droit indivis. (V. L. 78, §. 4, ff. *de jure dot.*; Valin, Cout[e]. de la Rochelle, t. 1er., p. 493, n. 28; Cochin, t. 5, p. 231, 232, 238 et 267;

Pothier, de la Com^té^., n. 150 à 152, p. 556 et suiv.). Dans ce cas, la femme, lors de la dissolution de la société, avoit même la faculté, ou de retirer l'héritage comme propre, sauf récompense envers la société, ou de le laisser dans la classe des acquêts, sauf récompense en sa faveur d'une partie du prix proportionnée à la part qu'elle avoit dans l'héritage (Valin, *sup.*), faculté dont elle ne jouissoit pas dans toute autre hypothèse. (L. 78, §. 4, *sup.;* Lebrun, de la Com[té]., liv. 1er., ch. 5, sect. 2, dist. 3, p. 134; Bourjon, Droit commun, 2e. part., de la Com[té]., ch. 10, sect. 2, dist. 2, n. 13, t. 1er., p. 537).

63. Enfin, étoient exclus de la société d'acquêts les immeubles d'une succession dont l'un des époux, héritier bénéficiaire du défunt, s'étoit rendu adjudicataire par suite de vente par décret. La raison est que l'héritier bénéficiaire étant véritablement héritier (V. autor. citées à la n[te]. 1re. du n. 337), l'adjudication ne lui transféroit pas une propriété qu'il avoit déjà en sa qualité d'héritier, et ne faisoit qu'assurer et confirmer son droit en purgeant les hypothèques des créanciers du défunt. Aussi, une semblable adjudication étoit-elle exempte, soit du droit de quint, soit des lods et ventes. (V. Rép[re]. de Guyot, v°. *Quint*, §. 6, t. 14, p. 267 et suiv.; Molières-Fonmaur, traité des Lods et Ventes, part. 3, ch. 6, §. 248, t. 1er., p. 223, édit. de 1783.

64. Une autre règle, posée par les auteurs, est utile à rappeler. D'après cette règle, les biens unis corporellement, quoique pendant le mariage, à un héritage appartenant à l'un des conjoints, ne tomboient pas dans la société d'acquêts, ces biens étant de même nature que l'héritage auquel ils étoient incorporés : *Augmenta ejusdem naturæ sunt cujus res principales*, Mornac, *ad.* L. 31, ff. *de peculio*, d'après le §. 26, Inst., *de rer. divis.*, et la L. 19, §. 13, ff. *de argento et auro*. Cette nouvelle règle s'appliquoit notamment :

65. 1°. Aux accrues qui se faisoient par alluvion à l'héritage de l'un des époux (Lebrun, de la Com[té]., liv. 1er., ch. 5, dist. 3, n. 6, p. 131; Renusson, des Propres, ch. 1er., sect. 11, n. 7, p. 39 et 40; Pothier, de la Com[té]., n. 192, p. 573); car, ainsi que le dit

Dumoulin, sur l'ancienne Cout^e^. de Paris, art. 1er., tit. 1er., glose 5, n. 115, t. 1er., p. 179.... *Incrementum.... alluvionis nobis acquiritur eo jure quo ager augmentatus primùm ad nos pertinebat, nec istud incrementum novus ager, sed pars primi;*

66. 2°. Aux bâtiments élevés sur un terrain qui étoit la propriété de l'un des conjoints, *quia omne quod solo inædificatur solo cedit*, §. 29, Inst., *de rer. divis.* (V. Pothier, de la Com^té^., n. 192, *in fine*, p. 574); mais le coût de ces bâtiments formoit un acquêt. (Automne, sur l'art. 51 de la Cout^e^. de Bordeaux, n. 33; Dupin, dans sa Conf^ce^. sur Ferron, let. A, n. 31; Bechet sur l'art. 61 de l'Usance de Saintes, p. 167 et suiv.; arrêt du parlement de Bordeaux, du 7 Avril 1745, en 1re., au rapport de M. Dalesme, dans le recueil d'arrêts de Despiau, v°. *Améliorations;* autres arrêts du 28 Août 1752 et de l'année 1755. —V. *inf.*, au n. 266).

67. A l'exemple de ces augmentations, que les docteurs appellent *externes*, parce qu'elles proviennent d'une cause extrinsèque, les augmentations *internes* survenues aux héritages propres des conjoints par une cause inhérente auxdits héritages, telle, p. ex., que l'accroissement de la valeur vénale de ces héritages, n'étoient pas des acquêts. (Voët, *ad Pand.*, tit. *de pact. dot.*, n. 47, p. 107. — V. *inf.*, n. 268).

68. Hors les cas soumis aux règles exceptionnelles précédemment indiquées, toute acquisition faite par les époux durant leur mariage, soit conjointement (V. Mantica, *de tacit. et amb. convent.*, liv. 6, tit. 16, n. 17, t. 1er., p. 306), soit séparément (V. Mantica, *sup.*, n. 22 et 19, *junct.*), par le mari seul (Poullain-Duparc, Principes du droit français, t. 5, p. 72, n. 86; Voët, *ad Pand.*, tit. de *pact. dot.*, n. 30 et 33, t. 2, p. 100 et 101), ou par la femme seule (Lebrun, de la Comté., liv. 1er., ch. 5, sect. 2, dist. 3, n. 3, p. 131; Ferriere, Compil. sur la Coute. de Paris, art. 220, glose 3, n. 5, p. 52; Bourjon, Droit commun, 2e. part., de la Comté., ch. 10, sect. 3, n. 32, p. 540), quoique marchande publique (Ferriere, *sup.*, art. 225, glose 1re., n. 3, p. 210; Bourjon, *sup.*, n. 31, p. 539), entroit dans leur société d'acquêts. D'un côté, en effet, les sociétés d'acquêts embrassant le profit du travail commun des époux (V. *sup.*, n. 22), devoient comprendre les acquisitions faites par les mariés, ensemble ou séparément; d'un autre côté, lorsqu'il étoit question de savoir avec quels deniers une femme mariée avoit fait une acquisition, on présumoit toujours que c'étoit des deniers du mari et de la société (1). (Lebrun, *sup.;* Ferriere, *sup.*,

---

(1) La femme, quoique présumée (V. L. 51, *Quintus Mucius*, ff. *de donat. int. vir. et ux.*, et la L. 6, Cod., *eod. titul.*), à moins qu'elle ne fût marchande publique (Menochius, *de præsumpt.*, liv. 3, *præs.* 51, n. 32, t. 1er., p. 412, 2e. col., et p. 413, 1re. col., édit. de 1686; Despeisses, tit. du Mariage, sect. 3, n. 8, t. 1er., p. 316; Apostillateur de Lapeyrère, let. D, n. 18), avoir fait l'acquisition des deniers du mari, toutefois, dans l'absence d'une société d'acquêts stipulée entr'elle et son mari, elle conservoit la propriété de cette acquisition, sauf à elle à rembourser la totalité du prix, si elle avoit été seule en nom dans le contrat d'achat, ou la moitié du prix, si elle avoit acquis conjointement avec son mari : *hujus sententiæ ea est ratio*, dit Menochius, *sup.*, n. 42 et 43, t. 1er., p. 413, 2e. col., *quia res à te empta ex pecuniâ meâ non efficitur mea, sed tua, ego verò à te pecuniam repetere possum.* (V., dans le même sens, Brunemann, sur la L. *Quintus Mucius*, p. 654, édit. de 1714; Boërius, décis. 81, n. 5, *in fine*, édit de 1614;

art. 220, glose 3, n. 5, p. 52; Dupin, dans sa Conf^ce^. sur Ferron, let. A, n. 33.

Catelan, liv. 4, ch. 5, t. 2, p. 15 et suiv.). La même présomption s'appliquoit aux acquisitions faites par la femme dans l'an de deuil (Mornac, *ad. dict. leg. Quintus Mucius;* Menochius, *sup.*, n. 14 et 15, t. 1er., p. 410, 2e. col.; Brunemann, *sup.*, p. 655; Boërius, *sup.*, n. 7, cité par Lapeyrère, let. D, n. 18; Despeisses, *sup.*), acquisitions dont la femme, quoique ayant été en société d'acquêts avec son mari, conservoit également la propriété, à la charge par elle de rembourser, soit la totalité, soit la moitié du prix, acquêt de la société, suivant qu'elle renonçoit à la société ou qu'elle l'acceptoit. A quoi revient le passage suivant de Legrand, sur la Cout^e^. de Troyes, tit. 6, art. 101, glose 1re., n. 33 et suiv., p. 59 : « Si, après la société finie, dit cet auteur, le survivant avoit acheté, des deniers communs, quelque » héritage en son nom particulier, tel héritage ne » sera pas commun, mais appartiendra à celui-là seul » qui l'aura acheté, sauf l'action qui compète aux » autres associés relativement au prix d'achat ». — V. *sup.*, au n. 47. — Ajoutons à ce qui vient d'être dit sur la présomption attachée aux acquisitions faites dans l'an de deuil, que cette présomption cessoit du moment de l'inventaire fait avant l'année, car il n'étoit pas présumable qu'il y eût d'autres effets que

Ces acquisitions faites durant le mariage tomboient dans la société d'acquêts, quoique le prix n'en eût été payé qu'après la société finie, par l'un des époux, de ses deniers, sauf le remboursement dû à cet époux, au partage de la société, de la moitié du prix. Cela est fondé sur ce que le paiement du prix n'étoit pas nécessaire pour la perfection de la vente dont il n'étoit que la consommation ou l'exécution. (V. les autor. citées au n. 25).

69. Voici quelques espèces soumises à l'application du principe général rappelé au n. précédent, al. 1er.

70. Étoit acquêt l'immeuble que l'un des conjoints avoit vendu purement et simplement, avant ou pendant son mariage, pour un prix dont il avoit reçu le paiement, et

---

ceux portés sur l'inventaire, sauf toutefois la preuve des omissions commises. M[e]. Beaune, à qui nous empruntons cette observation, qui se trouve consignée sur son Lapeyrère, let. D, n. 18, dit que cela fut ainsi jugé par un arrêt infirmatif d'une sentence du sénéchal de Guyenne.

dans la propriété duquel il étoit rentré, *constante matrimonio*, par suite de la rétrocession qui lui en avoit été consentie aux mêmes prix et conditions, ou pour des conditions et un prix différents. Cette rétrocession étoit pour le conjoint un nouveau titre d'acquisition, et ce titre étant du temps du mariage, il est sans difficulté, dit Pothier, de la Com^té^., n. 190, p. 572, et de la Vente, n. 329, p. 502 (V., dans le même sens, Molières-Fonmaur, traité des Lods et Ventes, n. 625 et 626 *bis*, t. 2, p. 147 et 149, édit. de 1783) que l'héritage devient acquêt, à moins que la rétrocession n'eût été faite expressément afin de tenir lieu du remploi dû à ce conjoint pour la vente qu'il en avoit faite pendant le mariage. (V., relativement à ce remploi, n. 46, *sup.*).

71. L'héritage retiré par retrait lignager, pendant le mariage, formoit encore un acquêt *dans le territoire de la coutume de Bordeaux*, comme toute autre chose acquise d'un étranger (art. 26 de la Cout^e^. de Bordeaux; Comm^re^. des frères Lamothe sur cet article, et même Comm^re^., t. 2, p. 219; Dupin, dans sa Conf^ce^. sur Ferron, let. A,

n. 17; arrêt du parlement de Bordeaux, du 11 Août 1718, au rapport de M. de Fougeras; Consult. de Me. Denucé, du 28 Avril 1809), sauf le droit que le conjoint lignager ou ses héritiers avoient de retenir tout l'héritage, en remboursant, dans l'an et jour de la mort de l'autre conjoint, la moitié des sommes employées au retrait. (Art. 27 de la Coute. de Bordeaux, et *ibi* Commre. des frères Lamothe). Nous disons que l'héritage retiré par retrait lignager constituoit un acquêt *dans le territoire de la coutume de Bordeaux*, car il étoit de droit commun, dans l'absence de dispositions statutaires semblables, que l'immeuble retiré par retrait formoit un propre après la dissolution de la société : l'argent employé au retrait étoit seulement acquêt. Le droit de retrait lignager, que Dumoulin (Coute. de Berri, ch. 14, n. 4, p. 384) appelle *jus conservatorium in familiâ, sed non acquisitorium,* n'étoit pas, en effet, cessible de sa nature, et ne devoit pas, par conséquent, être communicable (V. Louet et Brodeau, let. R, sommre. 3, t. 2, p. 414 et suiv.; Lebrun, de la Comté., liv. 1er., ch. 5, n. 31 et suiv., p. 155 et suiv.; Renusson, de la Comté., 1re. part., ch. 3,

n. 61 à 64, p. 13 et suiv.; Bourjon, Droit commun, 2e. part., de la Comté., ch. 10, sect. 2, dist. 3, n. 23 et suiv., t. 1er., p. 538 et suiv.; Pothier, de la Société, n. 49, p. 550, et des Retraits, n. 451 et suiv., p. 853 et suiv.; Lapeyrère, let. C, n. 16), dont la décision, trop générale, doit être limitée au dernier cas prévu).

72. *Quid*, de l'héritage acheté par un père, de ses deniers, au nom et pour le compte de son fils, sans mandat de celui-ci? Cet héritage tomboit-il dans la société d'acquêts du fils ou dans celle du père ? On tenoit que l'enfant étoit propriétaire des biens acquis en son nom par le père (V. entr'autres auteurs, Boucheul, Coute. de Poitou, art. 318, n. 15 et 16, t. 2, p. 437; Annotateurs de Duplessis, du Retrait lignager, sect. 3, nte. *h. h. h.*, t. 1er., p. 322 et 323; d'Argentré, sur l'art. 237 de la Coute. de Bretagne, glose 2, p. 798); mais pour la décision de notre question, il convient de distinguer : ou le fils, *vivente patre*, avoit accepté l'acquisition faite en son nom, ou il n'avoit manifesté aucune adhésion pendant la vie de son père. Dans le premier cas, l'héritage appartenoit à la société d'acquêts du fils, l'approbation de celui-ci rétroagissant au temps de l'acquisition, *nec obstat* le paiement effectué de l'argent du père; car, ainsi qu'on l'a déjà vu au n. 47, *sup.*, la propriété des deniers n'influoit en rien sur celle du bien qu'ils avoient servi à acquérir; au sujet de ces deniers, il existoit seulement une reprise contre cette société. (V. Pothier, des Propres, art. 3, §. 1er., p. 251). Dans le second cas, l'héritage étoit un acquêt de la société du père, le décès de celui-ci, arrivé avant aucune adhésion de la part du fils, ayant rendu impossible le concours de volontés nécessaire pour former un contrat, et, dans l'espèce, pour enchaîner la volonté manifestée par le père et pour conférer des droits au fils. (V. Pothier, *sup.*, p. 252; Despeisses, tit. de l'Achat, sect. 5, n. 29, t. 1er., p. 68, v°. *Seulement si celui au nom duquel l'achat se trouve fait;* arrêt de la cour de Bordeaux, du 21 Juillet 1827, en 2e., présidt. M. Dutrouilh, plaidants Mes. Beauvallon et de Chancel.

73. Un père, en mariant son fils, s'oblige de le nourrir, lui, sa femme et ses enfants, en par lui rapportant ses gains, revenus, travaux et industrie. Le fils fait, en son nom, du vivant de son père, des acquisitions : ces acquisitions faisoient-elles partie de la société d'acquêts du fils? D'abord, ces acquisitions étoient censées faites au moyen des revenus qui devoient être rapportés, et, par conséquent, des deniers du père. Mais, comme on l'a dit plusieurs fois, les biens acquis par un tiers, des deniers de quelqu'un, n'appartiennent pas à celui dont l'argent a été employé. Il faut donc décider que les acquisitions étoient pour le compte du fils (arrêt de la cour de Bordeaux, du 16 Août 1826, en 1re., présid^t^. M. Ravez), et devoient entrer, dès-lors, dans sa société d'acquêts, sauf la reprise, contre cette société, des sommes employées pour acquérir. (Arrêt de la même cour, du 27 Août 1827, en 1re., présid^t^. M. Ravez). *Ibid. dic*, à l'égard des acquisitions faites par le gendre qui, après s'être soumis à rapporter ses gains et revenus dans la maison de son beau-père, auroit acheté des immeubles en son nom. (Arrêt de la même cour, du 8 Décembre 1826, 4e. chambre, présid^t^. M. Duprat; Nouveau Salviat, p. 35 et 36).

Au sujet de la convention de mariage qui vient d'être rappelée, nous prenons occasion de dire que s'il avoit été stipulé, en outre, que les acquêts qui pourroient se faire pendant la cohabitation des futurs époux avec leur père ou beau-père, appartiendroient auxdits époux, cette clause ne devoit pas être considérée comme une donation indirecte sujette à rapport et à l'imputation de la légitime, mais comme une stipulation faite à titre onéreux. (Legrand, Cout[e]. de Troyes, tit. 6, art. 102, n. 13, p. 62; jugement du tribunal d'appel de Bordeaux, du 16 Prairial an 9, au rapport de M. Perrens, présid[t]. M. Cavailhon.

74. D'autres objets devoient également être rangés dans la classe des acquêts; par exemple :

75. 1°. Les livres de la profession des conjoints, achetés pendant le mariage (Dusault, sur l'Usance de Saintes, p. 239, édit. de 1722, *ubi* arrêt au rapport de M. Duval; Lapeyrère, let. C, n. 21, dont les doutes, sur l'opinion contraire, sont justifiés par l'arrêt ci-dessus). V. *inf.*, n. 243;

76. 2°. Le gain fait à la loterie par l'un des époux, durant le mariage, lorsque le billet de loterie avoit été acheté des deniers sociaux : le lot gagné étoit le prix du risque que la société avoit couru, de perdre la somme payée pour le billet. (Pothier, de la Com[té]., n. 323, p. 634);

77. 3°. Les dettes des conjoints contractées avant le mariage, et acquittées des deniers sociaux, pendant sa durée. (Bechet, sur l'Usance de Saintes, art. 55, p. 98; Vigier, sur la Cout[e]. d'Angoumois, p. 187 et 188; Raviot sur Perrier, t. 2, p. 603, n. 7. — V. *inf.*, n. 261 et suiv.). Cette décision s'applique aux dettes devenues exigibles ou seulement liquidées depuis le mariage, même à celles contractées sous une condition arrivée depuis le mariage, l'effet rétroactif des conditions au temps du contrat faisant regarder ces dettes comme dues du temps du contrat et avant le mariage. (Pothier, Cout[e]. d'Orléans, introduction au tit. 10, n. 66, p. 294 et 295);

78. 4°. Toutes les autres sommes tirées de la caisse sociale, à raison desquelles il étoit dû récompense à la société par les époux.

V. *inf.*, n. 260 et suiv., où il est traité des récompenses;

79. 5°. Les habits de prix et de parure (Dupin, dans sa Conf^ce^. sur Ferron, let. H, n. 1er., p. 157; Bechet, du Droit de réversion, ch. 24, p. 394; Despeisses, tit. du Mariage, sect. 5, t. 1er., p. 329; M^e^. Dumoulin, qui, dans ses notes m. s. sur Lapeyrère, let. D, n. 84, rejette l'opinion dudit Lapeyrère, d'après lequel ces habits devoient appartenir en propre à la femme; Mantica, *de tacit. et amb. convent.*, liv. 21, tit. 6, n. 6 à 10, t. 2, p. 285 et suiv.), mais non les habits quotidiens, qui, étant censés donnés à la femme, étoient sa propriété personnelle. (Dupin, Bechet, Despeisses, *loc. sup. cit.;* Lapeyrère, let. C, n. 21; Mantica, *sup.*, n. 5, 11 et 16);

80. 6°. Les bagues et joyaux précieux donnés [1] par le mari à sa femme pendant le

---

[1] Il s'agit ici *du don manuel* des bagues et joyaux, et non *de la donation* pour bagues et joyaux, qu'une attestation du barreau, du 25 Février 1698, rappelle, en disant : « Que les bagues et joyaux donnés à la » femme.... sont une charge des biens propres du

mariage (les huit jours après les noces étant expirés; car, d'après l'art. 48 de la Cout^e. de

---

» prédécédé ». Au sujet de cette donation pour bagues et joyaux, il s'est élevé la question de savoir si les héritiers de la femme prédécédée étoient fondés à prétendre, sur les biens du mari, le paiement des sommes données à la femme, par contrat de mariage, pour bagues et joyaux. Disons, par occasion, un mot sur cette question. De droit commun, la donation d'une somme d'argent, pour bagues et joyaux, étoit subordonnée à la condition de survie de la femme, à moins qu'il n'eût été stipulé, *verbi gratiâ*, que la femme *pourroit en disposer tant en la vie qu'en la mort*, ou bien qu'elle en auroit la disposition, *soit qu'elle prédécédât ou qu'elle survécût* (Furgole, Quest. sur les Donat., quest. 49, p. 456 et suiv., n. 20 et suiv.; Fromental, Décis. de droit, v°. *Donation*, p. 238; Bretonnier sur Henrys, 18e. plaidoyer, t. 4, p. 291 et 292; M. Merlin, Quest de droit, v°. *Dot*, §. 5, t. 2, p. 259), ou bien encore, à moins qu'à défaut de stipulation expresse à cet égard, l'intention des parties, d'après la nature des clauses du contrat de mariage, ne parût manifestement exclusive de la condition de survie de la femme; comme si, p. ex., il étoit dit, dans le contrat, que la somme donnée pour bagues et joyaux seroit *réversible au donateur au cas de prédécès sans enfants de la femme*. (*Sic ju-*

Bordeaux, les bagues et joyaux donnés avant les noces, ou dans les huit jours suivants,

---

dicatum, dans une espèce semblable, par la cour de Bordeaux, les 26 Août 1817, en 1re., présidt. M. Delpit, plaidants Mes. de Saget et Barennes, et 9 Juillet 1827, en 1re., présidt. M. Ravez). Observoit-on, dans le ressort du parlement de Bordeaux, des règles contraires à celles qui viennent d'être rappelées? D'une part, l'art. 48 de la Coute. de Bordeaux porte que : « les bagues que le mari baillera à sa femme » avant les noces et huit jours après, seront à elle »; et les frères Lamothe, t. 1er., p. 303, nte. 4 de leur Commre. sur cet article, disent que le don des bagues ne s'évanouit pas en cas de prédécès de la femme; mais les mêmes frères Lamothe n'entendent le mot *bagues*, dont se sert l'art. 48 précité, que des *pierreries*, *joyaux* (V. nte. 1re. de leur Commre., t. 1er., p. 302), en un mot, que des bijoux *donnés en nature*, et n'affranchissent ainsi de la condition de survie, que le don manuel des bagues et joyaux fait à la femme. D'une autre part, le parlement de Bordeaux a jugé, d'une manière indirecte, par deux arrêts, que la donation d'une somme d'argent pour bagues et joyaux avoit été acquise à la femme, nonobstant son prédécès. Par le premier de ces arrêts, sous la date du 5 Mars 1703 (Lapeyrère le rapporte à la let. M, n. 35, vo. *Par arrêt*), on a, en effet, ordonné la

appartenoient en propre à la femme) : ces bagues et joyaux étoient censés prêtés seule-

---

compensation de l'agencement gagné par le mari, par le prédécès de sa femme, avec la donation pour bagues et joyaux faite à cette dernière; et par le second arrêt, confirmatif d'une sentence arbitrale du 7 Avril 1754 (cette sentence et l'arrêt qui la confirme se trouvent rappelés au recueil d'arrêts de Despiau, v°. *Agencement*), il a été décidé qu'il n'y avoit pas lieu de compenser l'agencement gagné par le mari, qui avoit convolé et laissé des enfants d'un premier lit, avec la somme que ledit mari avoit reconnue à sa première femme pour bagues et joyaux. Mais ces arrêts peuvent avoir été déterminés par des clauses de la nature de celles dont nous avons parlé, et cette seule considération nous paroîtroit suffisante pour que l'on ne pût adopter, sur la foi des mêmes arrêts, relativement à la question qui nous occupe, une jurisprudence contraire au droit commun; car la première condition voulue pour former une jurisprudence que l'on soit en droit d'invoquer, c'est que les circonstances sur lesquelles les arrêts sont intervenus soient bien connues. (V. Bretonnier sur Henrys, liv. 6, quest. 55, t. 3, p. 923, et liv. 3, quest. 75, t. 2, p. 153). Toutefois, la cour de Bordeaux, par arrêt du 13 Août 1825, présid[t]. M. Castaignet, plaidants M[es]. Roullet, Brochon jeune et Palomière, a mis au néant

ment par le mari à la femme *quò honestius culta ad se deduceretur*, comme dit la loi 5, §. 10, ff. *commodat.* (Dupin, Bechet, Despeisses, cités au n. précédent; Lapeyrère, let. D, n. 84; Mantica, *sup.*, n. 1er. et suiv.).

81. Rappelons maintenant :

82. Que lorsque les conjoints n'avoient pas déclaré, dans leur contrat de mariage, l'argent qu'ils avoient conféré, l'acquêt fait pendant la société étoit présumé avoir été fait des deniers sociaux. (Dupin, dans sa Conf[ce]. sur Ferron, let. A, n. 26);

83. Qu'à défaut de titres, les biens possédés par les époux au moment de la dissolution de leur société, étoient présumés acquêts, sauf la preuve contraire (Voët, *ad Pand.*,

---

l'appel interjeté contre un jugement du tribunal de première instance de Bordeaux, qui avoit décidé en thèse, principalement d'après l'art. 48 de notre Cout[e]., la note 4, *sup.*, du Comm[re]. des frères Lamothe, et les anciens arrêts plus haut mentionnés, que la donation d'une somme d'argent pour bagues et joyaux, n'étoit pas subordonnée à la condition de survie de la femme.

tit. *de pact. dot.*, n. 31, t. 2, p. 100; Lebrun, de la Com[té]., liv. 1er., ch. 5, dist. 3, n. 1er. et 2, p. 130 et 131; Renusson, de la Com[té]., 1re. part., ch. 3, n. 71 et 72, p. 15, et des Propres, ch. 1er., sect. 13, n. 4, p. 44 et 45; Bourjon, Droit commun, 2e. part. de la Com[té]., ch. 10, sect. 1re., n. 3, t. 1er., p. 535; Bechet, sur l'Usance de Saintes, tit. 7, art. 61, p. 183; arrêt du parlement de Bordeaux, du 13 Février 1731, en grand'chambre, sur les conclusions de M. Dudon), laquelle preuve pouvoit être faite tant par titres que par témoins. (Valin, Cout[e]. de la Rochelle, t. 2, p. 681, n. 141; Annotateurs de Duplessis, de la Com[té]., t. 1er., p. 634; Pothier, de la Com[té]., n. 203, p. 581).

La présomption dont il vient d'être parlé n'avoit pas lieu à l'égard des meubles meublants, qui étoient censés appartenir au mari (arrêt ci-dessus cité; Apostillateur de Lapeyrère, let. M, n. 25; Chassanée, Cout[e]. de Bourgogne, des Droits et Appartenances à gens mariés, §. 14, n. 9, p. 712, édit. de 1552; Fontanella, *de pact. nup.*, clause 6, glose 1re., part. 4, n. 38 à 40, p. 248, édit. de 1719; Cochin, t. 3, p. 58), à moins que la femme ne l'eût reçu *adventice*, auquel cas ils étoient présumés appartenir à cette dernière. (Arrêt ci-dessus; arrêt de la cour de Bordeaux, du 27 Novembre 1828, en 2e., présidt. M. Duprat; Chassanée, *sup.*, etc.).

84. Jusqu'ici il n'a pas été question des fruits et revenus des biens appartenants aux époux. Ces fruits et revenus, acquis pendant l'association conjugale, entroient-ils dans la société d'acquêts ? Ils y entroient dans les sociétés appelées en droit romain *universorum quæ ex quæstu veniunt,* sociétés dont il a déjà été parlé. (V. n. 19). Dans les sociétés ordinaires, les fruits et revenus des fonds mis en société étoient également communicables entre les associés, *in societatibus, fructus communicandi sunt*, dit la L. 38, §. 9, ff. *de usur. et fruct.;* et la L. 38, §. 1er., ff. *pro socio,* est dans le même sens. Dès-lors, la question plus haut posée se résout affirmativement comme d'elle-même. Aussi est-ce de cette manière qu'elle a été décidée par Me. Dumoulin, l'une des lumières de notre ancien barreau. Voici, à cet égard, ce qu'on lit dans Salviat, p. 6 et 7 : « Dans un con- » trat de mariage, il étoit dit : *Seront lesdits » époux associés en tous meubles, acquêts*

» *ou conquêts qu'ils feront durant le ma-* » *riage, autres néanmoins que ceux qui* » *proviendront de la dot de l'épouse et des* » *biens propres que le futur a actuellement.* » On demandoit si cette clause n'excluoit des » acquêts que la dot de la femme et les biens » appartenants au mari lors de leur ma- » riage, ou si elle excluoit aussi les revenus » qu'avoient produits les biens pendant le » mariage. Me. Dumoulin a répondu, le 23 » Septembre 1759, qu'elle n'excluoit que la » dot et les biens du mari; que quand il s'a- » gissoit d'une société d'acquêts convention- » nelle en pays de droit écrit, on ne pouvoit » la régler qu'en conformité des lois civiles » qui concernent les sociétés, dans le partage » desquelles chaque associé reprend les ca- » pitaux qu'il a conférés; *mais les fruits et* » *autres émoluments qui en sont provenus* » *se partagent* ». Au surplus, les attestations du barreau indiquent formellement, comme faisant partie des acquêts, « les biens acquis » par le travail et l'industrie des conjoints ou » *par les épargnes de leurs revenus* » (attestations des 4 Janvier 1695 et 14 Juillet 1759, rapportées au n. 22, al. dern.); « les meu- » bles par eux acquis, même ce qui vient

» *des fruits des biens dotaux ou de l'usu-*
» *fruit des biens donnés aux conjoints* ». (Attestation du 5 Avril 1669, transcrite *sup.* au n. 22, al. dern.). D'après cela, on doit tenir pour constant que la société d'acquêts profitoit des fruits et revenus des biens de chacun des conjoints (Voët, *ad Pand.*, tit. *de pact. dot.*, n. 32, t. 2, p. 101 et 102), et il en étoit ainsi dans les sociétés coutumières. (Lebrun, de la Com^té^., liv. 1er., ch. 5, sect. 2, dist. 2, p. 119 et suiv.; Bouhier, sur la Cout^e^. de Bourgogne, ch. 76, t. 2, p. 636 et 637; Pothier, de la Com^té^., part. 1re., ch. 2, sect. 1re., art. 3, n. 204 et suiv., p. 581 et suiv.). Mais il faut faire attention que, comme ce droit accordé à la société de recevoir les fruits et revenus des biens des époux, l'assujettissoit aux réparations et autres charges usufructuaires, aux frais de nourriture et entretien soit des époux, soit des enfants, et, en général, à toutes les charges du mariage (Renussson, de la Com^té^., 1re. part., ch. 3, n. 18, p. 8; Dumoulin, dans la préface sur le titre des Douaires de la Cout^e^. de Paris, en tête de l'art. 135 de l'ancienne Cout^e^., t. 1er., p. 1715 et 1716. — V. *inf.*, n. 139 et suiv.), il faut faire atten-

tion, disons-nous, qu'à la dissolution de la société conjugale, il ne pouvoit y avoir que les seuls fruits et revenus restés libres, une fois les charges acquittées, et les émoluments provenus de l'excédant des mêmes fruits et revenus sur lesdites charges, qui formassent des acquêts, et fussent ainsi sujets à être partagés entre les conjoints ou leurs héritiers.

85. Une explication se fait ici désirer relativement aux fruits et aux revenus des biens paraphernaux de la femme mariée dans les pays du ressort du parlement de Bordeaux soumis au pur droit écrit. La femme, ainsi qu'on l'a déjà dit (V. n. 8, n[te]. 1re., *a*), avoit, dans ces pays, le droit de recevoir les revenus de ses paraphernaux : or, un tel droit se trouve inconciliable avec la faculté que nous venons d'accorder à la société, et, par suite, au mari, administrateur de cette société, de percevoir les fruits et les revenus des immeubles appartenants aux conjoints, et conséquemment de jouir des paraphernaux, comme de tous autres biens de la femme. Il faut donc restreindre cette faculté aux sociétés contractées dans le territoire de la Cout[e]. de Bordeaux : la femme, en se

mariant dans le territoire de cette coutume, perdoit, en effet, la jouissance de tous ses biens dotaux, ou extra-dotaux (V. n. 8, n[te]. 1re., *a*), jouissance à laquelle elle demeuroit toujours et forcément étrangère, même dans le cas d'une société stipulée, puisqu'elle n'avoit aucun droit actif pendant la durée de l'association, comme on le verra plus tard (V. n. 148). Au contraire, dans les pays du ressort du parlement de Bordeaux régis par le seul droit écrit, la femme, en contractant mariage, conservoit l'administration et la jouissance de ses paraphernaux, quand bien même une société d'acquêts eût été convenue; mais si le pouvoir de la femme, à l'égard de cette espèce de bien, ne pouvoit recevoir aucune atteinte d'une semblable stipulation, nous pensons, toutefois, qu'à raison de l'association par elle consentie, la femme devoit, à la dissolution de la société, faire participer son mari aux économics par elle faites sur les fruits et les revenus de ses paraphernaux, ces économies et tout ce qui pouvoit en être provenu formant des acquêts, aux termes des deux attestations ci-avant rappelées, attestations qui, par leur généralité, embrassent les revenus épargnés sur les biens paraphernaux, comme ceux économisés sur les biens dotaux. C'est dans ce sens, d'ailleurs, que Bourjon, Droit commun, 2e. part., de la Comté., ch. 11, sect. 2, n. 15 et 16, t. 1er., p. 542, le décide à l'égard des communautés coutumières, dans le cas où la femme avoit stipulé qu'elle auroit, pendant le mariage et sur ses propres quittances, la jouissance d'un certain bien. Il est vrai que Pothier, de la Comté., n. 466, p. 707, fait difficulté sur l'opinion de cet auteur, mais à tort, selon nous, car par la clause en question, la femme nous semble moins stipuler les revenus propres, que se réserver le droit de les percevoir et d'en disposer à son gré.

86. Le droit déféré à la société d'acquêts sur les fruits et les revenus des biens personnels des époux, s'exerçoit, par exemple :

87. 1°. Sur toute espèce de fruits, soit naturels, soit industriels, soit civils. (V. par arg. Lois 7, *in princip.*, et §. 1er., ff. *de usuf.*; 9, *in princip.*, *eod.*; 59, §. 1er., *eod.*);

88. 2°. Sur les fruits naturels et industriels

perçus pendant la durée de l'association conjugale, quoiqu'ils eussent été pendants par branches ou par racines au moment de la célébration du mariage (L. 27, *in princip.*, ff. *de usuf.*, par arg.; Lebrun, de la Com[té]., liv. 1er., ch. 5, sect. 2, dist. 2, n. 1er., p. 120; Bouhier, sur la Cout[e]. de Bourgogne, ch. 76, n. 27, t. 2, p. 636; Bourjon, Droit commun, 2e. part., de la Com[té]., ch. 11, sect. 1re., dist. 2, n. 4, t. 1er., p. 540), mais non sur ceux qui se trouvoient au même état à la dissolution de la societé, *fructus pendentes pars fundi videntur*. L. 44, ff. *de rei vind.* (Renusson, de la Com[té]., 2e. part., ch. 4, n. 14 et 15, p. 146; Ferriere, Compil. sur la Cout[e]. de Paris, art. 231, glose unique, n. 10 et suiv., t. 3, p. 303 et suiv.; Pothier, de la Com[té]., n. 209, p. 584, et de la Société, n. 158, p. 591; L. 13, ff. *quib. mod. usuf. vel usus amit.*, et 8, *in fine*, ff. *de ann. leg. et fideicomm.*, par arg.) — V. *infr.*, n. 259;

89. 3°. Sur les fermages, si les fruits qu'ils représentoient avoient été recueillis pendant la société, quoique le terme fixé pour le paiement de ces fermages ne fût échu que depuis l'époque à laquelle ladite société avoit pris fin. (Lebrun, des Success., liv. 2, ch. 7, sect. 1re., n. 11 et 12, p. 447 et 448, et sect. 3, n. 5, p. 455; Annotateurs de Vigier, sur la Coute. d'Angoumois, p. 321 et 322; Bechet, sur l'Usance de Saintes, art. 16, p. 39; Pothier, de la Comté., n. 219, p. 589; L. 58, ff. *de usuf.*, par arg.);

90. 4°. Sur les loyers de maison, à proportion du temps que la société avoit duré, ces loyers étant dus jour par jour. (Duplessis, de la Comté., t. 1er., p. 441; Renusson, de la Comté., 2e. part., ch. 6, n. 19 et 20, p. 146 et 147; Bourjon, Droit commun, 2e. part., de la Comté., ch. 8, sect. 2, dist. 3, n. 9, t. 1er., p. 541, et 6e. part., de la Comté., ch. 8, sect. 2, n. 6 et 7, p. 642; Pothier, de la Comté., n. 220 et 223; L. 6, ff. *de usuf.*, par arg.);

91. 5°. Sur les arrérages de rentes viagères dont l'un ou l'autre des époux étoit propriétaire lors de la célébration du mariage, toujours à proportion de la durée de la société, les arrérages échéant aussi chaque jour. (Lebrun, de la Comté., liv. 1er., ch. 5, sect. 2, dist. 2, n. 16, p. 125; Bourjon, Droit commun, 2e. part., de la Comté., ch. 11, sect. 6, dist. 1re., n. 33 et 34, t. 1er., p. 545; Cochin, t. 6, p. 509 et suiv.; Nouveau Denisart, t. 4, p. 714; Pothier, de la Comté., n. 232, 221 et 223);

92. 6°. Sur les intérêts des sommes actives appartenantes aux époux. (Renusson, de la Comté., 1re. part., ch. 11, n. 28 et 23, p. 78 et 77; Bechet, sur l'Usance de Saintes, art. 16, p. 39; L. 34, ff. *de usur. et fruct.*, par arg.).

93. Non-seulement les fruits des biens propres aux époux tomboient dans la société d'acquêts, mais encore ce que chacun d'eux acquéroit par l'exercice de sa profession, sa solde, ses appointements. (Pothier, de la Société, ch. 2, sect. 1re., art. 2, n. 45, al. 2, p. 550; Souchet, Coute. d'Angoumois, t. 2, p. 315, édit. de 1780). Il en étoit de même des bénéfices qui échéoient, pendant l'association conjugale, d'un bail à ferme, d'une entreprise quelconque ayant une date antérieure à la société. (Nouveau Denisart, t. 9, p. 101 et suiv.; Répre. de M. Merlin, t. 2,

p. 562). Tout cela étoit fruit du travail et de l'industrie des époux.

94. En nous occupant de la composition de l'actif de la société d'acquêts, nous n'avons pas fait mention des offices : nous nous réservions de réunir, dans un exposé particulier, tout ce qu'il pouvoit être utile de connoître sur cette matière.

95. Parmi ces offices, les vénaux (il en sera d'abord exclusivement question) étoient réputés immeubles. Relativement à la société d'acquêts, ces offices devoient, dès-lors, recevoir l'application des règles ci-avant rappelées.

96. Ainsi, les offices vénaux dont le mari étoit titulaire à l'époque de son mariage, lesquels n'entroient pas dans les sociétés coutumières, d'où étoient exclus les immeubles possédés par les conjoints au moment de leur union (Loyseau, des Offices, liv. 3, ch. 9, n. 6 et 7, p. 290 et 291; Duplessis et ses Annotateurs, traité des Droits incorporels, ch. 1er., p. 172; Lebrun, de la Comté., liv. 1er., ch. 5, sect. 2, dist. 1re., n. 52,

p. 99), ne pouvoient non plus faire partie des sociétés d'acquêts conventionnelles qui n'embrassoient que les acquisitions faites *constante matrimonio*.

97. Ainsi, un semblable office, dont le prix n'étoit payé que pendant le mariage, restoit propre au mari qui s'en étoit trouvé revêtu avant son mariage, sauf la récompense due *dissoluto matrimonio*, à la femme ou aux héritiers de cette dernière. (Renusson, des Propres, liv. 5, ch. 4, n. 35, p. 241; Boucheul, sur la Cout^e^. de Poitou, art. 229, n. 46, t. 1er., p. 755; Salviat, p. 380. — V. *sup.*, n. 25). Le mari devoit également récompense des sommes sociales par lui employées au paiement des taxes imposées sur son office, durant le mariage, pour des augmentations de gages ou pour de nouveaux droits et émoluments attachés audit office. (Annotateurs de Renusson, des Propres, p. 346, n. 52; Bourjon, Droit commun, 3e. part., des Offices, ch. 1er., sect. 2, n. 9, t. 1er., p. 374; Pothier, de la Com^té^., n. 660, p. 796; Salviat, *sup.*); mais aucune récompense n'étoit due, à raison, soit des taxes sèches, sans aucune attribution (Bourjon, *sup.*, n. 8, t. 1er., p. 374; Pothier, *sup.*), soit des frais de provision et de réception (Pothier, *sup.*, n. 661, p. 796), ou de la Paulette. (Pothier, *sup.*, n. 662, p. 796).

98. Ainsi, un tel office appartenant au mari lors de son mariage, mais supprimé *durante matrimonio*, restoit propre au mari, s'il étoit rétabli pendant la durée de la société, sans que le mari eût été obligé de prendre de nouvelles provisions, sauf la récompense due à la femme ou à ses héritiers, pour les deniers tirés de la caisse sociale à raison du rétablissement de l'office. Le mari, dans cette hypothèse, se trouvoit toujours propriétaire en vertu d'un titre antérieur au mariage, ce titre n'étant pas effacé par la suppression au moyen du rétablissement survenu. (Lebrun, de la Comté., liv. 1er., ch. 5, sect. 2, dist. 1re., n. 68, p. 104; Renusson, des Propres, ch. 5, sect. 4, n. 51, p. 246; Pothier, Coute. d'Orléans, introduction au tit. 10, n. 15, p. 281, et de la Comté., n. 165, p. 562).

99. Ainsi, l'augmentation d'un semblable office, arrivée par sa propre nature pendant la durée de la société, regardoit le mari seul qui s'en étoit trouvé titulaire en se mariant. (Salviat, p. 379 et 380; Conférences m. s. sur Lapeyrère, let. O, n. 16).

100. Ainsi, enfin, si un tel office, propre au mari à l'époque de son mariage, avoit été aliéné pendant le mariage, il devoit être fait, au partage de la société, prélèvement du prix de vente au profit du mari. (Loyseau, des Offices, liv. 3, ch. 9, n. 31 et précéd., p. 294 et précéd.; Renusson, des Propres, liv. 5, ch. 4, n. 35 et 36, p. 241 et 242; Lebrun, de la Com[té]., liv. 1er., ch. 5, sect. 2, dist. 1re., n. 52, p. 99; Lapeyrère, let. C, n. 27). — V. *inf.*, n. 248.

101. Il a été dit plus haut (V. n. 96), que les offices vénaux, dont le mari étoit titulaire en se mariant, ne faisoient pas partie de la société d'acquêts. *Quid*, de la *pratique* annexée à certains de ces offices, p. ex., à l'office de procureur ou de notaire? Cette pratique consistoit essentiellement dans le corps des dettes actives dues, soit au notaire pour les actes par lui faits, soit au procureur pour les instances par lui poursuivies, tant pour les salaires à eux dus à raison des actes de procédure, que pour les déboursés par eux faits dans l'intérêt des parties. (Pothier, Cout^e. d'Orléans, introduction générale aux coutumes, art. 2, n. 57, p. 22, et de la Com^té., n. 93, p. 532; Lebrun, de la Com^té., ch. 5, sect. 1re., dist. 4, n. 14, p. 74, 2e. col., *in medio*). Elle étoit considérée comme meuble. (Renusson, des Propres, ch. 6, sect. 3, n. 6, p. 276; Valin, Cout^e. de la Rochelle, art. 60, n. 157, t. 3, p. 278; Lapeyrère, let. M, n. 22). Dès-lors, elle entroit dans les sociétés coutumières. (Bourjon, Droit commun, 3e. part., des Offices, ch. 1er., sect. 3, n. 11, t. 1er., p. 375), à moins, toutefois, qu'elle n'en eût été exclue par une stipulation de propre. (Bourjon, *sup.*). Dans ce dernier cas, et si la stipulation en question n'avoit pas été faite pour une somme déterminée, la pratique ne tomboit dans les mêmes communautés que jusqu'à concurrence de sa valeur au jour du mariage, selon que cette valeur étoit principalement arbitrée par l'examen des registres du procureur ou du notaire. On ne considéroit pas ce que la pratique valoit au temps de la dissolution du mariage. Autrement, le mari, prenant dans la communauté les mises et avances par lui faites pour ses parties, et augmentant ainsi journellement, aux dépens de la communauté, le fonds de sa pratique dont il pouvoit laisser accumuler les dettes, auroit été le maître d'énerver le droit de la femme dans le produit de la collaboration, et de s'approprier souvent tous les fruits de la communauté. (V. Lebrun, de la Com[té]., ch. 5, sect. 1re., dist. 4, n. 14, p. 74, et Bourjon, *sup.*, n. 12 à 15, dont l'opinion n'est pas, au surplus, celle de Renusson, des Propres, ch. 6, sect. 3, n. 7 à 10, p. 277 et 278) suivant lequel il n'y avoit que les mémoires de frais liquidés et arrêtés par les parties, que les cédules, obligations ou exécutoires, qui ne dussent pas faire partie de la pratique stipulée propre, et pussent être considérés comme des effets de la communauté. (V., dans ce dernier sens, Brillon, Dict[re]. des arrêts, v°. *Pratique*, n. 5, t. 5, p. 285 et 286).

D'après les principes qui régissoient nos sociétés d'acquêts, la pratique n'avoit pas besoin d'être stipulée propre pour être exclue de ces sociétés, dans lesquelles n'entroient ni le mobilier ni les dettes actives des époux à l'époque de leur union. Mais si la pratique, telle qu'elle existoit lors du mariage, en d'autres termes, si l'universalité des dettes actives appartenantes, à cette époque, à la même pratique, ne faisoit pas partie de la société d'acquêts, il n'en étoit pas de même du corps des dettes actives acquises, durant cette société, par le notaire ou par le procureur, pour les actes faits ou pour les instances poursuivies. La société d'acquêts embrassoit en effet, dans son actif, les fruits des biens propres aux époux. (V. *sup.*, n. 84). Or, les droits et les émoluments des offices étoient considérés comme des fruits desdits offices. (Renusson, de la Com^{té}., 2e. part., ch. 4, n. 2, p. 144; Nouveau Denisart, v^{o}. *Fruits en matière civile*, §. 2, n. 9, t. 9, p. 101). Les émoluments de la pratique, comme fruits de l'office, tomboient donc dans la société d'acquêts (Lapeyrère, let. C, n. 26), et cela avec d'autant plus de raison, que cette société s'étendoit à tout le fruit de l'industrie des conjoints, et que le gain d'une pratique de procureur ou de notaire dépendoit en partie de l'industrie du mari.

102. Voici pour les offices vénaux dont le mari étoit titulaire en se mariant. Passons aux offices de même nature acquis pendant l'existence de la société conjugale.

103. Ces offices devoient être regardés comme de véritables acquêts, quoique le mari en fût seul titulaire. (Duplessis, des Droits incorporels, ch. 1er., p. 172; Bourjon, Droit commun, 3e. part., des Offices, ch. 1er., sect. 4, n. 16, t. 1er. p. 375; Pothier, de la Comté., n. 663, p. 796). Dès-lors, les gages, les profits et tout ce que l'office pouvoit produire, appartenoit à la société; dès-lors, cet office étoit aux risques de la société; il diminuoit comme il augmentoit pour elle (V. Loyseau, des Offices, liv. 3, ch. 9, n. 42 à 46, p. 295; Bourjon, *sup.*, n. 18, p. 376; Pothier, *sup.;* Salviat, p. 379 et 380); dès-lors encore, si l'office étoit revendu pendant la société, et que les deniers s'en trouvassent dus à la dissolution de cette société, les deniers se partageoient, comme effet social, entre le survivant des époux et les héritiers du conjoint prédécédé (Boucheul, Coute. de Poitou, art. 229, n. 41, t. 1er., p. 754); dès lors, enfin, à la dissolution du mariage par le prédécès du mari, l'office se vendoit au profit de la société, et le prix s'en partageoit entre la femme et les héritiers du mari.

104. Quoique l'office acquis, *constante matrimonio*, fût un acquêt, néanmoins, comme le titre en étoit inhérent à la personne du mari, qui seul pouvoit en faire les fonctions, ce dernier, à la dissolution de la société par le prédécès de sa femme, avoit la faculté de retenir l'office, en payant aux héritiers de celle-ci, non la moitié du prix que l'office valoit lors de la dissolution de la société, comme le vouloit Dumoulin et comme la justice sembloit le demander, mais la moitié du prix qu'avoit originairement coûté ledit office, comme l'opinion en avoit prévalu (Duplessis et ses Annotateurs, des Droits incorporels, p. 172 et 173; Valin, Cout^e. de la Rochelle, art. 47, n. 58, t. 2, p. 658; Renusson, des Propres, ch. 5, sect. 4, n. 37 à 39, p. 242 et 243; Lebrun, de la Com^té., liv. 1er., ch. 5, sect. 2, dist. 1re., n. 57 et précéd., p. 101 et précéd.; Bourjon, Droit commun, 3e. part., des Offices, ch. 1er., sect. 4, dist. 1re., n. 17, t. 1er., p. 376; dist. 4, n. 30 et 31, p. 377; dist. 5, n. 35 à 37, p. 378), la déclaration du mari de vouloir retenir l'office ayant un effet rétroactif au temps de l'acquisition, et faisant réputer cette acquisition comme faite pour le compte du mari seul plutôt que pour celui de la société. (Pothier, de la Com^{té}., n. 667, p. 799, et n. 665, p. 797). Remarquez que lorsque le mari étoit prédécédé, ses héritiers n'avoient pas le droit de retenir l'office, ce droit étant personnel au mari. Il en étoit de même si le mari, n'ayant pas opté, étoit mort dans le temps qu'il avoit la faculté d'opter. Dans ces deux cas, l'office conservoit parfaitement la qualité d'acquêt, et il devoit être vendu au profit de la société. (Poullain-Duparc, Principes du droit français, t. 5, p. 216; Renusson, des Propres, liv. 5, ch. 4, n. 38, p. 242; Bourjon, Droit commun, 3e. part., des Offices, ch. 1er., sect. 4, dist. 4, n. 34, p. 378).

105. Quoique acquis pendant la durée de la societé conjugale, l'office étoit néanmoins propre au mari, dans les mêmes cas où nous avons vu qu'un immeuble acquis, *durante matrimonio*, restoit la propriété personnelle du mari, et, p. ex. :

106. 1°. Lorsque le mari, en paiement

de l'office, avoit donné, aux termes du contrat, un bien à lui propre, c'étoit alors un échange. (Loyseau, des Offices, liv. 3, ch. 9, n. 61, p. 298; Conférençes m. s. sur Lapeyrère, let. C, n. 29. — V. *tamen*, au n. 44, *sup.*). Il en étoit autrement, et l'office tomboit dans la société d'acquêts, si le mari, resté débiteur du prix de l'office, avoit, après coup, donné des propres en paiement: auquel cas il se faisoit, au profit du mari, lors du partage de la société, remplacement de la valeur de ses propres donnés en paiement. (Loyseau, *sup.*; Conférences m. s., *sup.*);

107. 2°. Lorsque l'office avoit été acheté par le mari, de l'argent provenant de l'aliénation de son propre, avec déclaration que l'acquisition étoit faite de cet argent et pour lui tenir lieu de remploi. (Loyseau, des Offices, liv. 3, ch. 9, n. 63 et 64, p. 298; Bourjon, Droit commun, 3e. part., des Offices, ch. 1er., sect. 4, dist. 1re., n. 20, t. 1er., p. 376; Lapeyrère, let. C, n. 29. — V. *sup.*, n. 46). Que si l'office avoit été acquis par le mari, du prix d'un propre de sa femme, il tomboit dans la société d'acquêts, nonobstant toute déclaration et acceptation d'emploi

(V. *sup.*, n. 46), par la raison que la femme étoit incapable de posséder l'office. (Loyseau, *sup.*, n. 65, p. 298; Bourjon, *sup.*, dist. 3, n. 25 et 26, t. 1er., p. 377).

108. Mais que décider à l'égard d'une commission dont le mari étoit pourvu lors du contrat de mariage, et qui, *constante matrimonio*, étoit érigée en titre d'office? En ce cas, l'office, dont tout autre que le mari avoit pu se rendre adjudicataire, devoit être considéré comme un acquêt, car il n'existoit pas avant le mariage. (Duplessis, des Droits incorporels, ch. 1er., p. 174; Lebrun, de la Com[té], liv. 1er., ch. 5, sect. 3, n. 38, p. 158; Pothier, Cout[e]. d'Orléans, introduction au tit. 10, n. 15, p. 281, et de la Com[té]., n. 165, p. 562). Observez, toutefois, qu'il n'en étoit pas de même à l'égard des procureurs matriculaires avant leur mariage, mais érigés en titre d'office durant le mariage : leurs charges leur demeuroient propres, sauf la récompense due à la femme ou à ses héritiers pour la finance payée. Ces procureurs, qui ne pouvoient être dépossédés *ad nutum*, étoient en effet officiers, quoiqu'à titre de matricule, avant l'érection en titre d'office, laquelle érection ne constituoit qu'une continuation du même office. (Lebrun, de la Comté., liv. 1er., ch. 5, sect. 3, n. 39, p. 158, et liv. 1er., ch. 5, sect. 1re., dist. 4, n. 8, p. 73; Frain, recueil d'arrêts du parlement de Bretagne, t. 1er., p. 113, édit. de 1684).

109. Il vient d'être question des offices vénaux; disons maintenant un mot des offices de la maison du Roi.

110. Ces offices étoient considérés comme de simples commissions viagères et révocables de leur nature (V. Loyseau, des Offices, liv. 4, ch. 5, n. 55 et 59, p. 359, et n. 13, p. 354); ils n'étoient pas dans le commerce: le Roi, par pure grâce, en agréoit quelquefois la démission qui s'achetoit souvent entre particuliers. (Lebrun, de la Comté., liv. 1er., chap. 5, sect. 2, dist. 1re., n. 71, p. 105; Renusson, des Propres, ch. 5, sect. 4, n. 32, p. 240; Bourjon, Droit commun, 4e. part., des Offices, ch. 1er., n. 1er. à 5, t. 1er., p. 391; Pothier, de la Comté., n. 91, p. 531).

111. Ainsi, un semblable office, quoique acquis pendant le mariage, sur la démission d'un titulaire achetée des deniers sociaux, étoit propre au mari, à qui il restoit en cas de prédécès de sa femme, sans qu'il fût même tenu, envers les héritiers de cette dernière, à aucune récompense à raison des deniers employés à l'acquisition de l'office. On présumoit que l'office n'avoit été acquis que pour l'avantage de la société, et, d'ailleurs, comme office n'étoit pas une chose qui fût *in bonis*, ni conséquemment susceptible d'aucune estimation, le mari ne pouvoit être censé s'être enrichi en l'acquérant de l'argent de la société. (Lebrun, de la Com^{té}., liv. 1er., ch. 5, sect. 2, dist. 1re., n. 71 à 76, p. 105 et suiv., et sect. 1re., dist. 4, n. 17, p. 75; Renusson, des Propres, ch. 5, sect. 4, n. 44, p. 244; Bourjon, Droit commun, 4e. part.; des Offices, ch. 1er., sect. 4, n. 19 et 20, t. 1er., p. 393, et 3e. part., des Offices, ch. 1er., sect. 4, n. 19, t. 1er., p. 376; Pothier, de la Com^{té}., n. 674, p. 801).

112. Si un tel office, acquis pendant le mariage, ne pouvoit tomber dans la société d'acquêts, il en étoit, à plus forte raison, de même de celui qui appartenoit au mari à l'époque de son mariage, et ce dernier office, dans le cas où il étoit vendu durant le mariage, engendroit au profit du mari, lors de la dissolution de la société conjugale, une action en remplacement du prix de vente. (Lebrun, de la Com[té]., liv. 1er., ch. 5, sect. 2, dist. 1re., p. 105, et sect. 1re., dist. 4, p. 75; Sérieux sur Renusson, des Propres, ch. 5, sect. 4, n. 36, p. 241; Bourjon, Droit commun, 4e. part., des Offices, ch. 1er., sect. 4, n. 21 et 22, t. 1er., p. 393).

113. Mais les émoluments desdits offices appartenants au mari avant son mariage, ou acquis *constante matrimonio*, tomboient dans la société d'acquêts. (Renusson, des Propres, ch. 5, sect. 4, n. 43, p. 244; Lebrun, de la Com[té]., liv. 1er., ch. 5, sect. 2, dist. 1re., n. 74, p. 107, 2e. col.).

SECTION SECONDE.

Du passif de la Société d'acquêts.

114. Suivant les principes du droit qui régissoient les sociétés ordinaires, chaque associé étoit tenu des dettes sociales : *omne æs alienum quod, manente societate, contractum est, de communi solvendum est, licet posteaquàm societas contracta est, solutum sit*, L. 27, ff. *pro socio.* — *Sed nec æs alienum, nisi quod ex quæstu pendebit, veniet in rationem societatis*, L. 12, ff. *eod.* — Parmi les dettes contractées pendant la société, on ne regardoit comme dettes de la société que les engagements contractés, soit par tous les associés, soit par l'un des associés agissant en son propre nom et sans pouvoir de ses co-intéressés, mais pour le fait de la société : *jure societatis, per socium ære alieno socius non obligatur, nisi in communem arcam pecuniæ versæ sint*, L. 82, *pro socio*, soit par le chef de la société : *magistri* *societatum pactum et prodesse et obesse constat*, L. 14, ff. *de pactis*, qui étoit censé préposé *cum mandato generali;* de telle sorte que l'obligation par lui contractée en qualité de chef, étoit réputée faite pour et au nom de la société, à moins que cette obligation ne montrât qu'elle n'avoit pour cause que des affaires particulières, auquel cas, elle n'étoit valable que contre lui et sur sa portion. (Henrys, t. 2, p. 914 à 916).

115. Ces règles n'étoient pas étrangères aux sociétés d'acquêts.

116. On voit d'abord, en jetant les yeux sur les monuments de notre ancienne jurisprudence, que la société d'acquêts étoit tenue des dettes contractées pendant sa durée. (Attestation du 18 Février 1674, rapportée au n. 326).

117. Les dettes nées pendant la société étoient, 1°. celles contractées par le mari; 2°. celles contractées par la femme.

118. Chef de la société et maître des acquêts par suite du droit de puissance maritale dont il étoit revêtu, le mari, en thèse générale, obligeoit cette société par tous les engagements qu'il contractoit, et les dettes résultantes de ces engagements réfléchissoient contre la femme. (Bourjon, Droit commun, 3e. part., de la Comté., ch. 7, sect. 1re., n. 1er. et 2, t. 1er., p. 562; Pothier, de la Comté., n. 248, p. 601, et n. 498, p. 722).

119. L'application de ce principe avoit lieu, quoique les dettes contractées par le mari procédassent d'un contrat étranger aux affaires de la société. Ainsi, p. ex., étoit réputée sociale la dette qui avoit pour origine un cautionnement que le mari avoit consenti pour un tiers, dans le seul but de lui rendre service. La raison en est, dit Renusson, de la Comté., 2e. part., ch. 6, n. 39 et 40, p. 161, « que le mari est maître de la com- » munauté; les obligations qu'il contracte » pendant la communauté sont pour l'avan- » tage ou le désavantage de la communauté : » la communauté en est tenue, le mari étant » maître et seigneur, *potest perdere, dissi-* » *pare, abuti* ». (V., dans le même sens, et contre l'opinion de l'Apostillateur de Lapeyrère, let. C, n. 14, Boucheul, sur la Coute.

de Poitou, art. 244, n. 11 et 12, t. 1er., p. 857; Annotateurs de Duplessis, de la Comté., p. 379 et 413; Bourjon, Droit commun, 3e. part., de la Comté., ch. 7, sect. 1re., n. 3 et 4, t. 1er., p. 563; Dupin, des secondes Noces, p. 445; Pothier, de la Comté., n. 248, p. 602).

120. Il y a plus : les dettes qui procédoient des délits commis par le mari, étoient aussi des dettes de la société d'acquêts, pourvu que ces délits n'emportassent pas mort civile, ce qui résultoit encore du pouvoir indéfini que le mari avoit sur les biens de la société pendant le mariage. (Renusson, de la Comté., 1re., part., ch. 6, n. 34 à 37, 40 à 45, p. 35 et suiv.; Annotateurs de Duplessis, de la Comté., p. 380; Lebrun, de la Comté., liv. 2, ch. 2, sect. 3, n. 1er. à 3, p. 221 et suiv.; Bourjon, Droit commun, 4e. part., de la Comté., ch. 1er., sect. 4, dist. 1re., t. 1er., p. 569 et 570; Pothier, de la Comté., n. 249, p. 602; Conférences m. s. sur Lapeyrère, let. C, n. 14).

121. A plus forte raison, la société d'acquêts étoit tenue de la condamnation aux dommages et intérêts et dépens intervenue contre le mari à raison des fautes par lui commises dans les fonctions de sa charge. (Renusson, de la Com[té]., 2e. part., ch. 6, n. 47 à 50, p. 163).

122. *Quid*, de l'obligation de garantie qu'avoit contractée le mari par la vente d'un héritage propre à la femme, d'un fonds dotal, p. ex.? Cette obligation constituoit-elle une dette sociale? En d'autres termes, la femme, en cas d'acceptation de la société, étoit-elle non-recevable à revendiquer (1), *pour le tout*, l'immeuble aliéné? La négative est enseignée par une foule d'auteurs (V. Renusson, de la Com[té]., 1re. part., ch. 6, n. 69 à 64, p. 39, et 2e. part., ch. 6, n. 46 à 41, p. 162 et précéd.; Lebrun, de la Com[té]., liv. 2, ch. 3, n. 38 et 39, p. 261 et 262, et liv. 3, ch. 2, sect. 1re., dist. 1re., n. 10 à 13, p. 339 et 340; Boucheul, sur la Cout[e]. de Poitou, art. 230, n. 100, t. 1er., p. 781; Duplessis, de la Com[té]., p. 395 à 397; Bechet, sur l'Usance de Saintes, art. 61, p. 162;

(1) Pour l'époque où la revendication pouvoit être exercée. V. n. 8, n[te]. 1re., let. *d*.

Bourjon, Droit commun, 4e. part., de la Comté., ch. 2, sect. 3, n. 10 à 12, t. 1er., p. 573; Pothier, de la Comté., n. 253, p. 604 et suiv.; M. Merlin, au Nouveau Répre., t. 2, p. 569), qui accordent à la femme le droit de revendication *pour le total*, en, par elle, remboursant aux tiers-détenteurs la moitié du prix de vente dont la société, en laquelle elle prenoit part, se trouvoit avoir profité. A les entendre, « le contrat étoit étranger à la » société; le bien aliéné ne faisoit pas partie » de la société; le mari n'avoit pu vendre » comme maître; il avoit contracté seul l'o- » bligation de garantie ». Cependant ces auteurs (à l'exception de Pothier et de Duplessis) assujettissent la femme au paiement de la moitié des dommages et intérêts de l'éviction, « attendu, disent-ils, que le contrat » de vente a été passé pendant la société ». Mais comment la femme qui, d'après eux, avoit le droit d'évincer *pour le total* l'acquéreur, et n'étoit ainsi aucunement tenue de l'obligation de garantie contractée par son mari, pouvoit-elle être passible des dommages et intérêts résultants de l'inexécution de cette obligation? Nous pensons néanmoins que la moitié de ces dommages et intérêts devoit peser sur la femme ; mais ne devroit-on pas également décider : « que l'obligation de » commune faisoit participer la femme à » toutes les obligations contractées par son » mari durant la communauté, et, par suite, » à l'obligation de la garantie de l'héritage » que son mari avoit contractée envers l'ache- » teur durant la communauté, en le lui ven- » dant ; que la femme, comme commune, » étoit ainsi tenue pour *moitié* de l'obligation » de garantie, et qu'elle devoit être exclue » pour *moitié* de la revendication de son hé- » ritage, à moins qu'elle n'offrît d'abandon- » ner et de compter de tous les biens qu'elle » avoit eus de la communauté....., et de se » décharger de cette manière des dettes et » obligations de la communauté, desquelles » elle n'est tenue que jusqu'à concurrence » des biens qu'elle en a ». C'est ainsi que s'étoit exprimé Pothier, au Contrat de vente, n. 179, p. 532, et telle étoit l'opinion de Prévôt de la Jannès, Principes de la jurisprudence française, t. 2, p. 22, opinion qu'avoit accueillie un arrêt du mois de Juin 1620, rappelé par Bechet, *sup.* Cette doctrine, quoique abandonnée par Pothier, dans son traité de la Communauté, *loc. sup. cit.*, ne sembleroit-elle pas d'ailleurs plus en harmonie que l'autre avec les principes déjà consignés dans cet ouvrage (V. n. 118 à 120), principes d'après lesquels le mari, comme chef de la société, obligeoit, sans le concours de sa femme, cette société par tous les engagements qu'il contractoit, quoique ces engagements procédassent de contrats étrangers aux affaires de la société, même de ses délits, et, par suite, obligeoit également sa femme, dans le cas où cette dernière acceptoit la société d'acquêts? Les auteurs des Conférences m. s. sur Lapeyrère, let. F, n. 20, disent pourtant, en approuvant la décision de Lapeyrère, *sup.*, que, quoique le prix fût tourné au profit de la communauté, la femme seroit fondée à revendiquer pour le total son fonds dotal vendu par son mari, en remboursant à l'acquéreur la moitié du prix de vente. Tel étoit aussi, comme nous nous en sommes assuré, le sentiment des anciens jurisconsultes de notre barreau; et ce sentiment, qui, s'appuyant de la doctrine des auteurs cités en tête du présent numéro, prend une nouvelle force du principe de l'inaliénabilité des biens dotaux en vigueur parmi nous (V. *sup.*, n. 8, *in princip.*, et nte. 1re., let. *d*, dudit numéro), a été consacré par un arrêt du tribunal d'appel de Bordeaux, rendu le 11 Ventôse an 11, dans un procès au rapport de M. Chalup. Voici les motifs de cet arrêt : « Attendu que » rien n'est plus certain en droit que l'inaliénabilité des fonds dotaux; que, pendant le » mariage, les biens constitués en dot sont » hors du commerce et leur vente spécialement prohibée, et que les ventes consenties » malgré cette prohibition sont nulles; que » si les femmes, associées aux acquêts avec » leurs maris, ne pouvoient pas quereller les » ventes faites par ceux-ci de leurs fonds dotaux, sans répudier l'émolument de leur » société, elles ne pourroient jouir en même » temps des avantages que la loi leur assure » et de ceux qu'elles doivent trouver dans la » stipulation de la société insérée en leur faveur dans leurs contrats de mariage; qu'en » conséquence, la jurisprudence les a toujours admises à revendiquer leurs fonds dotaux aliénés par leurs maris sans renoncer » à leur société; qu'on a bien cherché à établir le système contraire par l'opinion de » Pothier, dans son traité du Contrat de » vente, mais que cet estimable auteur a reconnu son erreur en exprimant une opi-

» nion contraire dans son traité de la Com-
» munauté, et que la jurisprudence particu-
» lière du ci-devant parlement de Bordeaux
» et de celui du parlement de Toulouse,
» étoient exactement conformes à ce prin-
» cipe ».

123. Mais le principe d'après lequel la société d'acquêts étoit tenue de toutes les dettes contractées pendant sa durée par le mari, recevoit exception, notamment dans les cas suivants :

124. 1°. A l'égard des dettes créées par le mari pour son utilité particulière ou pour la décharge de ses biens propres, comme les sommes qu'il s'étoit obligé de payer pour l'affranchissement d'une servitude à laquelle son héritage étoit assujetti, pour payer une soulte de partage dont son lot avoit été chargé, ou le prix de la licitation des immeubles dont il s'étoit rendu adjudicataire. (Valin, Coute. de la Rochelle, t. 2, p. 743, n. 34; Pothier, de la Comté., n. 250, p. 603). De telle sorte que si ces dettes avoient été payées pendant le mariage, la récompense en étoit due (V. *inf.*, n. 260 et suiv., où il est traité des

des diverses récompenses dues par les époux, et notamment n. 270 et 271, 5°. et 6°.); et si elles s'étoient trouvées encore dues au temps de la dissolution de la société, c'étoit au mari à les acquitter à la décharge de la femme ou des héritiers de cette dernière. (V. *inf.*, n. 237). Cette exception étoit fondée sur ce que le mari ne pouvoit s'avantager des biens de la société au préjudice de la part que devoit y avoir sa femme. (Pothier, de la Com[té]., n. 250, p. 603);

125. 2°. A l'égard des obligations contractées gratuitement par le mari envers les enfants d'un premier lit ou envers ses collatéraux héritiers présomptifs. C'étoit s'avantager soi-même au préjudice de sa femme, que d'avantager les enfants d'un autre lit ou ses collatéraux héritiers présomptifs. (Coquille, Instit. du droit français, p. 68; Pothier, de la Com[té]., n. 251, p. 603. V. *inf.*, n. 156);

126. 3°. A l'égard de la constitution dotale faite aux enfants du mariage par le mari seul, dans le cas où il résultoit de l'acte de constitution que ce dernier avoit entendu doter *en son propre nom* (V. Pothier, de la Com[té]., n. 656, p. 794 et suiv.; Raviot sur Perrier, quest 205, n. 9, t. 2, p. 78), comme si, p. ex., il avoit constitué *de son chef propre*. (Arrêt du parlement de Bordeaux, du 3 Avril 1789, en 2e., au rapport de M. Filhot, dans la cause de Louise Meillan, veuve Roudier, contre Roudier fils). Dans l'espèce de cet arrêt, la dot fut jugée toute paternelle, quoique la femme eût signé le contrat contenant la constitution faite par le mari de son chef propre. Il est vrai que, d'après nos usages, la femme qui *signoit seulement* le contrat de mariage, étoit censée autoriser la constitution pour la moitié de son chef; mais ce n'étoit que dans le cas où la constitution se trouvoit faite par le mari, *pro mediâ*, entre sa femme et lui (attestations des 21 Mars et 3 Mai 1701, syndics M[es]. Lanevere et Mérignac; Apostillateur de Lapeyrère, let. D, n. 119, v°. *Nota*), ou *pour droits paternels et maternels, conjunctim*, une semblable constitution étant censée faite *pro mediâ*. (Apostillateur de Lapeyrère, *sup.*, v°. *Jugé au rapport*; Salviat, p. 193; Roussilhe, de la Dot, t. 1er., p. 107 à 110, édit. de 1785. V. *inf.*, n. 127).

127. L'exception s'appliquoit-elle encore au cas où le mari avoit constitué, sans le concours de sa femme, une dot à un des enfants de leur union, lorsque rien n'indiquoit qu'il eût voulu doter en son nom seul? Voici à ce sujet comment s'exprime Renusson, de la Com^{té}., 1re. part., ch. 13, n. 4 et 5, p. 89 : « Lorsqu'un père marie un de ses enfants et donne » une somme de deniers qui est prise dans » la communauté, ou lorsqu'il promet simplement une somme de deniers et ne la paie » pas comptant, supposé que la mère n'ait pas » parlé et qu'elle n'ait pas été présente au contrat de mariage, et qu'elle n'ait pas donné » avec le père, si elle accepte la communauté, elle en est tenue à cause de la communauté; de telle sorte que si le don a été pris » sur les biens de la communauté, comme » aussi si la somme, donnée et promise par le » père seul, étoit encore due et n'avoit pas été » payée, la mère ne peut pas se défendre d'y » contribuer pour moitié, à cause de la communauté qu'elle a acceptée. La raison est » que le mari est maître de la communauté... » La mère ne peut pas dire qu'il y ait de la » fraude, puisque ce sont leurs enfants communs; le droit naturel et le devoir commun

» les obligent également tous deux à pourvoir » à l'établissement de leurs enfants.... Autre » chose est si la mère vient à renoncer à la » communauté; car, en ce cas, il est véri- » table de dire qu'elle n'est pas tenue du don » à cause de la communauté, puisqu'elle a » renoncé à la communauté et qu'elle n'en » profite pas. Elle n'est pas aussi tenue du » don personnellement de son chef, puis- » qu'elle n'étoit pas présente au contrat de » mariage, qu'elle n'a rien donné ni promis, » et qu'il n'y a que le père qui a promis et » fait le don ». On voit par là que, d'après l'avis de Renusson, on ne pourroit pas dire, dans l'hypothèse que nous examinons, que le mari attiroit de son côté, au préjudice de sa femme, les biens de la société; on voit aussi que, dans la même hypothèse, la dette contractée par le mari constitueroit une dette sociale, et tel est le sentiment d'une foule d'auteurs, qui s'élèvent tous contre l'opinion contraire enseignée par Lebrun, de la Com^té^., liv. 2, ch. 2, n. 14 et suiv., p. 206 et suiv. (V. notamment Poullain-Duparc, Principes du droit français, t. 5, p. 123 à 126; Bourjon, Droit commun, 3e. part., de la Com^té^., ch. 8, n. 2 à 4, t. 1er., p. 564

et suiv., et 4e. part., de la Comté., ch. 1er., sect. 2, n. 10, p. 568; Pothier, de la Comté., n. 656, 657 et 250, et p. 718; Covarruvias [1], *varior. resolut.*, liv. 3, ch. 19, n. 3, p. 393,

---

[1] Covarruvias, *sup.*, p. 393, 2e. col., vo. *Ex quo infertur,* soutient même que la dot constituée, après la société finie, par le père survivant, étoit une dette de la société. Nous distinguions : lorsque le père survivant avoit constitué une dot à sa fille *pour droits paternels et maternels*, la dot étoit pour une moitié à sa charge, et pour l'autre moitié à la charge de la mère décédée (Nov. 21 de l'empereur Léon; attestation du 25 Février 1698, syndics Mes. Dussol et Domenge; Apostillateur de Lapeyrère, let. D, n. 119, vo. *Un père qui constitue*, et vo. *Un père veuf,* et let. D, n. 128, vo. *Il est d'usage*), pourvu que les biens de cette dernière fussent suffisants pour remplir la moitié de la dot; car, en cas d'insuffisance, le restant de l'entière constitution étoit à la charge du père (Apostillateur de Lapeyrère, let. D, n. 119, *Un père veuf,* vo. *Car si un père constitue* 4000 *liv.*; Dusault, sur l'Usance de Saintes, p. 362, vo. *On y juge même à présent*); lorsqu'au contraire la constitution avoit été faite par le père survivant, *de son chef seul*, sans dire si la dot étoit donnée pour droits paternels et maternels, il en étoit seul chargé. (Nov. 21, *sup.*; L. 7, cod. *de dot. prom.*).

1re. col., v°. *Ex his plura deduci poterunt*, édit. de 1606). Ce sentiment, comme celui de Renusson, est fondé 1°. sur ce que le père et la mère, ayant leurs biens communs en pays coutumiers à cause de la communauté établie entr'eux, devoient être et étoient, dans les mêmes pays, d'une condition égale pour la dotation des enfants communs (V., indépendamment des autorités ci-avant citées, Auroux des Pommiers, sur l'art. 234 de la Coute. de Bourbonnais, n. 2, p. 375, édit. de 1780; Henrys, liv. 4, quest. 52, n. 4, t. 2, p. 373; Mornac, sur la L. 11, ff. *quib. mod. pign.*, t. 1er., p. 1192; Pothier, de la Comté., n. 644); 2°. sur ce que le mari étoit le chef de la société et le maître des acquêts. (V. Pothier, Bourjon, etc., *sup.*; Raviot sur Perrier, quest. 205, n. 13, t. 2, p. 79). Ces raisons de décider, quelque incontestables qu'elles nous paroissent pour les pays coutumiers et pour les communautés usagères établies dans ces pays, ne nous semblent pas également concluantes à l'égard des pays de droit écrit et des sociétés d'acquêts stipulées dans ces pays. Il étoit, en effet, de maxime, en pays de droit écrit, que l'obligation de doter regardoit le père seul [1]. (V. L. 7, cod. *de dot. prom.*; L. 19, ff. *de rit. nupt.*). A la vérité, dans le cas d'une société contractée, la femme participoit aux bénéfices de cette société : d'où il sembleroit qu'une obligation de doter, de la part de la mère, devoit être un effet et une suite de la société d'acquêts, comme elle l'étoit pour les communautés usagères dans les pays de coutume. Mais il faut faire attention, qu'à la différence de ces coutumes qui embrassoient, indépendamment des acquisitions faites à titre onéreux pendant le mariage, les biens meubles des époux à l'époque de leur union, et tout ce qui leur arrivoit par donations entre-vifs ou testamentaires, autrement qu'en

---

[1] Tellement que la veuve qui constituoit, étoit censée ne l'avoir fait que *in supplementum* des droits paternels, et n'étoit tenue de la dot que *in subsidium*, en cas d'insuffisance des biens du père, et cela, quoique la constitution eût été faite pour droits maternels et paternels. (Lapeyrère et son Apostillateur, let. D, n. 118, v°. *La veuve constituant*, et *ibi* Conférences m. s., et notes de Cazalet, de Beaune et de Dumoulin; Dusault, sur l'Usance de Saintes, p. 362, édit. de 1722).

ligne directe, la société d'acquêts, simple société de travail, étoit bornée aux seules acquisitions faites à titre de commerce; que dès-lors on ne trouve pas dans une semblable société cette communion de biens qui, dans les communautés coutumières, avoit fait considérer l'obligation de doter comme commune à la mère aussi bien qu'au père. Ainsi donc, puisqu'en pays de droit écrit, *paternum officium erat dotare filias*, et qu'on ne rencontre, dans la nature de notre société d'acquêts, rien qui puisse autoriser à s'écarter de cette maxime, nous pensons que le père, quoiqu'il fût le chef de cette société, n'obligeoit que lui seul, en constituant seul une dot à un enfant du mariage, ou bien en faisant la constitution tant pour droits paternels que maternels, lorsque, dans ce dernier cas, la mère n'avoit pas signé le contrat [1]; il n'acquittoit par là qu'une dette qui lui étoit personnelle, et, pour les dettes de cette espèce, le mari, malgré sa qualité de chef, n'obligeoit pas la société d'acquêts. (V. n. 124). Cette

[1] La mère n'étoit obligée qu'autant qu'elle avoit signé. (D'Olive, liv. 3, ch. 24, p. 360, édit. de 1782. V. *sup.*, n. 126; *inf.*, n. 127, *in fine*).

opinion nous paroît d'autant plus devoir être suivie, que nos sociétés d'acquêts, d'après l'observation que nous avons déjà eu l'occasion d'en faire (V. n. 13), se régloient en conformité des principes du droit écrit sur les sociétés ordinaires, et que, suivant ces principes dans ces sociétés, la dot constituée par l'un des associés étoit exclusivement à la charge du constituant, à moins d'une stipulation contraire insérée au traité social. C'est ce que décidoient, pour les sociétés générales de tous biens, Dumoulin, *ad 2um. vol. Alexand. Consil., consil.* 154, t. 2, p. 70; du Pineau, Quest. et Consult. à la suite du Commre. sur la coutume d'Anjou, p. 34, vo. *La doctrine commune,* édit. de 1698, etc. Il est vrai que le sentiment de ces auteurs n'étoit pas généralement et indistinctement reçu (V. Mantica, *de tacit. et amb. convent.,* liv. 6, tit. 20, t. 1er., p. 314 et suiv.; Pothier, du Contrat de société, n. 38, p. 548; Henrys, t. 2, p. 370 et suiv.); mais à l'égard de toute autre société qu'une société générale de tous biens, la question n'étoit pas controversée, et l'associé qui avoit constitué la dot en étoit seul tenu, aux termes de la règle générale posée aux L. 27, 12 et 82, ff.

pro socio. (V. ces lois au n. 114), règle d'après laquelle l'associé n'étoit passible que des dettes contractées pour le fait de la société. Telle étoit l'opinion que nous nous étions formée sur la question ci-dessus agitée. Depuis lors, ayant eu besoin de vérifier un point de droit se rattachant à l'art. 63 de la Cout^e^. de Bordeaux, et de consulter, sur cet article, les Conférences m. s. sur ladite Coutume, nous avons trouvé dans ces Conférences l'énonciation d'un arrêt du parlement de Bordeaux, sous la date du 15 Février 1716, rendu à la 2e. chambre des enquêtes, au rapport de M. Jegun, dans la cause de la demoiselle Mercier, femme du sieur Dages, et jugeant que, dans le cas où la mère n'avoit pas signé le contrat, elle n'étoit pas tenue de contribuer de sa moitié d'acquêts, et que le père étoit obligé de doter *de suo*. Nous y avons également trouvé « qu'il étoit passé en maxime » que le père constituant *tant pour biens* » *paternels que maternels*, si la femme as- » sociée aux acquêts *ne signoit* pas le con- » trat de mariage, la dot promise ne diminuoit » pas la portion d'acquêts de la femme ».

128. Que si la dot avoit été constituée

conjointement par le mari et par la femme, c'étoit encore, non une dette sociale, quoique Me. Denucé ait soutenu le contraire dans une consultation du 3 Avril 1816, mais une dette personnelle, soit du mari, soit de la femme, pour la part dont chacun d'eux devoit y contribuer (Renusson, de la Comté., 1re. part., ch. 13, n. 6 et suiv., p. 89 et suiv.; Lebrun, de la Comté., liv. 3, ch. 2, sect. 1re., dist. 6, n. 3, p. 416 et 417; Journal du palais de Guéret et Blondeau, t. 2, p. 91 et suiv.; Pothier, de la Comté., n. 645, p. 789, et n. 655, p. 794; arrêt de la cour de Bordeaux, du 26 Juillet 1816, en 1re., présidt. M. Marbotin de Conteneuil); et la femme, en cas d'insolvabilité du mari, n'étoit pas responsable de la portion du chef de celui-ci, de la moitié, p. ex., si les époux avoient doté chacun pour moitié (attestation du 3 Mai 1701, syndics Mes. Lanevere et Mérignac; Salviat, p. 192; Apostillateur de Lapeyrère, let. D, n. 119, vo. *Nota que*, contre l'opinion de M. de Bézieux, liv. 5, ch. 2, §. 1er., p. 353, et de Cambolas, liv. 4, ch. 29, p. 282, que nous ne suivions pas), à moins, 1o. que la constitution n'eût été faite *solidairement* (Apostillateur de Lapeyrère, *sup.;* Lapeyrère, let. D, n. 118; Salviat, p. 192; Albert, let. D, ch. 48, p. 169 vers la fin; du Perier, Quest. notab., liv. 4, quest. 22, p. 443 et 444); 2°. qu'il n'eût été donné par le mari un immeuble sur lequel la femme avoit un droit de propriété ou une hypothèque spéciale, la signature ou le consentement de la femme au contrat emportant renonciation de son droit en faveur de sa fille. (Attestation du 3 Mai 1701, *sup.;* Apostillateur de Lapeyrère, *sup.;* Fromental, v°. *Dot,* p. 260). Du reste (et pour le dire en passant) lorsqu'il avoit été donné en dot un bien propre à l'un des époux, la valeur de la moitié (dans une constitution *pro mediâ*) s'en remplaçoit, au profit de cet époux et de ses créanciers, sur les biens ou la portion d'acquêts appartenants à l'autre époux. (V. Lapeyrère, let. D, n. 119, et Apostillateur, let. D, n. 128, v°. *Il est d'usage;* Salviat, p. 192; Dusault, sur l'Usance de Saintes, p. 362; attestation de l'année 1698, syndics Mes. Levasseur et Giniès. V. *inf.*, 3e. note du n. 264). Quant à la garantie des objets constitués en dot, elle avoit lieu sans difficulté si elle avoit été promise; mais avoit-elle lieu de plein droit? La question étoit controversée [1]. (V. Berthelot, traité des Évictions, t. 1er., p. 129 et suiv., édit. de 1781, qui tient pour l'affirmative; M. de Bézieux, liv. 6, ch. 8, §. 6, p. 454, et Despeisses, tit. de la Dot, sect. 2, n. 22, t. 1er., p. 486, *ubi* Distinctions).

129. Parlons maintenant des dettes contractées par la femme.

130. Régulièrement, ces dettes n'étoient pas à la charge de la société, quoique contractées pour les affaires de la société (Bourjon, Droit commun, 3e. part., de la Comté.,

---

[1] A l'égard des donations, quoique faites par contrat de mariage, les auteurs s'accordoient à dénier la garantie de droit, lorsque l'éviction procédoit d'ailleurs que du fait du donateur. (V. Sent. de Paul, liv. 5, tit. 11, §. 5; Basset, tit. 7, liv. 5, ch. 5, t. 2, p. 329, édit. de 1668; Albert, let. G, ch. 11, p. 227; Catelan, liv. 5, ch. 66, t. 2, p. 366 et suiv.; Vedel sur Catelan, *loc. cit.*, t. 2, p. 235; Laroche-Flavin, liv. 6, tit. 40, n. 15, p. 426, édit. de 1682; Berthelot, des Évict., t. 1er., p. 112; Despeisses, tit. des Donat., sect. 3, n. 24, t. 1er., p. 435; Espiard sur Lebrun, liv. 2, ch. 6, sect. 2, dist. 1re., p. 437).

ch. 7, sect. 3, n. 10, t. 1er., p. 564), sauf toutefois dans les cas d'exception qui vont suivre.

131. *Première exception*, lorsque la femme avoit été autorisée par son mari à contracter les dettes. (Lebrun, de la Comté., liv. 2, ch. 1er., sect. 5, n. 15, p. 196, et liv. 2, ch. 2, sect. 2, n. 11, p. 220; Valin, Coute. de la Rochelle, t. 1er., p. 552, n. 95; Pothier, de la Comté., n. 254, p. 605).

132. *Seconde exception*, lorsque la femme étoit marchande publique (Renusson, de la Comté., 1re. part., ch. 7, n. 44, p. 49; Lebrun, de la Comté., liv. 2, ch. 2, n. 7, p. 220; Bourjon, Droit commun, 4e. part., de la Comté., ch. 4, sect. 2, n. 7, t. 1er., p. 585; Pothier, de la Comté., n. 254, p. 605, et n. 500, p. 722), c'est-à-dire, lorsqu'elle faisoit un commerce séparé de celui de son mari. (Duplessis, de la Comté., p. 391; Renusson, *sup.*, n. 43; Ferriere, Compil. sur la Coute. de Paris, art. 235, t. 3, p. 371 et suiv.; Pothier, de la Puissance du mari sur la personne et sur les biens de sa femme, n. 20, p. 462; Salviat, p. 90, aux Quest.). Le mari qui permettoit ou souffroit que sa femme fît le commerce, étoit censé l'autoriser pour le fait de ce commerce, et accéder lui-même aux obligations par elle contractées. (Lebrun, *sup.*; Pothier, de la Com^{té}., n. 254; Valin, Cout^{e}. de la Rochelle, t. 1er., p. 556, n. 113 et 114, et p. 552, n. 96; Ferriere, *sup.*, art. 234, glose 2, n. 2, p. 359, et n. 11, p. 362 et suiv.; Lapeyrère et son Apostillateur, let. F, n. 19; Salviat, *sup.*). D'un autre côté, la société profitant, ainsi qu'il a été dit au n. 68, *sup.*, du gain et du profit provenus du négoce de la femme, il étoit juste que cette société fût tenue des dettes dont ce même négoce avoit été la cause. (Renusson, *sup.*, n. 44, p. 49; Ferriere, *sup.*, t. 3, p. 365, n^{te}. 2 de la glose sur un acte de notoriété en interprétation de l'art. 234).

133. *Troisième exception*, lorsque la femme contractoit des dettes pour provisions ordinaires de la maison, pour marchandises de draps, linge et autres étoffes servant à l'usage nécessaire et ordinaire, pourvu qu'il n'y eût pas d'excès dans les fournitures, et que le mari n'eût pas fait défense aux marchands de faire ces fournitures à crédit : le mari, dans le cas de cette troisième exception, étoit censé s'obliger par le ministère de sa femme. (Lebrun, de la Com^{té}., liv. 2, ch. 2, sect. 2, n. 6, p. 220; Ferriere, Compil. sur la Cout^{e}. de Paris, art. 223, glose 2, n. 72, t. 3, p. 163; Pothier, de la Puissance du mari sur la personne et sur les biens de sa femme, n. 49, p. 473, et de la Com^{té}., n. 574, p. 754; Rép^{re}. de Guyot, t. 1er., p. 838 et suiv.).

134. *Quatrième exception*, lorsque la femme contractoit comme factrice du mari, auquel cas, ce dernier étoit encore censé avoir seul contracté par le ministère de sa femme. (Boucheul, Cout^{e}. de Poitou, art. 227, n. 4 et 5, t. 1er., p. 376; Lebrun, de la Com^{té}., liv. 2, ch. 1er., sect. 1re., n. 11, p. 165; Bourjon, Droit commun, 4e. part., de la Com^{té}., ch. 3, sect. 1re., n. 7, t. 1er., p. 579; Pothier, de la Com^{té}., n. 575, p. 754, et de la Puissance du mari sur la personne et les biens de sa femme, n. 20, p. 462).

135. *Cinquième exception*, lorsque la femme traitoit, en vertu des pouvoirs exprès de son mari, sans souscrire elle-même aucune obligation personnelle, les engagements par elle pris en cette qualité étant réputés contractés par le mari : *qui mandat, ipse fecisse videtur.*

136. Si, à part les principales exceptions qui précèdent, la société n'étoit pas grevée des dettes souscrites par la femme pour les affaires sociales, à plus forte raison cette société ne pouvoit être tenue des délits commis par la femme. (Renusson, de la Com[té]., 1re. part., ch. 6, n. 46 et suiv., p. 36 et suiv.; Lebrun, de la Com[té]., liv. 2, ch. 2, sect. 3, n. 7 et suiv., p. 223 et suiv.; Valin, Cout[e]. de la Rochelle, t. 1er., p. 532 et suiv., n. 25 et suiv.; Pothier, de la Com[té]., n. 256, p. 606; Dupin, des secondes Noces, n. 60, p. 444; Lapeyrère, let. C, n. 14).

137. La société d'acquêts n'étant obligée qu'aux engagements consentis pendant sa durée, il est évident qu'elle n'étoit pas chargée, soit des dettes faites antérieurement au mariage par l'un des conjoints, lesquelles ne pouvoient s'exercer, après la dissolution de l'association, que sur la moitié d'acquêts du chef de l'époux débiteur (V. *inf.*, n. 326), soit des dettes créées par l'un des époux, après la société finie, lesquelles, en cas d'affectation des acquêts aux enfants, ne pouvoient même être répétées sur la portion afférente à l'époux obligé. (V. *inf.*, n. 325).

138. Indépendamment des dettes contractées par le mari ou par la femme, la société d'acquêts étoit tenue de différentes charges dont voici les principales :

139. 1°. La nourriture et l'entretien des deux conjoints (Bourjon, Droit commun, 3e. part., de la Comté., ch. 8, n. 1er., t. 1er., p. 564 ; Pothier, de la Comté., n. 270, p. 613); les frais de cette dernière maladie, de médicaments. (Bourjon, *sup.* ; Lebrun, de la Comté., liv. 2, ch. 3, sect. 1re., n. 61, p. 266; Poullain-Duparc, Principes du droit français, t. 5, p. 43 et 44) ;

140. 2°. Les aliments et les frais d'éducation des enfants communs. (Pothier, de la Comté., n. 270, p. 613) ;

141. 3°. Les réparations usufructuaires des immeubles personnels des conjoints. (Pothier, de la Comté., n. 271, p. 613. V. au n. 84) ;

142. 4°. Les intérêts des dettes passives de chacun des conjoints, et les arrérages de rente viagère, p. ex., à leur charge, ces intérêts et arrérages, courus pendant la durée de l'association conjugale, étant des charges naturelles des fruits et des revenus que la société faisoit siens. (Renusson, de la Com[té]., 1re. part., ch. 11, n. 20 à 28, p. 77 et 78; Lebrun, de la Com[té]., liv. 2, ch. 3, sect. 4, n. 4 à 9, p. 298 et 299; Bourjon, Droit commun, 3e. part., de la Com[té]., ch. 3, sect. 2, n. 9, t. 1er., p. 552, et ch. 1er., sect 1re., n. 1er. à 3, p. 547; arrêt de la cour de Bordeaux, du 30 Août 1810, en 1re., présid[t]. M. de Brézets, rapporteur M. Castaignet, statuant dans le cas d'intérêts);

143. 5°. Les frais à faire, lorsque la société étoit dissoute, pour inventorier les effets dont elle étoit composée (Valin, Cout[e]. de la Rochelle, t. 2, p. 681, n. 142; Bourjon, Droit commun, 3e. part., de la Com[té]., ch. 8, n. 6, t. 1er., p. 565; Pothier, de la Com[té]., n. 274, p. 614, et n. 576, p. 754); pour liquider les reprises que chaque époux pouvoit avoir à exercer. (Pothier, *sup.*, n. 274); pour parvenir au partage des effets communs. (Pothier, *sup.*, n. 274, et de la Société, n. 173, p. 596).

144. Mais les frais funéraires de l'époux prédécédé étoient à la charge de sa succession, et non à celle de la société, après la dissolution de laquelle ils avoient seulement été formés. (Lebrun, de la Comté., liv. 2, ch. 3, sect. 1re., n. 45, p. 263; Valin, Coute. de la Rochelle, t. 2, p. 743, n. 36; Annotateurs de Duplessis, de la Comté., t. 1er., p. 414; Bourjon, Droit commun, 3e. part., de la Comté., ch. 8, n. 9, t. 1er., p. 565; Pothier, de la Comté., n. 275, p. 614, et n. 543, p. 743).

145. Quant au deuil de la femme, il étoit également aux frais des héritiers du mari, soit que la femme eût accepté la société, soit qu'elle y eût renoncé. (Lebrun, de la Comté., liv. 2, ch. 3, sect. 1re., n. 47 et 48, p. 263 et 264; Valin, Coute. de la Rochelle, t. 2, p. 628, n. 66 et 67; Bourjon, Droit commun, 6e. part., de la Comté., ch. 4, sect. 3, n. 14, 15 et 19, t. 1er., p. 633; Pothier, de la Comté., n. 275, p. 614, et n. 678, p. 803).

146. En étoit-il de même lorsque le mari avoit fait, dans son testament, des avantages à sa femme? L'Apostillateur de Lapeyrère, let. V, n. 63, v°. *Les arrêts ont jugé*, dit que les arrêts ont jugé que la veuve, dans ce cas, ne pouvoit prétendre d'habits de deuil, et Salviat, p. 504, ajoute que, depuis que cet Apostillateur a écrit, la jurisprudence a toujours été la même, et a été confirmée par autre arrêt de la 1re. chambre des enquêtes, au rapport de M. de la Faurie. (Cet arrêt, qu'on trouve dans le recueil m. s. de Despiau, v°. *Deuil*, sans énonciation de l'espèce sur laquelle il intervint, fut rendu le 13 Avril 1758). On peut citer, dans le même sens, indépendamment de l'opinion, soit de Gui-Pape (quest. 541, p. 502, édit. de 1667), qui met les habits de deuil à la charge de la veuve laissée, par testament de son mari, usufruitière de tous les biens de ce dernier, parce que, selon lui, la veuve usufruitière de tous les biens est tenue des charges héréditaires, soit de Faber (en son Code, liv. 3, tit. 23, *de usufructu*, p. 244, n. 6), qui porte la même décision, sur le fondement que le deuil est une charge des fruits, on peut citer, disons-nous, 1°. une consultation de Despiau, du 21 Janvier 1766; 2°. un arrêt du parlement de Bordeaux, du 2 Août 1682, au rapport de M. de Boucaud, qu'on retrouve dans plusieurs collections m. s. qui, au surplus, n'en offrent pas l'espèce; 3°. un arrêt du tribunal d'appel de Bordeaux, rendu le 23 Pluviôse an 10, présid^t. M. Perrens, plaidants M^es. Ferrère et Lainé, dans l'espèce d'une veuve légataire de l'usufruit de la moitié des biens de son mari. Pour l'opinion contraire, on peut se prévaloir, indépendamment de l'autorité, soit de Louet sur Brodeau (let. V, somm^re. 11, t. 2, p. 745), d'après lequel la femme ne doit, en aucun cas, porter le deuil à ses dépens, à moins qu'elle ne fût instituée héritière universelle, soit de Boucheul (Cout^e. de Poitou, art. 246, n. 11, t. 1er., p. 863), soit de Cochin (30e. Consult., t. 2, p. 658 et 659), lesquels enseignent que les habits de deuil sont dus à la femme, quoique donataire particulière de son mari; on peut se prévaloir, nous le répétons, à l'appui de cette opinion contraire à la première, 1°. de deux arrêts cités par le nouvel éditeur de Salviat, p. 433 et 434, et rendus au parlement de Bordeaux, l'un au mois d'Août 1735, dont l'espèce n'est pas rapportée; l'autre, le 16 Juillet 1789, dans l'espèce d'une veuve légataire de l'usufruit d'une maison, avec les bâtiments et jardins qui en dépendoient, et de la propriété de tous les meubles contenus dans ladite maison; 2°. d'une sentence arbitrale, en date du 12 Mai 1733, rendue dans le cas d'une veuve usufruitière, par Mes. Coste, Beaune et Dumoulin, et mentionnée au Lapeyrère de ce dernier, let. V, n. 63; 3°. des Conférences m. s. sur Lapeyrère, let. V, n. 63, qui, rappelant l'avis de Gui-Pape et de Faber (V. ci-avant), disent que notre jurisprudence est contraire, et qu'on donne toujours à la veuve les habits de deuil sur les biens du mari. Quel parti prendre dans ce conflit de jurisprudence et d'autorités? Le deuil de la veuve étant une charge de la succession du défunt, nous pensons que la femme étoit fondée à le réclamer, même lorsqu'elle avoit quelque avantage du testament de son mari, à moins que la nature de cet avantage ne la soumît personnellement au paiement des dettes héréditaires. Ainsi, admettant, en thèse générale, le sentiment des auteurs des Conférences m. s., *loc. sup. cit.*, et rejetant, aussi en thèse générale, l'avis de l'Apostillateur de Lapeyrère et de Salviat, nous adoptons en particulier, de préférence à l'opinion contraire, les décisions qui accordent le deuil, soit à la veuve donataire particulière de son mari, laquelle, en cette qualité, n'étoit pas tenue des dettes de ce dernier (Pothier, des Donations entre-vifs, p. 487, et Cout^e. d'Orléans, tit. 15, n. 65, p. 446; Nouveau Denisart, v°. *Donation*, §. 4, n. 5, t. 7, p. 12), soit à la femme usufruitière de tout ou partie des biens délaissés par son mari, laquelle n'étoit pas personnellement obligée aux dettes de la succession, quoiqu'on l'assujettît à souffrir une réduction équivalente au montant des dettes, d'après la maxime *non sunt bona nisi deducto ære alieno*, ni, par conséquent, *bonorum usufructus*. (V., sur ce point, L. dernière, ff. *de usu et usuf.*; Fachin, *Controv. jur.*, liv. 4, ch. 19, p. 363, édit. de 1623; Despeisses, tit. des Servitudes, art. 1er., sect. 2, de l'Usufruit, n. 9, *secundò*, t. 1er., p. 617; Lapeyrère, let. V, n. 75; Automne, sur l'art. 58 de la Cout^e. de Bordeaux, n. 25, 26 et précéd., p. 279; Legrand, Cout^e. de Troyes, art. 89, glose 1re., p. 392; Faber, *Cod.*, liv. 5, tit. 23, déf. 1re., p. 244).

SECTION TROISIÈME.

Du droit des époux sur les biens de la société.

147. DANS les sociétés ordinaires, l'un des associés ne pouvoit disposer, que pour sa part, des choses dépendantes de la société : *nemo ex sociis plus parte suâ potest alienare, etsi totorum bonorum socii sint,* L. 68, ff. *pro socio.* Cette disposition des choses sociales étoit encore interdite à celui d'entre les associés qui avoit été choisi pour la conduite de la société : *procurator totorum bonorum, cui res administrandæ mandatæ sint, res domini neque mobiles, vel immobiles..., sine speciali domini mandato alienare potest,* L. 63, ff. *de procurat.*

Ces règles étoient sans application aux sociétés d'acquêts.

148. Déjà nous avons eu occasion de dire (V. n. 13), que, considérées relativement à la dépendance sous laquelle la puissance maritale plaçoit la femme, ces sociétés étoient exorbitantes du droit commun. Le mari étoit, en effet, le chef de la société et le maître des acquêts. La femme, au contraire, n'avoit sur les acquêts qu'une simple espérance, incertaine et toujours flottante jusqu'à la mort du mari, qu'un droit *habituel* pendant la durée du mariage : *maritus, constante matrimonio*, (dit Dumoulin, sur l'art. 43 de l'ancienne Cout^e^. de Paris, glose 1re., *in v°. Qui dénie le fief*, n. 88, t. 1er., p. 1010), *est, pleno jure, dominus omnium bonorum conquæstuum, et non uxor, licet ipsa habeat dominium mediæ partis, sed infirmum et resolubile, et quod non exit in actum nec habet vires, nisi in puncto dissolutionis vel separationis matrimonii.*

149. Le mari avoit aussi la libre administration des acquêts; il pouvoit les charger de dettes, les hypothéquer, les vendre sans le concours de sa femme. (Bourjon, Droit commun, 4e. part., de la Com^té^., ch. 1er., sect. 1re., n. 1er. à 5, t. 1er., p. 566 et 567; Ferriere, Compil. sur la Cout^e^. de Paris, art. 225, glose 1re., n. 1er. à 3, t. 3, p. 210). Le mari pouvoit même disposer des acquêts à titre gratuit, suivant le droit commun des pays où la communauté étoit reçue, la coutume de Bordeaux n'ayant aucune disposition qui s'écartât de ce droit commun. (Louet et Brodeau, let. D, somm^{re}. 48, t. 1er., p. 504; Renusson, de la Com^{té}., 1re. part., ch. 16, n. 15 et 16, p. 32 et suiv.; Legrand, sur la Cout^{e}. de Troyes, tit. 5, art. 81, glose 3, n. 1er. et 2, p. 323; Pothier, de la Com^{té}., n. 471, p. 709; Lapeyrère, let. C, n. 32).

150. Ce pouvoir qu'avoit le mari de disposer, même à titre gratuit, des acquêts de la société, n'étoit pas (comme le dit énergiquement un de nos plus anciens auteurs) *en immensité et sans règle*, le contrat de mariage étant un contrat de bonne foi. Il ne pouvoit être exercé qu'avec équité, modération et raison (Coquille, quest. 106, des Quest. et Rép. sur les articles des Coutumes, p. 195), et sans fraude. (Legrand, sur la Cout^{e}. de Troyes, tit. 5, art. 81, glose 3, n. 3, p. 323; Ferriere, Compil. sur la Cout^{e}. de Paris, art. 225, glose 3, t. 3, p. 222 et suiv.; Poullain-Duparc, Principes du droit français, t. 5, p. 93; Pothier, de la Com^{té}.,

n. 467, p. 708; Lapeyrère, let. C, n. 32. — V. *inf.*, n. 158).

151. Ainsi, p. ex., quoique le mari pût aliéner chaque effet particulier de la société, il ne pouvoit en disposer par contrat d'aliénation générale des acquêts de cette société, un tel contrat, par son immensité seule, étant suspect de fraude. (Coquille, Instit. du droit français, p. 63; Vigier, sur la Coute. d'Angoumois, p. 159; d'Aguesseau, t. 7, p. 569; L. 17, §. 1er., ff. *quæ in fraud. credit.*).

152. Ainsi, le mari ne pouvoit faire une donation générale des acquêts. A cet égard, voici comment s'exprime Valin sur la Coute. de la Rochelle, t. 1er., p. 503, n. 5 : « Si » le mari s'avise de faire une donation géné- » rale des biens de la communauté, quoique » à personne capable, la donation ne vaudra » que pour sa moitié, parce que si une libé- » ralité aussi excessive pouvoit être exempte » de fraude, elle marqueroit, au moins, une » prodigalité condamnable, et plutôt un des- » sein formel de faire tort à sa femme, que » d'exercer sa générosité envers quelqu'un qui

» l'auroit méritée. En un mot, quand la loi » a permis au mari de disposer de la com- » munauté en maître, en considération de » ce que c'est à ses soins qu'elle doit ses prin- » cipaux accroissements, elle a entendu qu'il » en useroit avec discrétion, et c'est en man- » quer, sans contredit, que d'en disposer par » une donation universelle. Une telle con- » duite est trop suspecte pour être tolérée, » L. 17, §. *Lucius*, ff. *quæ in fraud. credit.* ». (V., dans le même sens, Renusson, de la Comté., 1re. part., ch. 6, n. 11, p. 31; Lebrun, de la Comté., liv. 2, ch. 2, sect. 1re., n. 32, p. 213; Legrand, sur la Coute. de Troyes, tit. 5, art. 81, glose 3, n. 18, p. 325; Poullain-Duparc, Principes du droit français, t. 5, p. 93; Bourjon, Droit commun, 4e. part., de la Comté., ch. 1er., sect. 1re., n. 1er., t. 1er., p. 556; Lapeyrère, let. C, n. 32; Consult. de Me. Denucé, du 25 Juin 1811). C'est donc à tort que Salviat, p. 9, n. 6, taxe de contradiction Lapeyrère, *loc. sup. cit.*, qui, après avoir dit, en règle générale, que le mari pouvoit donner les acquêts, explique cependant que ces acquêts ne pouvoient être l'objet d'une donation universelle. Cette règle et l'exception qui la limite ont pour elles l'assentiment unanime des docteurs, et c'est pour cela que Lapeyrère a introduit sa distinction qui s'appuie sur de meilleures raisons que celles alléguées par Salviat pour soutenir qu'il étoit permis au mari de faire une donation universelle des acquêts.

153. Que si le mari avoit donné l'universalité des acquêts par plusieurs donations particulières, la décision devoit être la même, car il importoit peu que la fraude se fît à l'aide d'une disposition universelle ou de plusieurs donations particulières. C'est la remarque de Legrand, sur la Cout^e^. de Troyes, tit. 5, art. 81, glose 3, n. 21, p. 325, et des Annotateurs de Duplessis, de la Com^té^., p. 376.

154. Le parlement de Bordeaux, par arrêt du 19 Avril 1785, rendu à l'audience de la grand'chambre, entre la dame Marie de Brachet, veuve du marquis de Calvimon, et le sieur Jacques de Calvimon, plaidants M^es^. Barennes et Simon, s'est même prononcé contre la donation particulière d'une somme de 100,000 liv. faite par le mari. Mais, dans l'espèce de cet arrêt, le don avoit été fait par le mari (le marquis de Calvimon) à un de ses cousins (le sieur Jacques de Calvimon), qu'il avoit institué son héritier général et universel avant la donation, et cette dernière circonstance, abstraction faite de l'immensité de la libéralité, étoit suffisante pour motiver l'arrêt et le rapport des 100,000 liv. à la masse d'acquêts. — V. au n. 156.

155. C'étoit encore disposer des acquêts en fraude des droits de la femme, que de faire un don des acquêts dont le mari avoit primitivement fait donation à sa femme par contrat de mariage. Le parlement de Bordeaux, par arrêt du 5 Septembre 1717, confirmatif d'une sentence du sénéchal de Guyenne, le décida de la sorte dans l'espèce que voici : « Contrat de mariage portant, dès à présent, don et donation des acquêts en faveur du survivant des époux; donation par le mari, au mépris de cette clause, des deux tierces parties d'une maison acquise pendant la société ». Salviat, p. 10, rapporte mal l'espèce de cet arrêt. Selon lui, le mari, dans cette espèce, avoit *vendu* les acquêts.

156. Étoit aussi réputée faite en fraude

de la part que la femme ou ses héritiers devoient prendre dans la société, toute disposition par laquelle le mari appliquoit les acquêts à son profit particulier, p. ex., en employant les deniers de la société, soit pour son utilité particulière, soit pour la décharge de ses biens propres. (Pothier, de la Comté., n. 481, p. 715), ou s'en avantageoit indirectement, *puta*, en donnant, soit à son père ou à quelqu'autre parent dont il devoit recueillir l'hérédité (Renusson, de la Comté., 1re. part., ch. 6, n. 9, p. 31; Poullain-Duparc, Principes du droit français, t. 5, p. 93; Pothier, de la Comté., n. 481, p. 715), soit à ses enfants d'un autre lit (Renusson, *sup.*; Duplessis et ses Annotateurs, de la Comté., t. 1er., p. 275; Lebrun, de la Comté., liv. 2, ch. 2, sect. 1re., n. 22, p. 210; Boucheul, sur la Coute. de Poitou, art. 244, n. 16, t. 1er., p. 857 et 858; Pothier, de la Comté., n. 482, p. 715, et n. 251, p. 603), soit à ses héritiers présomptifs en ligne collatérale (Lebrun, *sup.*, et n. 24, p. 211; Raviot sur Perrier, t. 2, p. 600 et suiv.; Coquille, Quest. et Rép. sur les art. des Coutumes, p. 195; Pothier, *sup.*, n. 482, p. 715, n. 483, p. 715, n. 251, p. 603; arrêt du 19

Avril 1785, cité *sup.*, au n. 154; Consult. de Me. Denucé, du 29 Janvier 1812), soit à sa concubine ou à ses enfants naturels. (Renusson, *sup.*; Duplessis et ses Annotateurs, *sup.*, p. 376; Lebrun, *sup.*, n. 35, p. 213; Quest. de droit de M. Merlin, v°. *Concubinage*; Lapeyrère, let. D, n. 47, et let. J, n. 5).

157. Le mari étoit également réputé disposer en fraude, s'il faisoit une donation pendant la maladie dont la femme étoit morte. (Legrand, sur la Coutc. de Troyes, tit. 5, art. 81, n. 19, p. 325; Lebrun, de la Comté., liv. 2, ch. 2, sect. 1re., n. 33, p. 213; Pothier, de la Comté., n. 480, p. 714).

158. Remarquez avec Valin, Coutc. de la Rochelle, t. 1er., p. 508, « que quand on » dit que le mari ne pouvoit pas donner les » biens de la communauté en fraude de sa » femme, il ne s'ensuivoit pas que toutes les » donations par lui faites de cette espèce fussent nulles, de manière que la femme pût » les faire révoquer pour une moitié, sans » autre examen. Ce qui résultoit de là seulement, c'est que la femme ne pouvoit pas

» souffrir de ces donations, que la récompense lui en étoit due sur le reste de la » communauté, et, qu'en cas d'insuffisance, » elle avoit son recours contre les donataires. » Si donc la communauté restante suffisoit » pour l'indemniser en plein, toutes les donations subsistoient sans difficulté; elles » n'étoient donc pas nulles de leur nature; » elles ne l'étoient que respectivement à la » femme, et son intérêt, à cet égard, n'étoit » pas précisément qu'elles fussent annullées » pour moitié, mais qu'elles ne lui causassent » aucun préjudice. Or, la femme ne souffroit » aucune perte, lorsque la communauté étoit » assez bonne pour l'indemniser ». L'opinion de Valin sur ce point est également celle de Duplessis, de la Com^té^., p. 376; de Bourjon, Droit commun, 4e. part., de la Com^té^., ch. 1er., sect. 2, n. 11 à 13, t. 1er., p. 568; de Dusault, sur l'Usance de Saintes, p. 257, édit. de 1722; de Pothier, de la Com^té^., n. 496, p. 721. Cette opinion a été suivie récemment par un arrêt de la cour de Bordeaux, du 4 Août 1828, en 1re., présid^t^. M. de Saget, plaidant M^e^. Brochon jeune. Cet arrêt a réformé une décision des juges de Sarlat qui avoient annullé, purement et simplement, la donation d'un immeuble acquêt faite par le mari en fraude de sa femme ; il a déclaré que cette donation auroit son effet, même pour le tout, suivant le résultat de la liquidation et du partage à intervenir, en ordonnant, en même temps, que le bien donné seroit compris, autant que faire se pourroit, dans le lot du mari. C'est ainsi, qu'en matière de vente d'une chose commune, la validité ou l'invalidité de l'aliénation pour le tout, dépendoit de l'événement du partage, et que, pour arriver à l'efficacité de ladite aliénation, on devoit, en procédant au partage, faire entrer, s'il étoit possible, l'objet vendu au lot du vendeur. (V. *inf.*, n. 333).

159. Ajoutons à ce qui vient d'être dit, qu'aucune prescription, au profit des donataires, ne pouvoit courir contre la femme qu'au moment de la dissolution de la société, car ce n'étoit qu'à ce moment seul que la femme pouvoit exercer ses droits, et qu'on étoit en état de juger si les forces de la société étoient telles que la femme pût y trouver son indemnité. (Souchet, Cout[e]. d'Angoumois, t. 2, p. 313, n. 5, édit. de 1780).

160. Quelle décision porter si le mari avoit fait une donation avec réserve d'usufruit en sa faveur? Lebrun, de la Com^té^., liv. 2, ch. 2, sect. 1re., n. 34, p. 213, dit que : « Comme » le mari ne se peut pas réserver l'usufruit » des acquêts au préjudice du droit de com- » munauté appartenant à sa femme, une » telle donation est frauduleuse et doit finir » avec la communauté ». Renusson, de la Com^té^., 1re. part., ch. 6, n. 14, p. 32, tient au contraire, et avec raison, que « la réserve » d'usufruit que le mari a faite ne doit pas » empêcher que la donation ne puisse valoir » et avoir effet; que comme il pouvoit donner » la chose purement et simplement, il peut » bien aussi la donner avec réserve d'usufruit. » Mais le mari ne peut pas seul profiter de » l'usufruit réservé; cet usufruit est un effet » de la communauté, et, supposé que la » femme prédécède, il doit être partagé entre » le mari et les héritiers de la femme ». L'opinion de Renusson a été suivie par Pothier, de la Com^té^., n. 480, p. 714, et elle est encore conforme au sentiment de Duplessis, de la Com^té^., p. 377.

161. Si le mari avoit placé à fonds perdu

les deniers de la société, ou s'il avoit vendu un acquêt moyennant une rente viagère assise sur sa tête, les arrérages de la rente, après la dissolution de la société, devoient, comme dans l'espèce ci-dessus, se partager entre le mari et les héritiers de la femme prédécédée. (Lebrun, de la Com[té]., liv. 1er., ch. 5, dist. 2, n. 17, p. 126; Valin, Cout[e]. de la Rochelle, t. 3, p. 20; Bourjon, Droit commun, 4e. part., de la Com[té]., ch. 1er., sect. 1re., n. 5 et 6, t. 1er., p. 567).

162. Le pouvoir attribué au mari sur les acquêts cessoit avec sa vie: *vivebat tanquàm dominus, moriebatur ut socius.* Il ne pouvoit, dès-lors, disposer par testament que jusqu'à concurrence de sa moitié dans les acquêts, un testament n'ayant d'effet qu'après la mort du testateur, c'est-à-dire, qu'à une époque où les droits du mari, assimilés à ceux d'un associé, ne pouvoient s'exercer que sur la moitié des biens composant l'actif social. (Louet et Brodeau, let. D, somm[re]. 48, n. 2, t. 1er., p. 504 et suiv.; Lebrun, de la Com[té]., liv. 2, ch. 2, sect. 1re., n. 1er., p. 102; Furgole, des Testam., ch. 4, sect. 1re., n. 20, t. 1er., p. 195; Pothier, de la

Com^{té}., n. 476, p. 712; Renusson, de la Com^{té}., 1re part., ch. 6, n. 19, p. 32).

163. *Quid*, cependant, si le mari avoit légué par son testament un acquêt de la société? Écoutons Valin, Cout^{e}. de la Rochelle, t. 1er., p. 517, n. 48 : « Si le mari, dit-il, » au lieu de donner entre-vifs le conquêt qu'il » avoit fait conjointement avec sa femme, » l'eût légué à personne capable, il est bien » vrai que la femme pourroit s'opposer à la » délivrance du legs entier, et demander la » distraction de sa moitié; mais le légataire » n'en souffriroit pas pour cela, et il auroit, » sans contredit, son recours contre les hé- » ritiers du mari pour se faire accorder l'in- » demnité de la perte qu'il souffriroit par la » réduction de son legs. C'est ce que tous » nos auteurs décident en examinant la ques- » tion si le mari, à qui il est défendu de dis- » poser par testament au-delà de sa part dans » la communauté, et qui, en cette partie, » n'a pas plus de pouvoir que la femme, peut » néanmoins léguer avec effet un des con- » quêts de la communauté. Ils répondent » unanimement que la femme n'est pas obli- » gée de souffrir le legs, et réciproquement

» que le mari survivant n'est pas tenu de souscrire au legs que sa femme auroit fait d'un » des conquêts ; qu'il s'agit ou de réduire le » legs à la moitié, ou de faire entrer le con- » quêt dans le partage de la communauté ; » mais que, de quelque manière qu'on opère, » le légataire n'en recevra aucun préjudice, » parce que si, par événement, le conquêt » tombe au lot des héritiers du testateur, le » legs vaudra en plein, et si le contraire ar- » rive, il faudra lui donner la récompense de » la véritable valeur du conquêt sur la moitié » du défunt dans la communauté. La raison » de cette récompense est qu'il est permis de » léguer le bien d'autrui, et que, dans cette » occasion, le testateur sait bien que ce qu'il » légue ne lui appartient pas pour le tout; au » moyen de quoi on ne peut douter qu'il n'en » lègue la valeur ». V., à l'appui de l'opinion qui vient d'être développée, Lebrun, de la Com^{té}., liv. 2, ch. 2, sect. 1re., n. 2, p. 202 et 203 ; Duplessis, de la Com^{té}., p. 379 ; Ferriere, Compil. sur la Cout^{e}. de Paris, art. 296, glose unique, n. 8, t. 4, p. 262 à 264 ; Bechet, sur l'Usance de Saintes, art. 50, p. 92 ; Bourjon, Droit commun, 4e. part., de la Com^{té}., ch. 1er., sect. 3, n. 17 à 19,

t. 1er., p. 569; arrêt du 1er. Février 1729, rendu à la 4e. chambre des enquêtes du parlement de Paris, rapporté dans les termes suivants, par Lespine de Grainville (Recueil d'arrêts de cette chambre, p. 254, édit. de 1758) : « Jugé qu'un legs fait par un mari » d'un conquêt de la communauté..... est » valable. Il vaut premièrement pour la moi- » tié qui appartient aux héritiers du mari, » et ces mêmes héritiers sont tenus de pour- » voir à l'indemnité de la veuve ou du léga- » taire par rapport à l'usufruit, et ils doivent » l'estimation de l'autre moitié qui appartient » à la veuve si elle ne veut pas le céder : *Res* » *hæredis vel etiam aliena legari potest* ». Il est vrai que Pothier, de la Comté., n. 476, p. 712 et suiv., rapporte le sentiment de Vinnius (Quest. choisies, ch. 26, p. 156, 2e. col., al. dern., et p. suiv., édit de 1777), d'après lequel le legs fait d'une chose indivise entre le testateur et un tiers ne pouvoit être valable que pour la part du testateur, et cela à la différence du legs de la chose d'autrui, qui devoit être exécuté dans toute son étendue. Il est encore vrai que M. Merlin, dans un article inséré primitivement dans le Répre. de Guyot, t. 10, p. 422 et suiv., établit (d'après Voët, Comm^{re}. sur le digeste, liv. 3, tit. unique, n. 28) la différence entre le legs de la chose d'autrui et le legs de la chose commune; et enseigne que le legs fait par un mari d'un conquêt, à l'instar du legs d'une chose commune dont s'occupent les lois romaines, ne peut valoir que pour la portion du mari. Mais, d'un côté, Pothier fait lui-même remarquer, à la fin du n. 476, que la raison qui sert de principal fondement à l'opinion de Vinnius, qui est que *nemo præsumitur hæredem suum redemptione rei alienæ gravare velle,* ne milite pas également dans le cas d'un legs fait par un mari d'un effet de sa communauté, car, en ce cas, dit-il, on peut faire tomber la chose léguée dans le lot de l'héritier du mari au partage qui est à faire des biens de la communauté entre lui et la veuve, au moyen de quoi le legs pourra être acquitté sans que l'héritier soit grevé *redemptione rei alienæ.* D'un autre côté, et indépendamment que le cas posé par Pothier n'est pas le seul où l'héritier du mari peut n'avoir rien à débourser pour acquitter le legs (ce qui auroit lieu, p. ex., si la communauté étoit assez riche pour fournir la récompense au légataire évincé), Voët, ci-avant cité, n. 29, *in fine*, après avoir dit que le legs d'une chose commune entre le testateur et un tiers ne vaut que pour la portion du testateur, fait mention de deux exceptions : la première, *si res legata defuncto et hæredi communis sit, quia tunc nullâ redimendi necessitate hæres oneratur ;* la seconde (à laquelle il dit, toutefois, que *repugnare videtur argumentum ex lege alimenta et* 16, §. *ult.*, ff. *de alim. et cib. leg.*), *si conjux leget rem sibi cum conjuge communem ex jure statutariæ communionis.* Enfin, les auteurs que nous avons déjà nommés tiennent tous, contre l'avis de M. Merlin, que le legs d'un conquêt ne peut être restreint à la portion du testateur, et cette doctrine, qui a pour elle l'autorité de l'arrêt du parlement de Paris, recueilli par Lespine de Grainville, a été sanctionnée par un arrêt du parlement de Bordeaux, du 4 Mai 1787.

164. La femme n'avoit, pendant la durée de l'association conjugale, qu'un droit virtuel, habituel et potestatif sur les acquêts, droit que d'anciens docteurs expliquoient par le nom de *succession*, voulant marquer par un seul mot, en le qualifiant ainsi, qu'il n'avoit rien de fixe et d'incommutable, et qu'il se résolvoit pour la femme en une simple espérance de prendre part, après la dissolution de la société, aux bénéfices qui pourroient exister. Ce n'étoit que par cette dissolution que le droit de la femme étoit ouvert et devenoit un droit actuel de propriété sur tous les biens composant l'actif social. (Pothier, de la Com^{té}., n. 497, p. 721 et suiv. — V. *sup.*, n. 13 et 148).

Dès que la femme n'avoit, pendant le mariage, aucun droit né et actuel, il s'ensuivoit :

165. Premièrement, qu'elle étoit sans qualité pour contredire les aliénations faites par le mari. (Lebrun, de la Com^{té}., liv. 2, ch. 2, n. 5, p. 220; Valin, Cout^{e}. de la Rochelle, t. 1er., p. 518, n. 49).

166. Secondement, qu'elle ne pouvoit, seule et par elle-même, disposer des effets de la société, ni les engager (Valin, Cout^{e}. de la Rochelle, t. 1er., p. 530, n. 19; Poullain-Duparc, Principes du droit français, t. 5, p. 92; Bourjon, Droit commun, 3e. part. de la Com^{té}., ch. 7, sect. 3, n. 10, t. 1er.,

p. 564; Pothier, de la Com^{té}., n. 498, p. 722), sauf les cas prévus, *sup.*, aux n°s. 133, 134 et 135, auxquels cas nous avons vu que le mari étoit réputé avoir seul contracté, quoique la femme eût agi seule.

167. Mais si la femme ne pouvoit, seule et d'elle-même, disposer des acquêts ou les obliger, elle le pouvoit, du moins, en contractant avec l'autorisation expresse ou tacite de son mari (V. *sup.*, n. 131 et 132; Pothier, de la Com^{té}., n. 498 et 500, p. 722), ou bien, en intervenant au contrat par lequel le mari contractoit et disposoit de quelque effet de la société. (Pothier, *sup.*, n. 498 et 499, p. 722. V. exemple au n. 128). Remarquez qu'alors la femme s'obligeoit personnellement, et que quoiqu'elle vînt, par la suite, à renoncer à la société, elle ne l'affranchissoit pas toujours de son engagement. (V. *inf.*, n. 189).

SECTION QUATRIÈME.

De la dissolution de la Société d'acquêts.

168. Les sociétés ordinaires finissoient, entr'autres manières : 1°. par la mort naturelle de l'un des associés, *morte socii solvitur societas*, L. 59, ff. *pro socio*. V. *ibid.*, L. 65, §. 9, *eod.*; Inst., liv. 3, tit. 26, *de societate*, §. 5; 2°. par sa mort civile, *societas solvitur ex personis... intereunt autem homines maximâ aut mediâ capitis diminutione aut morte*, L. 63, §. 10, ff. *pro socio*. V. encore L. 4, §. 1er., *eod.*; 3°. par le désordre de ses affaires. V. notamment L. 65, §. 1er., ff. *pro socio.*; Inst., liv. 3, tit. 26, *de societate*, §. 8.

La dissolution de la société d'acquêts s'opéroit par les mêmes voies.

169. Et d'abord, à l'égard de la mort naturelle, le recueil m. s. des attestations du barreau, nous fournit l'attestation suivante : « Attesté, le 4 Janvier 1695, syndics Mes. » Grégoire et Bensman, que la société sti» pulée entre futurs conjoints, dans tout le » détroit du pays de droit écrit qui relève du » parlement, de tous biens acquêts et con» quêts, meubles et immeubles, finit par le » décès de l'un des conjoints, et n'est pas » continuée entre le survivant et les enfants » issus du mariage, quoique le survivant n'ait » pas fait d'inventaire, ou que celui qu'il » pourroit avoir fait fût défectueux, et qu'on » l'accuse d'avoir diverti ou recélé partie des » effets de la succession du prédécédé; sans » préjudice néanmoins aux enfants ou au» tres parties intéressées dans la succession, » d'agir contre le survivant pour raison des » omissions qu'il pourroit avoir faites dans » ledit inventaire, ou du recélé, et d'en éta» blir la preuve, sans que, pour raison de » ce, ils puissent prétendre la continuation » de la communauté ». Le même point avoit été antérieurement attesté, notamment le 17 Juin 1672, pour le marquis d'Authefort, syndics Mes. Jegun et Dalon, et le 15 Décembre 1688, pour Mme. la présidente Pichon, syndics Mes. Charon et Tournaire. Postérieurement, et le 26 Août 1698, une attestation semblable fut donnée pour M. de la Chabanne, syndics Mes. Levasseur et Giniés.

170. La mort civile mettoit également fin à la société d'acquêts, parce qu'elle rompoit tous les liens civils. Le mariage restoit valable quant au sacrement, mais les effets civils en étoient détruits, et, par conséquent, la société étoit dissoute. (Lebrun, de la Comté., liv. 3, ch. 1er., n. 2, p. 321; Duplessis, de la Comté., p. 432; Bourjon, Droit commun, 5e. part., de la Comté., ch. 1er., n. 3, et ch. 2, n. 1er., t. 1er., p. 603; Pothier, de la Comté., n. 504, p. 725). Rappelons ici que la confiscation n'étoit pas admise dans le ressort du parlement de Bordeaux (Salviat, p. 299; Apostillateur de Lapeyrère, let. C, n. 103 *in fine*); qu'ainsi il n'y avoit pas lieu à suivre la distinction que les auteurs (V. notamment Lebrun et Pothier, ci-avant cités) établissoient, par rapport à la confiscation, entre la mort civile du mari et celle de la femme.

171. Le désordre des affaires du mari autorisoit la femme à poursuivre en justice sa séparation de biens [1]; et cette séparation,

---

[1] Cette séparation ne s'obtenoit que sur une cause légitime, comme une banqueroute ou une saisie réelle. (Salviat, p. 455 et 456, *ubi* attestations; Apostillateur de Lapeyrère, let. S, n. 27, v°. *Dans l'usage de la cour*). Le parlement de Bordeaux jugeoit, dans les premiers temps, que la saisie mobilière ne suffisoit pas, lorsque le mari avoit des immeubles (arrêt du 31 Mai 1732, en grand'chambre); que la seule dissipation étoit une cause de séparation, lorsque le mari n'avoit pas de biens. (Arrêt du 5 Août 1727). Mais, d'après le dernier état de la jurisprudence de ce parlement, la séparation étoit autorisée, quoique le mari eût des immeubles et qu'il n'y eût pas encore de saisie, dans le cas d'une dissipation manifeste. (Arrêts des 12 Mars 1734, 15 Juillet 1755 et 12 Février 1767). Disons ici, par occasion, que, suivant la jurisprudence du même parlement, la femme, quoique non séparée de biens, pouvoit, en cas de saisie sur les effets du mari, et lorsque ce dernier n'avoit pas d'immeubles qui pussent répondre de la dot, demander des inhibitions contre la vente desdits effets, pour poursuivre ensuite sa séparation et l'adjudication de ses cas dotaux (arrêt du 9 Décembre 1726, en grand'chambre; arrêt du tribunal d'appel de Bordeaux, du 26 Brumaire an 10, présid^t.

une fois prononcée et exécutée, opéroit la dissolution de la société. (Lebrun, de la Com^té^., liv. 3, ch. 1er., n. 3 et suiv., p. 321 et suiv.; Duplessis et ses Annotateurs, p. 432 et suiv.; Bourjon, Droit commun, 5e. part., de la Com^té^., ch. 3, dist. 1re., t. 1er., p. 604 et suiv.; Pothier, de la Com^té^., n. 506, p. 726, et n. 510 et suiv., p. 727 et suiv.; Domat, Lois civiles, liv. 1er., tit. 9, n. 2 de la sect. 5, p. 117, édit. de 1777; Cochin, t. 5, p. 718 à 720, édit. de 1760 et suiv.), et cela, du jour de la demande en séparation. (Pothier, de la Com^té^., n. 52, p. 733).

M. Cavailhon, plaidants M^es^. Ravez et Ferrère), et la femme étoit préférée, sur les meubles appartenants au mari, à tous les créanciers de celui-ci, à l'exception, toutefois, du propriétaire de la maison. (Arrêt du parlement de Bordeaux, du 19 Novembre 1731; Lapeyrère, let. F, n. 18, et *ibi* Conférences m. s.). Notez que le privilége de ce propriétaire ne s'étendoit pas aux meubles de la femme, quoique donnés estimés : la femme, en cas de saisie desdits meubles, avoit droit d'en demander la main-levée. (Arrêts du parlement de Bordeaux, des 27 Août 1742, 9 Mars 1753 et 28 Mai 1756; Lapeyrère, let. F, n. 18, et let. M, n. 25, et *ibi* Conférences m. s. — V. n. 83, al. 2).

Le même effet étoit nécessairement produit par la séparation de corps qui emportoit toujours la séparation de biens. (Pothier, de la Com[té]., n. 506, p. 726, et du Contrat de mariage, n. 522, p. 379).

Plusieurs questions relatives aux séparations doivent trouver ici leur place.

172. Dans le cas de la séparation de corps, la femme avoit-elle le droit de réclamer sa part des acquêts faits avant la séparation? L'affirmative devoit être d'autant plus certaine, que les mauvais traitements du mari ne pouvoient pas faire perdre à la femme le droit qui lui étoit acquis dans la société, et que, s'il en eût été autrement, c'eût été le principe d'excès auxquels le mari se fût livré pour frustrer son épouse de la portion à elle afférente dans les acquêts. (Renusson, de la Com[té]., 1re. part., ch. 9, n. 60, p. 65; Lebrun, de la Com[té]., liv. 3, ch. 1er., n. 32, p. 328; Bourjon, Droit commun, 5e. part., de la Com[té]., ch. 3, sect. 2, dist. 2, n. 26, t. 1er., p. 609; Pothier, du Contrat de mariage, n. 522, p. 379).

Mais si la séparation étoit intervenue sur la plainte du mari, pour crime d'adultère de sa femme, celle-ci perdoit son droit à la société dont les biens demeuroient au mari *jure decrescendi*. (Lebrun, de la Com^{té}., liv. 3, ch. 2, sect. 4, n. 1er. et 2, p. 526 et 527; Poullain-Duparc, Principes du droit français, t. 5, p. 236; Bourjon, Droit commun, 1re. part., de la Com^{té}., ch. 3, n. 1er., t. 1er., p. 514; Pothier, de la Com^{té}., n. 531, p. 739).

173. *Quid*, dans le cas de la séparation de biens? Renusson, de la Com^{té}., 1re. part., ch. 9, n. 4 et 60, p. 55 et 65, dit : « La » femme qui demande d'être séparée de son » mari, doit renoncer à la communauté, » parce que si elle n'y renonçoit pas, et » qu'elle demandât le partage de la communauté, cela feroit voir qu'elle reconnoîtroit » elle-même que la communauté seroit bonne » et avantageuse, et qu'elle n'auroit pas lieu » de se plaindre de la conduite de son mari » et de l'état de ses affaires : elle seroit non-» recevable dans sa demande en séparation » qui se détruiroit d'elle-même et implique-» roit contradiction manifeste ». Cette opinion est partagée par plusieurs auteurs, notamment par Boucheul, Cout^{e}. de Poitou, art. 229, n. 72, t. 1er., p. 759 *in fine;* par

Vigier, Cout^e. d'Angoumois, p. 182; par Poullain-Duparc, Principes du droit français, t. 5, p. 261, et par Bourjon, Droit commun, 5e. part., de la Com^té., ch. 3, sect. 1re., dist. 1re., n. 5, t. 1er., p. 605. Bien plus, M^e. Beaune, dans ses notes m. s. sur Lapeyrère, let. C, n. 44, dit que, *parmi nous, la séparation de biens tient lieu de renonciation à la communauté, car la femme, en se séparant, y renonce tacitement.*

174. Une première exception au principe qui excluoit du partage des acquêts la femme séparée de biens, étoit admise par Lebrun, de la Com^té., liv. 3, ch. 1er., n. 34 à 37, p. 328 et suiv., et des Success., liv. 1er., ch. 5, sect. 3, n. 7, p. 93 et 94, « lorsqu'il » apparoissoit d'une déroute et d'une ruine » instante, causée non par mauvaise fortune, » mais par désordre et par dissipation; en un » mot, lorsqu'il s'agissoit de sauver du pain » aux enfants communs, la femme n'étant pas » obligée de suivre le caprice des débauches » de son mari, et de perdre en un an, par » cette voie, ce qui lui avoit coûté vingt an» nées de peine et d'économie ». Le sentiment de Lebrun est embrassé par Valin, Cout^e. de la Rochelle, t. 1er., p. 518, n. 49, et t. 2, p. 696, n. 37, ainsi que par Legrand, Cout[e]. de Troyes, tit. 5, art. 86, n. 31, p. 374, et par Pothier, de la Com[té]., n. 520, p. 732 et suiv. ; il se trouve, de plus, autorisé par un acte de notoriété du châtelet de Paris, du 27 Juillet 1707, rapporté par Pothier, *sup.*, et par Ferriere, Compil. sur la Cout[e]. de Paris, t. 3, p. 366 et 367; mais il ne nous paroît pas avoir été suivi dans notre usage.

175. Une autre exception, sur laquelle nous faisons également difficulté, avoit le suffrage des auteurs. Ces auteurs pensoient que, dans le cas de dispositions faites en fraude par le mari (V. n. 150 et suiv., *sup.*), p. ex., de donations épuisant tous les effets de la société, la femme, malgré la séparation de biens, devoit être reçue à accepter la société. (V. Lebrun, de la Com[té]., liv. 3, ch. 1er., n. 33, p. 328, et des Success., liv. 1er., ch. 5, sect. 3, n. 7, p. 93; Bourjon, Droit commun, 5e. part., de la Com[té]., ch. 3, sect. 1re., n. 1er., dist. 1re., n. 6, t. 1er., p. 605).

176. La société dissoute par la séparation, soit de corps, soit de biens seulement, pouvoit être rétablie par le consentement réciproque des époux. Mais ce consentement, comment devoit-il être manifesté pour avoir son effet? On distinguoit : dans le cas de la séparation de corps, le seul rétablissement de la cohabitation des conjoints faisoit évanouir cette séparation, et détruisoit, en même temps, la séparation de biens qui n'étoit qu'accessoire de l'autre. (Boucheul, sur la Cout^e. de Poitou, art. 229, n. 97, t. 1er., p. 763; Pothier, de la Com^té., n. 524, p. 735; Conférences m. s. sur Lapeyrère, let. C, n. 44). Dans le cas de la séparation de biens, au contraire, comme la cohabitation subsistoit, ou du moins devoit subsister, et qu'elle pouvoit seule causer la confusion des meubles et effets, sans intention, de la part des conjoints, de rétablir la société, il n'y avoit qu'une déclaration précise, manifestée dans un acte public, qui pouvoit faire cesser la séparation. (Renusson, de la Com^té., 1re. part., ch. 9, n. 62, p. 65; Boucheul, *sup.*, n. 94 à 96, t. 1er., p. 762; Annotateurs de Duplessis, p. 433; Pothier, *sup.*, n. 525, p. 735 et suiv.; Conférences m. s., *sup.*).

177. Toutes les acquisitions faites par l'un ou l'autre des époux pendant le temps intermédiaire entre la sentence de séparation et le jour du rétablissement de la société, faisoient partie de cette société comme s'il n'y avoit pas eu de séparation. (Lebrun, de la Com^{té}., liv. 3, ch. 1er., n. 23, p. 325; Valin, Cout^{e}. de la Rochelle, t. 2, p. 700, n. 47; Bourjon, Droit commun, 5e. part., de la Com^{té}., ch. 3, sect. 1re., dist. 3, n. 16, t. 1er., p. 607; Pothier, de la Com^{té}., n. 527, p. 737).

178. Étoit-ce seulement la femme séparée de biens par autorité de justice qui cessoit d'être en société avec son mari ? N'en étoit-il pas de même de la femme qui, par caprice et par légèreté, avoit abandonné son mari, et qui avoit persisté à ne pas retourner avec lui ? Raviot sur Perrier, t. 2, p. 604, n. 12, dit à cet égard : « Que les acquêts d'une société » se partagent entre les deux époux, non-» seulement parce qu'ils doivent se commu-» niquer les bons et les mauvais événements » de la vie, mais encore parce qu'ils doivent » travailler de concert et en commun pour » soutenir leur fortune et pour l'augmenter, » s'il est possible, par des voies légales. Il » suit de là qu'une femme qui, sans cause,

» quitte la maison de son mari, et qui, dans » le temps de sa mort, a persisté dans cette » retraite volontaire, ne doit pas participer » aux acquêts faits pendant son absence ». Chopin, sur la Cout^e^. d'Anjou, liv. 3, ch. 2, tit. 2, n. 14, p. 283 et suiv., dit également, entr'autres choses, « que celle qui renonce à » la plus honnête société corporelle de la vie, » est réputée avoir bien plutôt quitté la com- » munauté de biens qui n'est qu'accessoire ». Deux arrêts du parlement de Paris, l'un du 13 Juin 1619 (rapporté au recueil d'arrêts de Rousseau de Lacombe, t. 1er., p. 2, édit. de 1742), l'autre du 20 Janvier 1672 (inséré au journal du palais de Guéret et Blondeau, t. 1er., p. 154 et suiv.), ont consacré cette décision, qui nous semble bonne, et qui est adoptée notamment par Boucheul, sur la Cout^e^. de Poitou, art. 253, n. 19, t. 2, p. 7, par les Annotateurs de Duplessis, de la Com^té^., p. 434 et 435, et par Bourjon, Droit commun, 1re. part. de la Com^té^., ch. 3, n. 3, t. 1er., p. 515, et ch. 4, p. 515 et suiv. Les auteurs des Conférences m. s. sur la Cout^e^. de Bordeaux disent pourtant que notre jurisprudence étoit contraire.

SECTION CINQUIÈME.

De la renonciation à la société, et des effets de cette renonciation.

179. Considérée par rapport à l'influence de la puissance maritale sur l'association conjugale, en d'autres termes, par rapport à l'entière dépendance de la femme et au pouvoir absolu du mari, la société d'acquêts étoit exorbitante du droit commun. Aussi, pour balancer ce pouvoir, et pour empêcher que la femme, restée forcément étrangère à l'administration des affaires sociales, ne pût être responsable, sur ses biens personnels, des suites de cette administration, on lui accordoit un privilége également exorbitant du droit commun. Ce privilége, ou plutôt ce secours, consistoit dans la faculté qu'avoit la femme de renoncer à la société (Renusson, de la Com^{té}., 2e. part., ch. 1er., n. 2 à 4, p. 110 et suiv.; Ferriere, Compil. sur la Cout^{e}. de Paris, art. 237, glose 1re., n. 1er.

à 8, t. 3, p. 381 et suiv.; Raviot sur Perrier, t. 1er., p. 20 et 21, n. 6 à 8; Bourjon, Droit commun, 4e. part. de la Comté., ch. 5, sect. 1re., n. 1er. à 3, t. 1er., p. 591; Salviat, p. 14; Apostillateur de Lapeyrère, let. S, n. 48, v°. *La femme*), faculté qu'avoient également ses héritiers (Lebrun, de la Comté., liv. 3, ch. 2, sect. 2, dist. 1re., n. 4, p. 453; Boucheul, Coute. de Poitou, art. 252, n. 30, t. 1er., p. 894; Lapeyrère, let. R, n. 62), et qui étoit acquise à chacun d'eux singulièrement, les uns pouvant accepter la société, et les autres y renoncer. (Lebrun, *sup.*, n. 6, p. 453 et suiv.; Valin, Coute. de la Rochelle, t. 2, p. 557, n. 5).

Les attestations du barreau sont formelles à cet égard : « Attesté que, pendant le ma- » riage, le mari et la femme ne peuvent, » conjointement ni séparément, faire aucun » acte qui puisse nuire à la dot ni aux con- » ventions matrimoniales, et qu'il dépend de » la femme, après la mort du mari, de se » tenir ou renoncer à la société pour conser- » ver tous ses droits dotaux ». (Attestation du 4 Décembre 1686, syndics Mes. Grenouilleau et Laneverre). — « Dans le cas d'une

» société stipulée, la femme peut, après la » dissolution du mariage, y renoncer et re- » prendre tous ses biens dotaux et parapher- » naux avec ses conventions matrimoniales, » quittes des dettes et charges qu'a contrac- » tées son mari pendant le mariage ». (Attestation du 12 Février 1746, syndics Mes. Terrasson et Bouan). — « La femme, asso- » ciée aux acquêts, peut, si bon lui semble, » renoncer à cette société, et, ce faisant, elle » n'est aucunement obligée aux créanciers de » son mari ». (Attestation donnée à la Réole, sous le syndicat de Mes. Sanguinet et Lauvergnac, le 23 Janvier 1690).

180. Cette renonciation, permise à la femme ou à ses héritiers, nonobstant toute clause contraire insérée dans le contrat de mariage des époux, ou stipulée dans un acte postérieur fait pendant le mariage (Lebrun, de la Comté., liv. 3, ch. 2, sect. 2, dist. 1re., n. 2 à 5, p. 452 et suiv.; Ferriere, Compil. sur la Coute. de Paris, art. 237, glose 1re., n. 13, t. 3, p. 384; Bourjon, Droit commun, 4e. part. de la Comté., ch. 5, sect. 2, dist. 2, n. 13 et 14, t. 1er., p. 592 et suiv.; Pothier, de la Comté., n. 551, p. 746 et suiv.), cette renonciation, disons-nous, pouvoit être exercée dans tous les cas où la société se trouvoit dissoute, mais non auparavant. (Renusson, de la Comté., 2e. part., ch. 1er., n. 1er., p. 110; Lebrun, de la Comté., liv. 3, ch. 2, sect. 2, dist. 2, n. 1er., p. 456; Valin, Coute. de la Rochelle, t. 2, p. 557, n. 7; Pothier, de la Comté., n. 553, p. 748; Conférences m. s. sur Lapeyrère, let. D, n. 56, et let. C, n. 44.

181. A l'exemple de ce qui s'observoit relativement aux héritiers en ligne directe (1),

---

(1) V. entr'autres attestations rapportées au recueil m. s. des attestations du barreau, celle du 24 Juillet 1673, ainsi conçue : « Attesté, le 24 Juillet 1673, » syndics Mes. Poitevin et Borie, pour M. de Lau- » vergnac, avocat en la cour, contre M. de Bechon, » jurat de cette ville, qu'avant l'ordonnance de 1667, » l'usage constant de notre parlement étoit qu'on re- » cevoit les héritiers en ligne directe à répudier pen- » dant trente ans les hérédités des ascendants, quoi- » qu'ils eussent pris la qualité d'héritiers et fait tous » les actes d'héritiers, encore bien qu'ils n'aient pas » fait inventaire, en, toutefois, rapportant une des- » cription exacte des biens et effets du défunt, et en

la femme pouvoit renoncer à la société pendant trente ans [1] (V. *inf.*, arrêt du 14 Thermidor an 8), en rapportant un inventaire

---

» rendant compte des fruits au profit des créanciers; » et que, depuis ladite ordonnance, la cour n'a pas » changé de jurisprudence, et a donné plusieurs ar» rêts conformes à icelle ».

[1] La jurisprudence du parlement de Bordeaux, à cet égard, se trouve établie, pour la Saintonge, par l'attestation suivante: « Attesté, le 22 Décembre » 1701, syndics M^es. Vigier et Fayard, que, quoique » par l'art. 7 de la coutume de Saint-Jean d'Angély » et le 55e. de l'usance de Saintes, les veuves doivent » renoncer, dans huit jours, à la société d'entr'elles » et leurs défunts maris, le parlement de Bordeaux » déroge néanmoins à ces articles, et juge ordinaire» ment que les femmes sont reçues, dans les trente » ans, à faire ladite renonciation, en rapportant un » inventaire par elles fait après le décès de leurs » maris ». V. l'Apostillateur de Lapeyrère, let. R, n. 73, v°. *Si bien*, qui s'explique dans le même sens et dans les mêmes termes que l'attestation précédente qu'il ne cite cependant pas; Valin, Cout^e. de la Rochelle, t. 2, p. 563, n. 30, où il est également dit, qu'en Saintonge, la jurisprudence est que la femme, qui a eu soin de faire inventaire, peut renoncer pendant trente ans, en rendant compte.

(Lapeyrère, let. C, n. 45), ou même un simple état affirmé par elle. (Lapeyrère et son Apostillateur, let. C, n. 25, *ubi* arrêt du parlement de Bordeaux, du 2 Avril 1680; arrêt du même parlement, du 26 Juin 1754, en 1re., au rapport de M. Labat, dans la cause de la dame de Colmeilh et de la dame Larroque-Budos). Tous ces différents points se trouvent confirmés par un arrêt du tribunal d'appel de Bordeaux, du 14 Thermidor an 8, présidt. M. de Brézets, plaidants Mes.. Lainé et Émérigon, dans l'affaire de la dame Dupin contre Lagarelie, arrêt dont le pourvoi en cassation fut rejeté le 22 Ventôse an 9. Voici les motifs de l'arrêt du tribunal d'appel, qu'on retrouve dans les questions de droit de M. Merlin, t. 4, p. 688 et suiv. : « Attendu qu'il » est d'usage certain, dans le ressort du ci- » devant parlement de Bordeaux, que la » veuve associée aux acquêts avec son mari, » peut renoncer à la société pendant les » trente ans qui suivent le décès du mari, » époque à laquelle la société a été dissoute » de plein droit; qu'à la différence des pays » coutumiers dans lesquels la veuve, qui veut » renoncer à la communauté, ne peut y être » admise qu'en rapportant un inventaire pu-

» blic, parce que, dans ces pays, la société
» se continue jusqu'à la confection de l'in-
» ventaire qui, par cette raison, doit avoir
» une date certaine, on n'exige à Bordeaux,
» de la part de la veuve qui veut renoncer
» à la société, que le rapport d'un simple
» état des objets qui existoient au décès du
» mari, état que la veuve est obligée d'affir-
» mer par serment, sauf la preuve des omis-
» sions qui demeure réservée aux parties in-
» téressées, et le droit de se faire rendre
» compte de l'administration des objets de
» la société; que l'une des raisons de la dif-
» férence de cet usage, est prise de ce qu'à
» Bordeaux, la société étant dissoute par le
» seul fait de la mort du mari, on n'a besoin
» que de connoître les effets existants à cette
» époque, connoissance qui peut aussi bien
» être acquise par un état sous seing privé
» que par un inventaire public; que cet usage
» a toujours été maintenu dans l'ancien res-
» sort du parlement de Bordeaux, malgré la
» disposition de l'art. 5 du tit. 7 de l'ordon-
» nance de 1667, qui, ne parlant que des veu-
» ves communes en biens, n'est applicable [1]

---

[1] C'est ce que la cour de cassation reconnoît dans son arrêt de rejet (V. Quest. de droit, t. 4,

» et n'a jamais été appliquée, en effet, qu'à la » communauté coutumière, absolument dif- » férente, par sa nature, ses effets et les prin- » cipes qui la régissoient, de la simple société » contractée en pays de droit écrit, dans la- » quelle la femme ne peut pas être exposée à » perdre sa dot et les autres droits qui lui sont » propres; que c'est par cette raison que » quelques auteurs appellent cette société » *léonine;* que, d'ailleurs, l'ordonnance ne » fait courir le délai qu'elle établit contre la » veuve commune, que du jour qu'elle a été » assignée (1); que l'on trouve les preuves

---

p. 673), et ce que M. Merlin dit également dans le réquisitoire sur lequel cet arrêt intervint. (V. mêmes Quest., p. 670).

(1) M. Merlin, dans le réquisitoire dont il vient d'être parlé, et la cour de cassation, dans son arrêt de rejet, professent, d'un commun accord, que l'ordonnance ne fixe de délais pour faire inventaire et délibérer, qu'aux veuves communes appelées en justice par des créanciers de la communauté; que, hors ce cas, on ne peut induire que les veuves soient exclues de renoncer à la communauté faute d'inventaire dans un délai. *Nota* que, d'après l'opinion la plus générale, la veuve commune pouvoit, à la vérité, renoncer tant qu'elle n'étoit pas poursuivie (Renusson, de la Com[té]., 2e. part., ch. 1er., n. 25, p. 113; Boucheul, Cout[e]. de

» de ces différents points d'usage, dans les » auteurs qui ont recueilli les monuments de » la jurisprudence du ci-devant parlement » de Bordeaux, et dans les attestations des » anciens jurisconsultes ».

182. Le principe suivant lequel un inventaire ou état devoit être produit pour pouvoir renoncer à la société d'acquêts, recevoit, au surplus, différentes exceptions. Ainsi, p. ex., la femme, après la dissolution de la société, arrivée par suite d'une séparation de corps ou de biens, n'étoit assujettie au rapport d'aucun inventaire ou état, le mari, en ce cas, se trouvant seul en possession des effets sociaux. (Renusson, de la Com[té].,

---

Poitou, art. 252, n. 37, t. 1er., p. 895 et suiv.; Lebrun, de la Com[té]., liv. 3, ch. 2, sect. 2, dist. 2, n. 11, p. 460), mais à condition qu'elle eût fait inventaire dans le délai de l'ordonnance. (Renusson, *sup.*, n. 27 et 28, p. 114; Boucheul, *sup.*, n. 46, p. 897; Valin, Cout[e]. de la Rochelle, t. 2, p. 561 et suiv.; *Junge*, arrêt du parlement de Bordeaux, du 1er. Juillet 1745, en 1re., au rapport de M. Ruat, qui l'avoit ainsi décidé. Cet arrêt se trouve cité au Lapeyrère de Dumoulin, t. 1er., p. 46).

2e. part., ch. 1er., n. 28, p. 114; Lebrun, de la Comté., liv. 3, ch. 2, sect. 2, dist. 2, n. 5, *in fine*, p. 458; Pothier, de la Comté., n. 561, p. 751). Il en étoit de même, et par les mêmes motifs, à l'égard des héritiers de la femme décédée avant son mari. (Duplessis, de la Comté., p. 436; Bourjon, Droit commun, 4e. part. de la Comté., ch. 5, sect. 2, dist. 1re., n. 8, t. 1er., p. 592; Pothier, de la Comté., n. 562, p. 751).

183. La femme qui avoit accepté la société d'acquêts pouvoit-elle y renoncer? Les auteurs qui ont traité de la communauté en usage dans les pays coutumiers, s'accordent à dire que la veuve qui, majeure, avoit accepté la communauté, n'étoit pas plus restituable contre son acceptation, qu'elle ne l'étoit contre la renonciation par elle faite, contre le gré et au préjudice des créanciers ou des héritiers du mari, à qui les droits en avoient été acquis, quand cette acceptation ou cette renonciation s'étoit faite de bonne foi, et sans dol ni fraude de la part des mêmes héritiers ou créanciers. (Valin, Coute. de la Rochelle, t. 2, p. 563, n. 29; Vigier, sur la Coute. d'Angoumois, p. 184; Boucheul, Cout[e]. de Poitou, art. 252, n. 98, t. 1er., p. 905; Lebrun, de la Com[té]., liv. 3, ch. 2, sect. 1re., n. 11, p. 335, et sect. 2, dist. 11, n. 47, p. 472; Bourjon, Droit commun, 5e. part. de la Com[té]., ch. 5, sect. 2, dist. 3, n. 16 et suiv., t. 1er., p. 593; Pothier, de la Com[té]., n. 558, p. 750, et n. 532, p. 739). Cette doctrine s'appuie sur des règles élémentaires. Il est, en effet, de principe que celui qui a une fois fait son option, ne peut plus changer et en faire une autre, lorsque, par cette option, des droits ont été acquis à des tiers, *variare non licet in iis in quibus jus est jàm quæsitum alteri* (Mornac sur la L. 4, §. *eleganter*, ff. *de lege commissoriâ*. V., dans le même sens, Brunemann, sur la L. 8, ff. *de collatione*, p. 196, n. 5, édit. de 1714), personne ne pouvant changer d'avis au détriment d'autrui, *nemo potest mutare consilium in alterius injuriam*, L. 75, ff. *de reg. jur.* Nos usages étoient-ils contraires à ces règles et à la doctrine qui en découle? D'un côté, l'Apostillateur de Lapeyrère, let. R, n. 56, v°. *La renonciation*, dit que: « La renonciation à la » communauté peut être faite par la femme, » *dans l'usance de Saintonge*, quoiqu'elle

» ait pris la qualité de commune dans des » actes pendant plusieurs années », et il cite ensuite l'espèce d'un arrêt conforme, rendu le 17 Août 1690. Valin, Cout^e. de la Rochelle, t. 2, p. 563, n. 30, dit également, « qu'en Saintonge, la jurisprudence est que » la femme qui a eu soin de faire inven- » taire, peut renoncer, durant trente ans, » en rendant compte, et cela, quoiqu'elle » ait passé des actes en qualité de commune » dont elle peut être relevée ». D'un autre côté, le tribunal d'appel de Bordeaux, par l'arrêt du 14 Thermidor an 8, que nous avons déjà eu l'occasion de rappeler (V. n. 181), a admis la renonciation faite, plusieurs années après le décès du mari, par une veuve qui avoit traité avec un débiteur de la société, tant en son nom personnel, comme associée aux acquêts et comme usufruitière desdits acquêts, qu'en qualité de tutrice de ses enfants mineurs. « Attendu (est-il dit par » l'arrêt) que le système qui refuseroit à la » veuve le droit d'administrer et de traiter » jusqu'à sa renonciation, seroit destructif » du droit de renoncer pendant trente ans, » puisqu'il faudroit, de deux choses l'une: » ou que la femme renonçât immédiatement

» après la mort de son mari, ou que, jus-
» qu'à ce qu'elle jugeât à propos de faire cette
» renonciation, elle livrât les objets de la so-
» ciété à un abandon absolu; attendu, d'ail-
» leurs, que lorsque la veuve, dans les pays
» de communauté, ajoutoit à la qualité de
» commune une autre qualité, telle que celle
» d'héritière ou de tutrice, elle n'étoit pas
» censée faire acte de commune en appréhen-
» dant les biens [1] ». Telles sont les premières autorités qui, sur la question qui nous occupe, résistent à la solution donnée par les auteurs qui ont écrit sur la communauté des pays coutumiers. Toutefois, et en ce qui concerne d'abord l'arrêt du 14 Thermidor an 8, cet arrêt pourroit sembler avoir été déterminé par la circonstance relevée au der-

[1] On ne réputoit, il est vrai, la veuve commune par l'appréhension, que lorsqu'elle n'avoit ni titre, ni qualité pour ce faire que celle de commune (V. *inf.*, n. 199 et 206); mais ce principe étoit-il applicable à l'espèce du procès, dans lequel il ne s'agissoit pas d'apprécier le mérite *d'un fait* relativement à une acceptation tacite, mais où il étoit question d'une acceptation *formelle* résultante de la qualité d'associée prise dans un acte par la veuve?

nier considérant ; et quant au premier considérant qui porte, directement et abstraction faite de toute circonstance particulière, sur notre question, il ne seroit rien moins que décisif. Avant de faire sa renonciation et jusqu'à cette renonciation, la femme pouvoit administrer : donc elle ne se trouvoit pas, ou dans la nécessité de renoncer dès l'instant du décès de son mari, ou dans l'obligation forcée de laisser à l'abandon les effets sociaux. Ajouter, comme le fait le tribunal d'appel, que la femme devoit également pouvoir traiter jusqu'à sa renonciation, c'est-à-dire, accepter la société en prenant dans un acte la qualité d'associée, comme dans l'espèce de l'arrêt, ce n'est pas donner une raison de décider, c'est faire une pétition de principe. De quoi s'agissoit-il en effet ? De savoir si la veuve qui, au lieu de garder le silence pendant les trente années à elle accordées pour renoncer, ou d'attendre, pour s'expliquer, les poursuites des créanciers ou des héritiers du mari, avoit préféré faire l'option qui lui étoit déférée, en traitant comme associée et en acceptant ainsi la société, il s'agissoit, disons-nous, précisément de savoir si la veuve, dans une telle situation, pouvoit se jouer de son acceptation, et prétendre qu'on la priveroit du droit de renoncer pendant trente ans, si on lui refusoit la liberté de revenir sur ses pas. Mais restent toujours les préjugés résultants de l'arrêt du 17 Août 1690, et de la décision que l'Apostillateur de Lapeyrère a tirée de ce même arrêt. Nous devons même faire remarquer, pour ne rien omettre, que ces préjugés semblent tirer une nouvelle force de notre jurisprudence, qui admettoit les héritiers en ligne directe à se jouer, pendant trente ans, des hérédités auxquelles ils étoient appelés (1). Mais ne répondra-t-on pas avec justesse qu'on ne peut étendre une faculté contraire au droit commun, ni en faire l'application d'un cas à un autre, *de exorbitanti ad exorbitans non fit*

---

(1) V. l'attestation du 4 Juillet 1673, rapportée *sup.*, 1re. nte. du n. 181, p. 229, et *Junge* l'attestation suiv. : « Attesté, le 20 Août 1693, pour M. de Mathieu, » syndics Mrs. Dubarri et Coutelier, qu'on peut répudier ou accepter une hérédité dans les trente années du décès de celui dont la succession est déférée, et qu'après avoir répudié, on peut, dans le susdit temps, reprendre l'hérédité ou la qualité d'héritier au bénéfice d'inventaire ».

passiva interpretatio nec extensio (Dumoulin, Cout^e^. de Paris, glose 1re., *in v°. Le fils aîné,* tit. 1er., de Fiefs, §. 13, n. 48, *in fine,* p. 473) ; qu'ainsi, on ne sauroit appliquer aux veuves le privilége particulier que les enfants avoient, dans ce ressort, de se jouer, pendant trente ans, d'une succession en ligne directe? Ne pourroit-on pas ajouter, avec quelque fondement, que l'Apostillateur de Lapeyrère limite lui-même sa décision, d'après l'arrêt de 1690, à la coutume de Saintonge ; que, dès-lors, il n'existe aucune raison pour appliquer au pays Bordelais une jurisprudence semblable, jurisprudence assez difficile à concilier avec les principes, témoin la manière dont s'expriment les auteurs des Conférences m. s. sur Lapeyrère, let. R, n. 56, v°. *La renonciation.* « Comme l'inven-
» taire, disent ces auteurs, empêche la con-
» fusion de sa nature, et que c'est plutôt en
» disposant à son profit des effets de l'héré-
» dité, qu'en prenant sans profit le nom
» d'héritier, qu'on se rend non-recevable à
» répudier, nous croyons que l'on peut jus-
» tifier l'arrêt (celui de 1690) qui admit les
» héritiers de la femme, qui avoit pris la
» qualité de commune et qui avoit fait inven-

» taire, à renoncer à la communauté ». Aussi trouve-t-on établi, dans un mémoire rédigé par Me. Émérigon, dans l'affaire jugée par le tribunal d'appel, le 14 Thermidor an 8, mémoire qui porte l'adhésion de Mes. Duranteau, Buhan, Ferrère et Ravez, que l'acceptation de la veuve la lioit irrévocablement. Quelle décision adopterons-nous donc ? Nous pensons que notre jurisprudence étoit telle, qu'elle admettoit les veuves à renoncer à la société d'acquêts, même après une acceptation de leur part, en, par elles, rendant compte. Maichin, Coute. de Saint-Jean d'Angély, p. 287, et Vignes, sur la même Coute., p. 212, édit. de 1638, après avoir rappelé que, d'après l'art. 7 du tit. 9 de cette Coutume, la veuve qui ne renonçoit pas à la communauté, dans la huitaine du décès de son mari, se rendoit commune et n'avoit plus le pouvoir de renoncer, disent que, comme les femmes méritent d'être favorablement traitées, et qu'il est de l'intérêt de la république de conserver très-soigneusement leurs droits, elles sont non-seulement relevées de ce qu'elles n'ont pas renoncé dans le temps, mais aussi de ce qu'elles ont accepté la communauté, si elles ont fait inventaire; que c'est ce que juge le parlement de Bordeaux. Bechet, sur l'Usance de Saintes, p. 98 et 99, et Dusault, sur la même Usance, p. 249, disent, à leur tour : « Nous avons » toujours vu observer fort exactement à » notre présidial..., que la veuve majeure, » ayant omis de renoncer à la communauté » dans la huitaine du décès de son mari » (conformément à l'art. 55 de l'Usance), » ne se peut décharger de la moitié des det- » tes, encore qu'elle ait fait bon et loyal in- » ventaire. Mais par les arrêts rendus au par- » lement de Bordeaux, les veuves ont été » déchargées sur la considération de leurs » inventaires.... La jurisprudence de notre » siége a changé à la vue des arrêts de notre » parlement, duquel nous sommes obligés » de recevoir les influences. De sorte qu'il » suffit à la veuve d'avoir fait un bon et loyal » inventaire, pour se décharger des dettes, » en rendant compte d'icelui, ce qui équi- » polle à une renonciation. Cette jurispru- » dence a été confirmée par un arrêt cé- » lèbre, rendu le 17 Août 1690, au rapport » de M. Constantin, grand'chambrier du par- » lement de Bordeaux, entre Marie Froma- » ger et Pineau, quoiqu'il y eût plus de vingt-

» cinq ans qu'elle avoit fait inventaire lors-
» qu'elle renonça, et qu'elle eût passé des
» actes en qualité de commune, contre les-
» quels elle s'étoit pourvue ». L'existence de la jurisprudence que nous avancions, il n'y a qu'un instant, être celle du parlement de Bordeaux, se découvre tellement dans les passages qui viennent d'être rapportés, qu'on y voit que c'est par l'influence de cette jurisprudence que s'effacèrent les dispositions contraires des statuts locaux de Saintes et de Saint-Jean d'Angély. Ainsi le tribunal d'appel de Bordeaux, en restituant, par son arrêt du 14 Thermidor an 8, la veuve Dupin, contre l'acceptation par elle précédemment faite de la société d'acquêts, à la charge par ladite veuve de rendre compte de son administration, n'a fait que confirmer notre jurisprudence, que présuppose encore constante un arrêt de la cour de Bordeaux, du 10 Août 1827, en 2e., présidt. M. Dutrouilh. Aussi Mes. Ferrère, Ravez et Denucé, ont-ils décidé en consultation, le 10 Juin 1812, que la femme pouvoit, pendant trente ans après la mort du mari, renoncer à la société, encore qu'elle eût traité en qualité d'associée. Au surplus, cette jurisprudence n'étoit pas par-

ticulière au parlement de Bordeaux, comme on peut s'en convaincre par ce que dit Boucheul, Cout^e^. de Poitou, art. 252, n. 96, t. 1er., p. 905, et par l'annotation suivante de Sérieux sur Renusson, de la Com^té^., 2e. part., ch. 1er., n. 56, p. 118 : « Par arrêt rendu en » la 4e. chambre des enquêtes, le 12 Avril » 1723, au rapport de M. Séguier, il a été » jugé, en faveur de Thomas le Roy, qu'une » femme étoit recevable à renoncer à une » communauté après l'avoir acceptée, en » rendant compte, et lorsqu'elle a fait in- » ventaire. Dans ces circonstances, elle a le » même privilége que l'héritier bénéficiaire. » Cette décision, dit M. Lespine de Grain- » ville, qui la rapporte dans son recueil, » p. 31 (édit. de 1758), est fondée sur la » disposition de l'art. 228 de la Cout^e^. de » Paris, que l'on étend à toutes les coutumes » qui n'en ont pas de contraires (les parties » étoient domiciliées dans celle de Senlis), » et elle est fondée sur la jurisprudence des » arrêts, et sur le sentiment des meilleurs » auteurs. L'art. 228 porte que la femme qui » accepte, n'est tenue des dettes que jusqu'à » concurrence de ce qu'elle amende : ainsi, » quand même elle accepte, elle n'est tenue

» que jusqu'à concurrence; quoiqu'elle ne re-» nonce pas, elle est reçue à rendre compte. » Sa renonciation, en rendant compte après » avoir accepté, produit le même effet; les » créanciers de la communauté retrouvent » toujours les mêmes biens : acceptant, elle » peut rendre compte, pour n'être pas tenue » au-delà : renonçant et rendant compte, » elle doit être quitte de tout ». Nous traiterons plus bas (n. 227 et suiv.), du privilége rappelé dans l'annotation précédente, privilége anciennement mal défini, et qui, par trop d'extension, a vraisemblablement servi de base aux arrêts ci-dessus cités des parlements de Bordeaux et de Paris; mais nous ferons remarquer à présent, que, nonobstant l'arrêt du parlement de Paris, les jurisconsultes décidoient que ce privilége ne détruisoit pas dans la femme la qualité de commune. (Pothier, de la Comté., n. 735, p. 829, et n. 737, p. 830). On doit pourtant reconnoître qu'à l'égard des créanciers, l'abandon qui leur étoit fait et le compte qu'on leur rendoit, avoient pour les femmes, dans les pays de communauté, tout l'effet d'une renonciation que, parmi nous, elles étoient reçues à faire, malgré leur acceptation de la société d'acquêts.

184. Si l'acceptation faite par la femme ne l'empêchoit pas de revenir sur ses pas, il n'en étoit pas de même de sa renonciation. Régulièrement, cette renonciation étoit irrévocable. (V. les autorités citées en tête du nº. précédent). Les créanciers de la femme pouvoient, toutefois, attaquer la renonciation faite en fraude de leurs créances, et être admis à exercer dans la société les droits qu'elle y amendoit. (Lebrun, de la Com[té]., liv. 3, ch. 2, sect. 2, dist. 2, n. 45, p. 471; Annotateurs de Lebrun, *sup.*, n. 17, *in fine*, p. 463; Ferriere, Compil. sur la Cout[e]. de Paris, art. 237, glose 2, n. 13 à 15, t. 3, p. 445 et 446; Pothier, de la Com[té]., n 533, p. 740.

185. Par la renonciation de la femme ou de ses héritiers à la société, tous les acquêts étoient censés, par un effet rétroactif, avoir toujours appartenu au mari, *jure non decrescendi*, et la femme étoit réputée n'y avoir jamais eu aucune part. (Louet sur Brodeau, let. D, somm[re]. 13, n. 1er. à 3, t. 1er., p. 406 et 407; Lebrun, de la Com[té]., liv. 3, ch. 2, sect. 2, dist. 2, n. 46, p. 471; Bourjon, Droit commun, 7e. part. de la Com[té]., ch. 1er., sect. 1re., n. 1er., t. 1er, p. 643; Pothier, de la Comté., n. 568, p. 752; Lapeyrère, let. C, n. 20). De là il suivoit :

186. 1°. Que si, p. ex., le mari avoit disposé des acquêts par testament, le légataire avoit droit à la totalité desdits acquêts, au préjudice des héritiers du mari, la renonciation faite par la femme ne donnant rien à ces héritiers qui n'entroient pas à son lieu et place, et ne prenoient pas sa part, *jure accrescendi.* (Louet sur Brodeau, let. D, sommre. 13, n. 2, t. 1er., p. 406; Lebrun, de la Comté., liv. 3, ch. 2, sect. 2, dist. 2, n. 46, p. 471; Ferriere, Compil. sur la Coute. de Paris, art. 237, glose 1re., n. 21, t. 3, p. 385 et 386; Ricard, des Donat. entre-vifs, 3e. part., ch. 4, sect. 4, n. 497 et suiv., t. 1er., p. 565);

187. 2°. Que la femme ni ses héritiers n'étoient pas tenus des dettes et charges de la société (Lebrun, de la Comté., liv. 3, ch. 2, sect. 2, dist. 2, n. 46, p. 471 et 472; Raviot, sur Perrier, t. 2, p. 304, n. 71; Bourjon, Droit commun, 4e. part. de la Comté., ch. 5, sect. 2, n. 6, t. 1er., p. 592; Pothier, de la Comté., n. 573, p. 753), même de celles ayant pour cause les aliments (1); (Renusson, de la Com^{té}., 2e. part., ch. 6, n. 51 à 53, p. 163 et suiv.; Lebrun, de la Com^{té}., liv. 2, ch. 3, n. 60 et précéd., p. 266 et précéd.; Poullain-Duparc, Principes du droit, t. 5, p. 224; arrêt du parlement de Bordeaux, du 17 Mars 1760, en grand'chambre, au rapport de M. Pichard), médicaments et frais de dernière maladie. (Poullain-Duparc et Renusson, *sup.;* Bourjon, *sup.*, 3e. part. de la Com^{té}., ch. 8, n. 1er., t. 1er., p. 564). *Nota* que c'est dans le cas de cette renonciation de la femme à la société qu'il faut entendre l'attestation suivante : « Attesté, le 13 Juillet 1715, syndics » M^{es}. Rochet et Boudin....., que les femmes » ne sont pas tenues de payer les dettes passives contractées par le mari pendant le » mariage, les créanciers ne pouvant s'en » prendre que sur les biens propres du mari,

(1) Lapeyrère, let. C, n. 17, dit que la veuve, renonçant à la communauté, étoit néanmoins tenue de payer les dettes contractées par son mari pour raison d'aliments. Mais cette décision, sur laquelle, au surplus, il déclare former des doutes, est en opposition notamment avec l'arrêt de 1760, ci-dessus.

» ou sur les acquêts s'il y en a ». V. *sup.*, n. 179, *ubi* Attestations;

188. 3°. Que la femme n'étoit pas passible des condamnations prononcées contr'elle et son mari pour des affaires ne concernant que la société. Il seroit, en effet, injuste, dit Poullain-Duparc, Principes du droit français, t. 5, p. 225, qu'une femme fût engagée par son mari dans des procès dont elle n'auroit pas même connoissance, et qui lui deviendroient totalement étrangers par l'événement de la renonciation. De plus, quand une femme est employée aux qualités d'un procès sur une affaire qui n'intéresse que la communauté, il est évident que son nom ne paroît qu'en qualité d'associée de son mari. Or, ce titre d'associée à la communauté ne confère qu'un droit purement habituel, et ce droit s'éteint par la renonciation, qui a même un effet rétroactif si étendu, qu'elle met la femme absolument dans le même état que si son droit habituel n'avoit jamais existé.

189. Si la femme, au moyen de sa renonciation, s'affranchissoit des dettes, ce ne pouvoit être qu'à l'égard de celles qu'elle n'avoit pas contractées en son nom personnel ou auxquelles elle n'avoit pas parlé; car, dans le cas contraire, sa renonciation ni celle de ses héritiers ne préjudicioient en rien aux droits des créanciers (Louet sur Brodeau, let. F, somm^re^. 17, t. 1er., p. 680 et suiv.; Ferriere, Compil. sur la Cout^e^. de Paris, art. 237, glose 1re., n. 37, t. 3, p. 389 et 390; Lebrun, de la Com^té^., liv. 2, ch. 3, sect. 1re., n. 3, p. 252; Bourjon, Droit commun, 4e. part. de la Com^té^., ch. 5, sect. 2, dist. 1re., n. 11 et 12, t. 1er., p. 592, et 7e. part., ch. 2, sect. 6, n. 85, t. 1er., p. 662; Pothier, de la Com^té^., n. 573, 499, 731 et 732), sauf, dans cette dernière hypothèse, le droit qu'elle avoit d'empêcher que de semblables obligations ne fussent ramenées à exécution sur ses biens dotaux frappés d'inaliénabilité (V. au n. 8, n^te^. 1re., let. *d* et *i*), et sauf, le cas échéant, l'exception prise du Velléien, dont il va bientôt être question. (V. n. 191). Ces créanciers, dont les titres ne pouvoient être altérés par une renonciation qui leur étoit étrangère, avoient, en effet, contre la femme ou ses héritiers, soit une action pour moitié, lorsque la femme s'étoit obligée conjointement avec son mari sans solidarité, soit une action pour le tout, lorsqu'elle avoit contracté seule avec le consentement exprès ou présumé de son mari, ou lorsqu'elle s'étoit obligée conjointement et solidairement avec lui (Louet sur Brodeau, *sup.*; Lebrun, *sup.*, p. 252 et 253; Renusson, de la Com[té]., 2e. part., ch. 6, n. 15, p. 156; Duplessis, de la Com[té]., p. 416, 417 et 403; Pothier, de la Com[té]., n. 731 et 732); à ce sujet, deux observations importantes sont à faire :

190. La première, que comme la femme étoit réputée ne s'être obligée qu'en qualité de caution de son mari, et comme, d'ailleurs, la société d'acquêts, au moyen de sa renonciation, profitoit exclusivement des deniers pour lesquels la dette avoit été faite, on lui accordoit un recours, contre son mari ou les héritiers de celui-ci, pour le total de la dette acquittée. (Louet sur Brodeau, let. F, somm[re]. 17, n. 6 et 7, t. 1er., p. 681; Renusson, de la Com[té]., 2e. part., ch. 6, n. 14, p. 156 et 157; Lebrun, de la Com[té]., liv. 2, ch. 3, sect. 1re., n. 3, p. 253, et liv. 3, ch. 2, sect. 2, dist. 6, p. 507 et 512; Duplessis, de la Com[té]., p. 403, 460 et 417; Bourjon, Droit commun, 7e. part. de la

Com[té]., ch. 2, sect. 6, n. 87 et 96, t. 1er., p. 662; Pothier, de la Com[té]., n. 760 et 761, p. 839). Pour que ce recours eût lieu, il falloit toutefois que la dette acquittée eût été une dette de la société. Si donc la femme, sur les poursuites des créanciers, après sa renonciation, avoit été contrainte de payer des dettes étrangères à la société et créées, p. ex., soit pour son utilité particulière ou pour la décharge de ses biens propres, soit pour la dot d'un enfant commun, elle ne pouvoit exercer aucun recours, et cela, par une raison toute simple, c'est qu'en payant, elle n'avoit acquitté que des engagements à elle personnels, dont elle auroit dû récompense s'ils avoient été soldés pendant la durée du mariage. (V. Valin, Cout[e]. de la Rochelle, t. 2, p. 743, n. 34, et p. 572, n. 15; Pothier, de la Com[té]., n. 572, p. 753. — V. *inf.*, n. 260 et suiv., et *sup.*, n. 128 et 124). Au surplus, lorsqu'il y avoit lieu à indemnité, la femme, pour cette indemnité, avoit hypothèque sur tous les biens du mari, du jour du contrat de mariage. (Renusson, de la Com[té]., ch. 4, sect. 8, n. 18 et 19, p. 203; Lebrun, de la Com[té]., liv. 3, ch. 2, sect. 2, dist. 6, n. 4, p. 508 et suiv.;

Pothier, de la Com[té]., n. 763 et 764, p. 840 et suiv.);

191. La seconde, que la femme ou ses héritiers pouvoient même paralyser l'action des créanciers, en réclamant, dans les délais voulus, le S. C. Velléien, lorsque l'obligation tomboit dans le cas de ce S. C., ce qui avoit lieu, nonobstant toute renonciation faite au Velléien, dans l'acte constitutif de l'obligation (Conférences m. s. sur le code de Justinien, à la L. 1re., *ad S. C. Vell.;* Faulte sur Maurice Bernard, liv. 3, ch. 9, n. 6 à 8, édit. de 1717), lorsque la femme s'étoit engagée pour autrui (V. les titres du ff. et du code, *ad. S. C. Vell.*), et notamment pour son mari (L. 10 et 15, cod. *eod.; auth. si qua mulier,* placée sous la L. 22, cod. *eod.;* attestation du 20 Juin 1684, syndics M[es]. Romat et Planche), ou conjointement avec lui, et cela, par la raison de la L. 4, cod. *eod.*, suivant laquelle la femme étoit relevée de son obligation, quoiqu'elle se fût constituée principale débitrice, si un autre avoit touché l'argent; mais suivant l'authentique *si qua mulier, sup.*, la femme n'étoit pas relevée des obligations par elle contractées avec ou pour son mari, s'il étoit prouvé que ces obligations avoient tourné à son profit, *nisi manifestè probetur quod pecuniæ in propriam mulieris utilitatem expensæ sint.* Le Velléien cessoit encore, lorsque, p. ex., la femme s'obligeoit pour elle-même (L. 2, cod., *ad. S. C. Vell.*), ou pour doter sa fille ou toute autre personne. (L. 12 et 25, cod. *eod.*; Boniface, t. 1er., p. 371, et t. 4, p. 334 et suiv.; Albert, let. D, ch. 48, p. 169). D'après ce qui vient d'être dit, on voit que la femme qui, dans l'intérêt de la société, avoit contracté des dettes, soit conjointement avec son mari, soit seule avec l'autorisation de ce dernier, et qui renonçoit ensuite à cette société, à laquelle elle devenoit étrangère, se trouvoit engagée pour une affaire non personnelle dont elle ne pouvoit tirer aucun profit, et, dès-lors, étoit fondée à exciper du S. C. Velléien pour se mettre à l'abri des poursuites des créanciers. (Louet et Brodeau, let. F, sommre. 17, p. 680; Lapeyrère, let. C, n. 19; Quest. de droit de M. Merlin, t. 4, p. 667 et suiv., *ubi* arrêts dans l'affaire de la veuve Dupin, contre Lagarélie, appliquant le bénéfice du Velléien à cette veuve qui, après avoir traité comme associée aux acquêts, avoit déclaré renoncer à la société. *Nota* il existe, dans le même sens, pour ce dernier cas, une consultation de Mes. Ferrère, Ravez et Denucé, en date du 10 Juin 1812. V. Quest. transit., n. 411, nte. 1re.).

192. La renonciation ne portant que sur les acquêts, et ne s'étendant pas aux reprises de la femme, qu'elle avoit, au contraire, pour unique objet de conserver, on conçoit aisément que le mari ne restoit propriétaire de la masse des acquêts qu'à la charge de remplir la femme de ses droits, p. ex., du prix de ses propres aliénés, de sa dot, etc. Lapeyrère, let. R, n. 56; let. C, n. 54 et 43, et son Apostillateur, let. R, n. 56, accordent, de plein droit, cette reprise à la femme ou à ses héritiers. Boucheul, sur la Coute. de Poitou, art. 252, n. 63, t. 1er., p. 900, remarque notre usage à cet égard, et le fonde sur ce que, parmi nous, la renonciation avoit un effet rétroactif, et réduisoit les choses au même état que s'il n'y avoit jamais eu de société.

193. Plus tard, nous spécifierons les différentes reprises de la femme. (V. n. 246 et suiv.). Ici nous nous bornerons à examiner si la femme pouvoit exercer la reprise des sommes que son mari lui avoit reconnues, soit pendant la durée de leur société, soit avant la célébration du mariage.

194. Et d'abord, quant aux sommes reconnues pendant la société conjugale, on distinguoit :

Quand la femme, par son contrat de mariage, s'étoit constituée en dot *généralement tous ses biens,* elle ne pouvoit, *au préjudice des créanciers du mari,* reprendre les sommes que ce dernier, durant le mariage, avoit confessé avoir reçues, à moins, 1°. que l'acte de reconnoissance ne fît mention d'une numération réelle en présence des notaires; 2°. que, dans le silence de l'acte sur cette numération, la femme ne justifiât de l'origine des deniers, *unde habuerit* (Boucheul, sur la Cout^e^. de Poitou, art. 209, n. 22 et 23, t. 1er., p. 558; Legrand, Cout^e^. de Troyes, tit. 5, art. 84, n. 34 et 35, p. 358; Albert, let. P, ch. 72, p. 389 et suiv.; Lapeyrère et son Apostillateur, let. D, n. 112, et *ibi* Conférences m. s.; Dupin sur Ferron, let. C,

n. 50 et 53 ; attestation de l'année 1685) [1], ce quelle étoit admise à prouver, même par témoins. (Valin, Cout^e^. de la Rochelle, t. 2, p. 589, et p. 446, n. 53 et 54). A défaut, soit d'expression de numération réelle dans la quittance fournie par le mari, soit de justification de l'origine des deniers, la femme pouvoit-elle, du moins, être fondée à prétendre, *contre les héritiers du mari*, la reprise des sommes portées dans ladite quittance? Dans les pays de coutume où la prohibition de se donner entre époux étoit, de droit

---

[1] « Attesté au commencement de 1685, pour » M. de Sabourin, conseiller en la cour, syndics » M^es^. Romat et Planche, que lorsque la dot est d'une » somme certaine et limitée, la simple confession » de l'avoir reçue, de quelque manière qu'elle soit » faite, même par une écriture privée, n'a pas moins » de force qu'une quittance publique; et qu'en con- » séquence la femme est colloquée dans l'ordre du » décret des biens de son mari, des jour et date de » son contrat de mariage; au lieu que lorsqu'elle s'est » constituée tous ses droits en général, sans aucune » limitation, la reconnoissance faite, sans numéra- » tion réelle, passe pour un avantage indirect qui » ne peut faire aucun préjudice aux créanciers du » mari ».

commun, absolue (V. *sup.*, n. 9), comme on ne pouvoit faire indirectement ce qu'il n'étoit pas permis de faire directement, on tenoit pour maxime certaine, que celui qui ne pouvoit pas donner, ne pouvoit pas reconnoître, *qui non potest donare, non potest confiteri* (V. Cochin, t. 2, p. 580 et 581; Ricard, des Donat., 1re. part., ch. 3, sect. 16, p. 197; Lebrun, de la Comté., liv. 3, ch. 2, sect. 2, dist. 5, n. 47, p. 495); dès-lors, la femme ne pouvoit trouver, dans une semblable reconnoissance, un titre suffisant contre les héritiers du mari. Dans les pays de droit écrit, au contraire, où toutes donations entre mari et femme étoient confirmées, lorsque le donateur étoit mort sans avoir changé de volonté (V. *sup.*, n. 9), il nous semble qu'une reconnoissance de cette nature devoit principalement manifester l'intention, de la part du mari, de gratifier sa femme (V. Menochius, *de Præsumpt.*, liv. 3, *præsumpt.* 12, n. 58 et 66, t. 1er., p. 332 et suiv., et p. 334, édit. de 1686); qu'elle devoit valoir, pour lors, comme une donation à cause de mort (Menochius, *sup.*, n. 67; Automne, sur l'art. 68 de la Coute. de Bordeaux, n. 19, p. 347; Cambolas, liv. 4, ch. 2,

p. 268, v°. *Par arrêt du* 1er. *Août* 1634), et que, par une conséquence nécessaire, les héritiers du mari ne pouvoient être fondés à la critiquer. (Despeisses, sect. 1re. du tit. des Donat., n. 17, t. 1er., p. 407; Salviat, p. 220).

Lorsque la reconnoissance fournie par le mari, durant la société, étoit relative à une constitution *d'une somme certaine* portée par le contrat de mariage, cette reconnoissance, quoique faite sous seing privé et sans expression de numération réelle, étoit suffisante pour que la femme pût prétendre contre les créanciers du mari postérieurs au contrat de mariage (à plus forte raison contre les héritiers du mari) la reprise des sommes reconnues. (Boucheul, Cout[e]. de Poitou, art. 209, n. 21, t. 1er., p. 558; Dupin sur Ferron, let. C, n. 50 et 53; Lapeyrère et son Apostillateur, let. D, n. 122; Salviat, p. 219 et 220; Attestation de 1685, transcrite à la 1re. n[te]. du présent numéro. Mais, ainsi que le remarque M. de Bézieux, en son Recueil d'arrêts du parlement de Provence, p. 362 et suiv., et que l'a jugé le tribunal d'appel de Bordeaux, par arrêt du 20 Messidor an 9, une telle reconnoissance pouvoit être débattue de fraude et de simulation. « En effet, dit M. de Bézieux, s'il en étoit » autrement, on tomberoit dans cette absur- » dité qu'on ne pourroit jamais débattre une » reconnoissance, quand elle seroit précédée » d'une constitution ou d'une promesse de » dot, quelque conjecture et preuve de fraude » qu'il s'y rencontrât; ce qui seroit, en effet, » bien extrordinaire, et serviroit à autoriser » les fraudes et les simulations qui se peuvent » aussi bien commettre quand la dot est cons- » tituée et promise. Et quand les docteurs » ont dit que la constitution fait cesser la » fraude, ils ne se sont fondés que sur cette » présomption que le mari ne confesse avoir » reçu que ce qui lui a été promis et cons- » titué. Mais comme ce n'est là qu'une pré- » somption et une apparence que le paie- » ment est réel, elle doit céder à la vérité et » aux indices qui prouvent suffisamment la » fraude en toutes sortes de circonstances ».

195. A l'égard des reconnoissances faites avant la célébration du mariage par le contrat de mariage ou après le contrat, mais avant ladite célébration, elles faisoient régulièrement preuve du paiement qu'elles énonçoient avoir eu lieu de la dot, et cela, sans distinction entre la constitution d'une somme certaine et une constitution vague et générale. (Consult. du 24 Avril 1747, délibérée par Mes. Nicolas de Lisleferme, Fenis, Lamothe, Grenier, Dumat, Destoup, Despiau, Desèze, Pinel, Bouquier et autres, et rapportée aux Conférences m. s. sur la Coute. de Bordeaux, à l'art. 62; Mantica, *de tacit. et amb. convent.*, liv. 11, tit. 20, n. 18, t. 1er., p. 476).

196. Les raisons qui avoient fait admettre la renonciation en faveur de la femme ou de ses héritiers n'existant pas à l'égard du mari, qui devoit s'imputer à lui-même d'avoir mal fait les affaires de la société dont il avoit la direction, on tenoit pour maxime qu'il n'avoit pas le choix de renoncer. (Valin, Coute. de la Rochelle, t. 2, p. 556, n. 1er.; Boucheul, Coute. de Poitou, art. 240, n. 4 et 5, t. 1er., p. 845 et 846; Pothier, de la Comté., n. 535, p. 740).

SECTION SIXIÈME.

De l'acceptation de la société d'acquêts, et des effets de cette acceptation.

197. Cette section sera divisée en deux chapitres, dont le premier sera relatif à l'acceptation, abstraction faite de ses effets, et dont le second, subdivisé en trois paragraphes, traitera des effets de l'acceptation, 1°. à l'égard des créanciers; 2°. à l'égard des débiteurs; 3°. à l'égard des biens de la société et des actions auxquelles donnoit lieu le partage de ces biens.

CHAPITRE PREMIER.

De l'Acceptation.

198. Au lieu de renoncer à la société d'acquêts, la femme pouvoit l'accepter.

A quelques exceptions près, qu'il seroit sans utilité de spécifier, l'acceptation de la femme se régloit par les mêmes principes que ceux établis pour l'acceptation des successions de la part des héritiers.

199. Ainsi, cette acceptation pouvoit être expresse ou tacite (d'Argentré, Coutᵉ. de Bretagne, art. 415, glose 3, n. 2, p. 1634): expresse, lorsque, depuis la dissolution de la société, la femme avoit pris dans un acte la qualité d'associée (Pothier, de la Comté., n. 536, p. 740); tacite, quand la femme avoit fait un acte qui supposoit nécessairement son intention d'accepter, et qu'elle n'avoit droit de faire qu'en sa qualité d'associée. *Tacita..... cùm aliquis actus geritur, qui citra jus communionis fieri nequeat, ita ut necessariò inferat immixtionem veluti in hæredibus.* (D'Argentré, *sup.*; V., dans le même sens, Pothier, *sup.*, n. 537, p. 741).

L'acceptation tacite s'induisoit, p. ex. :

200. 1°. De la cession faite par la femme de ses droits dans la société, soit à des étrangers, soit aux héritiers de son mari. Pour céder un droit, il faut l'avoir acquis; or, la femme ne pouvoit être saisie du droit de prendre part dans les effets sociaux que par son acceptation ; donc, la cession par elle faite supposoit manifestement en elle la volonté d'accepter la société. (Pothier, de la Com^té^., n. 544, p. 743);

201. 2°. De sa renonciation, ou gratuite, ou moyennant une somme d'argent, en faveur d'un ou de plusieurs des héritiers de son mari, préférablement aux autres, parce qu'alors la femme étoit moins censée renoncer que faire une cession de ses droits, laquelle cession entraînoit nécessairement son acceptation de la société. Pour que sa part parvînt, en effet, aux héritiers, objet de son choix, il falloit qu'elle en disposât en faveur de ces héritiers ; or, elle ne pouvoit en disposer qu'après avoir accepté. (Lebrun, de la Com^té^., liv. 3, ch. 2, sect. 2, dist. 2, n. 16, p. 462 ; Valin, Cout^e^. de la Rochelle, t. 2, p. 641, n. 10 ; Pothier, de la Com^té^., n. 544, p. 743);

202. 3°. De la disposition, soit à titre gratuit, soit à titre onéreux, de quelque effet de la société, sans avoir eu d'autre qualité pour en disposer que celle d'associée. (Pothier, de la Com^té^., n. 538, p. 741);

203. 4°. Du paiement fait par la femme de quelque dette de la société, à moins qu'elle ne fût obligée à cette dette en son nom propre, ou qu'elle n'eût pour payer une autre qualité que celle d'associée. La femme n'étant tenue des dettes qu'autant qu'elle vouloit être associée, manifestoit assez, en les acquittant, son intention d'être associée. (Pothier, de la Com[té]., n. 539, p. 741 et suiv.). Il en étoit de même, pour les mêmes motifs, du paiement reçu par la femme d'une dette de la société. (D'Argentré, Cout[e]. de Bretagne, art. 415, glose 3, n. 2, p. 1634).

204. Remarquez que la femme ne laissoit pas d'être considérée comme ayant tacitement accepté la société d'acquêts, quand même les actes qui viennent d'être rappelés auroient été accompagnés de protestation qu'elle n'entendoit pas, par là, être associée. Il est, en effet, de principe qu'une protestation contraire à la substance même de l'acte où elle est contenue, ne peut être d'aucune considération, lorsque celui qui l'a faite pouvoit agir autrement, *protestatio actui contraria, tollit protestationis effectum* (V. les autor. citées au Rép[re]. de M. Merlin, t. 15, p. 63;

Lebrun, des Success., liv. 3, ch. 8, sect. 2, n. 27, p. 192; du Perier et son Annotateur, aux Quest. notab., liv. 2, quest. 6, p. 153); car *facta sunt potentiora verbis, multoque ampliùs est facere quàm pronuntiare.* (V. les autor. citées par Mornac, sur la L. 4, cod. *de non num. pecun.*, t. 2, p. 915, édit. de 1721).

205. L'acceptation tacite n'ayant lieu que dans les cas où la femme avoit fait un acte qui supposoit nécessairement sa volonté d'être associée, sans qu'on pût donner d'autre raison de cet acte que cette même volonté, il est évident que la femme ne pouvoit être réputée avoir fait acte d'associée dans les circonstances suivantes :

206. Premièrement, quand elle avoit eu, pour disposer des effets de la société ou pour payer des dettes de ladite société, une autre qualité que celle d'associée, p. ex., celle de tutrice de ses enfants, héritiers du mari. Dans ce cas, elle pouvoit avoir agi non comme associée, mais comme tutrice de ses enfants. (Lebrun, de la Com[té]., liv. 2, ch. 2, sect. 2, n. 4, p. 457; Boucheul, Cout[e]. de Poitou, art. 252, n. 45, t. 1er., p. 897; Journal du palais de Guéret et Blondeau, t. 2, p. 12 et suiv.; Bourjon, Droit commun, 4e. part. de la Comté., ch. 5, sect. 2, dist. 3, n. 20, t. 1er., p. 593; Pothier, de la Comté., n. 540, p. 742);

207. Secondement, lorsqu'elle avoit fait ou fait faire des réparations urgentes aux biens de la société, ou vendu des effets susceptibles d'un prompt dépérissement, ou débité les marchandises du commerce dont se mêloit son mari; en un mot, lorsqu'elle n'avoit fait que des actes conservatoires et d'administration provisoire. (Valin, Coute. de la Rochelle, t. 2, p. 641, n. 7; Pothier, de la Comté., n. 541, p. 742);

208. Troisièmement, lorsque après le décès de son mari, elle étoit restée dans la maison et avoit pris sa nourriture sur les provisions existantes. Lebrun, de la Comté., liv. 3, ch. 2, sect. 2, dist. 2, n. 41, p. 470, dit à cet égard: « Il n'est pas injuste que la » femme vive aux dépens de la succession, » jusqu'au paiement de ses reprises et con- » ventions; elle veille sur ses gages et ne fait » pas acte de commune, par la raison de la

» L. 1re., cod. *de repud. vel abstinend.* » *hæred.* ». (V., dans le même sens, Valin, Coutᵉ. de la Rochelle, t. 2, p. 641, n. 8; Bourjon, Droit commun, 4ᵉ. part. de la Comté., ch. 5, sect. 2, dist. 3, t. 1er., p. 593; Pothier, de la Comté., n. 542, p. 743).

209. La femme n'étoit pas encore réputée faire une acceptation tacite de la société, lorsqu'elle y renonçoit gratuitement en faveur des héritiers de son mari indistinctement (Pothier, de la Comté., n. 544, *in fine*, p. 744), ou bien, d'après Lebrun, de la Comté., liv. 3, ch. 2, sect. 2, dist. 2, n. 16, p. 462; Valin, Coutᵉ. de la Rochelle, t. 2, p. 641, n. 10; Pothier, *sup.*, n. 545, p. 744, lorsque sa renonciation étoit faite au profit des mêmes héritiers indistinctement, moyennant une somme d'argent qu'elle en recevoit. Dans ce cas, à entendre ces auteurs, la femme abdiquoit plutôt son droit qu'elle ne le cédoit : elle ne donnoit rien, en effet; elle ne faisoit rien passer d'elle aux héritiers du mari, qui, par sa seule renonciation, et sans avoir besoin d'aucune cession, restoient propriétaires, *jure non decrescendi*, de tous les biens de la société; ces héritiers, en donnant un prix pour avoir la renonciation de la femme, faisoient simplement avec elle un contrat, *do ut facias*. Mais M. Merlin, Quest. de droit, supplément, t. 7, p. 659 et suiv., dit avec beaucoup de raison, à notre avis, « qu'il n'y a » aucune différence, si ce n'est une différence » nominale entre le cas où la femme vend » son droit à la communauté (V. n. 200), » et le cas où elle y renonce moyennant » un prix; car du moment que les héritiers » achètent la renonciation de la femme, ils » achètent nécesairement l'avantage qui en » résulte pour eux, et conséquemment, la » femme fait nécessairement, à leur égard, » l'équipollent d'une vente de ses droits ». A quoi revient, par argument, le passage suivant de Montvallon, des Success., t. 1er., p. 135: « Celui qui, étant appelé à une succession, pactise sur cette succession, ou » sur une partie d'icelle, fût-ce même pour » y renoncer, fait par ces accords et par cette » renonciation, des actes d'héritier, s'il reçoit » quelque argent ou autre profit pour renoncer à la succession, puisque, recevant » un prix, il en fait une vente ».

210. *Quid*, si la femme s'étoit rendue

coupable de recélé? Suivant le droit commun des pays coutumiers, la femme qui, par ce recélé, s'étoit comme immiscée frauduleusement, non-seulement étoit déclarée commune, mais encore étoit privée de la portion qu'elle pouvoit prétendre dans les choses recélées. (Bourjon, Droit commun, 4e. part. de la Comté., ch. 6, sect. unique, n. 1er. et 2, t. 1er., p. 599). Aussi Lapeyrère, let. R, n. 32, dit-il : « La veuve qui a » recélé avant la renonciation, est déclarée » commune nonobstant icelle, et perd la part » qu'elle avoit sur la chose recélée ». Mais nos usages étoient contraires, et le recélé fait par la veuve, avant ou après la renonciation, ne la rendoit jamais associée, et ne la privoit pas de sa portion dans les choses recélées : on condamnoit seulement la veuve à rendre ce qu'elle avoit pris, et à une amende arbitraire. (Conférences m. s. sur Lapeyrère, let. R, n. 32; Apostillateur de Lapeyrère, au même lieu; Salviat, p. 418).

211. Un jugement, même en dernier ressort, rendu contre la femme en faveur d'un créancier qui l'avoit poursuivie en paiement d'une dette sociale, n'obligeoit la femme comme associée qu'envers ce créancier. Ce jugement, à l'égard de toute autre personne, étoit *res inter alios acta.* (Pothier, de la Com[té]., n. 557, p. 750; Prévôt de la Jannès, Principes de la jurisprudence française, t. 2, p. 84). Cette décision n'étoit approuvée par Poullain-Duparc, Principes du droit français, t. 5, p. 174 et 175, que dans le cas où le jugement auroit seulement condamné la femme au paiement d'une dette de la communauté, sans la déclarer commune; mais, dans cette dernière hypothèse, il soutenoit que la veuve étoit commune, non-seulement à l'égard du créancier qui avoit obtenu le jugement en dernier ressort, mais encore à l'égard de tous les autres créanciers. « En » effet, dit-il, le jugement en dernier ressort » qui a jugé la femme commune, est une » décision qui règle l'état de la personne, et » cet état est indivisible, la femme ne pou- » vant pas être, en même temps, commune » et renonçante; au lieu qu'elle peut, par » un mal jugé, être obligée à une dette de » la communauté, sans être communière ». L'opinion de cet auteur, fondée sur une prétendue indivisibilité de qualité, ne doit pas être suivie.

212. Qu'arriveroit-il dans le cas où, entre plusieurs héritiers de la femme, les uns acceptoient la société et les autres y renonçoient? (V. *sup.*, n. 179, vers la fin). La part des renonçants devoit-elle accroître à ceux qui acceptoient, ou bien chaque acceptant ne prenoit-il que sa portion? Lebrun, de la Com[té]., liv. 3, ch. 2, sect. 2, dist. 1re., n. 6 et suiv., p. 453 et suiv., étoit d'avis que les acceptants partageoient la société avec le mari survivant, comme s'ils étoient seuls héritiers (à la charge par eux de payer aux renonçants les portions à eux afférentes dans les reprises). Pothier, dans son traité de la Com[té]., n. 578 et 579, p. 755 à 757, enseignoit, au contraire, que chaque acceptant ne pouvoit prendre que sa part, et que le surplus des biens de la communauté devoit rester au mari (à la charge, par ce dernier, de faire raison aux renonçants des droits que la femme auroit pu exercer, en cas de renonciation, mais seulement pour une part proportionnée à celle qu'ils prenoient dans la succession). Ce dernier sentiment, auquel il faut se tenir, est fondé sur ce principe plusieurs fois rappelé, que la société entière appartenoit au mari, *jure non* *decrescendi,* tant qu'elle n'étoit pas acceptée par la femme ou par ses héritiers ; que, dès-lors, elle devoit continuer de lui appartenir pour toutes les parts qui n'étoient pas acceptées.

213. On a vu au n. 184, *sup.,* que la femme qui avoit une fois renoncé à la société d'acquêts, ne pouvoit plus l'accepter. Mais une autre question se présente : on demande si la femme pouvoit accepter la société sous bénéfice d'inventaire. La négative s'établit par plusieurs raisons : la première, que le bénéfice d'inventaire n'avoit été introduit par l'empereur Justinien qu'en faveur des héritiers, et n'avoit été reçu, parmi nous, que pour les successions ; la seconde, qu'un privilége particulier (il en sera traité plus bas au n. 227 et suiv.) avoit été admis en faveur de la femme ou de ses héritiers, qui, suivant ce privilége, n'étoient tenus des dettes que jusqu'à concurrence de ce qu'ils amendoient dans la société ; qu'ainsi l'acceptation sous bénéfice d'inventaire, de la part de la femme ou de ses héritiers, eût été une précaution vaine et inutile ; la troisième, enfin, que le privilége en question n'équipolloit pas tout-à-fait au bénéfice d'inventaire. (Renusson, de la Comté., 2e. part., ch. 1er., n. 35, p. 115; Lebrun, de la Comté., liv. 3, ch. 2, sect. 1re., n. 10, p. 335; Boucheul, Coute. de Poitou, art. 239, n. 28, t. 1er., p. 844; Frain et Hévin, aux arrêts notables du parlement de Bretagne, t. 2, p. 829 et suiv., édit. de 1684; Pothier, de la Comté., n. 547, p. 744. V. *inf.*, n. 229). A part toutes ces raisons, on en découvre une bien déterminante dans la faculté que la femme, d'après la jurisprudence de notre ressort, avoit de renoncer à la société après l'avoir acceptée.

CHAPITRE SECOND.

§. Ier.

Des effets de l'acceptation à l'égard des créanciers.

214. En même temps que nous examinerons les droits qu'une fois la société dissoute, les créanciers de cette société avoient à exercer, nous dirons contre qui et sur quels biens ces mêmes créanciers pouvoient, pendant la durée de l'association conjugale, poursuivre le recouvrement de ce qui leur étoit dû. Après nous être occupé des créanciers de la société, nous parlerons des créanciers particuliers des conjoints, et des actions qu'ils pouvoient avoir contre ces derniers, soit dans le temps où la société se trouvoit avoir pris fin, soit auparavant. Enfin nous apprécierons les droits des mêmes créanciers à l'égard des créanciers de la société avec lesquels ils pouvoient se trouver en concours. Nous aurions pu suivre un ordre plus méthodique, et ne pas attendre, pour traiter des actions des créanciers pendant l'existence de la société, d'être arrivé à une époque où il ne pouvoit être question que des actions appartenantes à ces créanciers, après que l'association des époux avoit cessé; mais un tel ordre nous eût forcé d'isoler complétement des matières intimement liées; il n'eût permis aucun enchaînement dans les règles à exposer, aucun moyen de les faire saisir avec clarté et d'un seul coup-d'œil. Nous n'avons pas dû nous y assujettir.

215. D'abord, en ce qui concerne les créanciers de la société, il faut distinguer, 1°. les engagements contractés envers eux par le mari seul; 2°. ceux que la femme avoit souscrits elle-même ou auxquels elle avoit parlé.

216. Le mari, pendant l'existence de la société conjugale, étoit tenu, à l'égard des créanciers, de la totalité des dettes qu'il avoit souscrites, non-seulement sur ses biens propres, mais encore sur tous les effets de la société; car, d'un côté, c'étoit lui seul qui étoit débiteur personnel de ces dettes, et, d'un autre côté, la femme qui n'avoit aucun droit sur les biens de la société, *durante societate*, n'étoit réputée débitrice d'aucunes dettes contractées par son mari. (Duplessis, de la Com[té]., p. 402, 415 et 416; Renusson, de la Com[té]., 1re. part., ch. 11, n. 37, p. 73; Ferriere, Compil. sur la Cout[e]. de Paris, art. 221, glose unique, §. 2, n. 2, t. 3, p. 111; Poullain-Duparc, Principes du droit français, t. 5, p. 40).

217. Le mari, après la dissolution de la société, demeuroit tenu, à l'égard des créanciers, de la totalité des dettes par lui contractées. (Duplessis, de la Com[té]., p. 402, 416 et 602; Renusson, de la Com[té]., 2e. part., ch. 6, n. 5 et 6, p. 155; Lebrun, de la Com[té]., liv. 2, ch. 3, sect. 1re., n. 3, p. 252; Bourjon, Droit commun, 3e. part. de la Com[té]., ch. 7, sect. 2, n. 6 et 7, t. 1er., p. 563; Pothier, de la Com[té]., n. 729, p. 826).

218. Toutefois, comme à l'égard des conjoints, toute dette sociale se divisoit en deux parts, et se trouvoit, pour moitié, à la charge de chacun d'eux, lorsque la société avoit été acceptée par la femme (Duplessis, de la Com[té]., p. 402, 416 et 602; Ferriere, Compil. sur la Cout[e]. de Paris, art. 221, glose unique, §. 2, n. 4, t. 3, p. 111), il en résultoit :

219. 1°. Que, dans le cas de cette acceptation, le mari avoit un recours contre la femme ou ses héritiers pour la moitié les concernant. (Duplessis, de la Com[té]., p. 402, 416 et 602; Renusson, de la Com[té]., 2e. part., ch. 6, n. 5, p. 155; Bourjon, Droit commun, 3e. part. de la Com[té]., ch. 7, sect. 2, n. 6, t. 1er., p. 363; Pothier, de la Com[té]., n. 759 à 761, p. 839);

220. 2°. Que, dans le même cas, les créanciers avoient la faculté de convenir la femme pour moitié (Duplessis, de la Com[té]., t. 1er., p. 402 et 416; Renusson, de la Com[té]., 2e. part., ch. 6, n. 5 et 6, p. 155; Bechet, sur l'Usance de Saintes, p. 104), mais jamais au-delà, quand même les héritiers du mari eussent dissipé leur part des effets mobiliers de la société et fussent devenus insolvables; car, ainsi que le dit Renusson, *sup.*, n. 16 à 19, p. 157 : « C'étoit au créancier à veiller à » la sûreté de son dû ; il devoit, après le décès » de son débiteur, faire apposer les scellés » sur les effets, ou les faire saisir avant que » le partage en eût été fait ; il auroit été » payé de son dû sur tous les effets de la so- » ciété, et la veuve n'y auroit pu prendre » aucune part que son dû n'eût été entière- » ment payé tant en principal qu'intérêts; » mais n'ayant pas fait ses diligences, ayant » laissé faire le partage... et souffert que les » héritiers du mari aient pris leur part et » l'aient consommée et dissipée, il se doit » imputer sa négligence; la veuve qui a par- » tagé les biens de la société ne consistant » qu'en effets mobiliers, et qui ne possède » aucun immeuble de la société, n'est tenue » des dettes de la société que personnellement » pour sa part, c'est-à-dire, pour moitié ».

V., dans le même sens, Lebrun, de la Com[té]., liv. 2, ch. 3, sect. 1re., n. 15, p. 255 et 256.

221. Mais la femme, après avoir acquitté sa moitié, pouvoit être poursuivie hypothécairement pour l'autre (sauf son recours contre le mari ou ses héritiers), jusqu'à concurrence de la valeur des immeubles tombés dans son lot et frappés de l'hypothèque consentie par le mari durant la société; et cela, par la raison que le mari étoit maître de la société; qu'en s'obligeant, il obligeoit non-seulement ses biens propres, mais aussi tous les biens de la société qu'il pouvoit entièrement consommer; que le partage qui se faisoit des biens de la société, ne pouvoit faire aucun préjudice aux créanciers dont l'hypothèque demeuroit et subsistoit au même état. (Duplessis, de la Com[té]., p. 402 et 416, et ses Annotateurs, p. 407 et suiv.; Renusson, de la Com[té]., 2e. part., ch. 6, n. 7 à 9, p. 155 et 156; Lebrun, de la Com[té]., liv. 2, ch. 3, sect. 1re., n. 28 et 29, p. 260; Bourjon, Droit commun, 3e. part. de la Com[té]., ch. 7, sect. 2, n. 9, t. 1er., p. 563; Pothier, de la Com[té]., n. 751 et 752, p. 836; Lapeyrère et son Apostillateur, let. H, n. 38). Faites attention, relativement à l'action hypothécaire dont il vient d'être question, que la femme qui se trouvoit poursuivie hypothécairement, après avoir déjà payé, pour se maintenir dans la possession des immeubles tombés dans son lot, un créancier dont l'hypothèque étoit antérieure à celle du poursuivant, devoit être subrogée au créancier qu'elle avoit désintéressé, et être colloquée en son lieu et place sur les héritages à elle échus en partage. (Renusson, de la Comté., 2e. part., ch. 1er., n. 39 et 40, p. 116; Bourjon, Droit commun, 4e. part. de la Comté., ch. 5, sect. 3, dist. 6, n. 43, t. 1er., p. 598; Valin, Coute. de la Rochelle, t. 2, p. 670, n. 103; Pothier, de la Comté., n. 756, p. 838).

222. Au sujet du paiement des dettes contractées par le mari, il s'étoit élevé la question de savoir si ces dettes, pour que la femme en fût tenue, devoient avoir une date certaine avant la dissolution de la société conjugale. Pothier, de la Comté., n. 248 et 548, p. 602 et 745, dit que : « Lorsque le » mari contracte, la femme est censée, non » en son propre nom, mais en qualité de

» commune, contracter et s'obliger avec lui » pour sa part dans la communauté, même » sans qu'elle en ait rien su et sans qu'elle » puisse s'y opposer. Ce principe est vrai » pour toutes les dettes que le mari contracte » pendant que dure la communauté ». Le même auteur, dans son traité des Obligations, n. 84, p. 41, répète : « Qu'une femme » commune en biens est censée contracter » avec son mari, et par son ministère, dans » tous les contrats que son mari fait durant » la communauté, et accéder à toutes les » obligations qui en résultent, pour la part » qu'elle a dans la communauté ». D'après cette doctrine, la femme qui, par le fait du mariage, seroit censée avoir donné à son mari un mandat tacite de l'obliger, devroit, par conséquent, être censée avoir elle-même souscrit les actes consentis par son mari : elle ne pourroit donc se prétendre étrangère à ces actes, puisqu'elle y auroit été partie par le mari, son mandataire; ses héritiers, en cas qu'elle fût prédécédée, ne pourroient non plus, avec fondement, se dire des tiers relativement aux mêmes actes. Valin, sur la Cout^e^. de la Rochelle, t. 2, p. 652, n. 40, dit, à son tour, que : « Pour rejeter, comme fausses

» et supposées, les dettes n'ayant pas de date » certaine avant la dissolution de la com- » munauté, il faut des circonstances bien » fortes et bien pressantes; qu'autrement, il » est de la justice de passer les dettes comme » réelles et sincères, moyennant l'affirmation » tant du mari que de ses créanciers ». Cet auteur, comme on le voit, fait dépendre des circonstances la solution de notre question : tel est aussi l'avis de Lebrun, de la Comté., liv. 2, ch. 3, sect. 1re., n. 5, p. 253, et tel semble être d'abord le parti le plus sûr. Décider, en effet, en principe, que la femme ou ses représentants étoient tenus au paiement des dettes chirographaires souscrites par le mari, et n'ayant aucune fixité de date à l'époque de la dissolution de la société, ne seroit-ce pas admettre que le mari avoit la faculté d'anéantir, par des obligations simulées, l'entier actif de la société, et cela, après la dissolution de l'association conjugale, et à une époque où il n'étoit revêtu d'aucun titre pour obliger sa femme? Ne seroit-ce pas ne vouloir laisser à la femme ou à ses héritiers qu'un droit, le plus souvent illusoire, d'établir des fraudes exercées à leur insçu? Cette dernière considération avoit porté la cour de

Bordeaux à juger, en principe, par arrêt du 30 Août 1810, en 1re., présidt. M. de Brézets, que la société d'acquêts n'étoit pas tenue des billets d'écriture privée souscrits par le mari, et n'ayant aucune fixité de date avant la dissolution de la société. Nous n'adoptons pourtant pas cette dernière décision qui, pour protéger les femmes contre des fraudes, pourroit frapper sur des maris de bonne foi, et serviroit évidemment à dépouiller des créanciers légitimes. Notre avis est donc que la femme, par suite de l'administration qu'avoit le mari des affaires sociales (V. n. 148 et 149), devant être censée contracter par le ministère de son mari, comme tout associé est censé le faire par le ministère de l'associé gérant (V. Pothier, des Oblig., n. 83, p. 40), ne pouvoit qu'être tenue des billets d'écriture privée souscrits par son mari, sauf à elle à en prouver l'antidate. (V. *inf.*, n. 327). Il nous paroîtroit cependant juste d'exiger, avec Valin, *loc. sup. cit.*, l'affirmation tant du mari que des créanciers.

223. Voici pour les engagements souscrits par le mari. Passons aux engagements de la femme.

224. A l'égard des dettes sociales que la femme avoit contractées elle-même ou auxquelles elle avoit parlé, les créanciers, pendant la durée de l'association conjugale, pouvoient en poursuivre le paiement, soit contre le mari personnellement pour le tout, sur ses biens propres et sur ceux de la société, soit contre la femme, savoir : pour le tout, si elle avoit contracté seule avec le consentement exprès ou présumé de son mari, ou si elle s'étoit obligée solidairement avec lui; pour moitié, dans le cas où son engagement, souscrit conjointement avec son mari, n'étoit pas solidaire. Ces dettes auxquelles la femme avoit parlé, n'étoient pas, en effet, considérées respectivement aux créanciers, comme simples dettes de la société ou du mari, mais aussi comme de véritables dettes de la femme, puisqu'elle s'y étoit obligée. (Duplessis, de la Com^{té}., p. 403 et 416; Renusson, de la Com^{té}., 1re. part., ch. 11, p. 37, n. 73, et 2e. part., ch. 6, n. 12 et 13, p. 156). Ne perdons, toutefois, pas de vue, 1°. que la femme pouvoit se faire restituer par le bénéfice du Velléien, lorsque le cas y échéoit (V. *sup.*, n. 191); 2°. que les obligations dont il vient d'être parlé ne pouvoient être ramenées à exécution sur les biens dotaux de la femme, lesquels biens étoient inaliénables, aussi bien indirectement que d'une manière directe. (V. au n. 8, n^{te}. 1re., let. *d* et *i*).

225. Après que la société avoit pris fin et avoit été acceptée par la femme, l'action des créanciers n'éprouvoit aucune modification, et s'exerçoit, soit contre la femme, pour le tout ou pour moitié, suivant les distinctions qui précèdent, soit contre le mari, et pour le tout, quand même l'obligation par lui contractée avec sa femme n'eût pas été solidaire, « par la raison que lorsqu'on faisoit interve- » nir une femme à l'obligation du mari, l'in- » tention des parties étoit de procurer une » plus grande sûreté au créancier, plutôt que » de partager et diminuer l'obligation du » mari [1] ». (Duplessis, de la Com^{té}., p. 403

---

[1] On décidoit, par la même raison, que si le mari et la femme, communs en biens, empruntoient une somme conjointement avec un tiers, ou bien cautionnoient quelqu'un conjointement avec une tierce personne, ils n'étoient comptés que pour une tête, et ne devoient ainsi que la moitié de la somme emprunté, ou de celle pour laquelle le cautionnement avoit

et 416; Renusson, de la Com[té]., 2e. part., ch. 6, n. 12 et 13, p. 156; Lebrun, de la Com[té]., liv. 2, ch. 3, sect. 1re., n. 3, p. 252 et suiv., et n. 17, p. 256; Pothier, de la Com[té]., n. 729, 731 et 732, p. 826 et 828). Mais, comme à l'égard des époux, les dettes dont nous nous occupons étoient considérées comme des dettes de la société, on en tiroit deux conséquences : la première, que la société étant acceptée par la femme, le mari étoit fondé à exercer contr'elle ou ses héritiers un recours pour moitié (V. n. 218 et 219); la seconde, que la femme qui, après son acceptation, avoit acquitté une dette en entier, avoit un recours pour être indemnisée par le mari ou ses héritiers de la moitié qu'ils en devoient supporter. (Duplessis, de la Com[té]., p. 403, 417 et 418; Pothier, de la Com[té]., n. 759 et 761, p. 839).

226. La femme qui, par l'acceptation de la société, devoit être privée du bénéfice du

---

été fait. (Lebrun et ses Annotateurs, de la Com[té]., liv. 2, ch. 3, sect. 1re., n. 19, p. 257; Sérieux sur Renusson, de la Com[té]., 2e. part., ch. 6, n. 27 et 28, p. 159; Ferriere, Compil. sur la Cout[e]. de Paris, art. 221, glose unique, §. 2, n. 18, t. 3, p. 116).

S. C. Velléien, puisqu'elle se trouvoit avoir traité pour ses affaires personnelles (V. Quest. de droit de M. Merlin, t. 4, p. 671 et 672), ne pouvoit, non plus, dès qu'elle étoit personnellement obligée, se prévaloir contre les créanciers de la société, soit du défaut de liquidation de ladite société (V. *inf.*, n. 240), soit même de la qualité de rétentionnaire que lui conféroit son contrat de mariage [1], sui-

---

[1] Jusqu'au remboursement de la dot et de ses cas dotaux, la femme, *veuve* ou *séparée de biens*, étoit autorisée, après le décès de son mari ou la séparation de biens prononcée, à jouir des biens de son mari, et, par suite, en cas de saisie desdits biens, à en demander l'adjudication et la main-levée, à la charge par elle de payer les créanciers antérieurs à son mariage, et cela, indépendamment de toute stipulation, *par droit d'insistance*, sans gain de fruits (Faber, cod., liv. 5, tit. 7, déf. 11, p. 513; Tuschus et les auteurs qu'il cite, let. D, concl. 744, t. 2, p. 544, *pract. conclus. jur.*, édit. de 1661; n^te^. 1re. du Comm^re^. des frères Lamothe sur l'art. 52 de la Cout^e^. de Bordeaux; arrêt du parlement de Bordeaux, du 20 Juillet 1741, affaire Lacau; autre arrêt du même parlement, du 5 Août 1778, affaire Rauzan, dans l'espèce d'une femme séparée de biens; Salviat, p. 146 et 147), ou avec gain de fruits, et *par droit*

vant un arrêt du tribunal d'appel de Bordeaux, en date du 15 Ventôse an 12, 2e.

---

de rétention, qui devoit être stipulé. (Art. 52 de la Cout^e. de Bordeaux; arrêt de la cour de Bordeaux, du 19 Avril 1817, dans le cas d'une femme séparée de biens, plaidants M^{es}. Duranteau et de Saget, confirmé par la cour de cassation le 23 Mars 1819). Les créanciers postérieurs au mariage pouvoient empêcher l'effet du droit de rétention ou d'insistance, en offrant de faire aller les biens à somme suffisante pour que la femme fût payée, et en servant jusque-là l'intérêt de sa dot. (Salviat, *sup.*; Apostillateur de Lapeyrère, let. D, n. 124, v^o. *Par l'ancienne jurisprudence;* attestation du 28 Juin 1696, syndics M^{es}. Dussol et Domenge). Les droits de rétention et d'insistance étoient personnels à la femme. (Apostillateur de Lapeyrère, *sup.*; frères Lamothe, n^{te}. 2 de leur Comm^{re}. sur l'art. 52; arrêts de la cour de Bordeaux, des 4 Fructidor an 13, présid^t. M. Perrens, 2e. sect., plaidants M^{es}. Ravez et Duranteau, et 16 Août 1814, 2e. chambre, présid^t. M. Marbotin de Conteneuil). Ils étoient absolus à l'égard des héritiers qui ne pouvoient les faire cesser qu'en remboursant effectivement la femme (art. 52 de la Cout^e. de Bordeaux, et *ibi* frères Lamothe), sans qu'il leur fût permis de faire procéder préalablement à la vente. La femme rétentionnaire étoit-elle tenue, envers les créanciers pos-

sect., présid[t]. M. Cavailhon, plaidants M[es]. Lainé et Ferrère, « attendu (porte cet arrêt)

---

térieurs à son mariage, au service des intérêts de leurs créances? Non. (M[e]. Dumoulin, en ses Collections m. s., v[o]. *Rétention*, et dans une consultation du 7 Mai 1764, où se trouvent cités les arrêts suivants du parlement de Bordeaux : arrêt de l'année 1745, dans la cause de la dame Mallet, veuve Charpentier, au rapport de M. Dabadie, en grand'chambre; arrêt du mois d'Août 1746, au rapport de M. Bel, à la 1re. des enquêtes, dans la cause de la dame Montalembert; arrêt du 30 Août 1747, à la même chambre et en faveur de la même dame, au rapport de M. de Cursol; arrêt du 24 Août 1759, à la même chambre, au rapport de M. Lafaurie de Monbadon, dans la cause de la dame Chambon, veuve de Gasq. *Nota*, que, dans quelques collections, ces arrêts sont, pour la plupart, rapportés par erreur, non-seulement sous des dates différentes, mais encore comme jugeant absolument le contraire de la décision que leur attribue M[e]. Dumoulin). Quoique la rétention pût être exercée après le décès du mari ou la séparation prononcée, ce n'étoit pourtant pour la femme qu'une pure faculté; de telle sorte que, pour tout le temps que la femme étoit restée sans en réclamer l'exercice, elle n'étoit fondée à demander que les intérêts de ses cas dotaux et conventions matrimoniales, et non la restitution des fruits

» que la dame N..... réunit deux qualités,
» celle de rétentionnaire des biens de son

---

qui avoient été perçus. (Arrêt de la cour de Bordeaux, du 10 Juillet 1806, présid[t]. M. Cavailhon, rapporteur M. Duranteau). La femme, si telle en avoit été la stipulation dans son contrat de mariage, jouissoit du droit de retenir les biens de son mari et avec gain de fruits, pour son gain de noces (art. 52 de la Cout[e]. de Bordeaux, et *ibi* Comm[re]. des frères Lamothe, t. 1er., p. 311, n. 2), comme pour toute autre convention matrimoniale (frères Lamothe, *sup.;* Conférences m. s. sur la Cout[e]. de Bordeaux, à l'art. 52). *Ib. dic* à l'égard des paraphernaux. La cour de Bordeaux, par arrêt du 7 Juillet 1824, en 1re., présid[t]. M. Marbotin de Conteneuil, a même jugé que la femme, sans l'intervention d'aucune stipulation, avoit droit d'insistance pour ses créances paraphernales. Cet arrêt est contraire au sentiment des auteurs des Conférences m. s. sur la Cout[e]. de Bordeaux, *loc. sup. cit.*, et à l'opinion commune des docteurs qui ne parlent du privilége en vertu duquel la femme étoit supposée nantie de droit de tous les biens affectés à l'hypothèque de la dot, et du droit d'insistance qui, d'après eux (V. Vedel sur Catelan, liv. 4, ch. 76, t. 2, p. 125; Covarruvias, *sec. part. relect. init.*, t. 2, p. 373, n[te]. 3, 1re. col., édit. de 1606), découloit de ce nantissement, que comme d'un privilége attaché à la seule

» mari, en vertu de la stipulation contenue » en leur contrat de mariage, et celle d'as- » sociée dans les acquêts qui se sont faits » durant leur mariage; qu'on ne peut faire » cesser le droit de rétention de la veuve et » l'usufruit qui en est la suite, qu'en lui » remboursant sa constitution dotale; mais » qu'il en est autrement lorsque, comme » dans l'espèce, la veuve est commune en » acquêts et jouit des biens acquis pendant » le mariage; que cette dernière qualité lui » impose l'obligation de payer les dettes de » la société, par la raison qu'il ne peut exis- » ter d'acquêts qu'après la distraction des » dettes; que, pour que la veuve N.... pût » être affranchie de cette obligation, il fau- » droit qu'elle eût renoncé [1] à la société

---

faveur de la dot (V. Faber, Tuschus, *sup.*) et étranger aux créances paraphernales. (V. Schneidwin, tit. *de act.*, §. 29, n. 74, p. 783, 1re. col., édit. de 1740). — V. Quest. transit., au n. 411, nte. 1re.

On consultera avec fruit, sur le droit de rétention, Fontanella, *de pact. nupt.*, clause 7, glose 3, part. 1re, 3 à 8, édit. de 1719.

[1] Le tribunal civil de Bordeaux, par jugement du 13 Thermidor an 6, rendu sur la plaidoirie de Mer.

» d'acquêts pour s'en tenir à ses droits ma-
» trimoniaux; que loin d'avoir fait cette re-

Ferrère et Ravez, dans la cause du sieur Cazeaux et de la veuve Saige assignée, par ledit sieur Cazeaux, en paiement de billets consentis, *durante matrimonio*, par le sieur Saige, a jugé que cette veuve, *sans être tenue de faire aucune renonciation*, étoit fondée à exercer, au préjudice du sieur Cazeaux, son droit de rétention sur les acquêts de sa société conjugale. Voici les motifs de ce jugement, qui fut confirmé sur appel : « Considérant que la veuve Saige a un double » titre pour jouir des biens délaissés par son mari : » le premier, le droit d'insistance que la loi lui ac- » corde; le second, le droit de rétention qui dérive » de son contrat de mariage; que la loi et les prin- » cipes constants de la jurisprudence interdisent aux » créanciers postérieurs toute action pour le recou- » vrement de leurs créances, et pour dépouiller la » veuve rétentionnaire de la totalité ou d'une partie » des biens du mari et de la communauté conjugale, » qui sont son gage spécial; que lesdits créanciers » postérieurs ne peuvent faire cesser ni même trou- » bler la jouissance de la femme sans l'avoir préala- » blement remboursée de la dot, conventions matri- » moniales et reprises, ou lui avoir fait des offres » suffisantes; qu'on a mal à propos soutenu, dans » l'intérêt du sieur Cazeaux, que la veuve rétention-

» nonciation, la veuve N.... a, au contraire,
» *publiquement agi comme associée aux ac-*

» naire ne pouvant jouir que de ce qui étoit clair et » liquide dans lesdits biens, parce qu'il n'y a pas de » biens *nisi deducto œre alieno*, la femme devoit » donc renoncer à la communauté pour pouvoir se » dispenser de payer les dettes; que ces principes » n'ont été suivis que dans certains pays coutumiers, » mais qu'ils n'ont jamais eu lieu dans les pays de » droit écrit, et surtout dans le nôtre, que vis-à-vis » des créanciers antérieurs, que la femme est obligée » de rembourser pour se maintenir dans le droit de » rétention, mais jamais à l'égard des créanciers pos- » térieurs; car, que l'hérédité soit obérée ou non, » ils sont sans action contre la veuve rétentionnaire; » qu'il est vrai de dire que, même après avoir obtenu » contre qui de droit la condamnation du titre dont le » sieur Cazeaux est porteur, il ne pourroit être consi- » déré que comme créancier postérieur, et que n'ayant » ni remboursé la femme, ni fait des offres suffisantes, » il est non-recevable et mal fondé dans des conclu- » sions tendantes à ce qu'elle consente à ce qu'il soit » vendu des biens à concurrence du montant des bil- » lets». — Qu'à l'égard *des héritiers du mari*, la femme pût exercer son droit de rétention, et sur les biens propres du mari, et sur les acquêts de leur société conjugale à laquelle elle n'avoit pas renoncé, nous

» *quêts ;* que la créance du sieur N.... ayant » pour cause un acquêt fait pendant le ma-

---

l'admettons pleinement, sans être touché par cette raison (alléguée dans des consultations délibérées en l'an 7, à l'occasion d'un autre procès du sieur Cazeaux et de la veuve Saige, par Mes. Martignac père, Denucé et Ravez, entr'autres jurisconsultes) « que » la dot devant se prendre sur les acquêts (V. *inf.*, » n. 246), la femme, qui avoit la jouissance des ac- » quêts, se trouvoit jouir de sa dot, et ne pouvoit ainsi » jouir des autres biens du mari »; car cette reprise de la dot sur les acquêts ne pouvoit avoir lieu que lors du partage de la société, et non pas lorsqu'il étoit question de faire juger la rétention. — Qu'après une renonciation à la société, la femme pût, *à l'égard des créanciers* avec lesquels son mari avoit traité *durante matrimonio*, exercer son droit de rétention sur les acquêts de cette société, nous ne pouvons encore que l'admettre; mais que, poursuivie en paiement par ces mêmes créanciers, qui étoient censés les siens (V. *sup.*, au n. 222), elle pût paralyser leur action, à l'aide de la rétention, *sans qu'elle se trouvât dans la nécessité de renoncer à la société*, nous y faisons difficulté. D'après nos attestations (V. au n. 179), la femme, pour conserver tous ses droits dotaux à l'égard des créanciers de la société, et pour demeurer quitte envers eux, n'étoit-elle pas dans l'obligation de re-

» riage de la dame N...., elle ne peut se dis-
» penser de la payer, sous le prétexte de son
» droit de rétention, lequel est, dans ses ef-
» fets, incompatible avec la qualité de com-
» mune en acquêts ».

227. Mais quoique régulièrement la femme ou ses héritiers, par leur acceptation de la

---

noncer à la société? Dans le système embrassé par le jugement précité, système que désavouent les considérants de l'arrêt plus haut rappelé (V. p. 290 et suiv.), les créanciers de la société ne pouvoient être recevables à agir, pour le recouvrement de leurs créances, contre la femme et sur l'actif social, qu'après avoir satisfait au pacte de rétention. Mais alors, que devenoit et comment pouvoit s'exécuter à leur égard cet autre pacte nuptial par lequel la femme s'étoit mise en société avec son mari, et s'étoit conséquemment assujettie au paiement des dettes contractées? La femme, par une faveur spéciale, avoit, à la vérité, la faculté de se dégager des suites de ce pacte et de conserver tout le fruit des autres stipulations de son contrat de mariage. Comment cela? Par sa déclaration qu'elle renonçoit à la société : cette déclaration est exigée par nos attestations, et il nous semble que, pour écarter l'action des créanciers, elle devoit être indispensable.

société, se trouvassent personnellement assujettis au paiement de la moitié des dettes sociales, toutefois ils n'étoient tenus de cette moitié que jusqu'à concurrence de leur émolument dans l'actif de la société. Ce privilége, exorbitant du droit commun, au moyen duquel la femme, en s'associant aux acquêts, étoit comme assurée contre toute chance de perte; ce privilége, disons-nous, formoit le contre-poids de l'administration arbitraire accordée au mari durant la société, et avoit pour objet direct de garantir les biens propres de la femme des suites de cette administration. (Renusson, de la Com[té]., 2e. part., ch. 6, n. 10 et 11, p. 156; Lebrun, de la Com[té]., liv. 2, ch. 3, sect. 1re., n. 10 à 14, p. 254 et suiv., et sect. 5, n. 1er., p. 306; Pothier, de la Com[té]., n. 734, p. 828 et suiv.; Lapeyrère, let. C, n. 19 et 54). — V. *sup.*, n. 183, *ubi* d'autres autorités.

228. Ce privilége, auquel on ne pouvoit porter atteinte par quelque clause et convention que ce fût, puisqu'il étoit lié à la conservation du bien des femmes, et touchoit ainsi à l'ordre public (Lebrun, de la Com[té]., liv. 3, ch. 2, sect. 2, dist. 2, n. 8, p. 455;

Ferriere, Compil. sur la Coute. de Paris, art. 228, glose unique, n. 14 et 15, t. 3, p. 262 et suiv.; Bourjon, Droit commun, 4e. part. de la Comté., ch. 5, sect. 3, n. 24 à 26, t. 1er., p. 594), s'exerçoit, 1°. à l'égard du mari et de ses héritiers, pour toutes les dettes sociales indistinctement, que la femme les eût contractées seule, avec autorisation, qu'elle y eût parlé, ou que le mari seul les eût souscrites; 2°. à l'égard des créanciers, pour les dettes contractées par le mari seul : la femme, actionnée pour le paiement de la moitié la concernant dans ces dettes, pouvoit, en effet, se défendre de la demande, soit en justifiant d'avoir payé à d'autres créanciers une somme égale à son émolument, soit en offrant de payer ce qui lui restoit des biens de la société, sauf au créancier à répéter contre le mari ou ses héritiers, indépendamment de leur part dans les dettes, la portion qui excédoit l'émolument de la femme. (Duplessis, de la Comté., t. 1er., p. 402 et 403, 416 à 418; Lebrun, de la Comté., liv. 2, ch. 3, sect. 5, n. 19, p. 310; Bourjon, Droit commun, 4e. part. de la Comté., ch. 5, sect. 3, dist. 6, n. 45 et 46, t. 1er., p. 598; Pothier, de la Comté.,

n. 738 et 739, p. 830 et 831). D'après ces auteurs, la femme, pour les dettes auxquelles elle avoit parlé ou qu'elle avoit contractées seule, ne pouvoit se prévaloir, à l'égard des créanciers, du privilége dont il s'agit, et elle demeuroit tenue du paiement de ces dettes, tant sur ses propres que sur sa portion d'acquêts, suivant la qualité de son engagement, c'est-à-dire, pour le tout ou pour moitié, suivant qu'elle avoit contracté seule, ou que son engagement, pris avec son mari conjointement, étoit solidaire ou non, le tout, sauf son recours contre le mari ou ses héritiers, pour ce qu'elle avoit été contrainte de payer au-delà de son émolument. Mais suivant nos usages, la femme avoit la faculté de se faire relever des dettes où elle avoit parlé (Lapeyrère, let. C, n. 19. — V. n. 183 et 191 *in fine*), et il n'existoit, dès-lors, pour elle, aucun obstacle à ce qu'elle pût se prévaloir du privilége qui nous occupe, pour n'être pas tenue envers les créanciers au-delà de son émolument.

229. On voit, par ce qui vient d'être dit, que le privilége dont il est question étoit moins étendu que bénéfice d'inventaire, puisque l'héritier bénéficiaire, jouissant de la faveur de ne pas être tenu au-delà des forces de la succession, ne pouvoit être poursuivi sur ses propres biens, à la différence de la femme qu'on pouvoit poursuivre sur ses biens personnels, même pour les dettes où elle n'avoit parlé, sauf à elle à user du droit qu'elle avoit de mettre ses propres à l'abri de l'action des créanciers, en rendant compte de tout ce qu'elle avoit retiré des biens de la société. (Lebrun, de la Com^{té}., liv. 2, ch. 3, sect. 5, n. 3, p. 306, et sect. 1re., n. 10, p. 254; Pothier, de la Com^{té}., n. 737, p. 830).

230. Le privilége dont nous parlons, consistant dans la faculté accordée à la femme ou à ses héritiers de n'être tenus que jusqu'à concurrence de ce qu'ils avoient retiré de la société, il falloit que l'émolument fût d'abord constaté par un inventaire (Lebrun, de la Com^{té}., liv. 2, ch. 3, sect. 5, n. 1er., p. 306; Bourjon, Droit commun, 4e. part. de la Com^{té}., ch. 5, sect. 3, dist. 2, n. 28, t. 1er., p. 595; Lapeyrère, let. C, n. 19), ou, du moins, par un état assermenté (V. *sup.*, au n. 181); ensuite, qu'un compte fût rendu aux créanciers. (Lebrun, *sup.*, p. 308; Pothier, de la Com[té]., n. 747, p. 834).

231. L'inventaire ou état étoit indispensable à l'égard des créanciers, et cela, de quelque manière que la société eût été dissoute, soit par une séparation de corps ou de biens, soit par le prédécès de la femme, la femme ou ses héritiers, par suite de leur acceptation, ayant eu, dans ces différents cas, la faculté de disposer des effets sociaux. (Lebrun, de la Com[té]., liv. 2, ch. 3, sect. 5, n. 6, p. 307; Pothier, de la Com[té]., n. 743 et 744, p. 832 et suiv.). Nous disons qu'à l'égard des créanciers, l'inventaire ou état étoit d'une nécessité absolue; mais à l'égard du mari et de ses héritiers, on admettoit des preuves supplétives des forces de l'hérédité: un partage, p. ex., fait avec le mari ou ses héritiers, de l'actif social, devoit d'autant plus tenir lieu d'inventaire à leur égard, que cet actif se trouvoit ainsi avoir été établi contradictoirement avec eux-mêmes. (Valin, Cout[e]. de la Rochelle, t. 2, n. 84 et 85, p. 666; Pothier, *sup.*, n. 745, p. 833).

232. Le compte, pour la reddition duquel

la femme ou ses héritiers n'étoient pas obligés d'attendre que tout ce qu'ils avoient amendé de la société fût épuisé (Valin, *sup.*, n. 94 et 108, t. 2, p. 668 et 672), devoit être composé, savoir : en dépense, des frais de compte, des sommes par eux déboursées pour leur moitié des frais de scellé, d'inventaire, de partage, des paiements par eux faits à des créanciers, etc. (Valin, *sup.*, t. 2, p. 669 et suiv., n. 98 et suiv.; Pothier, de la Com^té^., n. 748, p. 835); en recette, de tout ce que la femme ou ses héritiers avoient retiré de la société par l'opération du partage, distraction faite des prélévements à leur profit pour leurs créances sur la société, à raison, p. ex., d'un bien propre à la femme (Valin, *sup.*, t. 2, p. 667, n. 88, et p. 668, n. 95; Duplessis, 33e. Consult., p. 716; Bourjon, Droit commun, 4e. part. de la Com^té^., ch. 5, sect. 3, n. 34 et suiv., t. 1er., p. 596; Pothier, *sup.*, n. 747, p. 834), ou pour les deniers constituant l'apport de cette dernière. (Lapeyrère, let. C, n. 54).

233. Au surplus, si la femme ou ses héritiers avoient payé des dettes au-delà de leur émolument, les créanciers, qui n'avoient reçu que ce qui leur étoit réellement dû, ne pouvoient être contraints de restituer ce qu'ils avoient touché (Lebrun, de la Com[té]., liv. 2, ch. 3, sect. 5, n. 11, p. 308; Valin, Cout[e]. de la Rochelle, t. 2, p. 672, n. 109), à moins que la quittance n'exprimât que ce que la femme ou ses héritiers avoient payé étoit pour leur part, et que le paiement n'eût été fait, par conséquent, en leur nom seulement, auquel cas, dit Pothier, de la Com[té]., n. 736, p. 829, c'est un principe de droit (1) qu'un créancier est tenu de rendre la chose qui lui a été payée, quoiqu'elle lui fût due, lorsque le paiement ne lui en a pas été fait au nom de celui qui en étoit le débiteur, mais pour celui et au nom de celui qui croyoit par erreur en être débiteur. Renusson, de la Com[té]., 2e. part., ch. 1er., n. 45 et précéd., p. 116 et 117, admettoit indistinctement la répétition, sur le fondement que la veuve, acceptant la communauté, n'étoit débitrice que jusqu'à concurrence des biens qui la composoient, s'ils se trouvoient suffisants, et non pas débitrice purement et simplement.

(1) V. Pothier, traité de l'action *condictio indebiti*, n. 153.

Mais comme, d'après les règles du droit [1], il n'y a pas lieu à répétition lorsque le paiement a été fait pour le véritable débiteur et en son nom, quoique ce ne soit pas le débiteur qui l'ait fait, Pothier, *loc. cit.*, s'écartoit avec raison du sentiment de Renusson, dans le cas où le paiement fait par la femme, paroissoit avoir été fait aussi bien au nom de son mari qu'au sien, comme si elle avoit payé toute la dette ou des à-compte sur toute la dette, et non pas seulement sur sa part, le créancier, dans cette hypothèse, ayant reçu ce qui lui étoit dû et au nom de celui qui étoit débiteur.

234. Jusqu'ici il n'a été question que des créanciers de la société. Maintenant, nous allons parler des créanciers particuliers de chacun des conjoints.

235. L'un ou l'autre des époux pouvoit avoir des dettes particulières, soit qu'elles eussent pris naissance avant le mariage, soit

---

[1] V. Pothier, traité de l'action *condictio indebiti*, n. 153, qui dit que c'est de ce cas qu'il faut entendre la L. 44, ff. *de cond. indeb.*

qu'elles n'eussent commencé à exister que pendant la durée de la société. (V. *sup.*, aux n. 124, 128 et 137).

236. Comme la femme, durant l'existence de la société conjugale, n'avoit aucun droit formé sur les effets sociaux, et n'étoit saisie que de l'espoir d'y prendre part un jour (V. n. 164), il est évident que ses créanciers, pendant tout ce temps, ne pouvoient agir que contr'elle et sur ses biens personnels (non dotaux, V. n. 8, n^{te}. 1re., let. *d* et *i*, à moins que la dette ne fût antérieure au mariage, les biens dotaux étant tenus d'une semblable dette qui les diminuoit d'autant. V. Serres, Inst., p. 192; Nouveau Denisart, t. 7, p. 128, §. 15, 5e. cas), et nullement sur les acquêts. Mais, une fois l'association dissoute et acceptée par la femme, les créanciers de cette dernière pouvoient s'en prendre à sa moitié d'acquêts en laquelle se trouvoient, pour lors, réalisés ses droits antéricurement éventuels et ses espérances. (Duplessis, de la Com^{té}., p. 420; Poullain-Duparc, Principes du droit français, t. 2, p. 270 et 271).

237. Quant au mari, ses créanciers, pendant la durée de l'association conjugale, pouvoient se pourvoir contre lui, et non-seulement sur ses biens propres, mais encore sur les biens acquêts. Pour lors, en effet, le mari avoit la direction de toute la société dont il étoit le maître; et, d'un autre côté, la femme n'ayant aucun droit ouvert sur les acquêts, étoit hors d'état d'apporter le moindre obstacle à l'action des créanciers. — Après que la société avoit pris fin, et qu'elle avoit été acceptée par la femme, cette action des créanciers étoit restreinte, relativement aux effets sociaux, à la moitié seulement du chef du mari, ainsi que le jugèrent les deux arrêts du parlement de Bordeaux, des 25 Juillet 1671 et 21 Juillet 1731, cités *inf.*, n. 325), et cela, par la raison, qu'à cette dernière époque, le pouvoir du mari étoit évanoui, et que, d'une autre part, le droit purement habituel que la femme avoit eu auparavant sur les acquêts, avoit cessé d'être en suspens et se trouvoit converti en acte. (V. Duplessis et ses Annotateurs, de la Com^té^., p. 420 et 407; Boucheul, Cout^e^. de Poitou, art. 243, n. 10 à 12, t. 1er., p. 851 et suiv.; Valin, Cout^e^. de la Rochelle, t. 2, p. 650 à 652, n. 34 à 39, et p. 743, n. 34; Bechet, sur l'Usance de Saintes, p. 104; Lebrun, de la Com^{té}., liv. 2, ch. 3, n. 13, p. 282; Ferriere, Compil. sur la Cout^{e}. de Paris, art. 221, §. 2, n. 9, 8 et précéd., t. 3, p. 114 et précéd.; Pothier, de la Com^{té}., n. 753, p. 837).

238. Observons, en passant, que, d'après l'opinion de plusieurs auteurs, lorsqu'une dette personnelle à l'un des époux avoit été acquittée pendant la durée de la société, la subrogation aux droits, actions et hypothèques du créancier, avoit lieu, de plein droit et sans être requise, au profit de l'autre conjoint ou de ses héritiers, pour la moitié qu'ils amendoient dans la société. « La so- » ciété, disoit-on, étant, en effet, tenue des » intérêts ou arrérages des dettes de cette » nature, l'époux non-débiteur, à cause de » sa société, avoit un intérêt légitime à l'ac- » quittement desdites dettes; le paiement des » mêmes dettes étoit, au surplus, un effet » de la société qui avoit tout pouvoir pour » faire le bien commun des époux, et qui » ne pouvoit pas être considérée comme un » étranger payant un créancier sans aucun » ordre du débiteur ». (Poullain-Duparc, Principes du droit français, t. 2, p. 276 et suiv., n. 133, et t. 7, p. 235 et suiv., n. 92 et 93; Prévôt de la Jannès, Principes de la jurisp^ce^. française, t. 2, p. 475; Renusson, de la Subrog., ch. 6, n. 10 et n. précéd. et suiv., p. 41 et p. précéd. et suiv.; Pothier, Cout^e^. d'Orléans, introd. au tit. 20, sect. 5, art. 1er., §. 1er., n. 71, p. 758). Nonobstant l'opinion de ces auteurs, nous pensons que cette subrogation, pour être, soit en harmonie avec les dispositions de la coutume de Paris, soit conforme aux principes reçus dans la Bretagne, ne pouvoit être invoquée parmi nous. En effet, la règle étoit qu'il ne se faisoit pas de subrogation de plein droit, à moins que la loi ne s'en expliquât. (V. Pothier, des Oblig., n. 280, p. 119 et suiv.). Or, d'un côté, ni la loi romaine, ni aucun texte de notre coutume, n'établissoient de subrogation légale dans le cas qui nous occupe, et, d'un autre côté, Valin, Cout^e^. de la Rochelle, t. 2, p. 625, n. 58, enseignoit avec Coquille, Cout^e^. de Nivernois, ch. 23, art. 29, p. 242 et suiv., et avec Lebrun, de la Com^té^., liv. 3, ch. 2, sect. 1re., dist. 5, n. 11, *in fine*, p. 408, et dist. 7, n. 21, *in fine*, p. 430, que la disposition de la coutume de Paris ne pouvoit recevoir d'extension ailleurs.

239. Des créanciers particuliers de l'un ou de l'autre des époux pouvoient se trouver en concours avec des créanciers de la société : existoit-il quelque motif de préférence entre ces différents créanciers? Poullain-Duparc, Principes du droit français, t. 2, p. 268 et suiv., prévoit la question, et il s'exprime dans les termes suivants : « On peut dire que cette » préférence ne doit pas avoir lieu, quoique » la masse de la communauté ait composé » un fonds distingué des biens des deux con- » joints. La communauté n'est toujours com- » posée que des biens qui y sont mis par les » travaux, les épargnes, etc., des deux con- » joints, et, en général, les hypothèques s'é- » tendent sur tout ce qu'un débiteur ajoute » à sa fortune par ces moyens. Les créanciers » de la communauté ont dû prévoir, en con- » tractant, que chacun des conjoints pou- » voit avoir des dettes antérieures au mariage, » et ils ont contracté à ces risques. Mais, d'un » autre côté, le créancier, p. ex., du mari, » antérieur au mariage, absorbant toute sa » part de communauté, le créancier de la » communauté retombera sur la femme com- » munière qui, en cette qualité, est tenue » solidairement. Elle a l'indemnité contre le

» mari ou son héritier, et il paroîtroit assez » juste que cette indemnité s'exerçât par pré-» férence sur la part du mari dans la commu-» nauté. Mais, cependant, il ne paroît aucun » principe pour autoriser une pareille préfé-» rence, soit en faveur de la femme, soit en » faveur des créanciers de la communauté... » Au reste, nous n'avons aucune jurispru-» dence sur cette question qui est décidée par » Ferriere, Inst. cout., t. 3, tit. 1er., art. 63, » en faveur des créanciers hypothécaires de » la communauté, contre les créanciers an-» térieurs au mariage ». Lebrun, de la Comté., liv. 2, ch. 3, sect. 3, n. 20, p. 285, n'accorde également aucune préférence aux créanciers de la communauté. Dans les sociétés ordinaires, on décidoit pourtant que les créanciers quelconques de la société devoient être préférés aux créanciers de l'un des associés (arrêt du parlement de Grenoble, du 22 Août 1637, dans Basset, t. 2, p. 306 à 308 de l'édit. de 1676; arrêt du parlement de Paris, du 11 Juin 1692, mentionné au Dictre. des arrêts de Brillon, v°. *Société*, n. 7, édit. de 1727), même à la femme créancière de son mari, à raison de sa dot et de ses reprises. (Arrêt du parlement de Paris, du 25 Janvier 1677, au

Journal du Palais de Guéret et Blondeau, t. 1er., p. 778 et suiv., et au Journal des audiences, t. 3, p. 178 et suiv., édit. de 1733 et suiv.; autre arrêt du parlement de Paris, du 4 Juillet 1762; arrêt du parlement de Provence, du 17 Juin 1767; arrêt du parlement de Rouen, du 16 Mai 1771). Fontanella (*tract. de pact. nupt.*, clause 4, glose 9, part. 11, n. 53 et suiv., p. 130, édit. de 1719), dont l'autorité est invoquée au Journal des audiences, *sup.*, p. 181, en déduit ainsi les raisons : « Les créanciers d'un associé (nous » traduisons) ne peuvent pas prétendre davantage que cet associé. Ce dernier ne peut » prétendre autre chose que sa part et portion dans les effets de la société ou dans » leur prix; donc, ses créanciers ne peuvent » prétendre que la part et portion qui lui » appartiendra par le partage des biens communs, pour être payés et satisfaits sur ladite portion. Mais, avant que de pouvoir » procéder à ce partage, il faut premièrement » payer et acquitter toutes les dettes de la société, suivant les L. 27 et 82, ff. *pro socio;* » et la raison en est claire, parce qu'on ne » peut pas dire qu'il y ait des biens dans la » société, que l'on n'en ait déduit ce qui est

» dû par la société, suivant la L. 39, §. 1er., » ff. *de verb. signif.*; d'où il s'ensuit que les » biens de la société ne peuvent pas être ré» putés appartenir à l'associé, qu'au préalable » on n'ait payé les dettes de la société ». Tout cela posé, on peut mieux arriver à la solution de la question agitée. Nos sociétés d'acquêts, à quelques exceptions près, inhérentes à leur nature, se régloient en conformité des lois civiles concernant les sociétés ordinaires, ainsi que nous l'avons déjà fait remarquer (n. 13). Comme les sociétés ordinaires, elles étoient tenues des dettes sociales (V. n. 116), de telle sorte qu'il ne pouvoit y avoir d'acquêts pour les conjoints, et, par une conséquence nécessaire, pour leurs créanciers particuliers, qu'après le paiement de ces mêmes dettes, suivant la maxime *non dicuntur bona nisi deducto ære alieno*. Il faut donc décider que, dans les sociétés d'acquêts, ainsi que dans les sociétés ordinaires, les créanciers quelconques de la société avoient droit d'être préférés, sur les effets de ladite société, aux créanciers particuliers de l'un des époux. C'est, au surplus, ce qu'a reconnu la cour de Bordeaux, dans deux arrêts rendus, l'un le 30 Août 1810, en 1re., présidt. M. de

Brézets, au rapport de M. Castaignet; l'autre, le 23 Janvier 1826, présid[t]. M. Ravez, plaidants M[es]. Brochon jeune, Dufaure et Saint-Marc. A l'égard des sociétés d'acquêts, il existe, comme on le voit, un principe qui conduit à la décision qui vient d'être donnée, et une jurisprudence qui la sanctionne. Nous avons, par conséquent, dû nous écarter de l'opinion non motivée de Lebrun, et du sentiment assez embarrassé de Poullain-Duparc qui ne trouvoit aucune jurisprudence à alléguer, ni aucun principe à appliquer pour autoriser, à l'égard des communautés coutumières et en faveur des créanciers de ces communautés, une préférence accordée, dans les sociétés ordinaires, aux créanciers desdites sociétés sur les créanciers particuliers des associés.

---

§. II.

Des effets de l'acceptation à l'égard des débiteurs.

240. La nature des dettes étant de se diviser de plein droit (L. 6, cod. *famil. ercisc.*; L. 25, §. 1er., ff. *eod.*), la femme survivante, p. ex., pouvoit demander à chacun des débiteurs de la société la moitié des sommes dues. Ainsi jugé par arrêt du parlement de Bordeaux, du 2 Avril 1745, rapporté dans le Recueil m. s. de Despiau, v°. *Femme*, et rendu en l'audience de la grand'-chambre, présid^t. M. Cazeaux, sur l'appel d'un appointement du sénéchal de Guyenne qui fut mis au néant. Dans l'intérêt de l'appelant, poursuivi par les héritiers de la femme en paiement d'une somme prêtée pendant le mariage, on prétendit vainement que l'action appartenoit exclusivement aux héritiers du mari; on soutint encore, mais sans succès, que la veuve n'avoit pas d'action, parce qu'il n'y avoit jamais d'acquêts que la liquidation ne fût faite. Il fut répondu, avec raison, sur ce dernier point, que le défaut de liquidation ne pouvoit pas plus être opposé par les débiteurs à la femme, qu'il ne pouvoit l'être par cette dernière aux créanciers de la société (V. n. 226); que cette liquidation ne devenoit nécessaire à la veuve, que lorsqu'elle vouloit se borner à ses cas dotaux.

241. La voie parée et d'exécution contre

les débiteurs de la société, étoit même accordée à la femme. (Bechet, sur l'Usance de Saintes, art. 55, p. 104; Lebrun, de la Com[té]., liv. 3, ch. 2, sect. 6, dist. 1re., n. 33, p. 546 et suiv.; arrêt du parlement de Bordeaux, du 9 Mars 1745, rendu en l'audience de la grand'chambre, présid[t]. M. Leberthon, et rapporté dans le Recueil d'arrêts de Despiau, v°. *Femme*). Dans l'espèce de cet arrêt, la veuve étoit usufruitière des acquêts, et, à ce titre seul, elle devoit avoir les actions actives. (V. Lapeyrère, let. V, n. 76; Ferriere, sur Gui-Pape, quest. 541, p. 503, édit. de 1667; Cancerius, *varior. resolut.*, part. 3, ch. 20, n. 241, p. 383, édit. de 1683; L. 1re., cod. *de usuf.*, et 24, ff. *de usu et usuf.*, lesquelles, pour autoriser l'héritier à toucher le remboursement des dettes actives, n'exigeoient d'autre condition que la prestation du cautionnement dû par cet usufruitier). *Nota* que, d'après nos usages, la veuve, hors le cas de convol, n'étoit pas astreinte à fournir une caution pour répondre de son usufruit. (V. n. 346).

242. Si, pour éviter les inconvénients attachés au morcellement des créances sociales

(L. 3, ff. *famil. ercisc.*), ces créances avoient été soumises au partage et étoient tombées au lot de la veuve, cette dernière, en justifiant du partage, pouvoit, en son nom seul et sans cession d'actions, exiger des débiteurs de la société les sommes par eux dues. (V. Pothier, de la Société, n. 172, p. 596).

---

§. III.

Des effets de l'acceptation à l'égard des biens de la société, et des actions auxquelles donnoit lieu le partage de ces biens.

243. La femme, par son acceptation, se trouvoit saisie, en qualité d'associée, d'un droit égal à celui de son mari sur l'actif social (V. *sup.*, n. 164); elle pouvoit donc, comme tout associé (L. 65, §. 13, *in fine*, ff. *pro socio*), demander le partage de tout cet actif (Valin, Cout[e]. de la Rochelle, t. 2, p. 609, n. 1er.; Ferriere, Compil. sur la Cout[e]. de Paris, art. 229, §. 1er., n. 1er. et 2, t. 3, p. 267; Bourjon, Droit commun, 6e. part. de la Com[té]., ch. 1er., n. 1er. et 3, t. 1er., p. 611; Pothier, de la Com[té]., n. 694,

p. 810), sauf quelques cas d'exception. (V. *sup.*, n. 104 et 172, al. 2; 173, 174, 175 et 178). Ajoutez à ces exceptions qu'un avocat ou un docteur pouvoient retenir leur bibliothèque achetée pendant le mariage, en payant aux héritiers de la femme la moitié de la valeur de cette bibliothèque au jour du décès de ladite femme. (Annotateurs de Duplessis, de la Com^{té}., liv. 2, ch. 4, p. 441, d'après Dumoulin, en ses notes sur Decius, *ad* L. 14, cod. *de collat.*, p. 1726, v°. *Estimationem*).

244. Comme la femme restoit soumise à l'action des créanciers de la société, pour la portion la concernant dans le passif, nonobstant tout défaut de liquidation de ladite société (V. n. 226), il étoit juste d'accueillir sa demande en partage de l'actif, quoique aucune liquidation n'eût été faite. Ainsi jugé par la cour de Bordeaux, le 24 Juin 1825, en 2e., plaidants M^{es}. Brochon jeune et Goux.

245. Ce partage restreint aux effets qui, d'après les règles précédemment rappelées (V. n. 22 et suiv.), faisoient partie de la société d'acquêts, ce partage, disons-nous, ne pouvoit conséquemment comprendre les diverses choses qui étoient restées étrangères à la société, ou qui n'y ayant été confondues que sous la condition d'en être retirées, devoient être reprises avant tout partage. (Duplessis, 34e. Consult., p. 716).

246. Telles étoient les sommes constituant l'apport respectif des époux, et cela, à l'exemple de ce qui se pratiquoit dans les sociétés ordinaires, au partage desquelles chaque associé commençoit par prélever les capitaux par lui conférés. Sur ce point, notre usage se trouve établi, en premier lieu, par un arrêt du parlement de Bordeaux, du 18 Mai 1737, rendu en 1re., au rapport de M. de Navarre, et ordonnant le prélévement, au profit du mari, d'une somme de 3,000 liv., que, lors du contrat de mariage, il avoit déclaré être en son pouvoir et promis de rapporter pour faire fonds à la société [1]; en second lieu, par

[1] Despiau, qui rapporte cet arrêt dans son Recueil m. s. d'arrêts, vº. *Acquêts*, observe que rien ne constatoit même, dans l'espèce, que les 3,000 liv. eussent été réellement conférées. Il ajoute qu'un arrêt du 26 Juin 1744 mit hors de cour sur la requête civile

l'Apostillateur de Lapeyrère, let. D, n. 132, et let. R, n. 73, et par une attestation du 6 Février 1714, syndics Mes. Pasquet et Saint-Martin, ainsi conçue : « Attesté que les » sommes promises à la femme, par son » contrat de mariage, soit pour agence- » ment, soit pour pierreries, ou pour son » douaire, se prennent uniquement sur les » biens du mari sur lesquels elle en doit être » payée, et non sur les fonds des acquêts de » la société où elle prend part, à la diffé- » rence de la dot (1) reçue par le mari dans

---

dirigée contre ledit arrêt. La cour de Bordeaux a rendu, le 1er. Mai 1812, en 1re., présidt. M. de Brézets, un arrêt ordonnant pareillement le prélévement, au profit de la succession du père, d'une somme de 8,000 fr. que ce dernier, dans un inventaire par lui fait avant de passer à de secondes noces, avoit déclaré être en son pouvoir avant son premier mariage.

(1) On sait que lorsqu'il s'étoit écoulé trente ans à compter du jour où la dot étoit devenue exigible, le mari, dans notre usage, étoit présumé en avoir été payé et en étoit responsable (Attestation du 31 Août 1715, syndics Mes. Pasquet et Saint-Martin; Salviat, p. 197), et cela que la femme eût été première

» la société, laquelle est une créance de leur » société dans laquelle elle a été conférée, » et qui, par cette raison, se prend sur les » fonds de la société ».

247. Les apports de la femme portoient intérêt du jour de la dissolution de la société. (Poullain-Duparc, Principes du droit français, t. 5, p. 180; Valin, Cout^e. de la Rochelle, t. 2, p. 591, n. 73; Bourjon, Droit commun, t. 2, p. 442 et 443, n. 26 et 27 du §. 5). Il en étoit de même des apports du mari, lorsqu'il y avoit dans l'actif social de quoi payer ses reprises, après avoir prélevé celles de la femme. (Poullain-Duparc, *sup.*).

248. La reprise avoit encore lieu du prix

---

débitrice de la dot, qu'elle le fût devenue comme héritière des constituants, ou que d'autres qu'elle en fussent toujours demeurés débiteurs. Ainsi, on ne suivoit au parlement de Bordeaux ni la présomption de paiement après dix ans, ni les distinctions admises à Toulouse et ailleurs au sujet de cette même présomption. (V. là-dessus Catelan, liv. 4, quest. 46, t. 2, p. 116 et suiv.; Bourjon, Droit commun, t. 2, p. 566 et suiv.; Raviot, sur Perrier, quest. 77, t. 1er., p. 190, etc. V. n. 411, n^te. 1re.).

pour lequel avoient été vendus, pendant la société, les immeubles appartenants à l'un ou à l'autre des époux, lorsqu'il n'en avoit pas été fait remploi de la manière indiquée au n. 46. (Duplessis, de la Com[té]., p. 441 et 445; Lebrun, de la Com[té]., liv. 3, ch. 2, sect. 1re., dist. 2, n. 86, p. 372, et ses Annotateurs, n. 5, p. 351; Renusson, des Propres, ch. 4, sect. 4, n. 1er., p. 188; Bourjon, Droit commun, 6e. part. de la Com[té]., ch. 2, sect. 3, n. 27, t. 1er., p. 616; Pothier, de la Com[té]., n. 585 et 586, p. 761 et suiv.; Lapeyrère, let. C, n. 23; let. R, n. 61 et 76; son Apostillateur, let. C, n. 27). A cet égard, voici comment s'exprimoit M. l'avocat général Dudon, dans un plaidoyer que nous ont conservé les frères Lamothe, et qui se trouve au t. 2, p. 68 et 69 de leur Comm[re]. sur la Coutume de Bordeaux : « Il n'entre dans la communauté, » suivant notre usage, que ce qui s'acquiert » *ex mutuâ collaboratione conjugum;* mais » le prix du propre étant converti en acquêt » par les usages auxquels on l'emploie, il » entre nécessairement dans la communauté. » Ainsi, quand la société est dissoute, quand » il s'agit de partager entre le conjoint sur- » vivant et les héritiers de l'autre, il est de

» l'ordre que chacun retire ce qu'il a apporté » dans la société avant d'en partager les pro- » fits : c'est pour cela que le prix du propre » aliéné se prend sur les acquêts, et qu'il » n'y a pas d'acquêts que ce remplacement » ne soit fait, ce remplacement formant une » dette de la société en faveur du conjoint à » qui le propre appartenoit, ou de ses héri- » tiers ».

249. Ce qui vient d'être dit étoit-il applicable aux paraphernaux de la femme, en d'autres termes, cette dernière pouvoit-elle prétendre qu'on fît remplacement à son profit de ses paraphernaux aliénés? Il a été attesté, le 29 Avril 1714, syndics Mes. Pasquet et Saint-Martin, « que les aliénations des biens » paraphernaux vendus par la femme, pen- » dant le mariage, n'étoient pas sujettes à » remploi ». Mais cette attestation ne nous semble pouvoir concerner que le cas où la femme auroit disposé de son paraphernal sans l'autorisation de son mari, ainsi qu'elle en avoit la faculté dans les pays du ressort du parlement de Bordeaux soumis au pur droit écrit (V. n. 8, nte. 1re., *a*); elle devoit être sans application au cas où le prix de vente étoit censé *ad maritum ut potentiorem pervenisse*, comme, par exemple, lorsque le mari et la femme avoient vendu conjointement (Lapeyrère et son Apostillateur, let. P, n. 125; Dupin, dans sa Conférence sur Ferron, let. D, n. 91, et let. P, n. 131; Faber, en son Code, tit. des Preuves et des Présomptions, déf. 22, p. 314, et titre *de jure dotium*, déf. 8, p. 513; Ranchin et son Annotateur, p. 413 et 414, art. 4, part. 1re., conclus. 440, édit. de 1709; Fontanella, *de pact. nupt.*, clause 7, glose 3, part. 13, n. 33 à 38, p. 519 et suiv., édit. de 1719, lesquels auteurs admettent cette présomption pour les biens paraphernaux comme pour les biens dotaux), ou même lorsque le mari, n'ayant paru au contrat que pour autoriser sa femme, le contrat portoit que la femme seule avoit reçu et non le mari. (Dumoulin, dans ses notes m. s. sur Lapeyrère, let. P, n. 125, contre le sentiment de Menochius, *de Præsumpt.*, liv. 3, *præs.* 23, n. 11, t. 1er., p. 350, édit. de 1686). Aussi notre avis est-il que, dans l'une ou l'autre des hypothèses qui viennent d'être prévues, la femme étoit en droit de répéter, au partage de la société, le prix d'aliénation de ses paraphernaux, car, dit Chabrol, Coute.

d'Auvergne, t. 2, p. 186 et précéd., un mari n'entre pas dans les aliénations, s'il ne reçoit pas et même le tout. C'est ainsi que les auteurs des pays coutumiers décidoient que le mari étoit tenu du remploi du prix des héritages vendus, sous son autorisation, par la femme séparée, lorsqu'aucun emploi ne paroissoit en avoir été fait. (Lebrun, de la Com^{té}., liv. 3, ch. 2, sect. 1re., dist. 2, n. 11 et suiv., p. 354 et suiv.; Valin, Cout^{e}. de la Rochelle, t. 1er., p. 526 et 552, et t. 2, p. 615 et précéd.; Boucheul, Cout^{e}. de Poitou, art. 230, n. 120, t. 1er., p. 785; Cochin, t. 3, p. 67 à 69, et t. 5, p. 193; Pothier, de la Com^{té}., n. 605, p. 769 à 771; Rép^{re}. de M. Merlin, t. 11, v°. *Remploi*, §. 2. V. *tamen*, sur cette question, Lespine de Grainville, en son Recueil d'arrêts, p. 433 et suiv., édit. de 1758).

250. Ce n'étoit pas seulement le prix d'aliénation des immeubles propres aux époux, dont la reprise pouvoit être exercée; il en étoit de même des intérêts de ce prix courus depuis la dissolution de la société. (Lebrun, de la Com^{té}., liv. 3, ch. 2, sect. 1re., dist. 2, n. 108, p. 377; Valin, Cout^{e}. de la Rochelle,

t. 2, p. 617, n. 38; Bourjon, Droit commun, 6e. part. de la Comté., ch. 2, sect. 3, dist. 1re., n. 29, t. 1er., p. 617; Pothier, de la Comté., n. 589, p. 763).

251. En quoi consistoit la reprise, soit lorsque l'héritage de l'un des conjoints avoit été aliéné moyennant une rente viagère, ou moyennant un prix déterminé, mais converti en rente viagère par l'acte même de vente, soit lorsqu'il avoit été vendu un droit d'usufruit ou de rente viagère appartenant à l'un des époux? — Dans le premier cas, on tenoit généralement que le remplacement n'étoit dû que de ce dont la rente viagère avoit excédé, pendant la durée de l'association conjugale, le revenu qu'auroit produit l'héritage, la société ne profitant de l'aliénation que pour cet excédant de la rente sur les revenus. (Prévôt de la Jannès, Principes de la jurisprudence française, t. 2, p. 95; Bourjon, Droit commun, 2e. part. de la Comté., ch. 11, sect. 6, dist. 1re., n. 37, t. 1er., p. 545, et 6e. part. de la Comté., ch. 2, sect. 3, dist. 3, n. 38, t. 1er., p. 618; Pothier, de la Comté., n. 594, p. 765; M. Merlin, Quest. de droit, t. 6, p. 665 et suiv.). — Dans le second cas, il n'étoit également dû de remplacement que sous la déduction de ce dont les revenus de l'usufruit ou les arrérages de la rente auroient excédé les intérêts du prix de vente, pendant toute la durée de l'association. La société, dans laquelle seroient tombés ces revenus ou arrérages, ne profitoit, en effet, que sous cette déduction, du prix d'aliénation, dont la reprise entière, de la part du propriétaire du droit aliéné, eût procuré à ce propriétaire un avantage personnel aux dépens de la société. (Pothier, *sup.*, n. 592, p. 764; Prévôt de la Jannès, *sup.*, p. 96). Observez qu'il importoit peu que la dissolution de la société fût arrivée par le prédécès du conjoint propriétaire de l'usufruit ou de la rente viagère, ou par celui de l'autre conjoint. La reprise du prix, en l'un et l'autre cas, se régloit de la manière ci-dessus indiquée. (V. Pothier, *sup.*, qui admet, sur ce point, une solution différente de celle qu'il avoit donnée dans son Comm^re^. sur la Cout^e^. d'Orléans, introd. au tit. 10, ch. 5, n. 106, p. 309 et suiv.).

252. Comment et sur quels biens s'exerçoit, de la part des époux, la reprise soit des sommes conférées dans la société, soit du prix d'aliénation de leurs propres? — Le mari qui, durant le cours de son administration, n'avoit pu, même indirectement, *onerare propria uxoris*, ne pouvoit prétendre à aucun remplacement, pour ses biens aliénés, que sur la société [1], seule débitrice du prix de vente qui s'y étoit fondu, et dans laquelle il devoit s'imputer à lui-même de ne pas le retrouver. (Lebrun, de la Com^{té}., liv. 3, ch. 2, sect. 1re., dist. 2, n. 68, p. 368; Legrand, Cout^{e}. de Troyes, art. 81, glose 4, n. 18, p. 329; Bechet, sur l'Usance de Saintes, p. 162; Poullain-Duparc, Principes du droit français, t. 5, p. 180 et 179; Pothier, de la Com^{té}., n. 610, p. 773; Lapeyrère, let. R, n. 76). — La femme, au contraire, étrangère qu'elle avoit été à l'administration de la société, et à la dissipation du prix de vente de ses biens, avoit le droit, en cas d'insuffi-

---

(1) Dès-lors, en cas de renonciation à la société par la femme ou par ses héritiers, le mari qui restoit maître de tous les effets sociaux, n'avoit à prétendre aucun remplacement. (Annotateurs de Duplessis, de la Com^{té}., p. 444, n^{te}. L. L. L.; Ferrière, Compil. sur la Cout^{e}. de Paris, art. 229, §. 3, n. 3, t. 3, p. 275).

sance de l'actif social [1], d'exercer son action en remplacement sur les biens propres de son mari qui, en recevant ledit prix de vente, avoit contracté l'obligation de le rendre. (Renusson, des Propres, ch. 4, sect. 4, p. 188 et 189; Ferriere, Compil. sur la Coute. de Paris, art. 220, §. 3, n. 6, t. 3, p. 276; Bourjon, Droit commun, 6e. part. de la Comté., ch. 2, sect. 3, dist. 4, n. 45 et 44, *ubi* renvoi au n. 8, sect. 1re., dist. 1re., ch. 2, t. 1er., p. 613 et 619; Pothier, *sup.;* Lapeyrère, *sup.;* Conférences m. s. sur la Coute. de Bordeaux, à l'art. 45). Au surplus, le remplacement dû à la femme s'opéroit avant celui du mari. (Lebrun, de la Comté., liv. 3, ch. 2, sect. 1re., dist. 2, n. 66, p. 366 et 367; Ferriere, *sup.;* Bourjon, *sup.*, ch. 2, sect. 3, dist. 4, n. 46, *ubi* renvoi aux n. 4 à 7 de la sect. 1re., dist. 1re., ch. 2, t. 1er., p. 613 et 619).

253. Il en étoit de même, par les mêmes

---

[1] La femme ou ses héritiers, en cas de renonciation à la société, prenoient leur remplacement sur tous les biens du mari indifféremment. (Argou, Instit. au droit français, t. 2, p. 161, édit. de 1762).

raisons, à l'égard des reprises qu'avoient à exercer les époux pour les sommes par eux conférées dans la société : celles du mari ne se prenoient qu'après que la femme avoit prélevé les siennes. (Lebrun, de la Com[té]., liv. 3, ch. 2, sect. 6, dist. 1re., n. 4, p. 539; Bourjon, Droit commun, 6e. part. de la Com[té]., ch. 2, sect. 1re., n. 5 à 7, t. 1er., p. 613, Pothier, de la Com[té]., n. 610, p. 773). D'un autre côté, la femme pouvoit se venger sur les biens propres du mari, quand les biens de la société ne suffisoient pas (¹); le mari, au contraire, n'avoit action que sur l'actif social (²). (Lebrun, *sup.*, sect. 1re., dist. 4, n. 3, p. 474, et dist. 5, n. 72 à 75, p. 499 et suiv.; Bourjon, *sup.*, n. 8 à 10, t. 1er., p. 613; Duplessis et ses Annotateurs, de la Com[té]., p. 442 à 444; Pothier, *sup.*).

254. Remarquez, au surplus, que la femme étoit autorisée à prétendre, soit le remplacement de ses biens, soit la reprise de ses capitaux, lors même que le mari

---

(¹) Appliquez la 2e. n[te]. du n. 252.

(²) Appliquez la 1re. n[te]. du même numéro.

n'avoit rien reçu, ou parce qu'il avoit laissé opérer une prescription, ou parce que l'insolvabilité des débiteurs étoit survenue avant toute action de sa part. (Lebrun, de la Com[té]., liv. 3, ch. 2, sect. 1re., dist. 2, n. 41 et 43, p. 361, et sect. 2, dist. 5, n. 46, p. 495; Renusson, de la Com[té]., 2e. part., ch. 7, n. 41 à 43, p. 175). Administrateur des biens de sa femme, le mari, en cette qualité, étoit, en effet, tenu envers elle de sa négligence dans les poursuites à exercer (L. 17 et 33, ff. *de jure dot.*), et il chargeoit la société de cette dette qu'il contractoit envers sa femme. (Pothier, de la Com[té]., n. 609, p. 773). Cette décision ne pouvoit, toutefois, recevoir d'application à l'égard des paraphernaux, dans les pays du ressort du parlement de Bordeaux soumis au pur droit écrit (V. n. 8, n[te]. 1re., *a*), à moins que la femme, comme elle en avoit la faculté, d'après la L. 11, cod. *de pact. convent.*, n'en eût laissé l'administration à son mari, auquel cas, la responsabilité du mari, au sujet de sa négligence, se trouvoit avoir lieu aux termes de la même loi.

255. Indépendamment de leurs apports

et du prix d'aliénation de leurs biens personnels, les époux avoient droit de reprendre :

256. 1°. Les habits et linge à leur usage journalier. (Valin, Coutᵉ. de la Rochelle, t. 2, p. 630, n. 74. V. *sup.*, n. 79);

257. 2°. Leurs meubles propres, soit ceux qu'ils possédoient en se mariant, soit ceux qu'ils avoient recueillis, *constante matrimonio*, par succession ou par donation (V. *sup.*, aux n. 22 et 83);

258. 3°. Les manuscrits des ouvrages par eux composés : c'étoient, en effet, dit Pothier, Coutᵉ. d'Orléans, introd. au tit. 10, n. 96, p. 306, et de la Comté., n. 682, p. 805, choses inestimables, qui ne pouvoient être censées faire partie d'une communauté. Que si l'un des époux, de son vivant, avoit livré un ouvrage à l'impression, cette impression, on le sent bien, ne pouvoit faire de l'ouvrage une propriété communicable à l'autre conjoint; l'ouvrage restoit la propriété personnelle de l'auteur pendant toute la durée du privilége obtenu, et il devenoit propriété publique à l'expiration de ce privilége (V. les arrêts du conseil, du 30 Août 1777, et 30

Juillet 1778); mais les bénéfices qu'avoit procurés l'ouvrage, par suite des éditons faites pendant l'existence de la société conjugale, entroient comme fruits dans la société d'acquêts. *Nota.* La décision portée par Pothier à l'égard de la propriété littéraire, s'applique naturellement à celle qui étoit le produit de l'exercice des beaux-arts, et à celle des inventions et découvertes;

259. 4°. Les immeubles à eux propres, tombés dans la société pour la jouissance seulement (Lebrun, de la Com[té]., liv. 3, ch. 2, sect. 1re., dist. 1re., n. 1er., p. 337; Duplessis, de la Com[té]., p. 440; Ferriere, Compil. sur la Cout[e]. de Paris, art. 231, glose unique, n. 1er., t. 3, p. 303; Bourjon, Droit commun, 6e. part. de la Com[té]., ch. 7, n. 1er., t. 1er., p. 640), ensemble les fruits qui y étoient pendants au jour de la dissolution de la société (V. *sup.*, n. 88), à la charge par celui des époux à qui les immeubles appartenoient de faire raison de la moitié des frais de labours et semences [1]. (Lebrun, *sup.*,

---

[1] En cas de renonciation, la femme devoit rembourser la totalité des frais de semences et labours faits

liv. 1er., ch. 5, sect. 2, dist. 2, n. 3 et 5, p. 120 et 121, et liv. 3, ch. 2, sect. 6, dist. 2, n. 23, p. 545; Renusson, de la Comté., 2e. part., ch. 4, n. 15, p. 146; Bourjon, *sup.*, ch. 8, n. 5, t. 1er., p. 641; Pothier, *sup.*, p. 585; Lapeyrère, let. F, n. 69 et 65).

260. Si, d'un côté, la société ne pouvoit s'avantager aux dépens des époux qui, dès-lors, étoient fondés à exercer sur la masse sociale les reprises dont il vient d'être question; d'un autre côté, les époux ne pouvoient s'enrichir aux dépens de leur société, et, par conséquent, ils lui devoient récompense de tout ce qu'ils en avoient tiré pour s'avantager. Cette récompense, qui ne pouvoit excéder ni ce dont les conjoints avoient profité, quelque somme qu'il en eût coûté à la société, ni

---

sur ses biens. (Duplessis, de la Comté., p. 440; Ferriere, Compil. sur la Coutr. de Paris, art. 231, glose unique, n. 28, t. 3, p. 308; Pothier, de la Comté., n. 212, p. 585). Dans le même cas, le mari n'étoit assujetti à aucun remboursement pour la valeur des semences et labours faits sur ses immeubles personnels. (Duplessis et Ferriere, ci-avant cités; Renusson, de la Comté., 2e. part., ch. 6, n. 15, p. 146).

ce qu'il en avoit coûté à la société, quelque grand que fût le profit retiré par les époux, cette récompense, disons-nous, avoit lieu dans tous les cas où l'un des époux avoit retiré un profit personnel des biens sociaux.

261. Ainsi, p. ex., si une dette propre à l'un des époux avoit été acquittée des deniers sociaux, l'époux, que cette dette avoit concerné, devoit récompense de la moitié [1] des sommes déboursées. (Valin, Coute. de la Rochelle, t. 2, p. 622, n. 52; Bourjon, Droit commun, 6e. part. de la Comté., ch. 3, sect. 1re., n. 1er., t. 1er., p. 624; Pothier, de la Comté., n. 614, p. 774).

262. Lorsque la dette acquittée des deniers de la société étoit une rente passive, la récompense qui, ainsi qu'il a été dit, ne devoit pas, en règle générale, excéder le gain que l'époux libéré avoit fait aux dépens de

---

[1] La femme renonçante devoit récompense de toute la somme payée à son acquit. (Bechet, sur l'Usance de Saintes, p. 98; Bourjon, Droit commun, 7e. part. de la Comté., ch. 1er., sect. 3, n. 9, t. 1er., p. 644; Pothier, de la Comté., n. 572, p. 753).

la chose commune, ne pouvoit conséquemment consister, dans cette hypothèse, que dans l'obligation où se trouvoit l'époux libéré de la rente de payer à son conjoint, à la dissolution de la société, une rente égale à la moitié ([1]) de celle qui avoit été remboursée. (Duplessis, de la Comté., p. 450 et suiv.; Bourjon, Droit commun, 6e. part. de la Comté., ch. 3, sect. 3, n. 15, t. 1er., p. 627; Pothier, de la Comté., n. 625 et précéd., p. 780 et précéd.).

263. Que si la rente étoit viagère, on distinguoit : ou la personne, sur la tête de laquelle se trouvoit assise cette rente, étoit morte avant la dissolution de la société, ou elle n'étoit décédée qu'après cette époque. Au premier cas, point de récompense, l'époux débiteur n'ayant rien gagné au rachat sans lequel il se fût trouvé également libéré à la fin de l'association conjugale ; au second cas, cet époux profitoit, aux dépens de la société, du rachat de la rente ; aussi devoit-il une récompense à l'autre époux, et cette récompense consistoit, soit dans la continuation

---

([1]) V. la note du n. suivant.

de la moitié de la rente pendant tout le temps de la vie de la personne sur la tête de laquelle elle étoit fixée, soit dans le remboursement de la moitié [1] de la somme employée au rachat, déduction faite du profit que la société en avoit elle-même tiré, c'est-à-dire, de ce dont les arrérages de la rente viagère eussent excédé les intérêts de la somme pour laquelle elle avoit été rachetée, pendant tout l'intervalle du remboursement à la dissolution de la société. (Pothier, de la Com^té., n. 626, p. 780).

264. Au nombre des dettes personnelles des conjoints, engendrant une récompense au profit de la société, on doit ranger :

---

[1] La femme, originairement débitrice de la rente, venant à renoncer à la société, étoit tenue de continuer la rente en entier au profit du mari ou de ses héritiers (Renusson, de la Com^té., 2e. part., ch. 3, n. 21 et 24, p. 131 et 132; Lebrun, de la Com^té., liv. 3, ch. 2, sect. 1re., dist. 5, n. 13 et 23, p. 409 et 410; Annotateurs de Duplessis, de la Com^té., p. 452; Bourjon, Droit commun, 7e. part., de la Com^té., ch. 1er., sect. 3, n. 9 et 12, t. 1er., p. 644 et 645; Pothier, de la Com^té., n. 615, p. 775).

1°. La dot constituée par l'un des époux à un des enfants du premier lit. L'époux, à qui appartenoit l'enfant, devoit récompense à la société de la moitié [1] de la somme qu'il en avoit tirée pour se libérer. (Renusson, de la Com^té^., 2e. part., ch. 3, n. 16, p. 131; Pothier, de la Com^té^., n. 641, p. 788; Automne, sur l'art. 29 de la Cout^e^. de Bordeaux, n. 14 et 15, p. 145; Lapeyrère, let. C, n. 51);

2°. La dot fournie à un enfant commun, aux dépens de la société, soit par la femme autorisée de son mari, mais ayant seule parlé au contrat de dotation (Pothier, de la Com^té^., n. 659, p. 795), soit par le mari seul (V. *sup.*, n. 126 et 127), auxquels cas la récompense étoit due par le mari ou par la femme, de la moitié des sommes prises dans la société pour satisfaire à leur engagement. (Pothier, de la Com^té^., n. 659 et 656, p. 795 et 794);

3°. La dot payée, sur l'actif social, par le mari et par la femme qui l'avoient constituée conjointement, mais pour des sommes inégales. Dans ce cas, celui d'entre les époux qui avoit contribué à la dot pour la plus forte

[1] Appliquez la n^te^. du n. 261.

portion, et qui avoit dès-lors pris une plus grande somme sur l'actif, devoit récompense de la moitié (1) de ce qu'il avoit retiré de plus que l'autre époux. (Renusson, de la Com[té]., 1re. part., ch. 13, n. 35 à 39, p. 94 et 95; Pothier, de la Com[té]., n. 651, p. 792). Que si la constitution avoit été faite conjointement (2) par le mari et par la femme, chacun

(1) Lorsque c'étoit la femme qui avoit retiré la plus forte somme, elle étoit tenue, dans le cas où elle renonçoit à la société, d'en faire récompense pour la totalité. (Renusson, de la Com[té]., 1re. part., ch. 13, n. 35, p. 94; Pothier, de la Com[té]., n. 651, p. 792).

(2) La femme renonçante devoit récompense pour moitié de la dot constituée *pro mediâ* (Lebrun, de la Com[té]., liv. 3, ch. 2, sect. 1re., dist. 6, n. 1er. à 5, et n. 8, p. 416 et suiv.; Poullain-Duparc, Principes du droit français, t. 5, p. 126 et 127; Bourjon, Droit commun, 7e. part. de la Com[té]., ch. 1er., sect. 3, n. 22 et 24, t. 1er., p. 646 et 647; Pothier, de la Com[té]., n. 649 et 655, p. 791 et 794), encore qu'il eût été donné conjointement un bien propre au mari. (Renusson, de la Com[té]., 1re. part., ch. 13, n. 24, p. 92, et n. 34, p. 94; Lebrun, *sup.*, n. 8, p. 419, et n. 3, p. 417; Pothier, *sup.*, n. 652, p. 793. V. n. 128). Notez que, dans cette dernière hypothèse, c'étoit, à proprement parler, au mari, et non à la so-

pour la moitié, il n'étoit pas alors question de récompense : il se faisoit compensation de la moitié que chacun des époux avoit tirée de la société pour composer la dot. (M. Merlin, au Rép^{re}. de Guyot, t., 14, p. 526). La même chose avoit lieu lorsque la dot avoit été constituée par les deux époux, pour droits paternels et maternels, sans distinction de la part pour laquelle chacun d'eux entendoit contribuer à la dotation, la dot étant censée constituée *pro mediâ,* comme on l'a vu *sup.*, n. 126.

265. C'étoit un autre cas de récompense, lorsqu'il avoit été fait, des deniers de la société, des améliorations et des réparations sur

---

ciété, que la femme renonçante devoit faire raison de la moitié du prix de l'héritage (Pothier, *sup.*); qu'une indemnité étoit due à cet égard, soit au mari par la femme (même dans le cas où elle acceptoit la société), soit à la femme par le mari, quand l'héritage donné en dot étoit la propriété de la femme. (Bourjon, *sup.*, 6e. part. de la Com^{té}., ch. 3, n. 3, t. 1er., p. 624; Bechet, sur l'Usance de Saintes, p. 165; les auteurs cités ci-avant, après les mots : « *Encore qu'il eût été* » *donné*, etc. »).

l'héritage propre de l'un des époux. — *Les améliorations* s'entendoient de tout ouvrage qui, fait dans le fonds ou ajouté au fonds, en augmentoit la valeur et le prix, *meliorationes dicuntur illæ per quas castrum vel domus efficitur melior, dùm tamen sint ità affixæ quod efficiantur domûs.* (Boërius, décis. 44, n. 6, p. 102, édit. de 1614. V., dans le même sens, Mascardus, *de probat.*, concl. 1042, n. 1er., t. 3, p. 81, édit. de 1727). — *Les réparations* comprenoient tout ouvrage ayant nécessairement pour objet de rétablir un héritage, de le conserver, d'en prévenir la perte, *reparationes dicuntur illæ per quas pristina forma vel facies domûs absque dilatione vel productione seu depressione conservatur.* (Boërius, *sup.*, n. 1er., p. 101 et 102.). — Ainsi, les dépenses qu'en droit romain on appeloit *voluptuaires*, qui ne procuroient que de l'agrément, sans augmenter le prix de l'héritage (V. L. 79, §. 2, ff. *de verb. signif.*; L. 7, ff. *de imp. in reb. dot. fact.*; L. 27, ff. *de neg. gest.*), ne pouvoient être comptées pour des améliorations ou réparations, à la différence des impenses que les jurisconsultes romains nommoient, soit *nécessaires*, *quæ habebant ne-*

cessitatem impendendi (V. L. 1re., §. 1er., ff. *de imp. in reb. dot. fact.;* L. 79, *in princip.,* ff. *de verb. signif.*), soit *utiles, quæ rem meliorem faciebant.* (V. L. 79, §. 1er., ff. *de verb. signif.;* L. 5, §. 3, ff. *de imp. in reb. dot. fact.*).

266. Il y avoit des réparations et améliorations qui, de peu de valeur, n'avoient qu'une utilité passagère et qui n'étoient que de simple entretien. Il y en avoit d'autres qui, plus considérables, étoient faites pour l'utilité perpétuelle du fonds, *ad perpetuam agri utilitatem*, comme dit la L. 3, §. 1er., ff. *de imp. in reb. dot. fact.* — Les premières n'engendroient aucune récompense, la société d'acquêts étant chargée des dépenses journalières, soit pour la conservation des fonds, comme les menues réparations d'une maison, soit pour la culture des héritages, comme pour semer et labourer, soit pour recueillir les fruits. (Renusson, de la Commté., 2e. part., ch. 3, n. 14, p. 130 et 131; Lebrun, de la Comté., liv. 3, ch. 2, sect. 1re., dist. 7, n. 4 à 6, p. 425; Pothier, de la Comté., n. 634, p. 784, et n. 271, pag. 613; Automne, sur l'art. 51 de la Coute. de Bordeaux, n. 2, 3,

4 et 6, p. 232; Dupin, dans sa Conférence sur Ferron, let. A, n. 31, p. 11. — V. *sup.*, aux n. 84 et 141). — Les secondes, dont le coût formoit un acquêt, donnoient lieu à une récompense pour moitié ([1]), de la part de celui des époux sur le fonds duquel elles avoient été faites (Renusson, des Propres, ch. 4, sect. 11, n. 3, p. 222; Lebrun, *sup.*, n. 4 à 7, p. 425 et 426; Duplessis, de la Com[té]., p. 453 et 454; Dupin, *sup.;* Automne, *sup.*, n. 6, p. 232, n. 18, p. 234, n. 31 à 34, p. 235; frères Lamothe, sur l'art. 51 de la Cout[e]. de Bordeaux, n[te]. 6; Lapeyrère, let. F, n. 70, et *ibi* Conférences m. s. —V. *sup.*, n. 66.); et c'est parce qu'elles constituoient un acquêt, que même l'entier prix pouvoit en être réclamé, contre les héritiers du conjoint prédécédé dont les propres avoient été augmentés ou réparés, par l'époux survivant, à qui son contrat de mariage avoit assuré la propriété de la totalité

([1]) La femme, qui renonçoit à la société, devoit récompense de l'entière valeur des réparations et améliorations. (Bourjon, Droit commun, 7e. part. de la Com[té]., ch. 1er., sect. 3, dist. 2, n. 14 et 18, t. 1er., p. 645 et 646; Duplessis, de la Com[té]., p. 454.

des acquêts. (Conférences m. s. sur la Cout^e^. de Bordeaux, à l'art. 51).

267. Sur quel pied devoit-on estimer les réparations et les améliorations pour régler la récompense à laquelle elles donnoient lieu ? La question se décide comme d'elle-même, par ce que nous avons dit au n. 260, *sup.*, que la récompense n'étoit jamais due que jusqu'à concurrence de ce dont les conjoints avoient profité, quelques sommes qu'eût déboursées la société, et n'excédoit jamais le montant des mêmes avances, quelque grand que fût le profit retiré par lesdits conjoints. Ainsi donc, quand les frais des réparations et améliorations surpassoient la valeur de la chose, la récompense ne pouvoit être exigée que jusqu'à concurrence de ce dont cette chose avoit été rendue d'une plus grande valeur; si, au contraire, la chose étoit augmentée en valeur de beaucoup plus que n'avoient coûté les réparations et améliorations, la récompense n'étoit due que des deniers déboursés. (Boucheul, sur la Cout^e^. de Poitou, art. 230, n. 34, t. 1er., pag. 772; Bechet, sur l'Usance de Saintes, art. 61, p. 169; Automne, sur la Cout^e^.. de Bordeaux, art. 51, n. 11,

p. 232; Lapeyrère, let. P, n. 53, et *ibi* Conférences m. s.). — Dans ce dernier cas, l'estimation avoit lieu *eu égard au temps que les réparations et améliorations avoient été faites*, puisqu'il n'y avoit à tenir compte que des sommes dépensées, et non de la valeur et augmentation du fonds. (Boucheul, *sup.*). — Dans le premier cas, il en étoit autrement : la récompense n'étoit due que de ce dont l'héritage avoit été fait meilleur, suivant l'estimation qui s'en devoit faire *au temps de la dissolution de la société*. (Renusson, des Propres, ch. 4, sect. 11, n. 4, pag. 222 et 223, et de la Com^té^., 2e. part., ch. 3, n. 11, p. 130; Lebrun, de la Com^té^., liv. 3, ch. 2, sect. 1re., dist. 7, n. 15, p. 428; Ferriere, Compil. sur la Cout^e^. de Paris, art. 229, §. 4, n. 18 et 19, t. 3, p. 280 et 281; Bourjon, Droit commun, 6e. part. de la Com^té^., ch. 4, sect. 1re., n. 4 et 5, t. 1er., p. 628, et 7e. part., ch. 1er., sect. 3, n. 16 et 17, t. 1er., p. 645 et 646; Conférences m. s.; Boucheul, Lapeyrère, *sup.*; Automne, *sup.*, n. 7, p. 232).

268. On conçoit que la valeur vénale des immeubles propres aux conjoints pouvoit avoir augmenté, durant le mariage, indépendamment de toutes réparations et améliorations. Cette augmentation de valeur, qui devoit être un profit particulier pour l'époux propriétaire (V. n. 67), n'entroit pas dans l'appréciation de la plus value résultante des réparations et améliorations. Aussi, la cour de Bordeaux, par arrêt du 1er. Mai 1827, en 1re., présidt. M. de Saget, plaidants Mes. Beauvallon et Devaulx, a-t-elle jugé, avec raison, que des experts, chargés d'une appréciation semblable, avoient mal procédé en faisant résulter la plus value de l'estimation de la valeur que les biens, à l'époque de la dissolution de la société d'acquêts, avoient en plus qu'au moment du mariage.

269. La récompense ne laissoit pas d'être due, quoique les réparations et améliorations eussent péri par un cas fortuit pendant la durée de l'association conjugale. D'un côté, en effet, le droit à cette récompense avoit été acquis à la société par les travaux exécutés; et, d'un autre côté, la chose devoit naturellement périr pour le maître. (Lebrun, de la Comté., liv. 3, ch. 2, sect. 1re., dist. 7, n. 18 et 19, p. 429; Bourjon, Droit commun, 6e. part. de la Comté., ch. 4, sect. 1re.,

n. 3, t. 1er., p. 628; Pothier, de la Comté., n. 635, p. 784, qui ne parle, à la vérité, que des choses pour lesquelles des impenses nécessaires avoient été faites; Domat, Lois civiles, liv. 1er., tit. 9, sect. 3, n. 18, p. 116, contre l'opinion de Renusson, de la Comté., 2e. part., ch. 3, n. 13, p. 130, opinion suivie par Valin, Coute. de la Rochelle, t. 2, p. 605, n. 115.

270. Au sujet des réparations et améliorations, les auteurs font remarquer que c'étoit améliorer un héritage que de racheter une servitude dont il étoit chargé. Aussi y avoit-il lieu à la récompense, lorsqu'il se faisoit un pareil rachat pendant la société, et que le fonds, affranchi par ce moyen, étoit propre à l'un des époux. Ferriere, Compil. sur la Coute. de Paris, art. 229, §. 4, t. 3, p. 57; Pothier, de la Comté., n. 638, p. 786 et suiv. V. *sup.*, au n. 124). Cette récompense consistoit, lorsque la servitude étoit réelle, dans la restitution que l'époux, dont l'héritage avoit été libéré, faisoit à la caisse sociale de la moitié des sommes employées au rachat; mais lorsqu'il s'agissoit d'une servitude personnelle, p. ex., d'un droit d'usufruit, on suivoit les règles établies ci-avant, n. 263, pour le rachat des rentes viagères. (Pothier, de la Comté., n. 639, p. 787).

271. C'étoit encore un cas de récompense, indépendamment de ceux dont il a été parlé jusqu'ici, lorsque l'un des conjoints avoit tiré de la société des sommes, soit pour rentrer dans un héritage ayant appartenu à lui ou à ses auteurs avant son mariage, soit pour devenir propriétaire de quelque immeuble, en vertu d'un droit antérieur au mariage. (Lebrun, de la Comté., liv. 3, ch. 2, sect. 1re., dist. 8, n. 1er., p. 433 et 434).

Ainsi, p. ex., cet époux devoit récompense de la moitié [1] des deniers pris dans la caisse sociale :

1°. Pour payer le prix d'une acquisition qu'il avoit faite avant de se marier. (Renusson, de la Comté., 1re. part., ch. 11, n. 25 à 32, p. 71 et 72; Lebrun, de la Comté., liv. 3, ch. 2, sect. 1re., dist. 5, n. 28, p. 412. — V. *sup.*, n. 25);

---

[1] En cas de renonciation de la part de la femme, cette dernière devoit récompense de la totalité des sommes employées dans son intérêt.

2°. Pour exercer le réméré d'un héritage qu'il avoit aliéné avant son mariage. (Renusson, *sup.*, 2e. part., ch. 3, n. 10, p. 130; Pothier, de la Comté., n. 628, p. 782. — V. *sup.*, n. 39);

3°. Pour satisfaire à une transaction sur procès tendant à lui faire abandonner une propriété par lui acquise avant de se marier. (Pothier, *sup.*, n. 632, p. 783. — V. *sup.*, n. 31);

4°. Pour suppléer le juste prix d'un bien à raison duquel celui qui le lui avoit vendu, avant son mariage, s'étoit pourvu contre lui pour lésion d'outre-moitié. (Pothier, *sup.*, n. 632. — V. *sup.*, n. 31);

5°. Pour payer le retour dont avoit été chargé le lot à lui échu dans le partage d'immeubles qui, antérieurement à son mariage, se trouvoient indivis entre lui et des tiers. (Renusson, de la Comté., 1re. part., ch. 10, n. 18, p. 70; Bourjon, Droit commun, 6e. part. de la Comté., ch. 4, sect. 2, n. 8, t. 1er., p. 629; Pothier, de la Comté., n. 629, p. 782. — V. *sup.*, n. 58);

6°. Pour payer le prix d'adjudication de semblables immeubles licités entre lui et ses cohéritiers. (Bourjon, *sup.*, n. 10 et 11,

t. 1er., p. 629; Pothier, *sup.* — V. *sup.*, n. 59).

272. Les récompenses qui, abstraction faite des exemples ci-avant mentionnés, étoient dues, comme nous l'avons déjà rappelé, toutes les fois que l'un des époux avoit retiré un profit personnel des biens de la société, les récompenses, disons-nous, emportoient des intérêts de plein droit du jour de la dissolution de la société (Lebrun, de la Comté., liv. 3, ch. 2, sect. 1re., dist. 6, n. 23, p. 422, et liv. 3, ch. 2, sect. 1re., dist. 5, n. 37, p. 414; Bourjon, Droit commun, liv. 6, tit. 1er., ch. 7, §. 6, n. 31, t. 2, p. 443; Pothier, Coute. d'Orléans, introd. au tit. 10, §. 8, p. 319); et telle étoit la règle observée dans les sociétés ordinaires, soit à l'égard des avances faites par l'un des associés dans l'intérêt commun, soit à l'égard des sommes par lui appliquées à son profit particulier. (V. notamment les L. 52, §. 10, ff. *pro socio ;* 67, §. 2, *eod.;* 60, *in princip.*, *eod.;* 1re., §. 1er., ff. *de usuris*.

273. Comme c'étoit à la société qu'étoient dues les récompenses, elles diminuoient ainsi, de plein droit, jusqu'à due concurrence, les reprises et remplacements dus par la société à l'époux qui se trouvoit, en même temps, débiteur desdites récompenses. Que si les récompenses s'élevoient à une somme plus forte que les reprises et remplacements, ou même si l'époux qui en étoit redevable n'avoit aucune sorte de créance à répéter contre la société, dans ces cas, cet époux, comme propriétaire d'une moitié de l'actif social, faisoit confusion (1) sur lui de la moitié de ce qu'il

---

(1) C'est parce qu'au moyen de cette confusion, les récompenses étoient seulement dues pour une moitié par l'époux qui en étoit tenu, qu'elles étoient communément appelées récompenses *de mi-denier*. C'est par la même raison que, dans l'indication que nous avons faite des diverses récompenses à la charge des conjoints, il n'a jamais été question que d'une récompense pour moitié. Observons que, dans les opérations du partage, il s'effectuoit, le plus ordinairement, rapport à la masse de tout ce dont les époux se trouvoient débiteurs à titre de récompense. V., sur les différentes manières de procéder à cet égard lors du partage, Valin, Cout^e^. de la Rochelle, t. 2, p. 660 et suiv.; Pothier, de la Com^té^., n. 701 et suiv., p. 811 et suiv.

se trouvoit devoir à la société. (Prévôt de la Jannès, Principes de la jurisp^{ce}. française, t. 2, p. 99 et suiv.).

274. Au surplus, les récompenses dues par la femme s'exerçoient subsidiairement sur les propres de cette dernière, en cas d'insuffisance des biens de la société. Elles formoient, en effet, des acquêts auxquels le mari avoit des droits dont il devoit être rempli. (Duplessis, de la Com^{té}., p. 451; Bourjon, Droit commun, 6e. part. de la Com^{té}., ch. 4, sect. 3, n. 12, t. 1er., p. 629; Valin, Cout^e. de la Rochelle, t. 2, p. 620, n. 43).

275. L'actif social se trouvant définitivement fixé par suite des prélévements et des récompenses qui viennent de nous occuper, il ne s'agissoit plus que d'en faire le partage. Ce partage se faisoit en la même forme, suivant les mêmes règles, et avoit les mêmes effets que les autres partages. (V. Lebrun, de la Com^{té}., liv. 3, ch. 2, sect. 6, dist. 1re., p. 537 et suiv.; Pothier, de la Com^{té}., n. 692 à 725, p. 809 et suiv.). Ainsi, p. ex., au partage de la société d'acquêts, les héritiers du conjoint qui avoit survécu et qui, aux termes de son contrat de mariage, avoit conservé l'usufruit de la totalité des acquêts, devoient rapporter, en moins prenant, les valeurs soumises à cet usufruit, qu'ils ne rétablissoient pas en nature. (Arrêt de la cour de Bordeaux, du 27 Avril 1826, en 1re., présidt. M. de Saget, au rapport de M. de Bacalan).

276. Après le partage effectué, si l'un des époux avoit des créances personnelles contre l'autre, il les exerçoit sur la part qui étoit échue à celui-ci ou sur ses biens personnels. (Pothier, de la Comté., n. 680, p. 803). Si l'un des époux étoit donataire de l'autre, la donation s'exerçoit également sur la portion échue dans la société à l'époux donateur ou sur ses biens personnels. (Bourjon, Droit commun, 6e. part. de la Comté., ch. 5, sect. 4, n. 22 et suiv., t. 1er., p. 634 et 635; Valin, Coute. de la Rochelle, t. 2, p. 664 et 665; Pothier, de la Comté., n. 679, p. 803).

277. On peut donner plusieurs exemples de créances personnelles de l'un des conjoints contre l'autre : tel étoit le deuil de la veuve (V. n. 145); telle étoit l'indemnité due à celui d'entre les époux qui, dans le cas d'une constitution faite *pro mediâ* avec son conjoint, avoit doté de ses biens personnels un enfant commun (n[te]. 2 du n. 264, p. 338); telle étoit encore la créance que l'un des conjoints, à qui elle se trouvoit due à l'époque qui nous occupe, avoit contre l'autre époux antérieurement à son mariage, ou qu'il avoit acquise, *durante matrimonio*, en succédant à un tiers qui en étoit propriétaire. (Pothier, de la Com[té]., n. 677, p. 802). L'un des époux étoit encore créancier de l'autre, lorsque les deniers provenants de l'aliénation d'un bien à lui propre, avoient été employés à acquitter une dette ou charge personnelle à celui-ci. (Pothier, de la Com[té]., n. 676, p. 802).

277 *bis*. Nous terminons ce que nous avons à dire sur le premier titre de ce traité, par cette observation, qu'en cas de plusieurs mariages contractés avec société d'acquêts, il ne pouvoit y avoir d'acquêts pour la seconde société, qu'après la liquidation et le paiement des droits de la première. (Arrêt du

30 Avril 1811, en 1re., présidt. M. de Brézets, jugeant, en particulier, que les enfants d'un premier lit étoient fondés à poursuivre, sur les acquêts faits pendant le second mariage de leur père, le paiement du montant de l'inventaire fait après le décès de leur mère. V. *inf.*, n. 286). Par la même raison, les enfants du premier lit étoient fondés à réclamer, comme acquêts de la première société, les sommes que leur père avoit déclaré dans son testament avoir été omises dans l'inventaire fait après le décès de sa première épouse, pourvu que les enfants du second lit se fussent portés héritiers du père commun. Écoutons là-dessus Faulte sur Maurice Bernard, liv. 5, ch. 7, p. 499, édit. de 1717: « Cette question, dit cet auteur, s'est » présentée plusieurs fois au parlement de » Bordeaux. Marchegay, vîtrier, s'étoit marié » deux fois. Après le décès de sa première » femme, il avoit fait inventaire, et, en » mourant, il déclara, dans son testament, » qu'il avoit omis, dans cet inventaire, une » somme de 306 liv. qui appartenoit aux en- » fants du premier lit. Là-dessus, procès » entre Marchegay, portier de Saint-Projet, » comme tuteur des enfants du premier lit,

» et la seconde femme, en qualité de tutrice » de ses enfants. Elle disoit que cette dé» claration étoit frauduleuse, L. 27, ff. *de* » *probat. et præsumpt.;* que les enfants du » second lit n'étoient pas tenus d'y acquies» cer, parce qu'ils n'étoient pas héritiers de » leur père, *auth. quod obtinet,* cod. *de* » *probat.*, et cela fut ainsi jugé par arrêt » du 21 Juin 1644. La cour prononça sans » avoir égard à ladite déclaration. Mais la » déclaration auroit fait foi contre le fils du » second lit, s'il eût été héritier [1] de son » père. Notre jurisprudence est certaine sur » ce point. Entr'autres arrêts, il y en a un » rendu sur le procès qui s'éleva entre Cajus » et Fromaget. Cajus père, qui s'étoit marié » deux fois, déclara, au lit de la mort, que, » dans l'inventaire qu'il avoit fait, il y avoit » une omission de 6,000 liv. qui devoient » revenir aux enfants du premier lit, et il » confirma cela par un codicille. Fromaget,

---

[1] Lapeyrère, let. C, n. 82, *in fine*, dit également que la confession d'un testateur fait preuve contre lui à l'égard des héritiers, quoiqu'elle soit sans force à l'égard des créanciers. V., à l'appui de cette décision, novelle 48, préf., et ch. 1er., §. 1er.

» qui avoit épousé une fille du premier lit,
» soutint la validité de cette déclaration,
» contre un fils du second mariage qui avoit
» été institué héritier par son père ; et, par
» arrêt, la déclaration fut confirmée. J'ai fait
» juger la même chose pour M. Chasseur,
» gendre de Ponthelier, au rapport de M.
» Montagne Bussaguet ».

TITRE SECOND.

DE LA

RÉSERVE DES ACQUÊTS

EN FAVEUR DES ENFANTS.

SECTION PREMIERE.

De la réserve statuaire des acquêts dans le cas d'enfants de divers lits.

278. D'APRÈS le droit romain, tous les biens reçus, à quelque titre que ce fût, du conjoint prédécédé, par l'homme survivant à sa femme, ou pour la femme survivant au mari, étoient affectés, dès le moment du convol de l'époux survivant, aux enfants du premier lit. (L. 3, *in princip.*, cod. *de secund. nupt.;* L. 4, *eod;* L. 5, *in princip.*, *eod;* novelle 22, ch. 23; novelle 2, ch. 2,

§. 1er.). Ces enfants, au préjudice desquels les biens affectés ne pouvoient être aliénés ni hypothéqués (L. 3 et 5, *sup.*), recueilloient ainsi lesdits biens, à l'exclusion des enfants du second lit qui, de leur côté, avoient droit aux avantages provenants du second mariage, et cela, exclusivement aux enfants soit du premier lit, soit d'une troisième union. (L. 4, *sup.;* novelle 22, ch. 29).

279. Une affectation analogue, dont nous allons nous occuper, s'étoit introduite dans nos mœurs pour les acquêts d'une société.

Cette affectation n'avoit pas lieu dans les pays du ressort du parlement de Bordeaux régis par le pur droit écrit; elle n'étoit établie qu'imparfaitement dans le territoire de la coutume de Bordeaux; et parmi les autres pays du ressort régis par des coutumes locales, elle n'étoit reçue que dans la Saintonge.

280. D'abord, en ce qui concerne les pays du ressort du parlement de Bordeaux soumis au pur droit écrit, voici comment s'exprime Automne, sur l'art. 47 de la Coutᵉ. de Bordeaux, n. 42 et 43, p. 210 : « Si la femme

» convole en secondes noces, ayant des ac-
» quêts du premier mariage acquis par le
» pacte de société, n'est tenue les réserver
» aux enfants du premier lit. Jugé par arrêt
» de Bordeaux, du 9 Février 1580, parce que
» c'étoit un titre onéreux, et que ce n'est
» point gain, même n'ayant pas été dit par
» le contrat de société que les acquêts de-
» meureroient aux enfants dudit mariage; ce
» qui a lieu en pays de droit écrit ». Dupin, traité des secondes Noces, p. 132, n. 48, adopte cette décision, qu'on retrouve dans Legrand (Cout[e]. de Troyes, tit. 5, art. 84, glose 2, n. 3, p. 359), et qui ne peut souffrir de difficulté.

281. Disons maintenant quel étoit l'usage observé dans le pays de Saintonge, touchant la réserve des acquêts dans le cas de différents mariages.

A la différence de ce qui se pratiquoit dans quelques coutumes locales du ressort du parlement de Bordeaux, dans celles de Bayonne et de Labour, p. ex., qui n'admettoient aucune réserve des acquêts en faveur des enfants du premier mariage (Apostillateur de Lapeyrère, let. N, n. 6, v°. *Les peines des secondes noces*, p. 254 et 255), on observoit dans la Saintonge une réserve absolue des acquêts aux enfants de chaque mariage : « Par une notoriété faite au siége présidial, » pour la dame de Mâta, contre la dame de » Téon, le 6 Septembre 1613, il fut vérifié, » dit Bechet, sur l'Usance de Saintes, art. 64, » p. 219, que, depuis les arrêts donnés au » parlement de Bordeaux, mêmement l'arrêt » de Grelons de Jonzac, et celui de Bremans » de Marennes, prononcé en robes rouges, » le 9 Avril 1591, par M. le président de Nesmond, l'on a toujours observé, en consul» tant et en jugeant par sentences qui ont été » confirmées par arrêts, qu'entre les enfants » de plusieurs lits, les meubles et acquêts » immeubles faits et acquis pendant le pre» mier mariage, appartiennent aux enfants » d'icelui ; et ceux qui ont été faits durant la » seconde communauté, appartiennent aux » enfants du second lit, en supportant cha» cun les dettes passives et autres charges res» pectivement contractées pendant chacun » des mariages ». Le même auteur, dans son traité des secondes Noces, ch. 24, p. 294 et 295, cite de nouveaux arrêts confirmant cette réserve qui étoit également admise dans la coutume de Saint-Jean d'Angély, ainsi que l'enseignent, soit Vignes, soit Maichin, dont Dupin, traité des secondes Noces, p. 123, rappelle le sentiment.

282. Par suite de cette réserve, le survivant des époux, soit le mari ou la femme, ne pouvoit disposer à titre gratuit, après son second mariage, de sa part des meubles et acquêts du premier mariage, soit en faveur des enfants du second lit, soit au profit du second conjoint ou d'une personne étrangère. (Bechet, des secondes Noces, ch. 25, p. 303; Maichin, Cout^e^. de Saint-Jean d'Angély, tit. 9, art. 9, ch. 2, p. 301). Mais il pouvoit la donner à un des enfants du premier lit, ou en faire un partage inégal entr'eux. Bechet, *sup.*, en rapporte un arrêt rendu au parlement de Bordeaux, en la 2e. chambre des enquêtes, au rapport de M. Sudiraud, le 11 Mai 1620. Les motifs de cette jurisprudence sont ainsi présentés par Maichin, *sup.*, p. 302 : « Il ne faut pas dire que les libéralités faites » au survivant par le prédécédé sont tellement » réservables aux enfants du premier mariage, » qu'il n'est pas même permis d'élire *inter li-* » *beros*, et en avantager l'un d'eux au préju-

» dice des autres, suivant qu'il est contenu » en l'authentique *hoc lucrum*, cod. *de secund. nuptiis....*; car il y a grande différence entre les libéralités et les meubles et » acquêts réservables. Les libéralités viennent » *ex gratiâ defuncti;* ce sont des effets de sa » bonté, et des profusions qu'il fait au préjudice de ceux de son sang, auxquels ses » biens sont destinés et affectés par le vœu » de la nature; de sorte qu'en leur réservant » ces mêmes biens et en ôtant la disposition » à une personne ingrate qui s'est remariée, » et a effacé ses premières affections par un » second amour, on ne fait que suivre l'ordre » de la raison et de l'équité naturelle; mais » la moitié des meubles et acquêts appartenante au survivant n'est pas un bienfait qui » lui soit venu du prédécédé; c'est proprement le fruit de ses peines et de sa sueur, » un effet de son industrie, le prix et la récompense de ses labeurs.... ».

283. Par un autre effet de la réserve, le survivant des époux, hors le cas de nécessité (Bechet, des secondes Noces, ch. 25, p. 304 et 305; Maichin, sur la Cout[e]. de Saint-Jean d'Angély, tit. 9, art. 9, ch. 2,

p. 302), ne pouvoit aliéner sa part des acquêts du premier mariage. *Quid juris*, toutefois, s'il en avoit consenti la vente sans nécessité et sans juste cause? Bechet, *sup.*, p. 304, prononce que les enfants ne pouvoient revendiquer les biens réservés qu'après la mort de celui d'entre les époux qui les avoit aliénés, et cela, par deux considérations : l'une, que les enfants ne devoient pas travailler leurs père et mère pendant leur vie; l'autre, que l'aliénation étoit en suspens, parce qu'ils pouvoient mourir les premiers [1]. On

[1] De même, à l'égard des biens provenus de la libéralité d'un premier époux, dont la réserve étoit ordonnée au profit des enfants du premier lit, en cas de convol de l'époux survivant (V. n. 278), ce dernier, d'après les principes du droit coutumier, n'en étoit pas dépossédé de son vivant; et si les enfants du premier mariage décédoient avant lui sans laisser de postérité, la réserve étoit censée n'avoir jamais été apposée, et toutes les dispositions qui avoient pu en être faites devoient être exécutées. (Ricard, des Donat., 3e. part., ch. 9, glose 6, n. 1383 et précéd., p. 776; Renusson, de la Comté., 4e. part., ch. 4, n. 40, p. 267; Lebrun, des Success., liv. 2, ch. 6, sect. 2, dist. 2, n. 3 et 4, p. 439, et dist. 1re., n. 16, p. 432; Pothier, du Contrat de mariage, n. 613,

voit, d'après cette dernière raison qui sert de principale base à la décision de Bechet, que, par la réserve coutumière dont nous nous occupons, l'époux survivant étoit chargé d'une espèce de substitution fidéicommissaire envers les enfants du premier lit. D'un

---

616, 622 et 626). Nous disons, *d'après les principes du droit coutumier*, car c'étoit une question très-controversée (V. Henrys, liv. 4, ch. 4, quest. 13, t. 2, p. 213 et suiv., et liv. 5, ch. 4, quest. 46, t. 3, p. 208 et suiv.; Ricard, des Donat., *sup.*, n. 1376 et suiv., p. 775; Dupin, des secondes Noces, tit. 5, ch. 1er., n. 10 et suiv., p. 367 et suiv.), que celle de savoir si, *d'après les principes du droit romain*, le survivant des conjoints, passé à de secondes noces, retenoit, par le prédécès sans postérité de tous les enfants du premier lit, la propriété des biens sujets à la réserve, et si, dès-lors, la propriété de ces biens restoit simplement en suspens pendant l'existence des mêmes enfants. Il paroît, toutefois, qu'aux parlements de Toulouse et de Bordeaux, on le décidoit ainsi. (V. Bretonnier sur Henrys, liv. 4, ch. 4, quest. 13, t. 2, p. 218; Dupin, *sup.*, n. 21 et suiv., pag. 373 et suiv.; Apostillateur de Lapeyrère, let. N, n. 27, v°. *Il est d'usage certain*), et tel est le sentiment de Voët sur le digeste, liv. 23, tit. 2, n. 106 et 107, t. 2, p. 61 et 62).

côté, en effet, dans ces substitutions, les appelés, à l'exemple du créancier conditionnel, *pendente conditione*, n'avoient, avant l'ouverture de la substitution par la mort du grevé, aucun droit formé, mais une simple espérance que leur prédécès pouvoit faire évanouir. (Thévenot d'Essaule de Savigny, traité des Substitutions fidéicommissaires, n. 301, 486, 497, 500, 501 et 527). D'un autre côté, la propriété des biens substitués résidoit sur la tête du grevé jusqu'à ce que la condition, dont le fidéicommis dépendoit, fût arrivée (même traité, n. 576 à 579 et 584); mais cette propriété étoit résoluble par l'échéance de cette condition, c'est-à-dire, par la survie des appelés auxquels la propriété passoit (traité ci-dessus, n. 580 à 583 et 585); de telle sorte que les aliénations que le grevé avoit consenties avant l'événement de la condition, suivant le droit qu'il en avoit eu, étant en suspens, *pendente hâc conditione*, ne pouvoient être attaquées par les appelés qu'à l'époque où, par le prédécès du grevé, leurs espérances se trouvoient réalisées. (Même traité, n. 855 à 866).

284. Les enfants, ainsi qu'on vient de le

voir, n'ayant de droit acquis incommutablement qu'après la mort de l'époux qui avoit survécu, ne pouvoient, par conséquent, être soumis, avant cette époque, à aucune prescription à l'égard des acquéreurs des biens sujets à la réserve, d'après la règle *contra non valentem agere, non currit prescriptio.* C'est, d'une part, ce qui est décidé par la novelle 22, ch. 24, à l'égard des biens réservés que le survivant des époux tenoit de la libéralité du conjoint prédécédé (V. Dupin, des secondes Noces, tit. 3, ch. 5, n. 45, p. 172 et 173), et d'une autre part, il étoit de maxime que la prescription ne couroit pas contre les substitués avant l'ouverture du fidéicommis. (Thévenot, des Substitutions, n. 884 à 909).

285. Nous avons dit, il n'y a qu'un instant, que l'époux survivant, nonobstant la réserve, avoit la faculté d'aliéner, en cas de nécessité, sa part d'acquêts de la première société. Maintenant, nous ajoutons qu'il pouvoit également, dans la même hypothèse, la grever d'hypothèques pour sûreté des emprunts par lui faits pendant son second mariage. (Arrêt du parlement de Bordeaux, du

20 Février 1616, dans Automne, sur l'art. 49 de la Cout[e]. de Bordeaux, n. 21 à 23, p. 223, et dans Bechet, sur l'Usance de Saintes, art. 64, p. 220). Écoutons, sur ce point, Bechet et Maichin. — Le premier de ces auteurs, dans son traité des secondes Noces, ch. 25, p. 305, s'exprime ainsi : « Au regard » des hypothèques, la difficulté fut très- » grande en la province de Saintonge, après » les arrêts de réserve, si le survivant pou- » voit en créer sur sa moitié en la première » communauté; mais, enfin, le parlement » de Bordeaux n'ayant pas estimé de laisser » un homme en nécessité, après avoir acquis » des biens par ses veilles et sueurs, a jugé, » par plusieurs arrêts, que les créanciers » qui ont prêté leurs deniers sans fraude, » durant le second mariage, pouvoient se » venger sur la moitié du survivant aux » meubles et acquêts de la première commu- » nauté.....; mais il faut toujours avoir cette » visée, *ut fraudi locus non sit* ». « La ré- » version (dit encore Bechet, *sup.*, p. 308) » ne doit jamais opérér que contre les enfants » des autres mariages, et que contre les » créanciers que le dol et la fraude peuvent » interposer.... La réserve ne fait pas les en-

» fants créanciers, ains seulement leur donne » l'avantage d'être préférés aux autres enfants » au partage de la succession ». — Maichin, sur la Cout^e. de Saint-Jean d'Angély, tit. 9, art. 9, ch. 2, p. 302, parle d'abord d'un ancien arrêt qui se seroit prononcé contre l'hypothèque, arrêt qui, dit-il, « a été trouvé si » peu juste, qu'il n'a jamais été suivi, parce » qu'on n'a pu se persuader qu'un homme, » en se remariant, dût perdre absolument » la disposition de ses biens, sans pouvoir » même s'en servir en cas de nécessité ». Il fait ensuite remarquer qu'on ne doit pas assimiler la réserve des libéralités [1] à celle des acquêts d'une première société, ces deux espèces de réserve étant fondées sur des motifs différents (V. au n. 282), et ne pouvant ainsi être soumises aux mêmes règles. Puis il ajoute : « Oter au survivant le moyen de se servir de » sa moitié des acquêts, lorsque la nécessité » de ses affaires le requiert, c'est lui ôter

---

[1] A l'égard des biens provenus de ces libéralités, les créanciers postérieurs à la dissolution du premier mariage n'y avoient aucune prise. (Automne, sur l'art. 69 de la Cout^e. de Bordeaux, n. 11, p. 351 ; arg. L. 6, §. 2, cod. *de secund. nupt.*, et L. 8, §. 3, *eod.*

» aussi le moyen de sa subsistance, et le dé-
» pouiller de ses biens, lorsque la vieillesse
» l'accable, que ses créanciers le persécutent,
» et que ses mains sont trop foibles pour tra-
» vailler et pour acquérir..... Aussi le droit
» de réserve n'est introduit qu'en faveur et
» au regard des héritiers entr'eux, non des
» créanciers qui se peuvent adresser directe-
» ment sur la part qui appartient au survivant
» dans la première communauté, pour le
» paiement des deniers qu'ils lui ont prêtés
» sans fraude pendant son second mariage ».

286. La réserve coutumière des acquêts, dans le cas de divers mariages, étant introduite en faveur des enfants de chaque lit, il suit : 1°. qu'il étoit dû récompense et indemnité aux enfants du premier mariage, si les créanciers de la seconde société avoient exercé leurs créances sur les acquêts de la première association (1) (Maichin, Cout[e]. de

(1) Lebrun, des Success., liv. 2, ch. 6, sect. 2, dist. 1re., n. 30, p. 437, dit également, en parlant des biens que le conjoint survivant tenoit de la libéralité de l'époux prédécédé, que si les dettes avoient été contractées depuis le mariage, les enfants du premier lit

Saint-Jean d'Angély, art. 9, ch. 2, p. 302; Bechet, des secondes Noces, ch. 25, p. 307; Lapeyrère, let. N, n. 37), ou bien, si le survivant des époux avoit vendu les acquêts faits pendant la durée de cette même association (Dupin, dans sa Conférence sur Ferron, let. A, n. 35, p. 12); 2°. qu'il devoit être fait remploi, au profit des enfants du premier lit, des augmentations et améliorations faites aux biens de la seconde société; autrement, dit Bechet, sur l'Usance de Saintes, art. 61, p. 167, l'on pourroit faire brèche à la loi de la réserve par une voie oblique et détournée.

287. Mais, quoique les acquêts fussent réservés aux enfants de chaque mariage pendant lequel ils avoient été faits, néanmoins ces acquêts étoient subsidiairement tenus au parfournissement de la légitime des enfants procréés d'un autre mariage. (Bechet, des secondes Noces, ch. 25, p. 306).

---

devoient être indemnisés par ceux du second lit, ceux-là devant avoir les biens sujets à la réserve francs et quittes des dettes créées depuis la fin du premier mariage, même au cas qu'ils se portassent héritiers.

288. Au surplus, pour que la réserve pût être exercée, il suffisoit qu'un seul des enfants du premier lit survécût à l'époux qui avoit convolé; et cet enfant survivant, *jure accrescendi*, ou plutôt, *jure decrescendi*, profitoit des portions que ses frères ou sœurs auroient pu prétendre et sur lesquelles ils n'avoient eu, pendant leur vie, qu'une espérance non-transmissible. (Dupin, des secondes Noces, tit. 3, ch. 4, n. 20, p. 144. V., dans le même sens, Renusson, de la Com[té]., 4e. part., ch. 4, n. 60 et 61, pag. 270). Mais l'accroissement dont nous parlons n'avoit lieu que dans le cas où ces mêmes frères ou sœurs étoient décédés sans postérité; car il étoit de principe que les petits-enfants avoient droit à la réserve à laquelle étoient appelés les enfants (1), et de-

---

(1) *Verbum gallicum* Enfants, *non est de se restrictum ad primum vel alium gradum, sed indiffe-renter supponit quosvis descendentes, sicut verbum* liberi *in linguâ et lege romanâ* 220, *ff. de verb. signif.* (Dumoulin, Cout[e]. de Paris, tit. 1er., §. 15, glose 1re., *in v°. Père et Mère*, p. 509 et 510. — V., dans le même sens, Faber, Cod., liv. 6, tit. 19, *de verb. signif.*, déf. 4, p. 666; Furgole, des Testam., ch. 7, sect. 6, n. 125, t. 2, p. 412 et suiv.).

voient ainsi recueillir par souche la part que leurs auteurs auroient prise dans les biens réservés. (Ainsi décidé à l'égard des gains nuptiaux réservés, en cas de convol, aux enfants du premier lit, par les L. 7 et 8, *in princip.*, cod. *de secundis nuptiis*).

289. Si les enfants du premier lit s'étoient portés héritiers de l'époux qui avoit convolé, ils ne pouvoient faire casser les aliénations à titre onéreux faites par cet époux, d'après la maxime *quem de evictione tenet actio, eumdem agentem repellit exceptio* [1]. (C'est ainsi que le décidoient, à l'égard des biens provenus des libéralités du conjoint prédécédé, Dupin, des secondes Noces, tit. 3, ch. 5, n. 52, 54 à 57, p. 175 et suiv.; Pothier du Contrat de mariage, n. 616, p. 424). Ils ne

---

[1] Avant l'ordonnance de 1747, dont l'art. 31 du tit. 2, exorbitant du droit commun, ne peut être étendu à des substitutions fictives, avant cette ordonnance, disons-nous, l'aliénation des biens substitués, quoique nulle et résoluble, devenoit valable par l'effet de la même règle, lorsque l'appelé se trouvoit héritier du grevé. (Thévenot, des Substitut., n. 814 à 816).

pouvoient également, dans la même hypothèse, faire révoquer les aliénations à titre gratuit, car le donateur ne pouvant pas aller contre son propre fait, ses héritiers ne le pouvoient pas non plus. (Dupin, *sup.*, tit. 6, ch. 1er., n. 54, p. 443, et tit. 3, ch. 5, n. 58, p. 177). Il est bien vrai que la donation n'est pas régulièrement sujette à garantie (V. nte. 1re. du n. 128), mais ce n'est qu'à l'égard de l'éviction survenue de la part des étrangers.

290. Une question se présente naturellement ici : c'est celle de savoir si les enfants, en cas de répudiation de l'hérédité de l'époux remarié, avoient le droit d'attaquer les donations des biens sujets à la réserve, ou les aliénations à titre onéreux des mêmes biens faites sans nécessité à des personnes étrangères. Bechet, dans son traité des secondes Noces, ch. 25, p. 306, examinant la question de savoir si les créanciers du survivant des époux pouvoient saisir sa part en la première communauté, sans une préalable discussion de ses autres biens, s'exprime ainsi : « L'on pourroit dire, en faveur des premiers » enfants, qu'ils prennent les biens réserva-

» bles (ceux venus des libéralités de l'époux » prédécédé), encore qu'ils ne soient point » héritiers de père ni de mère [1]..... Mais la » réponse est prompte par la distinction des » biens acquis *ex liberalitate et collabora-* » *tione ;* car le survivant peut donner ceux- » ci à l'un des premiers enfants; il peut les » hypothéquer, et, s'il n'a pas d'autres biens, » les derniers enfants y prennent leur légi- » time; ce qui me fait estimer que les enfants » du premier lit ne les recueillent pas *citra* » *jus et nomen hæredis* ». Maichin, Cout^e^. de Saint-Jean d'Angély, tit. 9, art. 9, ch. 2, p. 302, dit à son tour : « Les enfants du pre- » mier lit ne prenant ladite moitié des meu- » bles et acquêts *citra jus et nomen hære-* » *dis,* ils sont obligés de supporter les charges » que leur père, qui a convolé, a imposées » sur iceux, et généralement de garantir tout » ce qu'il a fait, comme le représentant, par

[1] Telle étoit la disposition de la novelle 22, ch. 26, §. 1er., et la doctrine des auteurs. (V. Dupin, des secondes Noces, tit. 3, ch. 5, n. 62, p. 178 et 179; Lebrun, des Success., liv. 2, ch. 6, sect. 2, dist. 1re., n. 18, p. 432; Pothier, du Contrat de mariage, n. 265, . 427).

» la raison de la maxime *quem de evictione,* » etc. ». La question plus haut posée paroît ainsi devoir se résoudre négativement, puisque les enfants ne prenant les acquêts qu'en qualité d'héritiers, devoient être, en cette qualité, garants de l'éviction, et, dès-lors, non-recevables à inquiéter les tiers-acquéreurs. Mais en admettant cette solution avec le principe qui lui sert de base, on ne peut s'empêcher de reconnoître que la prohibition faite au conjoint, passé à de secondes noces, de disposer des acquêts réservés, à quelque titre et en faveur de quelque personne que ce fût (V. n. 282), étoit complétement illusoire pour les enfants, respectivement aux acquéreurs ou donataires étrangers.

291. En nous occupant de l'usage de la Saintonge, en ce qui touche la réserve des acquêts, notre dessein a été non-seulement de placer comme en attente quelques points de comparaison avec l'affectation conventionnelle des acquêts dont il sera traité plus tard, mais encore d'éviter qu'à l'exemple de quelques auteurs, on ne confonde entièrement cet usage avec la réserve coutumière pratiquée à Bordeaux, réserve qui, comme nous allons le voir, étoit moins absolue qu'en Saintonge, et pour laquelle on ne sauroit indistinctement admettre les décisions portées pour ce pays.

292. L'art. 70 de la coutume de Bordeaux est ainsi conçu : « Si un homme a été marié » avec plusieurs femmes successivement, et » que de chacune ait enfants, les acquêts des » biens immeubles et héritages par lui faits, » desquels il n'auroit disposé, seront aux enfants du mariage durant lequel ils auront été » faits, réservé la légitime aux enfants des autres mariages auxquels n'auroient été faits » acquêts, si le demeurant des biens du père, » outre lesdits acquêts, ne suffisoit à ladite » légitime [1] ».

293. Les dispositions de cet article, également applicables à la femme mariée en secondes noces (Automne, sur l'art. 70 ci-dessus; Comm^re^. des frères Lamothe sur la Cout^e^. de Bordeaux, n^te^. 1re. du même article; arg.

[1] Cette légitime devoit être réglée suivant le droit romain. (Frères Lamothe, sur l'art. 70 de la Cout^e^. de Bordeaux, n^te^. 5, t. 1er., p. 364).

L. 3, cod. *de secund. nupt.*), ne contenoit, comme on s'en aperçoit, qu'une réserve imparfaite et conditionnelle : imparfaite, puisqu'aux termes de l'article précité, elle n'avoit lieu que pour les biens *immeubles* et *héritages*, et non pour les acquêts mobiliers (frères Lamothe, *sup.*, n^te^. 2 sur l'art. 70; Automne, sur le même article, n. 24, p. 356); conditionnelle, puisque, d'après l'article en question, elle n'étoit établie que pour le cas où *il n'auroit pas été disposé* des acquêts immeubles, soit par le mari, soit par la femme ayant passé à de secondes noces.

294. L'époux survivant étant laissé le maître, malgré son convol, de disposer des acquêts immeubles du premier mariage, il suit, entr'autres conséquences :

295. Qu'il pouvoit non-seulement faire choix entre les enfants de ce mariage pour recueillir la moitié d'acquêts de son chef (Lapeyrère et son Apostillateur, let. N, n. 37; frères Lamothe, sur l'art. 70 de la Cout^e^., v°. *Nota* 1°.), mais encore la donner aux enfants de son second lit. (Frères Lamothe, *sup.*, t. 1er., p. 362);

296. Qu'il étoit entièrement libre, soit d'aliéner (Automne, sur l'art. 70 de la Cout^e^., n. 16, p. 355; Apostillateur de Lapeyrère, let. N, n. 37, n^te^. *e*), soit d'hypothéquer la moitié d'acquêts de sa première société. (Lapeyrère, let. N, n. 37);

297. Qu'il avoit, en un mot, la faculté d'en transmettre la propriété, soit en faveur de toutes personnes (frères Lamothe, *sup.*, n^te^. 3, t. 1er., p. 361), soit à quelque titre que ce fût (les mêmes, *sup.*), le mot *disposition* dont se sert la coutume, s'entendant de toutes aliénations, soit entre-vifs, soit à cause de mort. (Lapeyrère, let. D, n. 46[1]).

298. D'après ces notions, il sera facile de

---

[1] Fachin, que cite Lapeyrère, s'exprime à cet égard dans les termes suivants : *Neque enim ita strictè accipienda sunt illa verba* ut possit in vitâ disponere, *quasi denotent dispositionem inter vivos tantùm, sed latius accipienda sunt ut hunc sensum habeant quod donator velit sibi jus salvum esse dum vivet, pro libitu suæ voluntatis de eis disponere, scilicet contrahendo, donando, testando, uti maximè voluerit, tanquam rei suæ moderator et arbiter.* (Controv., liv. 6, ch. 90, p. 687, 2e. col., édit. de 1623).

distinguer, parmi les décisions qui ont été données pour la réserve observée en Saintonge, quelles sont celles qui peuvent être appliquées à notre usage. Il nous suffira donc de faire observer ici, sur l'une et l'autre réserve coutumière :

299. 1°. Que les enfants de chaque lit ne pouvoient prétendre les acquêts réservés en leur faveur, qu'en payant les dettes contractées pendant la durée de chaque mariage, puisqu'on ne peut concevoir d'acquêts que sous la déduction des dettes. (Automne, sur l'art. 70 de la Cout^e^. de Bordeaux, n. 28, p. 357);

300. 2°. Que les acquêts ne se prenoient pas par préciput, et qu'ainsi les enfants étoient obligés de les imputer ou précompter sur la légitime ou en venant au partage. (Frères Lamothe, sur l'art. 70 ci-dessus, v°. *Nota* 1°., p. 363);

301. 3°. Que les acquêts faits dans une coutume où la réserve n'avoit pas lieu, appartenoient également aux enfants, lorsque le contrat de mariage des père et mère avoit été passé dans l'une des coutumes dont nous venons de rappeler les dispositions. Cela a été jugé, au mois de Mars 1702, en la 2e. chambre des enquêtes, après partage en la 1re., dans l'espèce suivante : Un sieur Petit, qui avoit contracté mariage dans la coutume de Saintes, avoit acquis, pendant son mariage, une terre en Angoumois. Après le décès de sa femme, il étoit passé à de secondes noces, et il avoit eu de cette union un garçon à qui il avoit fait une donation universelle de tous ses biens. Son décès étant arrivé, des contestations s'élevèrent entre les enfants des deux mariages. Les enfants du premier lit disoient que, par l'usance de Saintes, dès que le père a convolé, il perd la propriété des acquêts ; que, par conséquent, leur père n'avoit pu en faire donation. Le fils du second lit, donataire, soutenoit que, par la coutume d'Angoumois, le père, indépendamment du convol, gardoit la propriété des acquêts ; qu'ainsi, il avoit pu en disposer, les coutumes étant réelles, surtout n'y ayant pas réservation d'acquêts par le contrat de mariage en faveur des enfants du premier lit. Mais il fut répondu que, pour régler la société et ses conséquences, il falloit suivre la coutume du lieu du domicile conjugal [1]; que c'étoit un pacte personnel [2] par lequel les parties avoient dérogé à toute autre coutume en ce qui concernoit la société. Ces raisons prévalurent [3].

---

[1] V. Poullain-Duparc, Principes du droit français, t. 8, p. 238 et précéd.; Bourjon, Droit commun, 1re. part. de la Comté., ch. 1er., sect. 2, n. 6, t. 1er., p. 507, et sect. 4, n. 13 et suiv., t. 1er., p. 508 et suiv.

[2] Tout statut, dit en effet Bouhier, sur la Coute. de Bourgogne, ch. 28, n. 69 et suiv., t. 1er., p. 458 et suiv., et ch. 26, t. 1er., p. 502 et suiv., qui est fondé sur une convention tacite et présumée des contractants, est personnel, et a son effet partout où les contractants ont des biens.

[3] Si, dans l'espèce rappelée, le mariage avoit été célébré dans la coutume de Bordeaux, le fils du second lit n'auroit pu être privé de l'émolument de la donation à lui faite. (V. *sup.*, n. 295).

SECTION SECONDE.

De la Réserve contractuelle des acquêts.

§. Ier.

De la Réserve, abstraction faite de la faculté d'avantager.

302. La clause par laquelle des époux s'associoient aux acquêts, ne suffisoit pas pour affecter les acquêts aux enfants. L'affectation ne pouvoit résulter que d'une stipulation expresse faite par les conjoints en faveur des enfants à naître de leur union. (Apostillateur de Lapeyrère, let. A, n. 2, v°. *Les acquêts n'appartiennent*, p. 3, et let. N, n. 37 *in fine*, p. 268; frères Lamothe sur l'art. 70 de la Cout[e]. de Bordeaux, n[te]. 4, t. 1er., p. 363). Le parlement de Bordeaux l'a ainsi jugé, le 30 Mai 1672, dans une espèce dont l'Apostillateur de Lapeyrère, let. A, *sup.*, rend compte dans les termes suivants : « Un homme

» et une femme se marient, s'associent à » moitié d'acquêts qu'ils feront pendant leur » mariage, sans ajouter la clause que les ac- » quêts seront réversibles aux enfants qui » naîtront de ce mariage. La femme étant » décédée la première, le mari contracte des » dettes. Faute de paiement, on fait saisir » son bien. Les enfants s'opposent pour avoir » la distraction de la moitié d'acquêts qui ap- » partenoit à leur père. Les créanciers, au » contraire, disoient qu'ils ne pouvoient pré- » tendre aucune part dans cette moitié, parce » que, dans leur contrat de mariage, les ac- » quêts ne leur avoient pas été affectés...., » la seule association faite par le contrat de » mariage n'établissant pas une donation en » faveur des enfants qui en naîtront ».

303. De même qu'une donation pouvoit s'effectuer sans qu'on employât précisément le mot *donner* (V. *inf.*, n. 417, let. *g*), de même l'affectation pouvoit avoir lieu, quoique les époux ne se fussent pas servis du terme d'*affectation,* qui n'étoit pas sacramentel. Mais quelles que fussent les expressions dont on avoit usé, la réserve ne pouvoit résulter, ainsi que nous l'avons déjà dit, que d'une stipulation expresse, de la part des conjoints, au profit des enfants à naître de leur mariage.

304. Ces enfants ne pouvoient donc prétendre à aucune réserve, dans le cas, p. ex., où les époux s'étoient bornés à dire dans leur contrat de mariage, *qu'ils s'associoient aux acquêts pour en disposer en faveur de leurs enfants.* Dans ce cas, en effet, quoique les enfants pussent être considérés comme la cause impulsive de la société stipulée entre leurs père et mère (V. Cambolas, Décis. notab., liv. 3, ch. 49, p. 234 et 235), ils n'avoient été l'objet d'aucune disposition actuelle, mais d'une simple destination incapable par elle-même de leur conférer aucun droit; car, ainsi que le dit Dumoulin, Consult. 7, n. 18, t. 3, p. 39, *in contractibus, aliud est dictum, aliud promissum, aliud destinatio dispositionis, aliud dispositio.*

305. A plus forte raison, les enfants ne pouvoient-ils se dire donataires des acquêts, si, dans le contrat de mariage des époux, les acquêts avoient été simplement déclarés *réversibles aux formes de droit.* (Arrêt de la cour de Bordeaux, du 28 Avril 1826, en 2e., présidt. M. Galaup).

306. Mais les enfants avoient droit aux acquêts, comme leur étant affectés, lorsque les époux étoient convenus dans leur contrat de mariage, *qu'ils ne pourroient disposer des acquêts qu'en faveur des enfants à naître de leur union* (V. attestation de 1709, *inf.*, n. 310; arrêt de la cour de Bordeaux, du 23 Août 1828, en 1re., présidt. M. Ravez), ou bien, lorsqu'ils avoient stipulé que, *dans le cas où ils n'auroient pas d'enfants, chacun d'eux disposeroit de sa part d'acquêts en faveur de qui bon lui sembleroit.* (Arrêt de la cour de Bordeaux, du 4 Janvier 1821, en 2e., présidt. M. Delpit, plaidants Mes. Palomière et de Chancel).

307. *Quid*, si des époux, ayant chacun des enfants d'un premier mariage, avoient stipulé une société d'acquêts, avec la clause *qu'ils pourroient en disposer en faveur de tel de leurs enfants que bon leur sembleroit?* Salviat, p. 8, dit que Mes. Grenier et Poitevin ont répondu, le 29 Juin 1675, que, dans cette hypothèse, le père avoit pu donner sa portion d'acquêts aux enfants de son premier lit, « parce que les acquêts appartiennent de » droit aux conjoints, qu'ils en peuvent dis- » poser à leur gré, et que si, quelquefois, » ils veulent bien perdre de leur liberté en » les réservant à leurs enfants, on devoit res- » treindre cette contrainte aux termes précis; » que dans l'espèce, la réserve étant vague et » générale, n'étoit pas censée faite en faveur » des enfants du second lit; qu'il auroit fallu, » pour cela, qu'on eût ajouté les mots : *qui* » *proviendront du mariage*, ou autres équi- » valents ». Il est pourtant vrai que ceux qui s'unissent en mariage, ont principalement en vue les enfants à naître de leur union : *Nihil enim verius* (dit Dumoulin, traité des Donations faites par contrat de mariage, n. 24, p. 1102) *quod contrahens matrimonium id facit spe futurorum liberorum, sed æquè etiam verum est, quòd non contrahit spe futurorum quorumcunque liberorum, sed duntaxat spe futurorum ex eo matrimonio.* Malgré cette considération, le parlement de Bordeaux, par arrêt du 3 Septembre 1685, n'a pas laissé de décider la question dans le même sens que Mes. Grenier et Poitevin. Cet arrêt, qui est rapporté dans le Commre. des frères Lamothe sur la Coute. de Bordeaux,

t. 1er., p. 362, fut rendu à la 2e. chambre des enquêtes, au rapport de M. Monier de Seiches, dans la cause de la dame Claire de Beynac, veuve du baron de Pujols, fille du premier lit du sieur de Beynac, contre Charles Durand, baron de Carabelles, en qualité de mari de la dame Marguerite de Beynac, fille du second mariage pendant lequel les acquêts avoient été faits.

308. Il résulte indirectement des motifs donnés à l'appui de la décision qui précède, que, soit dans l'absence d'une première union, soit dans le cas d'un mariage antérieur et à l'égard de toutes autres personnes que les enfants de ce premier mariage, la clause dont il vient d'être question valoit affectation des acquêts pour les enfants issus du mariage à l'occasion duquel elle avoit été stipulée. La réserve faite par les époux de la faculté de disposer des acquêts à leur gré en faveur des enfants, présuppose, en effet, une donation qu'elle manifeste suffisamment, et établit, au profit desdits enfants, un droit subordonné seulement au choix des époux. La cour de Bordeaux l'a décidé dans ce sens, par l'arrêt cité au n. 306.

309. Au surplus, la clause d'affectation une fois établie, s'étendoit sur tous les acquêts, en quelque lieu qu'ils eussent été faits, p. ex., dans une coutume qui n'admettoit aucune réserve (arrêt du parlement de Bordeaux, du 13 Juillet 1734, au rapport de M. de St. Savin, en la 1re. chambre des enquêtes. V., par analogie, n. 301), les conventions expresses étant personnelles, et recevant leur exécution en quelque lieu que les contractants eussent des biens. (Bouhier, Coute. de Bourgogne, ch. 23, n. 70, t. 1er., p. 458). — Cette clause devoit-elle avoir son effet à l'égard des enfants du mariage, nonobstant toute donation de biens à venir antérieurement faite par l'un des époux à des enfants d'un premier lit? V. *sup.*, n. 12.

310. Cette affectation des acquêts étoit considérée à l'égard des enfants comme une *donation* faite en leur faveur. Il y a, sur ce point, dans le Recueil m. s. des attestations du barreau, une attestation ainsi conçue : « Attesté en 1709, syndics Mes. Dumas et » Fénis, que lorsqu'il y a dans le contrat de » mariage une société de meubles et acquêts » en faveur des enfants qui naîtront dudit

» mariage, ou convention que les conjoints » n'en pourront disposer qu'en faveur desdits » enfants, cette réserve ou convention est re- » gardée comme une *donation* faite auxdits » enfants, lesquels peuvent prendre les effets » de ladite société et répudier l'hérédité de » leur père, s'ils y trouvent plus d'avantage ». V. *inf.*, au n. 417, *ubi* Dissertation.

311. Par cette donation, chacun des époux assuroit sa moitié aux enfants qui provien- droient du mariage et qui se trouveroient survivants lors de son décès, ladite donation s'entendant conditionnellement au cas que les enfants survécussent les donateurs. (V. Dupin, dans sa Conférence sur Ferron, let. A, n. 29, p. 10 et 11).

312. Cette donation étoit une véritable donation à cause de mort, soit qu'on la con- sidérât comme portant sur des biens à venir, sur les acquêts qui existeroient au décès des donateurs (V. Nouveau Denisart, t. 7, p. 14, 3e. cas, et p. 8; Furgole, sur l'art. 17 de l'ordonnce. de 1731, p. 167 et suiv.), soit qu'on l'envisageât comme étant subordonnée à la condition de survie des donataires. (V.

Nouveau Denisart, *sup.*, p. 6 et suiv.). C'est ainsi, d'ailleurs, que Furgole considère la donation qui, comme celle qui nous occupe, se trouvoit faite à des enfants à naître. Écoutons cet auteur; il dit, sur l'art. 11 de l'ordonn^ce. des Donations, p. 94 et 95: « On a » fort judicieusement observé que la dona- » tion en faveur des enfants à naître tient de » la donation à cause de mort, *non esse do-* » *nationem inter vivos.* On trouve, en effet, » dans la donation en faveur des enfants à » naître, la marque caractéristique de la do- » nation à cause de mort, puisque le dona- » teur ne se dépouille pas, et qu'il ne trans- » fère aux donataires futurs, qui n'existent » pas, aucune propriété. Il se préfère lui- » même aux donataires en retenant la pro- » priété et l'administration pendant sa vie, » et il préfère les donataires à son héritier, » ce qui constitue la nature et l'essence de » la donation à cause de mort, suivant la » L. 1re., ff. *de mort. caus. donat.* Et cela » est en même temps incompatible avec la » nature de la donation entre-vifs, dont l'es- » sence est de transférer la propriété et d'en » dépouiller le donateur, suivant la L. 1re., » ff. *de donat.* Il est vrai que, par notre

» usage, la donation aux enfants à naître est » irrévocable à cause de la faveur du contrat » de mariage où elle est faite; mais cette irré- » vocabilité, qui n'est qu'accidentelle, n'en » change pas la nature [1] et n'empêche pas » qu'elle ne soit une vraie donation à cause » de mort, laquelle renferme essentiellement » la condition de survie du donataire, et de- » vient caduque quand il prédécède ». — Furgole, avant d'assimiler aux donations à cause de mort les donations aux enfants à naître, avoit ainsi caractérisé ces dernières donations: « Les donations aux enfants à naître (dit-il » sur l'art. 11 de l'ordonn^ce^. des Donations, » p. 94) n'acquièrent pas un droit irrévo- » cable au moment qu'elles sont faites : leur » effet est suspendu jusqu'à la mort du do- » nateur, et auparavant aucun droit n'est » acquis aux donataires, parce qu'elles sont » conditionnelles, et que, pour les rendre » efficaces, il faut que les conditions dont » elles sont impliquées arrivent. La première » condition que les donations en faveur des

---

[1] V., dans le même sens, Nouveau Denisart, t. 7, p. 85 et suiv.; Sudre sur Vulson, des Élections d'héritier, p. 31.

» enfants à naître renferment, est celle de la » naissance des enfants, parce que des en- » fants qui n'existent pas, ne sont pas capables » d'acquérir quelque droit, *esse enim debet* » *cui detur*, L. 14, ff. *de jur. codicil.*; la se- » conde, que les enfants à naître, auxquels la » donation est destinée, survivent au dona- » teur, parce que la condition de survie est » tacitement sous-entendue, et que le dona- » teur est censé n'avoir fait la donation qu'aux » enfants qui lui survivent ». Les principes rappelés sur ce point par Furgole, se trouvent encore enseignés par Sudre sur Vulson, traité des Élections d'héritier, p. 29 et suiv.

313. Dès que la réserve des acquêts aux enfants n'étoit qu'une véritable donation à cause de mort, irrévocable à raison de l'acte dans lequel elle se trouvoit consignée, il est facile d'indiquer les effets de cette réserve, soit pendant la durée du mariage des époux donateurs, soit après la dissolution de ce mariage par la mort de l'un des époux.

314. Pendant la durée de leur mariage, les époux, qui n'avoient donné qu'après leur mort, restoient propriétaires des acquêts par eux faits. D'où il résultoit :

315. 1°. Qu'ils avoient la faculté de vendre les acquêts, de les aliéner (Apostillateur de Lapeyrère, let. R, n. 59; Salviat, p. 9), de les grever de dettes et d'hypothèques, en un mot, d'en disposer à titre onéreux, pourvu que ce fût sans fraude, car *in omnibus excipitur dolus* (1). V. n. 319, *ubi* Limitation.

---

(1) Dans les institutions contractuelles, l'instituant pouvoit-il aliéner à titre onéreux? Des auteurs du parlement de Toulouse, cités par Furgole, sur l'art. 13 de l'ordonnce. de 1731, p. 105, prétendoient, qu'à l'exception de quelques cas par eux spécifiés, les aliénations à titre onéreux n'étoient pas autorisées. De son côté, Furgole, *sup.*, p. 106 et 113, pensoit que l'institué ne pouvoit révoquer aucune de ces aliénations faites par l'instituant. La première opinion attribuoit ainsi aux institutions contractuelles tous les effets de la donation entre-vifs, tandis que ces institutions, d'après la plus saine partie des auteurs, n'avoient de commun avec la donation entre-vifs que l'irrévocabilité qu'elles empruntoient du contrat de mariage qui les renfermoit. (V. Furgole, sur l'art. 12 de l'ordonnce. des Substit., p. 53 et 54, et sur l'art. 13 de l'ordonnce. des Donat., p. 101, 111 et suiv.; Domat, Lois civiles, liv. 4, des Success., à la préface, §. 10, p. 344 et précéd.; de la Touloubre, sur la quest. 15 du liv. 2 des Quest.

316. Mais comme la donation des acquêts

---

notab. de du Perier, p. 206; Quest. de droit de M. Merlin, t. 3, p. 142 et suiv.). La seconde opinion permettoit à l'instituant d'anéantir à son gré une disposition irrévocable. Un autre sentiment avoit donc prévalu, et l'on tenoit que les aliénations faites en fraude de l'institution pouvoient être révoquées. Mais regardoit-on comme telles les aliénations faites *sans cause et sans nécessité?* Les aliénations faites sans cause et sans nécessité devoient-elles, au contraire, sortir à effet si elles avoient eu lieu *sans abus et sans fraude?* Domat, *sup.;* Boutaric, Inst., p. 268 et précéd., édit. de 1738; Boucheul, des Convent. de succéder, ch. 30, n. 5, p. 516; Ricard, des Donat., 1re. part., ch. 4, sect. 2, dist. 3, n. 1062, t. 1er., p. 269; Pothier, Coute. d'Orléans, introd. au tit. 17, n. 26, p. 623 et suiv., enseignoient, entr'autres auteurs, que l'instituant n'étoit pas privé de la faculté d'aliéner, pourvu que ce fût *sans abus et sans fraude* (à titre particulier et jamais à titre universel, suivant Bourjon, Droit commun, t. 2, p. 71, et Boucheul, Coute. de Poitou, art. 272, n. 33, t. 2, p. 127). D'autres auteurs distinguoient entre l'institution pure et simple, c'est-à-dire, sans détermination de temps et sans mention des biens et héritages, et celle qui se rapportoit précisément aux biens que l'instituant auroit lors de son décès : dans ce dernier cas, ils ac-

étoit irrévocable, ils ne pouvoient, au pré-

---

cordoient également la faculté d'aliéner *sans abus et sans fraude* (V. du Perier, Quest. notab., liv. 2, quest. 16, t. 1er., p. 208; Serres, Inst., p. 256; Furgole, sur l'art. 13 de l'ordonnce. des Donat., p. 106 et 107; Boucheul, *sup.*; Boniface, liv. 5, tit. 1er., ch. 10, t. 4, p. 274 et suiv.; Montvallon, des Success., t. 2, p. 426); dans le premier cas, au contraire, ils se prononçoient contre les aliénations faites *sans utilité et sans nécessité* (du Perier, *sup.*). Cette distinction, qui est traitée de subtile par l'Annotateur de du Perier, *loc. sup. cit.*, et par M. Merlin (V. Nouveau Répre., t. 6, p. 319, 313 et 314), n'étoit pas faite par le même du Perier, dans ses Maximes de droit, liv. 5 de l'Instit. contract., p. 547, où il disoit que l'institution ne lioit pas les mains au donateur, en sorte qu'il ne pût aliéner pour *des causes nécessaires*, et c'étoit le sentiment de M. de la Touloubre, sur la quest. 16 du liv. 2 des Quest. notab. de du Perier, p. 209. Mes. Martignac père, Denucé et Ferrère, dans une consultation du 10 Juin 1812, ont décidé, conformément à ce dernier sentiment (dans l'espèce d'une institution aux biens que délaisseroit l'instituant), que l'instituant ne pouvoit aliéner *sans une juste cause et sans nécessité réelle*. La même chose avoit été précédemment jugée par la cour de Bordeaux, dans des espèces semblables,

judice des enfants qui étoient les premiers

---

par arrêts des 4 Ventôse an 11, au rapport de M. Perrens, 4 Pluviôse an 12, plaidants Mes. Émerigon et Ferrère, et 29 Nivôse an 13, plaidants Mes. Ravez et Delpit. Cette cour paroît s'être pourtant relâchée de sa jurisprudence, dans deux arrêts des 29 Août 1807, 2e. sect., présidt. M. Cavailhon, plaidants Mes. Ravez et de Saget, et 25 Août 1826, 2e. chambre, présidt. M. Delpit : le premier de ces arrêts, fondé sur la distinction plus haut rappelée, maintient des aliénations faites sans nécessité après une institution dans tous les biens que l'instituant laisseroit à son décès; le second arrêt reconnoît, en point de droit (*), à l'instituant le droit d'aliéner sans fraude (quoique sans cause). — Un arrêt récent de la même cour, en date du 17 Novembre 1828, en 1re., présidt. M. Ravez, après avoir considéré avec raison comme une institution contractuelle la clause par laquelle un père, dans le contrat de mariage de sa fille, *avoit institué cette dernière son héritière de tous ses biens présents et à venir, sous la réserve seulement de l'usufruit d'iceux, sa vie durant*, reconnoît que l'institution contractuelle n'avoit point les effets d'une donation entre-vifs, qu'elle ne dépouilloit pas l'instituant d'aucun droit de propriété, et il déboute en conséquence le

(*) On trouve établi en fait, dans le même arrêt, que les aliénations avoient pu être commandées par la nécessité.

en titre, disposer des acquêts à titre gra-

---

sieur N..., qui représentoit les institués et qui avoit déclaré opter pour les biens existants à l'époque du contrat, de sa demande en revendication d'une maison faisant partie desdits biens, que l'instituant avoit aliénée postérieurement au contrat de mariage. Au sujet de l'option dont il vient d'être question, rappelons ici, par occasion, que, quoique dans une donation de biens présents et à venir, le donateur pût diviser la donation, c'est-à-dire, s'en tenir aux biens du donateur lors de la donation, et répudier les biens obvenus postérieurement (art. 17 de l'ordonnce. de 1731), il n'en étoit pas de même dans l'institution contractuelle. Il est vrai que le contraire avoit été enseigné par Lapeyrère, let. J, n. 38, et, d'après la première édition de Furgole, par les auteurs des Conférences m. s. sur Lapeyrère, let. J, n. 34; mais ce sentiment, qu'avoit abandonné Furgole (V. Commre. de cet auteur sur l'ordonnce. de 1731, à l'art. 13, p. 109), n'étoit pas suivi au parlement de Bordeaux, où l'on se prononçoit contre la divisibilité soit de l'institution contractuelle (Dumoulin, dans ses Notes m. s. sur Lapeyrère, let. J, n. 38), soit de la donation des biens qui se trouveroient au décès. (Dumoulin sur Lapeyrère, let. D, n. 59; *sic* décidé, en arbitrage, dans l'année 1735, et en consultation, le 8 Octobre 1739, par Mes. d'Albessard et Despiau; arrêt du parlement de Bordeaux,

tuit [1], par donations entre-vifs ou testamentaires, soit en faveur de personnes étrangères [2] (Salviat, p. 12), soit même au profit d'un de leurs petits-fils. (V. *inf.*, au n. 389 et 390);

317. 2°. Que les enfants n'avoient, du vivant de leurs père et mère, aucun droit né et actuel, mais une simple expectative, un droit informe et sans vie; de telle sorte qu'ils ne pouvoient faire aucun acte conservatoire, ni attaquer aucune des dispositions faites dans l'objet d'éluder la réserve;

318. 3°. Que s'ils décédoient durant la

---

du 6 Juillet 1782, au rapport de M. Marbotin de Conteneuil, dans le recueil d'arrêts de Despiau, v°. *Donation*.

[1] Domat, lois civiles, 1re. part., liv. 4, des Success., §. 10, p. 344; Henrys, liv. 4, quest. 122, t. 2, p. 699; Furgole, sur l'art. 13 de l'ordonnce. de 1731, p. 106; du Perier, Max. de droit, p. 547 et 548; Pothier, Coute. d'Orléans, introd. au tit. 17, n. 26, p. 624, le décidoient ainsi, entr'autres auteurs, à l'égard des institutions contractuelles.

[2] *Secùs*, en faveur d'un ou de plusieurs de leurs enfants. (V. *inf.*, n. 379).

vie de leurs père et mère, la réserve devenoit caduque, à moins qu'ils ne laissassent eux-mêmes des enfants; car, ainsi que le remarque Furgole sur l'art. 11 de l'ordonnce. de 1731, p. 94, l'on devoit raisonner, à cet égard, des donations en faveur des enfants à naître, comme des institutions contractuelles qui devenoient caduques lorsque l'institué prédécédoit sans laisser des enfants du mariage en contemplation duquel elles avoient été faites. V. au n. 323 pour le cas de mort civile.

319. Cette faculté que conservoient les époux, pendant leur vie, de disposer des acquêts à titre onéreux (V. n. 315), recevoit une exception dans le cas de la séparation de biens ou de corps prononcée entre lesdits époux. Cette séparation, opérant la dissolution de la société conjugale (V. n. 171), fixoit, par conséquent, la consistance des acquêts sur la tête des enfants. Il est vrai qu'à la différence du cas de dissolution par la mort de l'un des conjoints (V. n. 321), les enfants n'étoient actuellement saisis d'aucune portion d'acquêts; que les père et mère, nonobstant la séparation, conservoient la propriété de la portion d'acquêts revenant à chacun d'eux *jure socio ;* mais cette propriété, qui devenoit résoluble par la survie des enfants, n'étoit susceptible que d'une transmission soumise à la même résolution. En un mot, la dissolution de la société conjugale par la séparation, produisoit, pour la masse entière des acquêts, le même effet qu'opéroit, pour la portion d'acquêts de l'époux survivant, la dissolution arrivée par la mort de l'un des époux, c'est-à-dire, qu'elle frappoit tous les acquêts de *dévolution*. (V. n. 349). Dès-lors, les acquêts, une fois la séparation prononcée, ne pouvoient être ni hypothéqués (arrêt de la cour de Bordeaux, du 30 Août 1810, en 1re., présidt. M. de Brézets, au rapport de M. Castaignet), ni aliénés. (V. arrêt du 27 Août 1827, au n. 329).

320. Il faut voir maintenant ce qu'opéroit la réserve, après la dissolution du mariage par la mort de l'un des conjoints, tant par rapport à la moitié d'acquêts de l'époux prédécédé, que relativement aux acquêts du chef de l'autre conjoint. Mais disons auparavant, sur l'une et sur l'autre portion d'acquêts, que, pour conserver *dans tous les* *cas*, tout le fruit de la donation à eux faite, les enfants avoient à répudier la succession des conjoints, ou, du moins, à ne l'accepter qu'au bénéfice d'inventaire : s'ils se portoient, en effet, héritiers purs et simples, cette adition effaçoit leur titre de donataires à l'égard des enfants d'un autre lit (V. n. 337), les qualités d'héritier et de donataire non préciputaire étant incompatibles entre enfants cohéritiers. (V. n. 417, let. *g*). Cette même adition les tenoit soumis, envers des tiers-acquéreurs et les créanciers quelconques [1] de leurs auteurs, à toutes les obligations de ces derniers (V. n. 377, 327 et 369, al. dern.), et cela, non-seulement sur les biens héréditaires, mais encore sur les biens formant l'émolument de la donation des acquêts, donation dont les enfants ne laissoient pas que de retenir le titre à l'égard desdits acquéreurs et créanciers, l'incompatibilité dont il vient d'être fait mention n'ayant pas lieu entre

---

[1] Nous disons *quelconques*, car les enfants, simples donataires des acquêts, sans adition de la succession de leurs auteurs, n'étoient pas tenus indistinctement des dettes de ces derniers. (V. aux n. 326, 327 et 369, al. dernier).

d'autres personnes que les enfants cohéritiers. (V. Pothier, des Donat. testam., ch. 4, art. 2, §. 1er., p. 348; des Success., ch. 3, art. 2, §. 6, p. 147, et ch. 4, art. 2, §. 6, p. 189; Lebrun, des Success., liv. 3, ch. 4, n. 28 et précéd., p. 51 et précéd.). Ceci rappelé, nous allons d'abord nous occuper de l'effet de la réserve par rapport à la moitié d'acquêts du chef de l'époux prédécédé.

321. On a remarqué au n. 311 que, par la réserve ou donation des acquêts, chacun des époux, individuellement, assuroit sa portion aux enfants qui proviendroient du mariage, et cela conditionnellement et pour le cas de survie desdits enfants. Ainsi, dès l'instant du décès de l'un des conjoints, les enfants qui se trouvoient lui avoir survécu, acquéroient la propriété de sa moitié d'acquêts, la réserve, pour cette moitié, ayant obtenu son complément et sa force.

Pour que la réserve eût cet effet, il suffisoit, dans le cas de prédécès du mari, qu'un enfant se trouvât conçu lors de la mort de ce dernier, pouvu qu'il vînt à naître viable. (V. L. 7, ff. *de stat. hom.;* L. 129, ff. *de verb. signif.;* Ricard, des Disposit. conditionnelles, traité 2, ch. 5, sect. 5, n. 486 et suiv., 499 et suiv., p. 199, 201 et suiv.). Suffisoit-il également de la mort civile de l'un des époux ? Comme la succession du mort civilement s'ouvroit au profit de ses héritiers, sans attendre la mort naturelle (Salviat, p. 466), les enfants, s'ils se portoient héritiers, prenoient les acquêts du chef de l'époux condamné, en même temps qu'ils appréhendoient sa succession. Mais les enfants pouvoient avoir intérêt à renoncer à cette succession pour s'en tenir à la donation des acquêts, et c'est à cette hypothèse que se rapporte notre question. On la résoudroit négativement, si l'on suivoit la doctrine développée par Ricard (*sup.*, sect. 4, n. 329 et suiv., p. 166 et suiv.) et par Furgole (des Testam., ch. 7, sect. 5, n. 59 et suiv., t. 2, p. 302 et suiv.) pour soutenir qu'en fait de condition, la mort civile n'équipolloit pas à la mort naturelle, et, en particulier, qu'un fidéicommis ne s'ouvroit pas par la mort civile du grevé. Mais cette doctrine, combattue avec succès par Richer, traité de la Mort civile, liv. 3, art. 2, ch. 2, p. 444 et suiv., édit. de 1755, se trouve rejetée par l'ordonn^ce^. des Substitutions, qui dispose (art. 24 du tit. 1er. — V. Thevenot, des Substit., sur ledit article) que, « dans tous les cas où la » condamnation pour crime emporte mort » civile, elle donnera lieu à l'ouverture du » fidéicommis comme la mort naturelle ». Quoique cette ordonnance statue sur un cas qui n'est pas le nôtre, elle consacre néanmoins le principe que la mort civile doit être assimilée à la mort naturelle, et ce principe ne peut qu'être étendu à la disposition à cause de mort [1] que constituoit l'affectation des acquêts aux enfants. Autrement, l'émolument de cette disposition passeroit aux héritiers de l'époux frappé de mort civile, et cela contre l'intention de cet époux qui, en donnant à cause de mort, s'étoit, à la vérité, préféré aux donataires, mais avoit manifes-

---

[1] A l'égard des conventions entre-vifs, on tenoit assez généralement, dans l'ancienne jurisprudence (Lapeyrère, let. M, n. 53, érige l'opinion contraire en décision), que les parties, en prévoyant le cas de la mort, n'étoient pas censées avoir pensé à la mort civile. (V. Richer, de la Mort civile, p. 482, 484 et suiv., et 510; Louet et Brodeau, let. C, somm^re. 26, t. 1er., p. 232; Lebrun, de la Com^té., liv. 3, ch. 2, sect 1re., dist. 4, n. 14, p. 397; Pothier, de la Com^té., n. 443, p. 697).

tement préféré ceux-ci à ses héritiers. (V. au n. 312, *sup.*).

322. Que si l'époux décédé n'avoit pas laissé d'enfants, mais seulement des petits-enfants, ces derniers, dont l'existence avoit empêché la caducité de la donation (n. 318), étoient également saisis de cette portion d'acquêts qu'ils prenoient *jure suo*, comme vulgairement substitués à leur auteur. (V. n. 288, par analogie; Consult. de Me. Cazalet, du mois de Juin 1782, et de Me. Denucé, du 5 Août 1818). C'est ainsi que l'ont répondu, à l'égard des institutions contractuelles, Mes. Martignac père, Ferrère et Denucé, dans une consultation du 3 Mai 1811, et que le décidoient, pour ces mêmes institutions contractuelles, Lebrun, des Success., liv. 3, ch. 2, n. 34 et 35, p. 26 et 27 de la 2e. partie; Catelan, liv. 2, ch. 15, t. 1er., p. 270 et suiv.; et, d'après ces deux auteurs, Bretonnier sur Henrys, liv. 4, quest. 116, t. 2, p. 675 à 677; Boucheul, des Convent. de succéder, ch. 12, n. 20, p. 178; Sudre sur Vulson, des Élections d'héritier, p. 22 à 24. Il importe de connoître les motifs qui servent de base à l'opinion de ces docteurs.

Écoutons, à cet effet, Lebrun : « Il faut exa-
» miner, dit-il, *loc. sup. cit.*, s'il se fait une
» transmission des droits de l'héritier con-
» tractuel; et quoique les arrêtistes franchis-
» sent le pas et disent que les arrêts ont jugé
» la transmission, il ne faut pas dire cela
» indéfiniment; et c'est bien assez de dire
» qu'ils ont adjugé, en ce cas, la succession
» contractuelle aux enfants de l'institué, soit
» qu'il fût fils du donateur, soit qu'il fût pa-
» rent collatéral, soit qu'il lui fût absolument
» étranger : ce qu'ils ont jugé par la faveur
» des contrats de mariage, hors lesquels il ne
» se fait pas d'institution contractuelle, la-
» quelle semble induire que l'instituant, je-
» tant les fondements du mariage et de l'é-
» tablissement de l'institué, a voulu pourvoir
» non-seulement à lui, mais à ses enfants,
» sans qu'il soit besoin de dire que les arrêts
» ont jugé que cela se soit fait par droit de
» transmission ni même de représentation.
» Et premièrement, la transmission se fait
» d'une succession échue, lorsque l'héritier
» vient ensuite à décéder; auquel cas, quoi-
» qu'il ne se soit pas encore porté héritier, et
» que ce soit une maxime que *hæreditas non*
» *adita non transmittitur*, néanmoins on y

» admet les enfants de l'institué à recueillir » les biens contenus dans l'institution....... » Ainsi, comme nous présupposons ici le » prédécès de l'héritier contractuel, ce n'est » pas le véritable cas de la transmission, qui » ne se fait que des droits déjà échus; d'ail» leurs, l'on n'a donné atteinte à cette règle » qui dit que *hæreditas non adita non trans-* » *mittitur,* qu'en faveur des enfants et petits- » enfants; en quoi, on a considéré la liaison » qu'il y avoit entre le testateur et les enfants » de son fils, qui est son héritier institué; au » lieu que, selon les arrêts, nous admettons » les enfants de l'héritier contractuel qui est » décédé avant le donateur..... Ainsi, il n'est » pas très-régulier d'appeler transmission ce » que nous admettons contre toutes les lois » de la transmission, ou il faut avertir, au » moins, si on ne se veut pas éloigner de l'u» sage, que ce sera une transmission fort im» proprement dite.... Ce n'est pas, non plus, » un droit de représentation par les mêmes » raisons; mais j'estime que les enfants de » l'héritier contractuel ainsi prédécédé ont » été appelés sur le fondement de la pré» somption de la volonté de celui qui avoit » fait l'institution, lequel est réputé avoir

» voulu pourvoir aux enfants qui naîtront du » mariage en faveur duquel il faisoit cette » institution, ce qui fait qu'ils viennent *jure* » *suo;* et c'est pourquoi les parents collaté- » raux de l'héritier contractuel n'ont pas ce » droit, parce que cette présomption n'est » pas pour eux ». Ce qui vient d'être dit à l'égard des institutions contractuelles, est formellement établi pour les donations aux enfants à naître par Sudre sur Vulson, des Élections d'héritier. Cet auteur, après avoir démontré que de semblables donations ne saisissoient pas les donataires avant la mort des donateurs (V. p. 29 à 33 et 219), s'exprime ainsi (V. p. 33 et suiv.): « De ce que » les donations aux enfants à naître ne saisis- » sent pas, il s'ensuit, par une conséquence » bien naturelle, que, lorsqu'au défaut des » enfants, on admet les petits-enfants à re- » cueillir les biens donnés, ce n'est nulle- » ment par les règles d'une transmission » réelle et proprement dite; qu'on ne les ad- » met pas du chef de leurs pères, qui n'ont » jamais rien acquis qu'ils aient été en état » de transmettre; enfin, qu'on les admet *de* » *leur propre chef*, de la même manière » qu'ils sont admis dans les institutions con- » tractuelles ».

323. Ajoutons ici que, dans le cas où quelques-uns seulement des enfants étoient prédécédés, laissant eux-mêmes des enfants, ces derniers, quoique appelés *jure suo*, venoient en concours avec leurs oncles ou tantes dans l'ordre de représentation, et conséquemment par souche. (V. Lebrun, des Success., liv. 3, ch. 2, n. 36, p. 27 de la 1re. part. V., par analogie, ce qui est dit *sup.*, au n. 288). Ajoutons encore que dans le cas où quelques-uns des enfants ou des petits-enfants se trouvoient atteints de mort civile, ils étoient incapables de prendre part dans les acquêts du chef de l'époux décédé, la condition de leur survie devant être censée défaillie à raison de l'assimilation de la mort civile à la mort naturelle dans les dispositions à cause de mort. (V., sur ce dernier point, n. 321. V. encore par arg., Répre. de M. Merlin, t. 17, p. 160; art. 23 de l'ordonnce. des Substit.; L. 32, §. 6, ff. *de donat. int. vir et ux.*). Au surplus, il étoit certain, en droit, que ceux qui étoient frappés de mort civile à l'époque de la mort du donateur, étoient inhabiles à recueillir l'émolument de la donation à cause de mort à eux précédemment faite. (V. L. 35, *in princip.*, ff. *de mort. caus. donat;* L. 3, ff. *de his quæ pro non script.*

hab.; L. 22, ff. *de mort. caus. donat.*, combinées; Furgole, des Testam., t. 1er., p. 415, 361 et 362, *junct.*).

324. Les enfants, par le prédécès de l'un des conjoints, se trouvant revêtus de la moitié d'acquêts du chef de ce conjoint, il est évident qu'aucune vente ou hypothèque ne pouvoit en être consentie par l'époux survivant (V. *infrà* au n. 351, et appliquez l'attestation de 1691 et les autorités qui la suivent), sauf les cas d'exception autorisés. (V. aux n. 328 à 330).

325. Il est encore évident que cette moitié d'acquêts, transmise aux enfants, ne pouvoit être frappée d'aucune saisie pour des dettes contractées par l'époux survivant, non-seulement après la dissolution de la société (appliquez les autorités rappelées au n. 352), mais encore avant son mariage, ainsi que le décidèrent deux arrêts du parlement de Bordeaux, l'un, sous la date du 25 Février 1671, rendu à l'audience de la grand'chambre, au rapport de M. Voluzan; l'autre, rendu en la 2e. chambre des enquêtes, le 21 Juillet 1731, au rapport de M. de Caupos, entre

Jean Dufau et Lanefranque. Lapeyrère rend ainsi compte du premier de ces arrêts, qu'il rapporte à la let. H, n. 14, et que son Apostillateur cite à la let. A, p. 3, v°. *Les acquêts faits :* « Un homme emprunte une » somme, et, pour le paiement d'icelle, hy- » pothèque tous ses biens présents et à venir; » ensuite, il se marie et associe sa femme aux » acquêts réservables aux enfants. La société » ayant fini par la mort de la femme, le » créancier précédent au mariage fait saisir » les biens du mari, qui consistoient entière- » ment aux acquêts dudit mariage. Les en- » fants demandent la cassation de la saisie, » en conséquence de la réserve apposée en » leur faveur par le contrat de mariage. La » cour fait mainlevée aux enfants pour la » moitié qui leur appartient du chef de leur » mère, et confirme la saisie pour l'autre moi- » tié ». Quant à l'autre arrêt, voici en quels termes il est rappelé par les auteurs des Conférences m. s. sur Lapeyrère, let. A, p. 3, v°. *Les acquêts faits :* « Dufau avoit été » marié avec la nommée Amand, avec stipu- » lation d'acquêts réversibles aux enfants du » mariage. La femme étant morte, un créan- » cier de Dufau saisit un bourdieu à Quinsac

» et une maison à Bordeaux, qui avoient été » acquis pendant le mariage. Dufau, sous le » nom de ses enfants, et comme leur légi- » time administrateur, demanda la main- » levée des biens saisis, comme acquêts leur » appartenant en vertu de la stipulation. Il y » avoit plusieurs sortes de créanciers oppo- » sants au décret : les uns, antérieurs au con- » trat de mariage ; les autres, pendant le » mariage. L'arrêt fait mainlevée aux enfants » de la moitié des bourdieu et maison, à la » charge par eux de payer à Hugues, seul » créancier de la société, la somme de 330 liv. » pour la moitié de celle qui lui étoit due, » et il fut ordonné que l'autre moitié des » bourdieu et maison resteroit aux criées ». Ces deux arrêts sont conformes aux principes posés au n. 237.

326. Mais les acquêts, pour la portion transmise aux enfants par la mort de l'un des époux, pouvoient être saisis, soit pour les dettes que cet époux avoit contractées avant son mariage, car l'affectation des acquêts, comme toute donation, ne pouvoit nuire aux créanciers antérieurs (V., par arg., les arrêts cités au n. précéd.), soit pour les dettes créées pendant la durée de l'association conjugale, car, ainsi que le dit une attestation du barreau, du 18 Février 1674, syndics Mes. Poitevin et Borie, « les acquêts d'une société » conjugale étoient sujets aux charges de la- » dite société, encore qu'ils eussent été spé- » cialement donnés aux enfants, qui ne pou- » voient demander lesdits acquêts qu'à la » charge de payer les dettes de la société... »; et la cour de Bordeaux, par arrêt du 10 Mai 1821, en 2e., présidt. M. Delpit, plaidant Me. de Saget, a jugé que le père ayant été exproprié des acquêts, les enfants, pour être en droit de les revendiquer, devoient offrir de payer les dettes. La même cour, dans un arrêt rendu le 22 Janvier 1818, en 2e., présidt. M. de Chalup, avoit reconnu aux enfants le droit de revendication, à la charge par eux de payer les dettes pour lesquelles les acquêts avoient été saisis.

Remarquons, à l'occasion des dettes sociales, que la saisie, pour ces dettes, en cas de prédécès de la femme, p. ex., pouvoit être faite sur la tête du mari, car l'action des créanciers de la société, contre le mari et les biens sociaux, n'éprouvant aucune modification par la dissolution de la société (V.

n. 217), n'étoit pas susceptible d'en éprouver, non plus, par l'affectation aux enfants de l'actif social, puisque cet actif n'existoit pour eux qu'une fois les dettes payées.

327. Relativement à l'action qu'avoient les créanciers après la dissolution de la société par la mort de l'un des conjoints, à raison des dettes sociales contractées, il peut être utile de ne pas perdre de vue cette distinction : ou les enfants s'étoient portés héritiers purs et simples de l'époux prédécédé, ou ils avoient répudié sa succession pour s'en tenir à la donation d'acquêts à eux faite. Dans la première hypothèse, ils étoient obligés aux dettes de la même manière que l'eût été cet époux (V. au n. 320); dans la seconde hypothèse, comme donataires à cause de mort des acquêts, en d'autres termes, comme donataires d'une certaine espèce de biens, en un mot, comme donataires universels, ils se trouvoient personnellement soumis aux obligations pour dettes de leur auteur (V. Nouveau Denisart, v°. *Donation*, §. 4, n. 1er. et 2; Pothier, des Success., ch. 5, art. 2, §. 3, et des Donat. entre-vifs, 3e. sect., art. 1er., §. 2; Furgole, sur l'art. 17 de l'ordonnce. de 1731,

p. 163 et suiv., et sur l'art. 13, p. 106 et suiv.; Ricard, des Donat. entre-vifs, 3e. part., ch. 11, n. 1516 et 1522); et dès-lors, ils étoient tenus, en qualité de donataires de la moitié d'acquêts du chef du conjoint prédécédé, de la moitié des dettes à la charge de celui-ci. (Arrêt de la cour de Bordeaux, du 22 Janvier 1827, en 1re., présidt. M. de Saget, plaidant Me. Barennes). — Mais on demande si, dans le cas de prédécès de la femme, les enfants pouvoient être astreints au paiement des dettes chirographaires souscrites par le mari et n'ayant aucune fixité de date à l'époque de la dissolution de la société conjugale. La fraude se présume-t-elle? Ne se rencontre-t-il pas des occasions où l'on ne peut traiter que sous seing privé? Les personnes de bonne foi songent-elles toujours à se précautionner contre de futurs contingents? Voici des considérations favorables aux dettes dérivant d'écritures privées dont la date ne se trouve pas constatée. Mais, d'un autre côté, admettre de plein droit de semblables dettes, ne seroit-ce pas fournir au mari un moyen sûr et facile d'éluder de justes prohibitions, et l'autoriser à anéantir à son gré une donation irrévocable par des engagements souscrits une fois la société dissoute? N'a-t-il pas été jugé au parlement de Bordeaux, en 1726, par la 2e. chambre des enquêtes (Despiau, en son Recueil m. s., v°. *Donation,* rapporte cet arrêt), qu'un donataire de biens présents et à venir ayant opté pour les biens présents, n'étoit pas tenu de payer les billets d'écriture privée du donateur datés d'une époque antérieure à la donation? Dans ce conflit de considérations également fortes, il faut recourir aux principes. On tenoit pour maxime que les actes sous signature privée faisoient la même foi que l'acte authentique entre ceux qui les avoient souscrits, leurs héritiers ou successeurs; mais que, par eux-mêmes, ils n'avoient de date contre les *tiers* que du jour où on les leur produisoit. (Pothier, des Oblig., n. 742 et 749). La question posée plus haut se réduit donc à savoir si les enfants donataires des acquêts du chef de leur mère, étoient ou n'étoient pas des *tiers* relativement aux actes sous seing privé émanés du père. La négative de cette question a été jugée par l'arrêt du 22 Janvier 1827, que nous avons déjà rappelé, et qui peut être analysé dans les termes suivants: Après la mort de la femme, et du vivant du mari, saisie-arrêt au préjudice d'un des enfants donataires des acquêts (ils étoient au nombre de trois) pour le montant de deux billets consentis par le père et datés du temps du mariage; validité prononcée, non pour toute la somme portée aux billets (comme on le demandoit), mais seulement pour la part contributive de l'enfant, débiteur saisi, dans la moitié de la dette à la charge des enfants comme représentant leur mère prédécédée, c'est-à-dire, pour un sixième du montant entier des billets; il est déclaré en principe, par l'arrêt, que l'enfant, débiteur saisi, n'étoit pas un *tiers* relativement au signataire de ces billets. Le lecteur s'aperçoit que, par l'arrêt dont il s'agit, la condamnation n'a été prononcée contre l'enfant que du chef de sa mère; or, les billets n'émanoient pas de cette dernière, mais du père encore vivant, et cependant on déclare que cet enfant n'étoit pas un *tiers* étranger aux billets. La cour de Bordeaux a certes décidé de la sorte, parce que, dans l'opinion des magistrats, les dettes chirographaires souscrites par le mari et n'ayant aucune date certaine lors de la dissolution de la société, devoient faire foi de leur date contre la femme, et, par suite, contre ses héritiers ou donataires. C'est aussi notre sentiment (V. n. 222).

328. Les acquêts, pour la portion qui nous occupe, pouvoient encore être vendus ou engagés pour payer les dettes de la société dissoute. Il existe, à cet égard, deux attestations, l'une du 30 Mai 1738, pour les demoiselles Guichenet, syndics Mes. Boudin et Fonteneil; l'autre du mois de Ventôse an 10, donnée par l'ancien tribunal d'appel de Bordeaux. Cela, au surplus, avoit été jugé au parlement de Bordeaux, par un arrêt de l'année 1709, dont l'Apostillateur de Lapeyrère (let. A, n. 2, v°. *Jugé en* 1709, p. 3, et let. N, n. 37, v°. *Quid, si le père survivant*, p. 268) rend ainsi compte : « Jugé en 1709, » au rapport de M. de Bigot, que le père » survivant et remarié avoit pu vendre les ac- » quêts de la première société pour payer les » dettes de cette première société, quoiqu'ils » fussent réversibles aux enfants; et que les » enfants du premier lit n'étoient pas rece- » vables à rembourser l'acquéreur qui avoit » payé les créanciers de cette première so- » ciété, en conséquence de l'indication de » son contrat d'achat ». Les raisons de ce point d'usage et de jurisprudence sont frappantes. D'un côté, en effet, suivant la maxime *non dicuntur bona, nisi deducto ære alieno*, L. 39, §. 1er., ff. *de verb. signif.*, il ne pouvoit y avoir d'acquêts pour les enfants qu'après l'entier acquittement des dettes communes; d'un autre côté, et à raison des mêmes dettes, les acquêts pouvant devenir l'objet d'une vente forcée (V. n. 326), le père survivant qui, à la qualité d'administrateur légal et d'usufruitier, réunissoit celle de codébiteur, de copropriétaire et de liquidateur naturel de sa société dissoute, devoit avoir autant de titres pour être autorisé à vendre, à engager, pour liquider et payer, et pour prévenir ainsi l'exercice d'actions rigoureuses de la part des créanciers.

329. Ces mêmes acquêts, lorsque l'actif social avoit été partagé sans que les parties intéressées eussent préalablement prélevé sur cet actif les sommes dont chacune d'elles étoit créancière de la société, pouvoient être aliénés par le père survivant, pour se rembourser à lui-même les sommes par lui conférées dans la société dont la liquidation se trouvoit faite dans l'acte de partage. Mais, sans liquidation préalable et sans un partage régulier, l'aliénation ne pouvoit avoir lieu. (Arrêt de la cour de Bordeaux, du 27 Août 1827 [1], en 1re., présidt. M. Ravez; autres arrêts de la même cour, des 19 Avril 1821, en 1re., présidt. M. Marbotin de Conteneuil, plaidants Mes. Duranteau et Ravez fils, et 31 Décembre 1823, en 1re., présidt. M. Marbotin de Conteneuil, plaidants Mes. Roullet et

---

[1] Dans l'espèce de cet arrêt, l'aliénation des acquêts avoit été faite avant partage par le père, *du vivant de la mère*, après leur divorce prononcé. D'où vient donc que, pour fonder la revendication que les enfants exercèrent après la mort de leur père, l'arrêt excipe de la prohibition d'aliéner faite, dans le cas donné, au père *survivant*? V. n. 319. Au surplus, ce même arrêt, en admettant dans l'espèce qui lui étoit soumise la revendication des enfants, a jugé, 1°. que cette revendication ne portant que sur une partie des ventes, les enfants ne devoient faire raison aux détenteurs attaqués, des reprises de leur père, que jusqu'au prorata de la valeur des fonds revendiqués; 2°. que tous les détenteurs étant également soumis à cette revendication, les premiers acheteurs ne pouvoient pas renvoyer cette action contre les derniers, comme en matière de retranchement sur les donations.

Duranteau). *Nota.* La cour, par arrêts des 30 Août 1813, en 1re., présidt. M. de Brézets, et 17 Janvier 1820, en 1re., présidt. M. Marbotin de Conteneuil, plaidants Mes. de Saget et Roullet, s'étoit précédemment prononcée pour la validité des aliénations jusqu'à concurrence des reprises à liquider.

330. Cette faculté de vendre pour l'acquit des dettes sociales, Salviat, p. 13, l'accorde au survivant des époux indistinctement. Toutefois, les attestations du barreau et l'arrêt de 1709 plus haut mentionnés (n. 328), ne parlent que du *père* survivant. On doit donc limiter la décision donnée par Salviat, au père survivant, comme nous l'avons fait, et ne pas l'étendre à la *mère* survivante. Cette faculté de vendre s'explique bien, d'ailleurs, dans la personne du père survivant, par sa qualité de liquidateur de la société d'acquêts, dont la dissolution laissoit entière contre lui l'action des créanciers de ladite société. (V. n. 217 et 328).

331. Si, hors les cas où elles se trouvoient permises, des aliénations avoient eu lieu, une action en revendication étoit ouverte aux enfants. Cette revendication des acquêts pour la portion transmise aux enfants par le prédécès de l'un des époux, nous occupera plus tard : nous en parlerons en même temps que de la revendication des acquêts dévolus. (V. n. 370 à 377).

332. Copropriétaires des acquêts, pour la moitié dont ils se trouvoient saisis par le décès de l'un des conjoints, les enfants avoient, en cette qualité, une action en partage contre l'époux survivant qui, ainsi qu'on le verra plus tard (n. 357), restoit propriétaire de la portion d'acquêts de son chef. Ils pouvoient exercer cette action, quoique cet époux se trouvât investi de l'usufruit de la moitié d'acquêts du chef de son conjoint prédécédé, cet usufruit étant distinct et séparé de la nue propriété de ladite moitié d'acquêts, nue propriété dont ils pouvoient disposer et qu'ils avoient, dès-lors, intérêt à faire déterminer par un partage. (Arrêts de la cour de Bordeaux, du 11 Août 1818, en 1re., présid[t]. M. Marbotin de Conteneuil, plaidants M[es]. de Saget et Barennes, et 2 Janvier 1827, en 1re., présid[t]. M. de Saget, plaidants M[es]. Brochon jeune et Barennes.

333. Que si le conjoint survivant avoit aliéné des acquêts, hors le cas où le droit lui en étoit accordé, l'action en partage des mêmes acquêts n'en étoit pas moins au pouvoir des enfants, à l'égard desquels les aliénations consenties demeuroient nulles pour la portion les concernant : il est sensible que si le conjoint survivant avoit pu vendre son droit indivis sur la totalité, il n'avoit pu conférer un droit exclusif sur aucune partie, attendu que ce droit il ne l'avoit pas lui-même. (V. Vigier, Cout^e. d'Angoumois, p. 349; Serres, Inst. du droit français, p. 500; Graverol sur les arrêts de la Roche-Flavin, p. 376, édit. de 1682; Maynard, p. 1207, édit. de 1628; tit. *de Comm. rer. alienat.*, au code Justinien). La nullité n'avoit cependant pas lieu si, par l'événement du partage, l'objet aliéné tomboit dans le lot du vendeur (Vigier, *sup.*, p. 349 et 350; M. de Juin, t. 5, p. 383 à 385), et pour conserver son effet à la vente, on devoit, en procédant au partage, faire entrer, autant que faire se pouvoit, le bien aliéné dans le lot dudit vendeur. (M. de Juin, *sup.;* Furgole, sur l'art. 34 de l'ordonn^ce. des Donat., p. 288; Consult. de M^e. Cazalet, du 21 Décembre 1788).

334. Cette action en partage étoit ouverte aux enfants, encore qu'ils eussent renoncé à la succession de l'époux prédécédé, parce que les acquêts, au moyen de la renonciation et par une conséquence de l'affectation primitivement faite, formoient réellement un genre de biens distincts du patrimoine des conjoints, comme les auteurs des Conférences m. s. sur Lapeyrère, let. R, n. 59, en ont fait l'observation. C'est ainsi que, par le droit écrit, l'héritier présomptif qui avoit reçu une libéralité du défunt, la conservoit en renonçant à sa succession (L. 25, cod. *famil. ercisc.;* L. 9, cod. *de collat. dot.;* Despeisses, tit. des Droits des héritiers, sect. 1re., n. 30, t. 2, p. 468; Mornac, sur la L. 25, ff. *de inoff. testam.*, t. 1er., p. 442, cité par l'Apostillateur de Lapeyrère, let. A, n. 66, v°. *Toute donation*).

335. Cette même action en partage appartenoit également aux petits-enfants dans le cas où ils avoient droit aux acquêts (V. *sup.*, n. 322), et cela, quoiqu'ils eussent répudié la succession de leur auteur, parce qu'ils étoient appelés *jure suo* à prendre les acquêts, ainsi que nous l'avons dit (n. 322).

336. La renonciation opéroit son effet entre les enfants de divers mariages contractés avec affectation d'acquêts : les enfants du second lit, p. ex., prenoient la moitié des acquêts de ce mariage, qu'amendoit le conjoint décédé à la succession duquel ils avoient renoncé, et ce, à l'exclusion des enfants du premier lit, sauf le droit qu'avoient ceux-ci d'exiger leur légitime sur lesdits acquêts, en cas d'insuffisance soit des acquêts du premier mariage, soit des propres délaissés par l'époux décédé. Sur ce droit légitime, il existe une attestation formelle conçue dans les termes suivants : « Attesté, le 25 Avril 1721, » syndics Mes. Fonteneil et Roborel, que » lorsqu'un homme, qui a des enfants d'un » premier mariage, convole en secondes noces » et stipule, dans le contrat de mariage, une » société d'acquêts avec réservation d'iceux » aux enfants qui en naîtront, les acquêts » faits durant cette dernière société leur appartiennent à l'exclusion des enfants du » premier lit, sauf à ceux-ci à prendre leur » légitime sur la moitié des acquêts de la seconde communauté appartenante au père, » au cas qu'il n'y ait ni propres ni acquêts » faits dans la première société suffisants pour

» remplir le droit de légitime ». Cette légitime devoit être réglée suivant le droit romain, dans le cas même où il s'agissoit de la succession de la mère. (Frères Lamothe, sur l'art. 70 de la Cout^e^. de Bordeaux, t. 1er., p. 364, n^te^. 5; Consult. de M^e^. Lisleferme, du 17 Juin 1768).

337. *Quid*, si au lieu de répudier l'hérédité de l'époux prédécédé, les enfants tant du premier que du second lit s'étoient portés ses héritiers? Les enfants du second mariage devoient-ils avoir les acquêts de ce mariage privativement aux enfants du premier lit, *et vice versa?* Cette question donna autrefois lieu à deux consultations contraires des avocats les plus distingués de notre ancien barreau. Ledoux, Bouquier, Bechet et Pasquet la décidoient affirmativement, par cette raison, entr'autres, que l'affectation des acquêts renfermoit par elle-même une donation précipuaire en faveur des enfants de chaque mariage; et tel étoit aussi le sentiment des auteurs des Conférences m. s. sur Lapeyrère, let. A, n. 2, v°. *La propriété des acquêts.* D'Albessard, Magnol père, Beaune et Dumat prétendoient, au contraire, que la moitié des acquêts de la première et de la seconde société devoit être portée à la masse des propres de l'époux décédé, pour le tout être partagé également entre les enfants des deux lits; leurs motifs étoient : qu'en pays de droit écrit, et surtout en ligne directe, on ne pouvoit être héritier et donataire, à moins que la donation ne fût faite par préciput (V. *inf.*, n. 417, let. *g*); que la réserve des acquêts ne contenoit pas de préciput; qu'elle renfermoit, dès-lors, une donation sujette à rapport, toute donation en ligne directe étant présumée faite en avancement d'hoirie, et devant être rapportée dans le partage des hérédités des père et mère [1]. Cette dernière

---

[1] Le rapport avoit lieu pour toutes donations, soit entre-vifs, soit à cause de mort (novelle 18, ch. 6; authentique *ex testamento* placée sous la L. 1re., cod. *de Collat.*; L. 20, §. 1er., cod. *eod.*; Serres, Inst., p. 400; Boutaric, Inst., p. 308; de la Touloubre, sur la quest. 25 du liv. 2 des Quest. notab. de du Perier, p. 248; Lapeyrère, let. D, n. 81; arrêt de la cour de Bordeaux, du 30 Décembre 1828, présidt. M. Ravez), même de la part de l'héritier bénéficiaire, parce qu'à l'exception du privilége de ne pas faire confusion et de ne pas être tenu des dettes au-delà

opinion fut adoptée par un arrêt du 21 Août 1737, rendu au parlement de Bordeaux, en 2e., au rapport de M. de Marbotin, dans le procès du sieur Petit, à l'occasion duquel avoient été données les consultations ci-dessus rappelées; elle fut, de nouveau, suivie par deux arrêts du même parlement, l'un, en 2e., au rapport de M. Magnol, sous la date du 2 Juin 1755, et l'autre, du 11 Juillet 1759, en faveur de la demoiselle Lacorde, veuve Montaugé (ces différents arrêts sont rappelés au Recueil m. s. d'arrêts de Despiau, vo. *Acquêts*); et, de notre temps, elle a été consacrée notamment par deux arrêts de la cour de Bordeaux, le premier, du 29 Août 1820, plaidants Mes. Duranteau et Barennes, et le second, du 29 Juin 1825, rendu en 1re., sous la présidence de M. Ravez.

---

des forces héréditaires, un héritier bénéficiaire ne différoit pas d'un héritier pur et simple (Journal du palais de Guéret et Blondeau, t. 2, p. 302 et suiv.; Bretonnier sur Henrys, t. 2, p. 50 à 52, 55 et 56, et t. 3, p. 666; Pothier, des Success., t. 6, p. 147), le tout, cependant, à moins que les donations n'eussent été faites avec dispense de rapport. (Lois ci-dessus citées).

338. Au moyen de leur renonciation à l'hérédité du conjoint prédécédé, les enfants, restant simples donataires des acquêts, n'étoient pas justiciables de la juridiction commerciale, à raison des billets souscrits par leur auteur, qu'ils ne représentoient pas comme héritiers. (Arrêt de la cour de Bordeaux, du 22 Décembre 1808, présid^t. M. Cavailhon, plaidant M^e. de Saget).

339. Par la même raison, les actes sous seing privé, signés du père prédécédé, bien qu'ils fussent à la charge des acquêts, en les supposant vrais, ne pouvoient être judiciairement tenus pour reconnus que contradictoirement avec la personne qui représentoit le défunt dans l'universalité de ses actions. (Arrêt de la cour de Bordeaux, du 7 Juin 1826, en 1re., présid^t. M. de Saget, plaidants M^es. Bouthier et Beauvallon.

340. Par suite de cette renonciation, il ne pouvoit être question, entre les enfants, d'aucun rapport à l'égard des libéralités à eux faites, pendant le cours du mariage, par l'époux prédécédé. Pourquoi cela? parce que le rapport n'avoit pas lieu entre codonataires.

Mais prenez garde que nonobstant cette dispense de rapport, les enfants ne pouvoient se prévaloir entr'eux de ces libéralités, qu'autant qu'ils s'en trouvoient avantagés, par suite d'actes constituant l'exercice par l'époux de la faculté d'avantager à lui appartenante (V., sur cette faculté, les n. 379 et suiv., 396 et suiv.). Quelle en est la raison? C'est que le titre des enfants, comme donataires des acquêts, remontoit au contrat de mariage de leurs père et mère, et que ce titre, irrévocable de sa nature, interdisoit à ceux-ci toute disposition ultérieure des acquêts à titre gratuit, sauf le choix dont il vient d'être parlé.

341. Mais les enfants, quoique ayant répudié la succession du conjoint prédécédé, avoient qualité, comme donataires des acquêts, pour surveiller la liquidation de cette succession dans laquelle les acquêts se trouvoient confondus. (Arrêt de la cour de Bordeaux, du 11 Septembre 1810, présid[t]. M. Cavailhon, plaidants M[es]. Émérigon et Ferrère).

342. Avant d'en finir sur la portion d'acquêts transmise aux enfants par le décès de l'un des conjoints, nous allons ajouter quelques remarques pour le cas où l'usufruit de cette portion auroit été stipulé par contrat de mariage en faveur du survivant des conjoints. (V. n. 14).

343. L'entretien et la nourriture des enfants étoient une charge de cet usufruit. (Conférences m. s. sur Lapeyrère, let. A, n. 53, v°. *Nota que;* arrêt du tribunal d'appel de Bordeaux, du 18 Brumaire an 11, 1re. sect., présidt. M. de Brézets, plaidants Mes. Duranteau et Brochon; attestation du 14 Mars 1705, syndics Mes. Tournaire et Dalleau, donnée pour le cas de convol de la mère). C'est ainsi que le père n'avoit l'usufruit légal du bien de ses enfants qu'en les nourrissant et en les entretenant. (Attestation du 22 Mars 1714, syndics Mes. Pasquet et Saint-Martin).

344. Le père survivant n'étoit assujetti, pour cet usufruit, à aucun bail de caution, même en cas de convol (V. Despeisses, des Contrats, part. 2, tit. 1er., art. 1er., sect. 2, de l'Usufruit, t. 1er., p. 613; Dupin sur Ferron, v°. *Usufruit,* n. 49, p. 380 et 381; Apostillateur de Lapeyrère, let. N, n. 37, v°.

La veuve usufruitière, p. 268 et 269; arrêt du parlement de Bordeaux, du 31 Janvier 1724, sur les conclusions de M. d'Albessard, aux Conférences m. s. sur Lapeyrère, *loc. sup. cit.*).

345. Étoit-il tenu de faire inventaire? L'Apostillateur de Lapeyrère, let. N, n. 37, v°. *Vide Minsinger*, et Lapeyrère, let. P, n. 31, sont pour l'affirmative, qu'embrasse Me. Cazalet dans une consultation de l'année 1780; mais la question étoit controversée (V. Ferriere, traité des Tutelles, p. 149 et suiv., édit. de 1766), et les auteurs des Conférences m. s. sur Lapeyrère, let. J, n. 47, v°. *Petite-fille*, et let. P, n. 31, tiennent que l'inventaire ne pouvoit être exigé que dans le cas de convol. L'inventaire, dans cette hypothèse, a été ordonné par deux arrêts du parlement de Bordeaux, rendus, l'un, en 1745, plaidants Mes. Dubouilh et Goursac; et l'autre, en grand'chambre, le 30 Mai 1755, présidt. M. Leberthon, plaidants Mes. Brochon et Sales [1].

---

[1] On trouve, dans diverses collections m. s., des arrêts d'hypothèse qui ont jugé, soit que le père étoit

346. La mère survivante n'étoit pas obligée de fournir caution. (Lapeyrère et son Apostillateur, let. V, n. 64, et let. N, n. 37, v°. *La veuve usufruitière* in fine; Dupin sur Ferron, v°. *Usufruit*, n. 49, p. 380 et 381; Conférences m. s. sur Lapeyrère, let. V, n. 69; arrêt de la cour de Bordeaux, du 29 Avril 1809, plaidants M^es. Lainé et Pascal

---

tenu de faire inventaire, et tel est l'arrêt rendu, au rapport de M. Duval, entre Guiraudeau et Bastères (que les Conférences m. s. sur Lapeyrère, let. P, n. 31, v°. *Le père*, rappellent en disant qu'il y avoit dans le procès des circonstances toutes particulières); soit que le père étoit dispensé de faire inventaire, même en cas de convol : tel est l'arrêt du parlement de Bordeaux, du 2 Septembre 1740, en grand'chambre, au rapport de M. de Navarre, entre Doumerc père et Leyt, créancier de Doumerc fils, décédé (arrêt que Despiau, dans son Recueil d'arrêts, v°. *Inventaire*, rapporte en faisant remarquer que, dans l'espèce, il s'agissoit d'un négociant qui n'avoit pas d'enfants du second lit, ni espérance d'en avoir, la seconde femme étant déjà sur l'âge, et qui produisoit pour plus de 15,000 fr. de contrats acquis pendant la première société, en sorte qu'il paroissoit des fonds plus que suffisants pour payer le créancier de Doumerc fils, enfant du premier lit).

Buhan). *Quid,* en cas de convol ? Lapeyrère et son Apostillateur, ainsi que Dupin, *loc. sup. cit.,* se prononcent pour la nécessité du cautionnement, et leur décision se trouve appuyée de plusieurs arrêts conformes du parlement de Bordeaux. Despiau, dans son Recueil m. s. d'arrêts, v°. *Mère,* en rapporte deux sous la date des 2 Septembre 1728 et 22 Décembre 1729. On s'éloignoit de cette jurisprudence dans quelques circonstances particulières, p. ex., lorsque la mère avoit plus de biens qu'il n'en falloit pour répondre de ceux portés dans l'inventaire. (Arrêt du parlement de Bordeaux, du 10 Décembre 1726, au Recueil de Despiau, v°. *Mère;* Conférences m. s. sur Lapeyrère, let. N, n. 37).

Quant à l'inventaire, il étoit requis dans tous les cas. (Arrêts des 2 Septembre 1728 et 22 Décembre 1729, ci-avant rappelés).

347. En cas de constructions faites par le conjoint survivant, pendant la durée de son usufruit, sur les biens acquêts transmis aux enfants du mariage par le prédécès de l'autre époux, ce conjoint survivant ou ses héritiers étoient-ils fondés à réclamer desdits enfants la plus value résultante des constructions? V. n. 359.

348. C'est le moment de parler de l'effet de la réserve par rapport à la portion d'acquêts du chef de l'époux survivant.

349. Les enfants, a-t-il été dit précédemment (n. 321), étoient saisis par le décès de l'un des époux de la portion d'acquêts à lui appartenante. La moitié d'acquêts du chef de l'époux survivant leur étoit-elle également transmise à la même époque, c'est-à-dire, au décès du prémourant? « On a vu (n. 312) que la clause d'affectation des acquêts aux enfants étoit au profit des enfants à naître, par conséquent, une disposition à cause de mort, de la part de chacun des deux conjoints, pour la portion qui appartenoit à chacun d'eux dans la société conjugale..... Or, une donation à cause de mort ne peut pas changer de nature, et se convertir, par un accident particulier, en donation entre-vifs, sans qu'un nouvel acte, signé par le donateur, lui confère ce caractère. Si le titre n'est pas changé, elle doit toujours rester telle que le contrat originaire l'a faite. Cette même disposition ne peut pas non plus être une donation à cause de mort de la part de l'époux qui prédécède, et une donation entre-vifs de la part du survivant; car sa qualité étant déterminée à l'époque même de la signature de l'acte qui la renferme, le prédécès de l'un ou de l'autre des deux époux ne peut pas empêcher que cette même donation ne soit, à l'égard du survivant, ce qu'elle a été à l'égard du prédécédé, une simple donation à cause de mort, quoique irrévocable, de la part de l'un et de l'autre. Cependant, si on admettoit qu'au décès de l'un des conjoints, la propriété de la moitié d'acquêts du survivant est actuellement et irrévocablement transmise aux enfants du mariage, comme celle de la moitié du prédécédé, le survivant en seroit dépouillé pendant sa vie; la donation, qui n'avoit été faite qu'à cause de mort, produiroit à son égard l'effet absolu d'une donation entre-vifs, et ce changement, qui s'opèreroit seulement au préjudice de l'époux associé, survivant à la dissolution de la société, seroit le résultat d'un événement qui, n'ayant aucune relation avec sa volonté personnelle, seroit contraire à la volonté qu'il auroit consentie. La réserve de l'usufruit de tous les acquêts en faveur du survivant, n'est pas capable de favoriser cette illégale interversion qu'il faudroit supposer dans le titre originaire et dans ses effets actuels et légitimes; car il est positif en droit qu'une donation à cause de mort ne peut jamais saisir le donataire du vivant du donateur, et que le donataire ne peut ni la recueillir, ni la transmettre, s'il décède avant l'auteur de cette libéralité. Cette réserve de l'usufruit de la totalité des acquêts en faveur du survivant, n'opère d'autre effet que de faire jouir ce dernier de la portion d'acquêts de l'époux prédécédé. Veut-on d'autres preuves qu'après le décès de l'un des époux, l'autre époux conserve la propriété de la moitié des acquêts de leur mariage, et que, par conséquent, l'affectation des acquêts aux enfants ne cesse d'être à son égard une disposition à cause de mort?... L'époux survivant conserve le droit de choisir parmi les enfants du mariage un seul d'entr'eux pour recueillir sa moitié d'acquêts; il peut disposer de cette moitié par testament, et les autres enfants n'ont pas plus de droit sur cette moitié d'acquêts que sur les autres biens, ne pouvant y prétendre qu'une légitime; d'un autre côté, les enfants doivent survivre pour prendre part aux acquêts, comme pour réclamer leur portion dans les autres biens du dernier époux décédé. Il est donc vrai qu'ils ne sont pas saisis de cette moitié d'acquêts de l'époux survivant pendant sa vie; que cet époux n'en est pas réellement dépouillé, et que l'affectation qu'il en a faite aux enfants par son contrat de mariage, quoique irrévocable par sa nature, a toujours le caractère et les effets d'une disposition à cause de mort..... Ajoutons à ces réflexions qu'il est d'autant moins possible de trouver dans les attestations de notre barreau la preuve du transport, sur la tête des enfants, de l'entière propriété des acquêts, à l'instant de la mort de l'un des époux, qu'une attestation de 1706, rapportée par Salviat, p. 11, dit textuellement le contraire : *Les créanciers du père, postérieurs à la dissolution de la société, ne peuvent saisir lesdits acquêts* (1); *mais cela doit s'entendre de la saisie du capital,*

---

(1) L'explication qui suit les mots, *saisir lesdits acquêts*, appartient à Salviat; car elle ne fait pas partie de l'attestation de 1706, qui fut donnée le 9 Mai pour M. de Lachabane, syndics Mes. Coutelier et Maleret.

car les fruits lui appartenant, tant de sa moitié, comme propriétaire, que de la moitié de sa femme, en vertu de la puissance paternelle, peuvent être saisis tant qu'il vivra. Voilà donc l'époux survivant nettement déclaré propriétaire de la moitié dans les acquêts après la mort de son épouse. Et cependant une autre attestation du 1er. Août 1691, rapportée par Salviat, p. 11, semble indiquer comme propriétaire de cette moitié les enfants du mariage; l'Apostillateur de Lapeyrère, let. A, n. 2, p. 3, v°. *La propriété des acquêts,* semble le désigner en cette qualité; Salviat, p. 10, le dit formellement. Cette apparente contradiction dans des actes de notoriété dont celui de 1691, reproduit par l'Annotateur de Lapeyrère, n'avoit pour objet que la prohibition faite à l'époux survivant d'aliéner les acquêts, vient uniquement de la négligence qu'on a mise à développer la véritable cause de cette inaliénabilité. Salviat la connoissoit; il la rappelle, non pour l'expliquer, mais pour en tirer une fausse conséquence, parce qu'il n'en comprenoit pas bien la nature. Suivant cet auteur, p. 10, lorsque les acquêts sont donnés aux enfants par le contrat de mariage, la propriété leur en est *dévolue* irrévocablement dès le moment du décès de l'un des conjoints..... Là est tout le mystère de notre jurisprudence sur ce point. A la mort de l'un des époux associés aux acquêts, dont la propriété est affectée à leurs enfants, cette propriété, qui leur est acquise pour une moitié du chef de l'époux décédé, leur est *dévolue* pour l'autre moitié du chef de l'époux survivant. Tant que les deux époux ont vécu, la destination des acquêts aux enfants n'avoit aucun objet certain; car les acquêts ne consistent que dans les bénéfices de la société conjugale, et les bénéfices d'une société n'étant connus que lorsqu'elle est dissoute, c'est à l'époque où cette dissolution arrive par la mort de l'un des associés, qu'il y a véritablement des acquêts, si la société a fait des bénéfices, et que la clause d'affectation des acquêts aux enfants porte sur un objet certain. C'est aussi pourquoi, à la même époque, la portion de l'époux survivant est *dévolue* aux enfants du mariage, toujours sous la condition de survie inhérente à la nature de la donation à cause de mort qui leur en a été faite. Cette *dévolution* empêche que le survivant n'altère la destination contractuelle que renferme la disposition portant affectation des acquêts du mariage aux enfants qui en proviendront : elle assure l'exécution de cette convention matrimoniale, sans en changer le caractère »..... C'est ainsi que s'expriment en substance Mes. Denucé, Martignac et Ravez, dans une consultation fameuse (on la trouvera transcrite en entier à la suite de cet ouvrage) délibérée le 27 Novembre 1815, dans l'intérêt des héritiers Monbadon. La décision de ces jurisconsultes a acquis force de loi parmi nous.

350. La moitié d'acquêts du chef de l'époux survivant n'étoit donc que *dévolue*, mais non transmise aux enfants, comme l'étoit la portion d'acquêts de l'époux décédé.

351. Par l'effet de cette dévolution, les acquêts dévolus étoient frappés d'inaliénabilité entre les mains du survivant des époux. Cet époux ne pouvoit, dès-lors, les vendre, les hypothéquer, en un mot, en disposer à quelque titre que ce fût : *dissoluto matrimonio, parentem superstitem non posse.... alienare, pignori dare aut de iis quoquo modo disponere, quamdiu illi vivunt.* (Stokmans, *de jure devolutionis*, ch. 1er., n. 2, p. 2). Ce point se trouve notamment établi par une attestation du 1er. Août 1691 (il en existe de semblables sous la date des 25 Février 1698 et 9 Mai 1706), donnée dans les termes qui vont suivre pour M. le lieutenant-général, sous le syndicat de Mes. Ledoux et Cheylan : « Attesté que lorsqu'un mari et une » femme se sont associés, par leur contrat de » mariage, aux acquêts qu'ils feront, avec » convention que lesdits acquêts seroient af» fectés aux enfants, tous les acquêts appar» tiennent aux enfants par la force du pacte; » et quoique, après la dissolution de la so» ciété survenue par le décès de la femme, » le père ait, en vertu de la puissance pater» nelle, la jouissance desdits acquêts, la pro» priété d'iceux ne cesse d'appartenir auxdits » enfants, en telle sorte, qu'il ne peut, après » le décès de la mère, les vendre, ni les hy» pothéquer, ni les affecter à ses créanciers » particuliers dont le droit ne peut faire au» cun préjudice auxdits enfants, lesquels ont » constamment la faculté de revendiquer les» dits acquêts en cas d'aliénation ou de sai» sie, pourvu, toutefois, qu'ils répudient » l'hérédité de leur père, ou qu'ils ne soient

» que ses héritiers au bénéfice d'inventaire ». L'Apostillateur de Lapeyrère, let. A, n. 2, v°. *La propriété des acquêts;* let. N, n. 37, v°. *Nota qu'en société contractuelle,* et let. R, n. 59, rappelle également que le survivant des époux ne pouvoit consentir des aliénations et des hypothèques au préjudice des enfants. Enfin, plusieurs arrêts rendus au parlement de Bordeaux et mentionnés *inf.*, n. 377, donnent comme le sceau à l'attestation de 1691 et aux décisions de l'Apostillateur de Lapeyrère.

352. Quoique inaliénables, en thèse générale, les acquêts dévolus pouvoient, toutefois, être vendus, engagés ou saisis pour le paiement des dettes de la société dissoute (appliquez les autorités citées au n. 328 et 326), même de celles contractées par l'époux survivant avant son mariage (Salviat, p. 14; arrêts rapportés au n. 325), mais non pour l'acquittement des dettes faites par le survivant après la dissolution de la société. (Attestation de 1706, au n. 349; Lapeyrère, let. N, n. 37). Ces mêmes acquêts pouvoient être vendus par l'époux survivant, dans le cas d'une liquidation préalable et d'un partage régulier, pour se rembourser à lui-même les sommes qu'il avoit apportées dans la société. (Arrêt du 27 Août 1827, au n. 329). L'aliénation pouvoit encore avoir lieu, et cela dans tous les cas, du consentement des enfants. (V. par arg. L. 120, §. 1er., ff. *de leg. et fideicom.*, 1°.; L. 11, cod. *de fideicom.*).

353. Nous venons d'accorder au survivant des époux, sans distinction entre *le père et la mère*, la faculté de vendre les acquêts dévolus, parce qu'à la différence de la portion d'acquêts du chef du conjoint prédécédé, laquelle portion tomboit dans le patrimoine des enfants, et pour laquelle nous avons refusé à la mère cette faculté de vendre (V. n. 330), les acquêts dévolus n'étoient pas transmis aux enfants, mais reposoient en propriété sur la tête de celui d'entre les époux qui avoit survécu (V. n. 349 et 357), de telle sorte que, relativement à la faculté d'aliéner, la mère survivante ne pouvoit pas être d'une condition différente et avoir de moindres droits que le mari.

354. Au surplus, appliquez aux acquêts

dévolus ce qui a été dit au n. 326, al. 2, relativement au droit qu'avoient les créanciers de saisir les acquêts sur la tête du mari, en cas de prédécès de la femme.

355. Si, à part les cas prévus au n. 352, l'époux survivant ne pouvoit aliéner les biens dévolus, il n'en conservoit pas moins la faculté de choisir par testament, parmi les enfants du mariage, un seul d'entr'eux pour recueillir ces biens. (V. n. 379).

356. Mais pouvoit-il, dans le cas d'enfants de deux mariages, faire par testament, entre tous ses enfants indistinctement, le partage égal tant des acquêts dévolus aux enfants du premier lit, p. ex., que de ses autres biens ; et, pour le cas où lesdits enfants du premier lit ne voudroient pas consentir au partage des acquêts, disposer de ses autres biens uniquement en faveur des enfants nés de son second mariage? Stokmans, du Droit de dévolution, ch. 16, n. 4, p. 57, décide affirmativement cette question dans les termes suivants : « *Omnino stat sententia validam* » *esse dispositionem quæ proponitur, cùm* » *nihil delibetur de jure liberorum, nisi ipsis*

» *volentibus et à jure suo recedentibus, ma-*
» *joris emolumenti causâ, quod subjicere*
» *eorum arbitrio nihil habet illicitæ fraudis*». Ajoutons à cette raison de décider, que quoiqu'un testateur, d'après les principes du droit écrit, ne pût disposer directement des biens dont il n'étoit pas propriétaire, ou dont il n'avoit qu'une propriété résoluble à sa mort (Furgole, des Testam., ch. 7, sect. 1re., n. 30, t. 2, p. 27 et suiv.), il pouvoit, néanmoins, le faire indirectement, par exemple, par forme de condition attachée à une libéralité qu'il faisoit de ses propres biens (Furgole, *sup.*, n. 44, 45 et 58, p. 31, 32 et 38): or, dans l'espèce ci-dessus, la disposition se trouvoit véritablement conditionnelle. (V. la distinction des dispositions conditionnelles d'avec les dispositions pénales, dans Furgole, *sup.*, ch. 11, n. 137, t. 3, p. 473 et suiv.; Répre. de M. Merlin, v°. *Aînesse*, §. 2, t. 1er., p. 43 et suiv.).

357. Le survivant des époux conservoit la propriété des acquêts dévolus (V. par argument, L. 35, §. 2, ff. *de mort. caus. donat.*; L. 11, *in princip.*, ff. *de donat. inter vir et ux.* — V. au n. 349), nonobstant la prohibition de les aliéner ; mais la propriété dont il étoit revêtu n'étoit qu'imparfaite, puisqu'elle n'étoit pas accompagnée de la faculté d'aliéner, et elle étoit résoluble au cas que la condition de la survie des enfants arrivât. Dès que le conjoint survivant étoit plein propriétaire, il administroit les biens pour lui-même et en son nom, comme tout propriétaire. Écoutons, sur tous ces points, Stokmans, du Droit de dévolution, ch. 1er., n. 7, p. 3, et ch. 6, n. 5 et 6, p. 27 : *Proprietas bonorum devolutorum... revera manet apud parentem superstitem, sed imperfecta et velut sopita, propter prohibitam alienationem omnem et dispositionem in fraudem liberorum... unde non malè alicubi vocatur devolutio*, propriété bridée, *seu frenata proprietas : ad liberos verò nihil aliud transit per devolutionem quàm securitas habendi et fruendi bonis devolutis, sub conditione, si ipsi parenti suo supervivant, quâ conditione deficiente, non inconcinnè alicubi, flos sine fructu devolutio vocatur. Habet superstes conjux rerum devolutarum possessionem, utendi ac fruendi plenum jus.... habet administrationem, rei vindicationem et cæteras pro re recuperendâ actiones, immò nec privatus est omnino alienandi jure, cùm ab initio invalidæ non sint alienationes quas facit, sed rescindantur tantùm si liberos contingat parenti suo superesse.... immò in totum reviviscit quæ sopita erat soluto matrimonio alienandi facultas, si liberi ante superstitem postea moriantur.... Illud minimè officit dominio superstitis conjugis in bonis devolutis, quod post tempus ad liberos transitura sint, cùm parens mortuus erit; nam inde tantùm sequitur perfectum seu perpetuum non esse dominium superstitis, cùm habeat juris regula* NON VIDETUR PERFECTE CUJUSQUE ID ESSE QUOD EX CASU AUFERRI POTEST, L. 139, ff. R. J., *verè tamen interim dominus est, qui sic res habet, nam possidere, uti frui et vindicare potest, ut enim dicitur* L. 66, ff. *de rei vind.* : RECTÈ QUID NOSTRUM ESSE VINDICABIMUS, QUOD ABIRE A NOBIS DOMINIUM SPERATUR, SI CONDITIO LEGATI VEL LIBERTATIS EXTITERIT; *res enim legata sub conditione, quamdiu pendet conditio, est in dominio hæredis*, L. 112, §. 2, ff. *famil. erciscund. Vix potest igitur dubiosum manere ubi pendente devolutione bonorum dominium sit, nimirum vera ac naturalis proprietas apud conjugem superstitem, ficta et civilis apud liberos.*

Il est manifeste, par le passage qui vient d'être transcrit, que la condition résolutoire, dont se trouvoit impliquée la propriété de l'époux survivant, n'étoit pas de nature, lorsqu'elle se réalisoit, à rétroagir sur le passé et à faire supposer soit que cet époux, depuis la mort de son conjoint, n'avoit été que simple usufruitier des acquêts de son chef, soit que les enfants avoient été propriétaires desdits acquêts à partir de la même époque. En un mot (nous avons assez souvent entendu mal raisonner à cet égard, pour qu'il nous paroisse utile de nous appesantir sur ce point), la propriété du survivant des époux, lorsqu'elle étoit résolue, ne l'étoit pas *ab initio*, en sorte qu'il fût censé n'avoir jamais été propriétaire, et d'un autre côté, la propriété des enfants ne commençoit qu'à la mort dudit époux, époque à laquelle seulement la donation à cause de mort, que constituoit l'affectation (V. *sup.*, n. 312), et que la dévolution n'altéroit en rien (V. *sup.*, n. 349 *in fine*), pouvoit recevoir sa perfection. (V. par arg., L. 32, ff. *de mort. caus. donat.*; L. 11, *in princip.*, et §. 2, ff.

de donat. inter vir. et ux.). C'est ainsi que dans les substitutions fidéicommissaires conditionnelles (Stokmans, *sup.*, p. 48, n. 1er., dit avec raison que, sous le rapport du lien affectant les biens, la dévolution est semblable à ces substitutions), quoique le grevé cessât d'être propriétaire par l'événement de la condition, sa propriété, qui avoit été pleine et entière jusque-là, n'étoit résolue que *ut ex nunc*, et non pas *ut ex tunc*, pour parler le langage des docteurs, et la propriété du substitué ne commençoit qu'à l'ouverture de la substitution. (V. Thévenot d'Essaule de Savigny, traité des Substit., p. 183, 276, 191 à 193).

358. Dès que la propriété des acquêts dévolus reposoit sur la tête de l'époux survivant, il est évident que cet époux, quel qu'il fût, ne pouvoit, en aucun cas, être tenu de faire inventaire (Stokmans, du Droit de dévolution, ch. 12, n. 2 et 3, p. 44 et 45), ni de donner caution à raison de ces acquêts (Stokmans, *sup.*, n. 4 et 5, p. 45; arrêts de la cour de Bordeaux, des 25 Août 1813, en 1re., présidt. M. de Brézets, plaidants Mes. Lainé et Martignac fils, et 23 Janvier 1827, 4e. chambre, présidt. M. Duprat, plaidants Mes. Brochon jeune et Bouthier), dont l'usufruit pour le conjoint survivant n'étoit pas séparé de son droit de propriété (1). (Stokmans, *sup.*, n. 5). Il est encore évident que l'époux survivant, qui vendoit ou hypothéquoit les acquêts dévolus, ne se rendoit pas coupable de stellionat et ne pouvoit être condamné comme tel. (Arrêt de la cour de Bordeaux, du 1er. Février 1827, 2e. chambre, présidt. M. Dutrouilh, plaidant Me. Brochon jeune.

359. Par suite du même principe, se résout naturellement cette question que j'ai vu agiter : un homme avoit contracté deux mariages, avec société d'acquêts affectés aux enfants, sous la réserve de l'usufruit en faveur du survivant. Pendant son second mariage, il avoit fait construire une maison sur un emplacement qui étoit un acquêt de la pre-

(1) Les anciens interprètes appeloient *usumfructum causalem* le droit de percevoir les fruits considéré joint et attaché au fonds comme à sa cause immédiate (V., sur cet usufruit, Voët *ad Pandect.*, tit. *de usuf. et quemadmodum*, n. 3, t. 1er., p. 457, et Henrys, quest. 21, p. 275 et suiv.).

mière société restée indivise. Il mourut. A son décès, les enfants du premier lit répudièrent sa succession, et ils vinrent prétendre que les enfants du second mariage, héritiers du père commun, n'étoient pas fondés à leur réclamer la plus value des constructions faites par celui-ci, parce que, disoient-ils, d'après le sentiment de Pothier, du Douaire, n. 276, l'usufruitier n'a droit à aucune indemnité pour les impenses utiles par lui faites sur les fonds soumis à son usufruit. La réponse étoit facile : on dit qu'en supposant la doctrine de Pothier hors de toute controverse (1), la pré-

(1) Pothier base sa décision sur le §. 30 du tit. 1er. du liv. 2 des Instit., d'après lequel toute répétition est refusée à celui qui a bâti sur un terrain qu'il savoit appartenir à autrui ; mais la L. 38, ff. *de hered. petit.*, dit que l'équité ne permet pas qu'il en soit ainsi, attendu que personne ne doit pouvoir s'enrichir des dépouilles d'un autre. Aussi la plupart des commentateurs se fondent sur cette dernière loi, et sur le principe dominant et souverain qu'elle contient, pour accorder la répétition des constructions faites par un tiers de mauvaise foi sur le fonds d'autrui (Serres, Instit., p. 121 et 122 ; Boutaric, Instit., p. 153, édit. de 1738 ; M. Merlin, au Répre. de Guyot, vo. *Amé-*

tention des enfants du premier lit n'étoit pas moins insoutenable en droit, puisque le père commun n'étoit pas simple usufruitier, mais bien copropriétaire des acquêts indivis de la première société, et, par conséquent, de l'emplacement sur lequel la maison avoit été édifiée. Cette raison détermina, comme elle le devoit, la décision des juges en faveur des enfants du second lit. Ces enfants avoient, au surplus, ajouté, par forme de considération à leur défense, que si le système par eux combattu étoit admis, il arriveroit que l'époux survivant qui, lors d'un second mariage, auroit fait don des acquêts aux enfants à naître de cette nouvelle union, se trouveroit en possession d'un moyen détourné (V. au n. 286) pour faire passer tout l'émolument de sa seconde société aux enfants d'un premier lit, et pour priver les enfants du second mariage du bénéfice d'une donation irrévocable.

On conçoit facilement, d'après ce qui pré-

---

lioration); et Dupin, dans sa Conférence sur Ferron, let. R, n. 100, dit spécialement, à l'égard de l'usufruitier, que, s'il s'agissoit de bâtiments qui augmentassent le revenu, il y auroit de l'équité à le rembourser.

cède, qu'une décision semblable devoit être portée, si, après un partage des acquêts, des constructions avoient été faites, par l'époux survivant, sur des emplacements ou à lui échus pour sa portion d'acquêts (et cela, parce qu'il n'en étoit pas simplement usufruitier), ou tombés au lot des enfants pour leur portion, dont l'usufruit se trouveroit réservé à son profit (et cela par la raison que le remboursement des constructions doit être accordé à l'usufruitier, suivant la n^{te}. 1re. du présent numéro).

360. Comme les acquêts, pour la portion de l'époux survivant, n'avoient été que l'objet d'une disposition à cause de mort de la part de cet époux (n. 312), disposition dont la dévolution ne changeoit pas la nature (n. 349), il s'ensuivoit :

361. 1°. Que les enfants n'avoient sur les acquêts à eux dévolus qu'un droit expectatif subordonné à la condition de leur survie. (Stokmans, du Droit de dévolution, ch. 1er., n. 6 et 7, p. 3. V. *sup.*, n. 349 et 318);

362. 2°. Que les petits-enfants n'avoient

également sur les mêmes biens qu'une simple expectative soumise à la même condition, et, de plus, à celle de leur survie à leur auteur. « *Devolutio*, dit Stokmans, *sup.*, ch. 5, » n. 7, p. 22, *non tantùm fit proximis tunc » capacibus, sed et remotioribus... exempli » gratiâ, si tempore separationis thori, sint » superstiti conjugi filii et ex his nepotes, » ad utrosque fit devolutio; sed filiis, sub » unâ conditione, si parenti suo supervi- » vant; nepotibus, sub duabus, si supervi- » vant filiis, et insuper superstiti parenti* » ;

363. 3°. Qu'en cas de prédécès sans postérité des enfants, l'époux survivant demeuroit incommutablement propriétaire des acquêts dévolus « .... *Liberis.... omnibus vitâ » functis, superstes plenum dominium in iis » (bonis devolutis) habeat, non quasi de » novo acquisierit titulo successionis à li- » beris... sed tanquam nihil unquam juris ab » eo abcesserit* ». (Stokmans, *sup.*, ch. 1er., n. 6, p. 3).

364. Les enfants, d'après ce qui vient d'être dit, ne pouvant avoir de droit acquis sur les biens dévolus que dans le cas de prédécès de l'époux survivant, il en résultoit, entr'autres conséquences :

365. Que, du vivant de cet époux, ils ne pouvoient exercer aucune action qui supposoit un droit acquis, semblables aux créanciers conditionnels auxquels les lois dénient toute action avant l'échéance de la condition. (L. 54, ff. *de verb. signif.; Inst., de verb. oblig.*, §. 4). Ainsi, ils n'étoient pas fondés à réclamer le partage desdits biens. (Arrêt de la cour de Bordeaux, du 2 Août 1818, en 1re., présidt. M. Marbotin de Conteneuil, plaidants Mes. de Saget et Barennes);

366. Que, durant la vie du même époux, ils ne pouvoient être tenus d'aucune des dettes qui, à la mort de ce dernier, devoient se trouver une charge de la donation à eux faite, et, par suite, des acquêts dévolus. (V. arrêt de la cour de Bordeaux, du 22 Janvier 1827, analysé au n. 327);

367. Qu'ils étoient également sans qualité pour attaquer les aliénations à titre gratuit ou onéreux faites par le conjoint survivant. Ces aliénations n'étoient que résolubles lorsque la condition de survie des enfants se réalisoit, le survivant des époux n'ayant pu transmettre qu'une propriété sujette à la même résolution à laquelle elle se trouvoit soumise dans ses mains (V. *sup.*, n. 357). Stokmans, *sup.*, ch. 14, p. 49, en fait la remarque dans les termes suivants: « *Valida » proinde est alienatio.... extantibus libe- » ris, à parente superstite facta, et domi- » nium transfert in accipientes, donec con- » ditio pendet et incertum adhuc est an » liberi parenti supervivent: quod si ita con- » tingat, resolvetur alienatio, et dominium, » ipso jure, transibit ad liberos.... si verò » deficiat conditio quæ inest devolutioni, » hoc est, si ante parentem suum moriantur » omnes filii, nec supersint ex his nepotes, » rata et perpetuò firma manebit alienatio, » cùm nihil jam sit quod eam possit infrin- » gere* »;

368. Qu'ils pouvoient, à la vérité, transmettre leur droit éventuel sur les acquêts dévolus, soit par vente, car *spei emptio est* (1).

---

(1) L. 8, §. 1er., ff. *de contrah. empt.*

(Stokmans, *sup.*, ch. 14, n. 10, p. 51), soit par testament, puisque *spes etiam legari potest* [1]. (Stokmans, *sup.*, p. 52). Mais d'après la règle, *nemo plus juris in alium transferre potest quam ipse habet* [2], ils ne pouvoient, sans le consentement de l'époux survivant, transférer à des tiers la propriété des mêmes biens. (Stokmans, *sup.*, ch. 1er., n. 3, p. 2, et ch. 14, n. 10, p. 51). Notez, à ce sujet, que si l'un des enfants avoit aliéné sa portion dans les acquêts dévolus, même du consentement de l'époux survivant, et qu'il fût ensuite décédé avant ce dernier, l'aliénation ne pouvoit sortir à effet que dans le cas où les autres enfants prédécédoient également le même époux. C'est ce que dit Stokmans (*sup.*, ch. 14, n. 10, p. 51), dont voici les paroles : « *Si pater consentiat alienationi* » *quam facit filius, suum tantùm jus remittere intelligitur, non etiam præjudicare* » *spei et juri conditionali quæ aliis liberis...* » *competit in eamdem portionem, si filius* » *alienans ante eos moriatur, non enim* » *censetur is qui moritur ante patrem unquam portionem suam habuisse* ».

---

(1) L. 24, ff. *de leg.* 1°.

(2) L. 54, ff. R. J.

369. Au décès de l'époux survivant, la donation des acquêts pour la portion de cet époux, objet de la dévolution, recevoit son complément et sa force (V. n. 311, 312 et 349), comme l'avoit reçue, à la mort de l'autre conjoint, la même donation pour la moitié d'acquêts du chef de ce dernier. (V. n. 321). Il faut donc ne pas oublier l'observation consignée au n. 320, et, de plus, appliquer à cette portion d'acquêts, transmise aux enfants par le décès de l'époux qui avoit survécu, les décisions contenues aux n. 321, 326, 327, 334, 335, 336, 337 et 338.

Ainsi, p. ex., si quelques-uns des enfants étoient décédés sans laisser de postérité, les seuls enfants survivants étoient saisis des acquêts dévolus (n. 321).

Ainsi, dans le cas où tous les enfants, ou seulement quelques-uns d'entr'eux, étoient prédécédés, mais avoient laissé des enfants, ces derniers recueilloient ces acquêts, *jure suo*, par souche, cependant, soit qu'ils concourussent ou non avec des oncles ou tantes (n. 321).

Ainsi l'action en partage des mêmes acquêts étoit ouverte aux enfants, quoiqu'ils renonçassent à la succession du conjoint dernier décédé (n. 334), et aux petits-enfants, nonobstant leur répudiation de l'hérédité de leur auteur (n. 335).

Ainsi encore, les acquêts, objet de la dévolution, se partageoient également entre les enfants nés du mariage pendant lequel ils avoient été faits, et les enfants issus d'un autre mariage de l'époux qui avoit survécu, lorsque les enfants des deux mariages contractés avec société d'acquêts réservés aux enfants, se portoient héritiers dudit époux (n. 337), mais non lorsque ces enfants renonçoient aux successions de leurs auteurs pour s'en tenir aux donations à eux faites (n. 336).

Ainsi, malgré leur renonciation, les enfants avoient qualité pour surveiller la liquidation des hérédités de leur père ou mère (n. 341).

Ainsi, enfin, les acquêts dévolus pouvoient être saisis pour le paiement des dettes contractées par l'époux survivant, soit avant son mariage, soit pendant la durée de la société conjugale (n. 326 et 352), dettes dont les enfants étoient tenus, comme héritiers ou comme donataires, suivant qu'il a été dit au n. 327.

370. Les enfants, par l'événement de la

condition de leur survie, se trouvant saisis des acquêts dévolus, ne pouvoient souffrir aucun préjudice des actes par lesquels ces acquêts auroient été engagés ou auroient passé en des mains tierces. (V. n. 367). Si donc, hors les cas où l'aliénation se trouvoit permise (V. n. 352), lesdits acquêts avoient été vendus, p. ex., les enfants étoient en droit d'en poursuivre le délaissement et d'en dépouiller les acquéreurs.

Quel étoit le délai déterminé, soit pour la revendication des enfants, soit pour la prescription des tiers-acquéreurs, dans le cas où le survivant des époux avoit aliéné un acquêt? Pour que notre réponse porte non-seulement sur les acquêts dévolus, mais encore sur les acquêts du chef de l'époux prédécédé [1], nous allons supposer qu'aucun partage de la société d'acquêts n'ait eu lieu, au décès de ce dernier, entre ses héritiers et le conjoint survivant. Et d'abord, plusieurs

---

[1] C'est pour éviter des répétitions que nous avions différé jusqu'ici de traiter de la revendication et de la prescription des acquêts du chef du conjoint prédécédé, au cas d'aliénation desdits acquêts par l'époux survivant.

cas pouvoient se présenter : l'aliénation avoit été consentie ou par le père survivant, ou par la mère survivante; elle avoit été faite par l'un ou l'autre, en son propre et privé nom, ou en nom qualifié *tutorio nomine*, p. ex. (1). Commençons par les aliénations souscrites par la mère. — Si la mère, investie de la tutelle, avoit consenti la vente *en son propre et privé nom*, les enfants avoient trente ans pour agir d'éviction (Apostillateur de Lapeyrère, let. P, n. 68, v°. *Par arrêt;* arrêt du

(1) S'il avoit été exprimé dans le contrat en quelle qualité la vente se trouvoit consentie, pas de difficulté, car *qualitas personæ expressa in contractu facit ut cum eâ intelligatur contractus celebratus.* (Mantica, *de tacit. et amb. convent.*, t. 1er., liv. 3, tit. 10, n. 28, p. 98). Dans le cas contraire, comme *actus magis proprio quam alieno nomine intelligitur celebratus* (Mantica, *sup.*, liv. 7, tit. 18, n. 6, p. 354; Mascardus, *de probat.*, concl. 38, n. 1er., t. 1er., p. 92, édit. de 1727; Menochius, *de Præsumpt.*, liv. 3, *præs.* 46, n. 1er., t. 1er., p. 403, édit. de 1686), la vente devoit régulièrement être présumée faite *nomine proprio* (Mantica, *sup.*, liv. 4, tit. 22, n. 26, p. 189), à moins que la chose n'eût été vendue comme appartenante à autrui, la vente étant alors censée faite *nomine alterius.* (Mantica, *sup.*).

tribunal d'appel de Bordeaux, du 14 Floréal an 9, présid[t]. M. de Brézets, plaidants M[es]. Lainé et Clarke.—V. *tamen* n. 372), les tiers-acquéreurs, malgré leur bonne foi, ayant besoin, dans les pays de droit écrit, de trente ans pour prescrire contre le propriétaire. (V. autor., au n. 8, n[te]. 1re., let. *e*). Cette prescription dormoit pendant la minorité, de même que pendant la pupillarité, encore qu'elle eût commencé à courir sur la tête d'un majeur, auquel cas, après que le mineur avoit atteint sa majorité, on déduisoit des trente ans le temps qui avoit couru sur la tête de son auteur. (Apostillateur de Lapeyrère, let. P, n. 68, et *ibi* Conférences m. s.; Laplace, Maximes du droit français, p. 453; Salviat, p. 375 et 374, *ubi* attestations). —Si la mère avoit vendu *en nom qualifié, tutorio nomine*, sans l'observation des formalités prescrites, la prescription étoit acquise aux tiers-acquéreurs, si les enfants, dans les dix ans de leur majorité, conformément à l'art. 134 de l'ordonn[ce]. de 1539, ne s'étoient pas pourvus pour être restitués. (V. *tamen*, n. 372) : la jurisprudence du parlement de Bordeaux, contraire au sentiment de plusieurs docteurs qui, peut-être avec raison, n'appliquoient l'art. 134 ci-dessus qu'aux aliénations faites par les mineurs eux-mêmes (V. Ferriere, traité des Tutelles, p. 227 et suiv., édit. de 1766; Meslé, traité des Minorités, p. 270, 271, 488 et suiv., édit. de 1752; Valin, Cout^e^. de la Rochelle, t. 1er., p. 605; M. Merlin, au Rép^re^. de Guyot, v°. *Nullité*, §. 7), étoit constante sur ce point (Les auteurs des Conférences m. s. sur le code Justinien, aux L. 2 et 11 du tit. 71 du liv. 5, et à la L. 3 du tit. 35 du liv. 7, rappellent six arrêts formels, dont un de 1729, deux de 1727 et trois de 1732; et M^e^. Dumoulin, dans ses Notes m. s. sur Lapeyrère, let. M, p. 244, cite deux autres arrêts conformes, l'un sous la date du 21 Août 1734, et l'autre rendu au mois d'Août 1737). Cette jurisprudence, appuyée au surplus de l'autorité des Conférences m. s. sur Lapeyrère, let. P, n. 68, v°. *Par arrêt*, et du sentiment de l'Apostillateur de Lapeyrère, let. P, n. 68, v°. *Par arrêt*, in fine, sentiment partagé par Salviat, p. 373, a été sanctionnée de nos jours par un arrêt de la cour de Bordeaux, en date du 17 Juillet 1821, rendu sous la présidence de M. Delpit, et sur la plaidoirie de M^e^. de Saget. La prescription étoit acquise aux tiers-acquéreurs dans le cas où les enfants, quoiqu'ayant pris des lettres de restitution dans les dix ans, n'en avoient demandé l'entérinement et n'avoient assigné pour le voir ordonner qu'après l'expiration de ce délai. (Lapeyrère, let. R, n. 107, et *ibi* Conférences m. s.; Apostillateur de Lapeyrère, let. R, n. 111, v°. *C'est un usage ;* arrêts du parlement de Bordeaux, des 28 Janvier 1723, 1er. Février 1738 et... Mai 1757, dont le premier est mentionné au Recueil de Despiau, v°. *Restitution;* Dunod, des Prescript., p. 176, édit. de 1774). Si cette prescription avoit commencé à courir contre un majeur, elle étoit suspendue par la minorité de son héritier qui, néanmoins, devoit imputer sur les dix ans à lui accordés, à partir de sa majorité, tout le temps qui s'étoit écoulé sur la tête de son auteur. (Laplace, *sup.*, p. 380 et 517). C'étoit, avons-nous dit, dans les dix ans de leur majorité, que les enfants devoient se pourvoir, conformément à l'ordonnance de 1539 : toutefois, quelques auteurs (V. Lapeyrère, let. R, n. 104, et les Conférences m. s. sur ce n°.) ne faisoient courir les dix ans contre le mineur devenu majeur, que du jour où les aliénations étoient venues à sa connoissance ; mais cette opinion n'étoit pas suivie. (Consult. de Me. Cazalet, du mois de Février 1789; Ferriere, des Tutelles, p. 228).

Tout ce qui vient d'être dit sur le délai fixé dans les deux hypothèses prévues, soit pour la prescription des tiers-acquéreurs, soit pour la revendication des enfants, reçoit pleinement son application à la moitié indivise du chef du père prédécédé, appartenante aux enfants dans l'acquêt aliéné. A l'égard de l'autre moitié, il faut ne pas oublier qu'étant simplement dévolue aux enfants, aucune action en revendication n'étoit ouverte en leur faveur qu'au décès de la mère venderesse (n. 367), époque à laquelle seulement, s'ils étoient majeurs, des prescriptions pouvoient commencer à courir contr'eux. (Arrêt de la cour de Bordeaux, du 23 Août 1828, en 1re., présidt. M. Ravez [1]. V. *sup.*, n. 284.

[1] Dans l'espèce de cet arrêt, un mari, associé avec sa femme aux acquêts déclarés réversibles aux enfants, avoit acquis un domaine conjointement avec un tiers. A la mort de leurs auteurs, les enfants, qui s'en étoient portés héritiers, introduisirent une instance en revendication de la moitié du domaine en question contre ce tiers qui le possédoit en entier. On leur opposa deux fins de non-recevoir prises, l'une,

371. Il n'a été question jusqu'ici que de l'aliénation consentie par la mère survivante;

---

de la prescription trentenaire; l'autre, de leur qualité d'héritiers. La cour, tout en reconnoissant, en droit, qu'entre deux copropriétaires, l'un pouvoit prescrire la portion de l'autre, lorsqu'il possédoit à titre individuel, comme unique maître (et cela, parce que des communistes pouvant partager ou acquérir la part l'un de l'autre, on doit supposer que quelqu'un de ces titres est intervenu, lorsque l'un de ceux qui possédoient autrefois en commun, se trouve seul en possession de la chose entière depuis trente ans, sans en avoir fait part aux autres. — V. Dunod, des Prescript., part., 8, ch. 12, p. 100 et 101, édit. de 1774; Auroux des Pommiers, Cout^e^. de Bourbonnais, p. 74 et suiv., édit. de 1780; Rép^re^. de M. Merlin, t. 9, p. 601; Dupin sur Ferron, let. P, n. 123, p. 264; Conférences m. s. sur Lapeyrère, let. P, n. 67, v°. *On peut prescrire*), la cour, disons-nous, tout en admettant, en droit, que cette prescription pouvoit avoir lieu, jugea, qu'en fait, cette même prescription n'avoit pu s'accomplir, ni pour la portion de la mère dans le domaine, attendu la minorité des enfants, ni pour la portion du père, attendu la dévolution dont elle avoit été frappée. Quant à l'exception prise de la qualité d'héritiers qu'avoient les enfants, on ne dut y avoir aucun égard; le tiers, contre lequel l'action

mais l'on sent que les différentes décisions portées ci-dessus s'appliquent, par identité de raison, à la vente faite par le père survivant, à cette exception près cependant que, même pour la moitié appartenante aux enfants dans l'acquêt aliéné, du chef de leur mère prédécédée, aucune prescription ne pouvoit courir pendant la vie du père contre lesdits enfants. Il étoit, en effet, de principe que le fils de famille non émancipé, quoique majeur [1], ayant les mains liées

---

en revendication avoit été dirigée, ne produisoit aucun titre émané de son consort et translatif de la propriété de la moitié du domaine : comment donc les enfants auroient-ils été garants? Au surplus, porte l'arrêt (surabondamment, peut-être, puisque la cour reconnoît en fait qu'aucune prescription ne s'est accomplie, et que c'est uniquement à l'accomplissement de la prescription que peut se rattacher la présomption d'un titre), si, entre consorts, on peut facilement présumer, par laps de temps, une donation ou une vente, on ne peut pas argumenter de cette prescription dans le cas où ces deux modes d'aliénation sont égalements interdits.

[1] *Secus*, du fils de famille émancipé. (Lapeyrère, let. F, n. 51, et *ibi* Conférences m. s.; Salviat, p. 222; Rép^{re}. de Guyot, t. 14, p. 149).

vivente patre, ne pouvoit être soumis à des prescriptions, pendant la durée de la puissance paternelle, pour l'aliénation faite par le père des biens soumis à son usufruit (V. Dunod, des Prescript., p. 245 et suiv., édit. de 1774; Chabrol, Cout^{e}. d'Auvergne, t. 2, p. 730 à 732; Apostillateur de Lapeyrère, let. P, n. 73, v°. *Nota que*, p. 324, et *ibi* Conférences m. s.; Lapeyrère, let. F, n. 51, et Conférences m. s. sur ce n°.; Salviat, p. 396, *ubi* attestation du 21 Août 1704, et p. 221), et cela, à la différence de la vente consentie par la mère des biens de ses enfants, ceux-ci n'ayant pas besoin d'attendre le décès de la mère pour agir d'éviction. (V. Conférences m. s. sur Lapeyrère, let. F, n. 51; Salviat, p. 372 et 373).

Remarquons sur la matière qui vient de nous occuper :

372. 1°. Que si le contrat d'aliénation de l'acquêt n'avoit pas été exécuté, les enfants, par cela seul qu'ils étoient demeurés en possession, étoient fondés à exciper de la nullité de l'aliénation, à quelque époque qu'on voulût se prévaloir contr'eux dudit contrat, et cela, d'après la maxime *quæ temporalia* *sunt ad agendum, perpetua sunt ad excipiendum.* (V. Rép^re^. de M. Merlin, t. 17, p. 446 à 448; Dunod, des Prescript., p. 79, 206 *in fine* et 207; Salviat, p. 438; Chabrol, Cout^e^. d'Auvergne, t. 2, p. 663);

373. 2°. Que si, aux termes de son contrat de mariage, l'époux survivant s'étoit trouvé investi de l'usufruit de la portion d'acquêts du conjoint prédécédé, l'existence de cet usufruit ne pouvoit être un obstacle à la prescription, en faveur des tiers-détenteurs, des fonds qui en étoient grevés. (V. Rép^re^. de M. Merlin, t. 9, p. 548);

374. 3°. Que l'action des enfants, pour rentrer dans l'acquêt aliéné, étant relative à un objet essentiellement divisible (V. Pothier, de la Vente, n. 337), la prescription étoit acquise aux tiers-détenteurs pour les portions afférentes à ceux d'entre les enfants majeurs qui ne s'étoient pas pourvus dans les délais déterminés. (V. Lapeyrère, let. R, n. 109, et *ibi* Conférences m. s.; Pothier, de la Prescript., n. 54), malgré la minorité de quelques-uns des autres enfants (Laplace, Maximes du droit français, p. 317; Pothier, *sup.*, n. 13 et 148, et des Oblig., n. 681; Chabrol, Cout^{e}. d'Auvergne, t. 2, p. 728 et suiv.);

375. 4°. Que les acquéreurs, pour se soustraire au délaissement, n'étoient pas fondés à exciper du défaut de liquidation des acquêts. (Arrêts de la cour de Bordeaux, des 19 Juin 1821, 31 Décembre 1823 et 27 Août 1827, cités au n. 329);

376. 5°. Que les personnes qui avoient acheté l'acquêt, connoissant l'affectation faite en faveur des enfants, n'étoient fondées à réclamer du vendeur, en cas d'éviction de la part des enfants, que la remise du prix et les loyaux-coûts du contrat, *sans dommages et intérêts.* (Arrêt de la cour de Bordeaux, du 23 Mars 1809, en 1re., présid^{t}. M. de Brézets, plaidants M^{es}. Ravez, Lainé et Ferrère) : telle étoit la règle en matière de vente de la chose d'autrui (V. les autorités citées au n. 8, n^{te}. 1re., let. *g; junge* Ferriere, des Tutelles, p. 268, édit. de 1766); mais les dommages et intérêts étoient dus, si l'acquéreur de l'acquêt avoit stipulé sa garantie, qui lui avoit été promise : telle étoit également la règle en matière de vente de la chose d'autrui. (V. les autorités citées à la n^te. ci-avant rappelée; *junge* Conférences m. s. sur Lapeyrère, let. G, n. 1er., v°. *In rigore juris;* Consult. de M^e. Cazalet de l'année 1780, où il dit que l'opinion contraire de l'Apostillateur de Lapeyrère, *sup.*, est une des erreurs familières à cet auteur; Voët, *ad Pand.*, tit. *de evictionib. et duplæ stipul.*, n. 32, t. 1er., p. 932);

377. 6°. Qu'après la mort de leur père ou de leur mère, les enfants ne pouvoient être recevables à attaquer les tiers-acquéreurs, qu'en répudiant la succession de leur auteur par qui l'aliénation avoit été faite, ou du moins, qu'en acceptant cette succession sous bénéfice d'inventaire. L'Apostillateur de Lapeyrère, let. A, n. 2, v°. *La propriété des acquêts*, p. 3, dit que c'est un point certain de jurisprudence; et il existe, sur ce point, indépendamment des attestations citées aux n. 351 et 310, plusieurs arrêts conformes du parlement de Bordeaux que Salviat, entr'autres, indique à la p. 12 de son ouvrage, sous la date des années 1725, 1728, 1755 et 1759. Mais si, par une juste application des principes du droit commun, d'après lesquels l'héritier bénéficiaire ne confondoit pas, à l'égard des tiers, ses biens et ses droits personnels avec ceux de la succession (Montvallon, des Success., ch. 4, art. 9, t. 1er., p. 273; Lebrun, des Success., liv. 3, ch. 4, n. 28 et suiv., 2e. part., p. 51 et suiv.; attestations dans Salviat, p. 270 et suiv.), et ne pouvoit être repoussé, lorsqu'il les réclamoit, par la maxime *quem de evictione, etc.* (Pothier, des Success., ch. 3, §. 7, p. 149, et de la Vente, n. 174; Montvallon, *sup.*, ch. 4, art. 22, t. 1er., p. 300 et suiv., et ch. 3, art. 20, t. 1er., p. 170; Lapeyrère, let. H, n. 22; arrêt du parlement de Bordeaux, du mois de Juillet 1725, au rapport de M. Le Comte, dans la cause du sieur Dufau et de la dame de Minvielle), il n'en étoit pas de même des enfants qui s'étoient portés héritiers purs et simples : ces derniers se trouvoient soumis à une obligation de garantie qui leur interdisoit tout recours, d'après la maxime plus haut rappelée (Pothier, de la Vente, n. 167; Lapeyrère, let. H, n. 22; Stokmans, du Droit de dévolution, ch. 14, n. 7 et 8, p. 50 et 51; Lebrun, *sup.*, liv. 4, ch. 2, sect. 4, n. 23 et suiv., p. 332 et suiv.; Montvallon, *sup.*, ch. 3, art. 20, t. 1er., p. 167 et suiv.), comme elle les soumettoit au paiement des dettes contractées par l'époux survivant après la dissolution de la société (Stokmans, *sup.*, ch. 13, n. 7, p. 47). A ce sujet, il convient, toutefois, de distinguer : l'exception de garantie pouvoit être opposée aux enfants, héritiers purs et simples, lorsque le survivant des époux, investi de la tutelle, avoit vendu soit *en son propre et privé nom*, comme propriétaire, soit *en la même qualité et au nom de ses enfants*, soit *en nom qualifié, tutorio nomine, et avec promesse de garantir la vente ou de la faire ratifier par les enfants* (Conférences m. s. sur Lapeyrère, let. P, n. 32, *ubi* deux arrêts du parlement de Bordeaux, des 14 Février 1724 et 27 Mars 1725, dans le cas de garantie promise; du Perier, Quest. notab., liv. 1er., quest. 9, p. 53 et suiv.; Pothier, de la Vente, n. 168; Poullain-Duparc, sur l'art. 438 de la Cout[e]. de Bretagne, t. 3, p. 147 et 148, édit. de 1745. V., par analogie, à la n[te]. 1re., let. *f*, du n. 8); mais si le survivant des époux, négligeant les formalités voulues, avoit fait la vente *en nom qualifié, comme tuteur, sans aucune promesse de garantir ou de faire ratifier*, l'action en revendication des enfants ne pouvoit être repoussée par l'exception de garantie. (Lapeyrère, let. P, n. 32; Conférences m. s sur ce n°., *ubi* arrêt du parlement de Bordeaux, du 25 Mai 1735; du Perier et Poullain-Duparc, *sup.* V., par analogie, à la n[te]. 1re., *sup.*)

377 *bis.* Les enfants étoient-ils en droit de revendiquer les immeubles que le conjoint survivant auroit acheté des épargnes provenantes des revenus des acquêts dévolus? La négative de cette question est sans la moindre difficulté. A ne considérer l'époux survivant que comme simple usufruitier desdits acquêts, il auroit fait siens les fruits quelconques par lui perçus : il ne pourroit donc qu'être propriétaire des acquisitions faites *ex acquæstuum fructibus*, et les enfants n'y pourroient rien prétendre. C'est ainsi que, pour les biens du fils de famille, dont le père avoit l'usufruit, la L. 6, §. 2, cod. *de bon. quæ liberis*, porte que si le père avoit acquis quelque chose du produit de cet usufruit, il lui étoit loisible d'en disposer comme bon lui sembloit et d'en transmettre la propriété à qui il vouloit. Si telle seroit la décision à suivre pour le cas d'un usufruit, on sent qu'elle ne pourroit qu'être adoptée pour le cas de la dévolution. Comment d'ailleurs, la dévolution pourroit-elle frapper les choses acquises, après la société finie, *ex acquæstuum fructibus,* puisque, d'un côté, il n'y avoit d'acquêts, et, par suite, de soumis à la clause d'affectation que ce qui provenoit *ex mutuâ collaboratione conjugum,* et que, d'un autre côté, dans le cas même où les fruits des acquêts du chef du conjoint survivant eussent été, comme ces acquêts, atteints par la dévolution (nous ne le supposons, contre toute raison, que pour arriver à une solution d'autant plus sûre), il ne s'opèreroit pas de subrogation des fruits aux acquisitions en provenant (V., par argument, L. 3, cod. *in quib. caus. pign.*), la subrogation n'ayant pas lieu de droit dans les choses singulières. (V. p. 82 et 87).

Au sujet des fruits des acquêts dévolus, disons en passant que ceux qui étoient adhérents au fonds, lors de la mort de l'époux qui avoit survécu, appartenoient aux enfants auxquels passoit la propriété de ces acquêts : *fructus solo cohærentes, fundi sunt,* L. 63, §. 8, ff. *de furtis.* Quant aux fruits déjà perçus, mais non consommés à la même époque, les enfants n'y avoient de droit qu'autant qu'ils se portoient héritiers de l'époux dernier décédé; ils ne pouvoient les réclamer en leur seule qualité de donataires. La raison en est simple. La donation faite aux enfants ne devenoit parfaite qu'à la mort de chaque époux donateur : or, il étoit de principe que *ex rebus donatis fructus perceptus in rationem donationis non computatur,* L. 9, §. 1er., ff. *de donat.;* d'un autre côté, il étoit constant que, nonobstant la dévolution, les fruits des acquêts dévolus appartenoient au survivant des époux. (V. au n. 357; Salviat, p. 11) [1]. Cet époux laissoit donc dans sa succession les fruits non consommés; pour les prendre, il falloit donc venir à cette succession.

---

[1] C'est ainsi que, dans les substitutions fidéicommissaires, les fruits perçus pendant la condition du fidéicommis, appartenoient incommutablement au grevé qui, à l'échéance de cette condition, conservoit également les fruits qu'il avoit recueillis et qu'il n'avoit pas consommés. (Ricard, des Substit., p. 453, n. 75, et p. 454, n. 78; Thévenot d'Essaule de Savigny, des Substit., p. 211 et suiv.).

378. Après la mort de sa mère, une fille mineure renonce, par contrat de mariage, à la succession future de son père. On a demandé si, nonobstant cette renonciation, cette fille, au décès du père, pouvoit prendre part aux acquêts du chef de ce dernier. Lapeyrère et son Apostillateur, let. R, n. 59, disent que : « La renonciation ne vaut pour » les acquêts..... quand la renonciation est » faite après le décès de la mère qui a fini la » société d'acquêts....., ces acquêts *étant ir-* » *révocablement acquis aux enfants* ». Les auteurs des Conférences m. s. sur Lapeyrère, let. R, n. 59, tiennent une opinion contraire; ils disent : «..... La faculté que les enfants » ont d'attaquer l'aliénation qui est faite des » acquêts, et de les retenir en répudiant » l'hérédité, ne sont pas des marques d'un » patrimoine différent, mais seulement des » conséquences de la réservation. On ne peut » pas même raisonner de la répudiation à la » renonciation, parce que, dans le temps de » la répudiation, la succession est échue et » les acquêts sont réellement un genre de » biens distincts des biens paternels appar- » tenants à autre titre, au lieu qu'au temps » de la renonciation, la fille n'a qu'une *ex-*

» *pectative* sur ces acquêts. La disposition » générale du père les comprend comme les » autres biens; il sont enfin de libre disposi- » tion entre les mains du père. La fille qui » renonce, s'exclut du choix qui pouvoit » tomber sur elle, et le père qui stipule la » renonciation, ne fait en cela que déclarer » d'avance qu'il ne veut pas choisir sa fille. » Il est certain qu'il peut la faire renoncer à » ses biens, même à la légitime, à plus forte » raison à la capacité qu'elle a d'être élue. » L'effet de la renonciation est d'exclure la » fille de l'hérédité, et, à plus forte raison, » du droit d'élection aux acquêts qui est com- » pris dans l'institution d'héritier..... ». Ces deux opinions ont besoin d'être modifiés. La L. 1re., §. 7, ff. *de Success. edict.*, dit que *quod acquisitum est, repudiari non potest*, et la décision de cette loi a été adoptée pour règle en matière de renonciation faite par les filles dans leurs contrats de mariage. (Legrand, Coute. de Troyes, tit. 6, art. 90, n. 44, 2e. part., p. 11; Renusson, des Propres, ch. 2, sect. 6, n. 3, p. 63; Lebrun, des Success. liv. 3, ch. 8, sect. 1re., n. 27, 2e. part., p. 165). Ainsi donc, la décision de Lapeyrère et de son Apostillateur doit être restreinte à la portion d'acquêts du chef de l'époux décédé, et ne peut s'étendre aux acquêts dévolus dont les *enfants n'étoient pas saisis* du vivant de l'autre époux. D'un autre côté, l'opinion émise dans les Conférences est inapplicable aux acquêts du chef de l'époux prédécédé qu'elle semble embrasser, puisque les enfants n'avoient pas sur ces acquêts des droits *purement expectatifs*; mais elle est en règle à l'égard des acquêts dévolus. Aussi notre avis est-il que les raisons données par les auteurs des Conférences, en tant que rapportées aux seuls acquêts, objet de la dévolution, doivent faire décider négativement la question posée en tête du présent numéro.

---

§. II.

De la faculté d'avantager.

379. Nonobstant l'affectation des acquêts aux enfants, chaque époux, en sa seule qualité de donateur et indépendamment de toute réserve stipulée à cet égard, conservoit, pendant sa vie, le droit individuel de choisir un d'entre lesdits enfants pour recueillir la moitié d'acquêts de son chef. « On ne doute pas, » dit l'Apostillateur de Lapeyrère, let. S, » n. 112, qu'en réserve d'acquêts ou autre » disposition en faveur des enfants qui naî» tront du mariage, on peut choisir un d'en» tr'eux pour recueillir l'entier effet de la » disposition ». Salviat, p. 12, tient le même langage, ainsi que Me. Cazalet, dans une consultation du mois de Janvier 1781. Une attestation du 26 Avril 1786 met comme le sceau à ce point de jurisprudence, fondé sur ce principe, dont on trouve l'application aux L. 67, §. 2, ff. *de leg.* 2°., et 114, §. 17, ff. *de leg.* 1°., que, dans les dispositions faites en faveur de plusieurs personnes en nom collectif, *qui uni de familiâ reliquit, omnibus reliquisse videtur.* Cette attestation est ainsi conçue : « Attesté, le 26 Avril 1786, sous le » syndicat de Desmirail et Feuilhe, que, dans » la jurisprudence du parlement de Bordeaux, » un mari et une femme s'étant associés aux » acquêts qu'ils feront, avec la clause que ces » acquêts seront réversibles aux enfants qui » naîtront du mariage, le seul effet de cette » clause est que les père et mère ne puissent » disposer des acquêts hors du cercle des en» fants qui naîtront de leur mariage; mais

» elle leur donne la liberté d'en disposer entre » leurs enfants, ainsi qu'ils le jugeront à pro- » pos, et d'instituer héritier celui qu'ils vou- » dront élire, sous la réserve de la légitime » pour les autres, conformément à la déci- » sion de l'Annotateur de Lapeyrère, let. S, » n. 112 (1) ».

380. Il a été jugé au parlement de Bordeaux, le 21 Juillet 1740, à l'audience de la grand'chambre, qu'une mère, nonobstant sa renonciation faite en jugement à l'usufruit des acquêts de sa société conjugale, et nonobstant la jouissance par moitié desdits acquêts par les deux filles en faveur desquelles la renonciation avoit eu lieu, n'avoit pas perdu la faculté qu'elle avoit, aux termes de son contrat de mariage, d'élire entre les mêmes filles pour recueillir les acquêts. Cet arrêt est fondé sur cette maxime (tirée de la L. 3,

---

(1) Deux arrêts de la cour de Bordeaux, l'un, sous la date du 28 Floréal an 12, présidt. M. Cavailhon, rapporteur M. Barrière; l'autre, du 17 Floréal de la même année, présidt. M. Cavailhon, rapporteur M. Castaignet, ont, de nouveau, consacré cette jurisprudence.

ff. *qui et à quib. manum. lib. non fiunt*, et rappelée par Mornac, sur la L. 2, §. 2, ff. *de eo quod certo loco*), *non debet everti vel minui jus electionis quod alieni vel ex contractu, vel ex testamento competit*, et sur cette autre règle (rappelée par Voët, sur le ff., liv. 1er., tit. 4, *de constit. princip.*, t. 1er., p. 36, n. 22) que les renonciations n'admettent pas d'interprétation extensive, et doivent être renfermées dans leurs termes précis.

381. Non-seulement chacun des époux pouvoit, de son vivant, avantager, de son chef, sur sa moitié d'acquêts, tel des enfants que bon lui sembloit, mais encore il pouvoit transmettre son droit à cet égard, au conjoint survivant, p. ex. Tel étoit notre usage, fondé sur la maxime que celui qui a la faculté d'élire par sa propre disposition, peut la transmettre à un tiers, usage que l'Apostillateur de Lapeyrère, let. S, n. 110, p. 440 *in fine*, certifie dans les termes suivants : « Il est certain que » le père qui, en se mariant, a donné une » partie des biens par contrat de mariage à » un de ses enfants à naître, peut transmettre » à la femme ou à une autre personne, telle » qu'il jugera à propos, la faculté d'élire ».

Faulte, sur Maurice Bernard, liv. 5, ch. 10, p. 591, édit. de 1717, dit la même chose, et, de son côté, Salviat, p. 12, après avoir fait mention de consultations décidant dans le même sens, ajoute : « Il a été jugé, le 10 » Juillet 1755, à la 1re. chambre des enquê- » tes, au rapport de M. Monbadon, que le » père, qui n'avoit que des acquêts réver- » sibles à un ou plusieurs enfants, avoit pu » instituer sa femme, lui donner pouvoir de » remettre l'hérédité à tel de ses enfants que » bon lui sembleroit, et de réduire les autres » à la légitime. On avoit attaqué cette re- » mise, sous prétexte que le droit d'élection » pour les acquêts étoit personnel, non trans- » missible..... Mais le donateur peut trans- » mettre son droit. Si on trouve des arrêts » contraires dans les auteurs du parlement » de Toulouse [1], c'est que la jurisprudence » de cette cour est différente de la nôtre en » ce point, comme en presque tous les au- » tres qui regardent les élections ». Le même point a été jugé de nos jours, par arrêt de la cour de Bordeaux, du 17 Floréal an 12,

---

[1] V. notamment un arrêt du 17 Juin 1709, dans Sudre sur Vulson, des Élections d'héritier, p. 105.

présidt. M. Cavailhon, rapporteur M. Castaignet.

382. Le parlement de Bordeaux, par arrêt au rapport de M. Dabadie, rendu en grand'chambre, le 3 Septembre 1737, et rapporté dans le Recueil d'arrêts de Despiau, v°. *Élection*, a décidé que la femme qui, par le testament de son mari, avoit la faculté d'avantager ses enfants, perdoit l'élection si elle répudioit l'institution d'héritière, parce que la faculté d'avantager n'étoit qu'une suite et un accessoire de l'institution d'héritière, et ne pouvoit ainsi subsister sans le principal. On jugeoit le contraire au parlement de Toulouse (V. Sudre sur Vulson, des Élections d'héritier, p. 258 et 243).

383. Au surplus, l'élection commise au survivant des époux étoit un droit exclusivement attaché à sa personne : ce droit ne pouvoit, par conséquent, ni être par lui cédé à des tiers, ni être transmis à ses héritiers. (Bretonnier sur Henrys, liv. 5, quest. 78, t. 3, p. 390 ; Serres, sur l'art. 62 de l'ordonnce. de 1735, p. 267 ; Faulte sur Maurice Bernard, liv. 5, ch. 10, p. 591, édit. de 1717 ; Frain,

Plaid. et Arr. du parlement de Bretagne, t. 2, p. 700 et suiv., édit. de 1684; Apostillateur de Lapeyrère, let. S, n. 110, v°. *Il est certain*).

384. Le convol ne faisoit pas perdre à l'époux survivant le droit qu'il avoit d'élire, soit de son chef, soit du chef de l'époux prédécédé, parce que, dans le premier cas, il ne tenoit pas ce droit de la libéralité du défunt, et que, dans le second cas, il n'exerçoit qu'un nu ministère qui ne lui procuroit aucun gain. (Henrys et Bretonnier, liv. 5, ch. 3, quest. 17, t. 3, p. 77 et suiv.; Bechet, des secondes Noces, ch. 18, p. 284 et suiv.; Albert, Arrêts du parlement de Toulouse, let. E, ch. 7, p. 180; Salviat, p. 225; Lapeyrère, let. N, n. 37, et *ibi* Conférences m. s.).

385. D'après Furgole, des Testam., ch. 7, sect. 3, n. 53, t. 2, p. 144, « la faculté d'é-
» lire forme une condition qui suspend le
» droit de ceux qui sont appelés en général,
» de même que le droit de celui qui doit être
» élu; mais cette condition (ajoute cet au-
» teur) n'a d'effet suspensif qu'autant que la
» faculté d'élire est suspendue par la volonté

» du testateur ; car si cette faculté a trait » de temps à la mort de celui qui doit élire, » si quelqu'un des éligibles vient à prédécé- » der, il ne transmettra rien à ses héritiers : » L. 67, §. 7, et L. 77, §. 4, ff. *de leg.* » 2°. ; il faudra dire la même chose, si la » faculté d'élire est fixée à un certain temps, » ou si elle est de telle nature que celui qui » peut élire doive exercer cette faculté *quàm* » *primùm potuerit* ; car les éligibles qui dé- » céderont avant le délai fixé par le testateur, » ou avant l'interstice légal, perdront tout » leur droit, et ils ne transmettront rien à » leurs héritiers. Que si les éligibles ou quel- » qu'un d'entr'eux décède après le délai fixé » par le testateur ou après l'interstice légal, » durant lequel il a pu et dû faire l'élection, » ils transmettront leur droit à leurs héri- » tiers, à cause que ce droit étoit ouvert avant » la mort. C'est le véritable cas de la L. 24, » ff. *de leg.* 2°. Ainsi, il est certain, en gé- » néral et sans distinction, que la faculté d'é- » lire renferme une condition qui suspend le » droit de tous les éligibles jusqu'au temps » que l'élection doit être faite ». Furgole, sur l'art. 11 de l'ordonn[ce]. des Donat., p. 95, dit encore, qu'entr'autres conditions nécessaires pour rendre efficace une donation faite aux enfants à naître, il faut, « lorsqu'elle est » faite avec faculté d'élire par le donateur ou » par sa femme, à laquelle le droit d'élire » a été accordé dans leurs pactes de mariage, » que les enfants soient vivants et capables » lors de l'élection, si elle est faite par acte » entre-vifs, sinon au temps du décès du survivant des mariés, qui ont le droit de faire » élection, parce que la faculté d'élire sus- » pend le droit des éligibles par une condi- » tion tacite et inhérente ». Cette doctrine, d'après laquelle la faculté d'élire formeroit une condition suspensive du droit des éligibles envisagés ensemble ou pris séparément [1], cette doctrine, disons-nous, peut s'appliquer sans difficulté à l'élection que chaque époux,

---

[1] Ricard, des Substit., traité 3, ch. 11, part. 2, n. 25, t. 2, p. 440 et suiv., et Bergier, son annotateur, p. 451, enseignoient qu'une disposition faite en faveur de l'une d'entre plusieurs personnes qui sera élue, quoique conditionnelle à l'égard des appelés pris séparément, est cependant pure et simple respectivement à tous les appelés envisagés ensemble. Cette distinction étoit rejetée avec raison par Furgole, *loc. sup. cit.*

en sa qualité de donateur, pouvoit exercer lui-même de son vivant; mais il ne sauroit en être de même de l'élection déférée à l'époux survivant par le conjoint prédécédé; car, dès l'instant du décès de ce dernier, la moitié d'acquêts de son chef se trouvoit transmise à tous les enfants en général et à chacun d'eux en particulier. (V. au n. 321). Ce pouvoir d'élire commis au survivant des époux ne pouvoit donc former une condition suspensive du droit des enfants sur la portion d'acquêts du conjoint prédécédé; il renfermoit une vraie condition résolutoire, puisque l'exercice qu'en faisoit l'époux survivant, en faveur d'un ou de plusieurs d'entre les enfants, opéroit nécessairement la résolution du droit individuel dont les autres enfants avoient été saisis sur la portion d'acquêts en question.

Les premières conséquences qui découlent de ce qui précède, sont celles-ci :

386. 1°. Qu'à défaut de choix, les acquêts du chef de chaque époux se partageoient également entre tous les ayant-droit. (V. Henrys, liv. 6, quest. 52, t. 3, p. 915 et suiv.; Ricard, des Substit., traité 3, ch. 11, part. 2, n. 65, t. 2, p. 440 et 441; Montvallon, des Success., ch. 7, art. 401, t. 2, p. 203);

387. 2°. Que lorsque l'un ou l'autre des époux, en vertu du droit attaché à sa qualité de donateur, avoit nommé par testament un des enfants pour recueillir la portion d'acquêts de son chef, cet enfant, à la mort du testateur, étoit seul saisi de ladite portion d'acquêts ;

388. 3°. Que lorsque l'époux survivant, par suite du pouvoir à lui déféré, avoit élu un des enfants pour recueillir la moitié d'acquêts du conjoint prédécédé, la propriété de cette moitié étoit censée n'avoir fait que reposer sur la tête des autres enfants pour la part qu'ils y amendoient.

389. A l'exemple des enfants, les petits-enfants, en cas de prédécès de quelques-uns de ces derniers, pouvoient-ils être l'objet d'un choix de la part des époux?

Si l'époux survivant avoit été chargé d'élire *un des enfants,* il ne pouvoit étendre son choix sur les petits-enfants. (V. Henrys et

Bretonnier, liv. 5, ch. 4, quest. 62, t. 3, p. 267 et suiv.; Sudre sur Vulson, des Élect. d'héritier, p. 93 et 94; Cormis, Recueil de Consult., t. 2, p. 329 à 333, édit. de 1735; art. 62 de l'ordonnce. de 1735). « La raison » et la justice, dit Serres sur cet art. 62, » veulent qu'on ne puisse pas préférer au » premier degré le second degré dont le tes- » tateur n'a pas même fait mention, vu que » la proximité du degré emporte toujours » avec soi plus de prédilection, et que même » *testatoris affectio semper præsumitur or-* » *dinata*, L. 57, §. *ult.*, ff. *ad Trebell.*; L. 69, » §. 3, et L. 77, §. 2, ff. *de leg.* ». — « Ce- » lui qui est chargé d'élire, ajoute Bergier » sur Ricard, des Substit., t. 2, p. 447, ne » faisant que les fonctions d'un mandataire, » doit se renfermer strictement dans les li- » mites du pouvoir qu'il a reçu, et ne peut, » par conséquent, pas sortir du cercle dans » lequel le choix a été circonscrit.... Le pré- » décès d'un des enfants éligibles met ses » descendants dans une position bien favo- » rable assurément : le père et les enfants » n'étant censés qu'une même personne, ce- » lui des éligibles qui décède sembleroit de- » voir transmettre aux enfants qu'il laisse à

» sa place son aptitude à recevoir le fidéi-
» commis. Cependant cette faveur n'a pas
» assez mérité d'égards pour déterminer le
» législateur à souffrir que le chargé d'élire
» abandonne la lettre du testament pour s'en
» tenir à ce qui sembleroit être l'esprit du
» testateur ».

Mais chaque époux, *en sa qualité de donateur,* n'avoit-il pas le droit d'élire un de ses petits-enfants, *ex filio præmortuo?* Ces petits-enfants étant appelés par une substitution vulgaire (n. 322), devoient se trouver aux droits, lieu et place de leur auteur : aussi nous avons vu (n. 322), qu'en cas de concours avec des oncles ou tantes, ils étoient admis à prendre la portion d'acquêts destinée à leur auteur. La question plus haut posée sembleroit donc, au premier aperçu, devoir être résolue affirmativement. Les époux, indépendamment de toute stipulation, avoient le droit individuel d'avantager, sur leur portion d'acquêts, tel de leurs enfants qui leur plaisoit; ainsi l'enfant prédécédé avoit pu être l'objet de leur choix : comment les petits-enfants pouvoient-ils n'être pas habiles à jouir de la même préférence, à la place de leur père décédé? Bretonnier

sur Henrys, liv. 5, ch. 4, quest. 62, t. 3, p. 272, fait, à la vérité, mention d'un arrêt prononcé en robes rouges par M. le premier président de Fieubet, qu'il dit être rapporté par Catelan, t. 1er., liv. 2, ch. 100, arrêt par lequel il auroit été jugé que celui qui, par son contrat de mariage, fait une donation aux enfants qui naîtront de ce mariage, tel qu'il élira, ne peut élire un de ses petits-enfants, *ex filio præmortuo*, au préjudice de ses enfants du premier degré. Mais ce n'est pas là ce qu'a décidé cet arrêt. On lit, en effet, dans Catelan, liv. 2, ch. 111, t. 2, p. 462, ce qui suit : « Il a été jugé que l'hé-
» ritier chargé de rendre à plusieurs, ne peut
» charger celui à qui il rend de rendre aux
» enfants d'un éligible prédécédé, quoique
» si, dans ce cas, il ne s'en tient pas tout-à-
» fait aux bornes marquées de la volonté du
» testateur, il ne s'en éloigne guère. L'arrêt
» fut rendu, en la 1re. chambre des enquê-
» tes, au rapport de M. de Lafont, et de-
» puis prononcé en robes rouges par M. le
» premier président Fieubet, conformément
» à l'avis de Fernand, ch. 9, *prælud.*, n. 18,
» qui dit que *le père qui a donné dans ses*
» *pactes de mariage à un des enfants, tel*

» *qu'il élira, ne peut élire un de ses petits-*
» *fils, ex filio præmortuo* ». On voit, par là, que l'arrêt en question ne statue qu'à l'égard d'un héritier chargé de rendre, et non à l'égard du donateur lui-même ; on voit encore que Bretonnier a pris l'opinion de Fernand pour la décision de l'arrêt. Toutefois, si cet arrêt manque au système qui exclut les petits-enfants du choix des donateurs, il en existe d'autres qu'on ne peut également écarter comme n'ayant pas jugé la question. Écoutons d'abord Salviat, p. 8 : « La prohibition
» de transférer aux enfants d'un mariage les
» acquêts affectés à ceux d'un autre ma-
» riage.... est si rigoureuse (dit cet auteur),
» qu'elle s'étend sur les petits-enfants : les
» acquêts ne peuvent leur être donnés au
» préjudice des enfants du premier degré,
» ainsi que cela a été jugé au mois de Juillet
» 1727, à la 2e. chambre des enquêtes, au
» rapport de M. Duplessis. Le petit-fils disoit
» que, représentant son père, puisque la re-
» présentation a lieu à l'infini en ligne directe,
» il étoit du mariage ; que *appellatione libe-*
» *rorum continentur et nepotes*, L. *filii*, et
» L. *libertorum*, ff. *de verb. signif.* ; qu'il
» avoit donc pu être nommé pour recueillir

» les acquêts. Les enfants répondoient que » le petit-fils n'étoit pas *de circulo eligendo-* » *rum;* qu'il n'étoit du mariage qu'improprement. L'arrêt adopta leurs défenses; il est » conforme à la décision de Lapeyrère, let. E, » n. 20 », décision qui est prise de Fernand, *loc. sup. cit.*, et qui est ainsi conçue : « Quand » l'institution est faite dans le contrat de ma- » riage en faveur de celui qui sera élu, le » petit-fils, né du prédécédé, ne pourra pas » être élu, tant qu'il y aura des enfants du » premier degré ». Indépendamment de cet arrêt et de deux autres (1) de la cour de Bordeaux, des 21 Décembre 1810, 2e. sect., présidt. M. Cavailhon, et 27 Avril 1811, 2e. sect., présidt. M. Cavailhon, plaidants Mes. Ravez et Lainé, on peut en citer un quatrième rendu par la cour de Bordeaux, le 4

(1) Ces deux arrêts ont jugé que les père et mère, après une réserve contractuelle des acquêts aux enfants qui proviendroient de leur union, n'avoient pu, en mariant un de leurs enfants et en stipulant une société d'acquêts avec lui, affecter, au préjudice des autres enfants, les acquêts de cette nouvelle société (leur part sociale) aux enfants à naître du mariage de cet enfant.

Janvier 1821, présidt. M. Delpit, plaidants Mes. Palomières et de Chancel. Voici les motifs de ce dernier arrêt : « Considérant que » si les descendants, à quelque degré que ce » soit, sont compris sous le nom d'enfants, » c'est lorsqu'il s'agit de régler la quotité dis» ponible, ou de recueillir, par représentation » de leurs ascendants, les donations faites à » ces derniers par contrat de mariage ; mais » qu'il n'en est pas de même en fait d'élec» tion, parce que la prédilection se règle sur » la proximité du degré ; que l'art. 62 de » l'ordonnce. de 1735 étoit fondé sur cette » présomption ; que, dans l'espèce, la dona» tion étoit faite aux enfants à naître du ma» riage ; que les enfants du donateur étoient » au premier degré ; que c'étoit là le premier » cercle d'éligibilité ; qu'un petit-fils ne pou» voit pas être élu au préjudice des premiers » donataires, du moins pendant que son père » vivoit ; qu'il importe peu que ce dernier » ait signé le contrat de mariage contenant » la donation faite à son préjudice ou à celui » de ses frères ou sœurs ; que l'approbation » qu'il peut avoir donnée à cet acte, dans un » temps où il ne pouvoit pas l'attaquer, ne » peut pas lui être opposée ». Dire qu'en fait d'élection, les petits-enfants ne sont pas du cercle des éligibles, parce que la prédilection se règle sur la proximité du degré, c'est ne rappeler, selon nous, qu'une présomption admise pour fixer les bornes du pouvoir d'élire laissé à un tiers par une personne décédée, lorsque ce pouvoir comprend les enfants collectivement désignés. (V. p. 491). Mais dans la question qui nous occupe, et pour la décider, il ne peut y avoir lieu à l'application de présomptions et de règles d'interprétation. Lorsque les époux, en leur qualité de donateurs, font choix d'un petit-fils issu d'un enfant prédécédé, leur volonté est littéralement manifestée ainsi que leur prédilection. Étoient-ils inhabiles à choisir ce petit-fils qui étoit vulgairement substitué à son auteur, tandis qu'ils pouvoient faire élection de leur enfant avant sa mort? A cet égard, nous avons vu quelle étoit la jurisprudence : il est prudent de la suivre. Au surplus, nous faisons remarquer que, dans l'espèce des arrêts de la cour de Bordeaux, les petits-enfants avoient été gratifiés *du vivant de leur père*, c'est-à-dire, à une époque où le titre de donataires ne pouvoit reposer sur leur tête, les petits-enfants, dans les donations aux enfants à naître, n'étant appelés, comme vulgairement substitués, qu'à défaut de leur père; à une époque, par conséquent, où l'émolument de la donation des acquêts ne pouvoit pas plus leur parvenir, qu'il ne pouvoit être l'objet d'une libéralité envers une personne étrangère.

390. En cas de prédécès de tous les enfants, les petits-enfants pouvoient-ils, au moins, être élus ? D'abord, quant à l'époux survivant chargé d'élire un d'entre les enfants, il n'avoit pas la faculté, dans notre hypothèse, pas plus que dans celle prévue au n. précédent, p. 490, de faire choix d'un petit-enfant : les motifs étoient les mêmes. (V. art. 62 de l'ordonn[ce]. de 1735 et les commentateurs). *Quid,* de l'élection qui résidoit en la personne de chaque époux en sa qualité de donateur? « S'il est vrai (dit Sudre sur Vulson, p. 35, après avoir préalablement établi les principes rappelés au n. 322, *sup.*, sur la nature des donations aux enfants à naître), « que, dans les donations dont il s'agit, la » succession à laquelle les petits-enfants sont » admis, à défaut du père, ne soit pas le » fruit d'une transmission réelle et véritable,

» mais que les petits-enfants succèdent, de » leur propre chef, par une disposition ta- » cite que l'on sous-entend en leur faveur, » n'est-il pas sensible que l'exécution de cette » volonté qui les affecte vaguement sous la » qualité collective d'enfants, doit les sou- » mettre à la faculté d'élire? » Toutefois, ce même auteur, aux additions qui se trouvent à la pag. 335 et suiv., hésite sur cette question, que nous semble devoir faire résoudre négativement la jurisprudence adoptée sur la question que nous avons examinée au n. précédent, p. 492 et suiv.

391. Les époux pouvoient ne faire tomber leur choix que sur un de leurs enfants. (Bretonnier sur Henrys, liv. 5, quest. 78, t. 3, p. 391; Serres, sur l'art. 62 de l'ordonn[ce]. de 1735, p. 263 et 264; Ricard, des Substit., traité 3, ch. 11, part. 2, n. 63, p. 440). Ils pouvoient également en élire deux ou un plus grand nombre, car puisqu'en n'élisant pas, ils appeloient tous les enfants, on en concluoit avec raison qu'ils pouvoient ordonner par une disposition expresse ce qu'ils faisoient par leur silence seul. (Bretonnier sur Henrys, p. 390; Sudre sur Vulson, des Élect.

d'héritier, p. 107 et 108; Bergier sur Ricard, *sup.*, §. 5, p. 451; Lapeyrère, let. E, n. 19).

392. L'époux survivant, auquel l'époux prédécédé avoit laissé le pouvoir d'élire, ne pouvoit grever celui d'entre les enfants qu'il choisissoit d'aucune substitution, même en faveur d'un éligible. (Henrys, liv. 5, ch. 3, 18e. quest., t. 3, p. 80 et suiv., et 19e. quest. du même liv., t. 3, p. 85 et suiv.; Lapeyrère, let. E, n. 23, v°. *L'élection se peut faire*, et *ibi* Conférences m. s.; mêmes Conférences, let. S, n. 110, v°. *Il est certain;* Salviat, p. 225; frères Lamothe, t. 2, p. 236 et suiv. de leur Commre. sur la Coute. de Bordeaux). Au parlement de Toulouse particulièrement (V. les autorités citées par Sudre sur Vulson, des Élect. d'héritier, p. 299 et suiv.), on jugeoit que celui qui étoit chargé d'élire pouvoit grever de substitution la personne qu'il avoit choisie, pourvu que ce fût en faveur d'un des éligibles [1]. On se fondoit sur cette maxime *quem*

---

[1] C'est ce que dit aussi l'Apostillateur de Lapeyrère, let. E, n. 23, et let. S, n. 110, v°. *Il est certain et de jurisprudence.* Mais notre jurisprudence étoit contraire à l'assertion de cet Apostillateur.

honoro gravare possum, prise, *à contrario sensu*, de la L. 9, cod. *de fideicom.*, et sur la L. 1re., §. 6, ff. *de leg.* 3°., où il est dit : *eorum fideicommitti quem posse ad quos aliquid perventurum est..... vel dum eis datur, vel dum eis non adimitur.* Mais, dit Serres sur l'art. 63 de l'ordonnce. de 1735, cela étoit plus subtil que solide, parce qu'enfin c'est user d'un droit qu'on n'a pas, que de substituer à l'élu, quoiqu'on ne lui substitue qu'un des éligibles ; qu'il est très-incertain de savoir si le testateur auroit approuvé cette liberté, et, qu'en un mot, un tel héritier ne donne proprement rien du sien : *non est enim facultas necessariæ electionis, propria liberalitatis beneficium est : quid est enim quod de suo videatur reliquisse, qui quod relinquit omnimodo reddere debuit*, L. 67, §. 1er., ff. *de leg.* 2°.

393. Mais l'époux survivant, en exerçant le droit personnel qu'il avoit de choisir un des enfants du mariage pour recueillir sa portion d'acquêts, pouvoit-il, en sa qualité de donateur, grever cet enfant de substitution en faveur d'un tiers ou d'un éligible ? La négative résulte des art. 13 et 14 du tit. 1er. de l'ordonnce. des Substitutions de 1747 (V. Furgole, sur l'art. 13 de cette ordonnce., p. 59, v°. *Par une donation entre-vifs ;* Serres, sur l'art. 13 de l'ordonnce. des Testam., p. 271 et suiv.; frères Lamothe, t. 2, p. 239 et suiv. de leur Commre. sur la Coutc. de Bordeaux); elle résulte encore de l'art. 15 du tit. 1er. de la même ordonnance, dans le cas même où la réserve de pouvoir substituer se trouvoit stipulée au profit de l'époux dans le contrat renfermant la donation. (Bergier sur Ricard, des Substit., traité 3, ch. 11, part. 2, §. 5, p. 450 et suiv.). Avant l'ordonnance des substitutions, on jugeoit au parlement de Toulouse notamment, que le donateur, qui avoit la faculté d'élire entre ses enfants donataires, pouvoit, de droit et abstraction faite de toute stipulation à cet égard insérée dans l'acte de donation, charger l'enfant sur lequel s'arrêtoit par la suite son choix, d'une substitution en faveur des éligibles. La raison de décider étoit prise de ce qu'un tel donateur ne substituoit qu'à ce qui venoit de sa propre substance et de sa libéralité (Furgole, quest. 27 sur les Donat., p. 215 et suiv.; Henrys, liv. 5, ch. 3, 119e. quest., t. 3, p. 575 et suiv.; Aymar sur l'art. 63 de l'ordonn^ce^. des Testam., p. 191, édit. de 1744); mais ce motif étoit bien loin d'être solide. N'est-il pas vrai, dit, en effet, Sudre sur Vulson, des Élections d'héritier, p. 302, que le donateur, par suite du droit d'élire, n'avoit à faire qu'une première restitution qui étoit consommée en la personne de celui qui étoit élu le premier? Aussi il paroît qu'au parlement de Bordeaux, et avant l'ordonnance des substitutions, la substitution aux biens donnés n'étoit permise que dans le cas où le donateur s'étoit expressément réservé dans l'acte de donation la faculté de pouvoir substituer (Apostillateur de Lapeyrère, let. S, n. 56, v°. *Quoique dans l'usage du parlement de Bordeaux*), à moins que la substitution n'eût été faite, p. ex., dans un acte contenant, de la part du donateur, une nouvelle libéralité sous condition de la substitution aux biens donnés. (Apostillateur de Lapeyrère, *sup.*, et let. S, n. 110, v°. *Il est d'usage et de jurisprudence*). Il semble, toutefois, que ces principes n'étoient appliqués à Bordeaux, qu'au cas où des biens avoient été donnés *certæ personæ determinatæ*, et non lorsque la donation avoit été faite par contrat de mariage *uni qui eligetur*.

Dans cette dernière hypothèse, on trouve dans diverses Collections m. s., et, entr'autres, dans les Conférences m. s. sur Lapeyrère, let. S, n. 111, des arrêts jugeant que les acquêts étant donnés par contrat de mariage, le père, en instituant un de ses enfants, avoit pu le grever de substitution en faveur du fils dudit enfant. (Arrêt du 15 Juillet 1676, en grand'chambre, au rapport de M. Sabourin père, dans la cause des enfants de Jacques Duduc, que les frères Lamothe, t. 2, p. 224, citent sous une fausse date; autre arrêt du 16 Mai 1695, en grand'chambre, au rapport de M. Daudrau, entre Montaugé et Anne Chartret).

394. L'époux survivant, à qui avoit été déférée l'élection dans la portion d'acquêts du chef de l'époux prédécédé, pouvoit bien varier après une première élection faite par testament (Serres, sur l'art. 64 de l'ordonn^ce^. de 1735; Henrys, liv. 5, quest. 76, t. 3, p. 372 et suiv.; Montvallon, des Success., t. 2, p. 196; Sudre sur Vulson, des Élect. d'héritier, p. 169 et suiv.; Apostillateur de Lapeyrère, let. E, n. 24), mais non après un premier choix fait, soit par contrat de mariage, (art. 64 de l'ordonn^ce. de 1735 ; M. de Bézieux, Recueil d'arrêts du parlement de Provence, p. 521 et suiv. ; Vedel sur Catelan, liv. 2, ch. 71, p. 392 *in fine*, v°. *C'est une règle constante* ; Lapeyrère et son Apostillateur, *sup.*), soit par acte entre-vifs accepté par l'élu dans la forme prescrite par l'ordonnance de 1731 pour l'acceptation des donations (art. 64, *sup.* ; Sudre sur Vulson, *sup.*, p. 163 ; Salviat, p. 224 ; Lapeyrère, let. E, n. 23), l'élection, dans ces cas, étant irrévocable comme l'acte dont elle suivoit le sort (art. 64, *sup.*) ; de telle sorte que l'élu, quoique venant à décéder avant l'époux par qui le choix avoit été exercé, transmettoit à ses enfants ou autres héritiers le bénéfice de l'élection, sans que ce même époux pût être en droit de faire un nouveau choix en faveur des autres éligibles. (Serres, sur l'art. 64 de l'ordonn^ce. de 1735, p. 277).

395. L'élection étoit-elle également irrévocable et la faculté de varier interdite, lorsque les époux, en vertu du droit personnel leur appartenant, avoient eux-mêmes fait choix d'un éligible, soit par contrat de mariage, soit par acte entre-vifs dûment accepté? A l'égard de l'élection par contrat de mariage, son irrévocabilité est attestée par Lapeyrère et par son Apostillateur, let. E, n. 16. Mais il résulte de l'opinion du même Lapeyrère, *sup.*, qui est celle de Vulson, des Élect. d'héritier, 3e. et 15e. quest., p. 139 et 216; de Sudre, son commentateur, p. 219 et 161, et des auteurs des Conférences m. s. sur Lapeyrère, let. E, n. 16, que, dans les donations ayant trait de temps jusqu'au décès du donateur (comme dans les donations aux enfants à naître), la faculté d'élire étoit sujette à variation jusqu'à la mort du donateur, et qu'ainsi l'élection faite par acte entre-vifs n'étoit pas irrévocable. Nous pensons, toutefois, qu'il faut embrasser un avis contraire. Le législateur s'arrêtant uniquement à la nature de l'acte contenant le choix, et ne distinguant pas, dans l'art. 64 de l'ordonnce. de 1735, si la faculté d'élire se trouvoit accordée simplement, ou dans un temps limité, ou indéfiniment (Bergier sur Ricard, des Substit., traité 3, ch. 11, part. 2, p. 446 et 447), a déclaré irrévocable l'élection faite dans des actes d'une nature irrévocable, comme une donation entre-vifs, et il a rejeté l'opinion des jurisconsultes (V. Henrys et

Bretonnier, liv. 5, ch. 3, quest. 20, t. 3, p. 88 et suiv.; Sudre sur Vulson, *sup.*, p. 144 et suiv.) qui décidoient qu'une élection faite par acte entre-vifs étoit révocable, surtout lorsque l'élisant avoit eu tout le temps de sa vie pour exercer le choix. A la vérité, l'ordonnance ne dispose qu'à l'égard DES HÉRITIERS GREVÉS DE RENDRE; mais le principe sur lequel elle s'appuie pour prononcer l'irrévocabilité de l'élection faite par lesdits héritiers, n'en est pas moins consacré et d'une égale application aux époux donateurs ayant le droit personnel d'élire entre leurs enfants. L'élection faite par les époux, dont l'ordonnance de 1735, uniquement relative aux testaments, n'avoit pas, au surplus, à s'occuper par cela seul qu'elle se trouvoit contenue dans un acte irrévocable, cette élection, disons-nous, devoit donc être irrévocable comme l'acte entre-vifs qui la renfermoit.

396. L'élection, qui pouvoit ne comprendre qu'une partie des acquêts, car il étoit de maxime que l'élection pouvoit se faire en partie (Sudre sur Vulson, des Élect. d'héritier, p. 113), s'opéroit d'une manière expresse ou tacite.

397. L'élection étoit expresse, lorsque l'époux chargé d'élire, déclaroit par acte qu'en exécution du choix à lui déféré, il nommoit et élisoit tel enfant pour recueillir les acquêts du chef de l'époux prédécédé. (Boucheul, des Convent. de succéder, p. 35, n. 21). Du reste, cette élection, par laquelle aucune libéralité n'étoit exercée, et qui ne contenoit qu'une simple déclaration de volonté de la part de l'époux chargé d'élire, pouvoit se faire sans solennité, par quelque acte que ce fût (Bergier sur Ricard, des Substit., t. 2, p. 445; Bretonnier sur Henrys, 4e. plaidoyer, t. 4, p. 201 et 202; Vulson, des Élect. d'héritier, quest. 16, p. 221; Lapeyrère, let. E, n. 23), de telle sorte qu'elle ne laissoit pas de subsister, quoiqu'elle fût contenue dans un acte nul, p. ex., dans un testament vicié de nullité ou rendu inutile par la répudiation de l'héritier institué. (Bretonnier sur Henrys, *sup.;* Bergier sur Ricard, *sup.;* Vulson et Sudre, *sup.*, p. 220 et suiv., et p. 227 et suiv.; Boniface, t. 2, p. 153 et 154; Serres sur l'ordonnce. de 1735, p. 265; Apostillateur de Lapeyrère, let. E, n. 18, v°. *L'élection*).

Quant à l'élection que chaque époux avoit

droit d'exercer de son chef, elle étoit expresse, lorsque, dans un acte entre-vifs ou testamentaire, l'époux déclaroit, en termes quelconques, mais d'une manière non équivoque, sa volonté d'avantager, des objets par lui donnés ou légués, l'enfant sur lequel s'étoit arrêté son choix.

398. L'élection étoit tacite, lorsque la volonté d'exercer le choix, sans être littéralement exprimée, résultoit d'actes qui supposoient cette volonté [1]: la manifestation de notre volonté a lieu, en effet, *non tantùm verbis, sed etiam actu*, L. 5, ff. *rat. rem haberi.*

399. Ainsi, « l'institution d'héritier uni-
» versel en faveur d'un seul de ses enfants
» dans le testament, tenoit lieu d'élection ex-
» presse.... à cause de l'universalité de l'insti-
» tution, car qui donne tout ne garde rien ».
(Lapeyrère, let. E, n. 18). Salviat, p. 12,

---

[1] *Tacitum intelligitur*, dit Mantica, *de tacit. et amb. convent*, liv. 1er., tit. 7, n. 30, t. 1er., p. 6, *quod venit in necessariam consequentiam expressi aut ex naturá actûs, idque habetur pro expresso.*

dit également que les acquêts étoient compris dans l'institution générale et n'avoient pas besoin *speciali notâ*, ainsi que le décidoient tous les anciens jurisconsultes, et que l'avoit répondu en particulier M^e^. Dumoulin, le 23 Septembre 1759. L'opinion de ces auteurs, en tant qu'on la limite à l'élection que chaque époux exerçoit de son chef, est hors de toute controverse : l'institution générale faite par l'un des époux entraînoit nécessairement élection pour sa portion d'acquêts comprise dans son hérédité, et c'est ce qu'a jugé la cour de Bordeaux, par arrêt du 28 Floréal an 12, présid^t^. M. Cavailhon, rapporteur M. Barrière. Mais une semblable institution tenoit-elle lieu d'élection pour la moitié d'acquêts du chef de l'époux prédécédé ? Entr'autres auteurs, Bretonnier et Henrys (16e. et 61e. quest. du ch. 4 du liv. 5, t. 3, p. 74 et 264); Henrys lui-même (117e. quest. du ch. 4 du liv. 5); Vulson, des Élect. d'héritier (16e. quest. p. 220); Sudre sur cet auteur, p. 117; enfin, Serres (Inst., p. 376), enseignent que l'institution d'héritier universel comprend tous les biens que le testateur possède, tant les siens propres que ceux qu'il étoit chargé de rendre, et vaut ainsi élection pour ces derniers. D'un autre côté, Boucheul, des Convent. de succéder, p. 36, n. 25; Henrys, 61e. et 16e. quest., *sup.*, et les auteurs des Conférences m. s. sur Lapeyrère, let. E, n. 18, v°. *L'institution d'héritier*, prétendent que le chargé d'élire, en créant un héritier universel, n'étoit pas censé avoir élu pour les biens soumis à son choix, par la double raison que sa succession n'étoit pas confuse avec l'hérédité de celui qui lui avoit déféré ce choix, et qu'en faisant seulement mention de ses biens propres, il avoit assez témoigné que sa volonté, qu'on ne pouvoit étendre, y étoit restreinte. C'est ainsi que le parlement de Bordeaux le jugea, par arrêt du 5 Juillet 1732, en grand'chambre, au rapport de M. Duval, dans la cause du sieur Bastares contre Guiraudon. Quel parti prendre, dans ce conflit d'opinions, sur la question dont il s'agit? Si l'on réfléchit, d'une part, que ceux d'entre les auteurs qui tiennent que l'institution générale emporte élection, ont eu principalement en vue le cas où le chargé d'élire se trouvoit en même temps grevé d'un fidéicommis; qu'envisageant moins la qualité même d'héritier que l'universalité des biens marchant communément à la suite, ils se sont fondés, soit sur ce que l'héritier institué trouvoit les biens du fidéicommis mêlés et confondus dans le patrimoine dont il étoit saisi par l'institution, soit sur ce que les mêmes biens étant en la puissance du grevé pendant tout le temps de sa vie, pouvoient être justement compris sous la dénomination générale des biens dudit grevé (V. Sudre sur Vulson, des Élect. d'héritier, p. 118); si l'on réfléchit, d'une autre part, que l'époux, à l'élection duquel étoit commise la portion d'acquêts du conjoint prédécédé, ne pouvoit avoir qu'un *simple ministère* à remplir [1]; qu'ainsi, les hypothèses changeant, les considérations cessent d'être les mêmes; si, disons-nous, l'on réfléchit à tout cela, on n'hésitera pas à décider, abstraction faite des autorités favorables à ce sentiment, que l'institution d'un héritier universel, faite par le survivant des époux dans ses biens, ne valoit pas élection de l'héritier institué dans les acquêts du chef du conjoint prédécédé, rien,

---

[1] Les lois romaines appellent *simple ministre* celui qui avoit été uniquement choisi pour exécuter la volonté du testateur. (V. L. 17, ff. *de leg.* 2°.; 49, ff. *de donat. int. vir. et ux.*)

dans une semblable institution, ne manifestant la volonté de la part du testateur de faire le choix à lui déféré. Cette opinion peut, au surplus, être étayée du passage suivant de Sudre sur Vulson, qui, après avoir dit, d'une manière générale, que l'institution d'héritier universel emportoit élection dans les biens du fidéicommis, s'exprime ainsi à la p. 118: « Je crois bien qu'il faut faire grande différence lorsque l'élection a été commise à » celui qui est en même temps grevé de rendre, et lorsqu'elle a été séparée de cette » charge et donnée à un ministre étranger. » L'institution n'est censée emporter une élection que parce qu'elle subroge ceux qui ont » été institués à la possession du défunt; mais » ce ministre étranger, qui a été chargé d'élire, n'a point de possession qui puisse se » transmettre à ses héritiers, et l'on ne peut » dire alors que l'institution doive entraîner » des biens qui n'étoient pas sous la main du » défunt ».

400. Tout ce qui vient d'être dit de l'institution générale doit s'appliquer, à plus forte raison, à la donation universelle. Celui d'entre les époux qui faisoit une donation de l'universalité de ses biens, étoit censé avoir fait choix du donataire pour recueillir les acquêts de son chef. Et c'est à cette hypothèse qu'il faut rapporter ce que dit Salviat, p. 225 : « Que Mes. Denis, Gauthier et Poitevin ont » répondu, le 24 Juillet 1675, que la do- » nation.... contenoit élection pour les ac- » quêts ». Mais une semblable donation n'emportoit pas élection pour la portion d'acquêts du chef de l'époux prédécédé. (V. Bretonnier sur Henrys, 61e. quest., t. 3, p. 265 et 266 ; Vedel sur Catelan, liv. 2, ch. 32, t. 1er., p. 304, édit. de 1758; Cambolas, liv. 1er., ch. 12, p. 24 et suiv. ; Sudre sur Vulson, p. 121 et 118) (1).

---

(1) Tous ces auteurs, à l'exception de Sudre, établissent que la donation dont il s'agit, faite de ses biens par un tiers chargé d'un fidéicommis avec faculté d'élire, n'emporte pas élection pour les biens du fidéicommis; et Sudre est d'accord que cette donation ne peut valoir élection, lorsque l'élection n'a été commise à un tiers que comme simple ministre.

APPENDICE.

Nous examinerons d'abord, dans cet appendice, quelle peut être l'influence du code civil sur les sociétés d'acquêts antérieurement contractées. Nous discuterons ensuite la question de savoir si la clause d'affectation des acquêts aux enfants, telle qu'elle avoit lieu sous l'ancienne jurisprudence, peut être admise sous l'empire du code civil.

§. Ier.

De l'influence du code civil sur les sociétés d'acquêts antérieurement stipulées.

401. C'est une règle générale et constante que les droits, même éventuels et expectatifs, résultants des contrats, constituent des droits acquis, et doivent rester immuables, quelles que soient les dispositions législatives ultérieurement survenues. (Chabot de l'Allier, Quest. transit., t. 1er., p. 128 et suiv.; M. Proudhon, Cours de droit civil, t. 1er.,

p. 23, 24, 28 et 29; M. Merlin, Nouveau Répre., t. 16, p. 221, 222 et 253). Ainsi, celui d'entre les époux qui aura survécu à la promulgation du code civil, conservera :

402. 1°. L'usufruit de la masse des acquêts, si cet usufruit se trouve stipulé en sa faveur par le contrat de mariage; et cela, sans être astreint à fournir la caution exigée par l'art. 601 du code civil. (M. Merlin, *sup.*, t. 16, p. 257; arrêt de la cour de Bordeaux, du 29 Avril 1809, cité au n. 346). — V. n. 14, 344, 346 et 358;

403. 2°. La pleine propriété desdits acquêts, si tel a été l'accord inséré dans le traité nuptial (V. n. 14), quand même l'époux prédécédé eût eu, à l'époque dudit traité, des enfants d'un précédent mariage. Mais, dans cette dernière hypothèse, devra-t-il s'opérer une réduction au profit des mêmes enfants? On décide, sous le code, que, dans le cas particulier d'enfants d'un premier mariage, la stipulation dont il s'agit constitue un avantage sujet aux règles relatives aux donations. (M. Merlin, au Nouveau Répre., t. 8, p. 573; M. Toullier, Cours de droit civil, t. 5, p. 886

et suiv., 1re. édit.; M. Delvincourt, Cours de droit civil, t. 2, p. 654 et suiv., édit. de 1819). En supposant que l'ancienne jurisprudence admît la même décision (V. Chabot de l'Allier, Quest. transit., t. 2, p. 133 et suiv.; n. 16, *sup.*), la réduction à opérer seroit réglée par l'ancien droit, c'est-à-dire, par la L. *hâc edictali*, cod. *de secund. nupt.* (M. Merlin, *sup.*, t. 16, p. 69 et 70; Chabot de l'Allier, *sup.*, p. 164 et suiv.), qui portoit la même probibition que l'art. 1098 du code civil, mais ne limitoit pas, comme ce dernier article, le maximum de la portion que pouvoit avoir l'époux donataire [1];

---

[1] Notez que, sous l'ancienne jurisprudence, le retranchement des dons faits au second conjoint devoit se faire au *cui minus de facto*, c'est-à-dire, à la moindre portion, quoiqu'elle n'égalât pas la légitime due à l'enfant qui se contentoit de cette portion et ne demandoit pas de supplément. (Dupin, des secondes Noces, tit. 4, ch. 4, n. 20, p. 307; Lapeyrère, let. N, n. 9, v°. *Si la femme*, et *ibi* Conférences m. s.). Suivant les principes du code civil, au contraire, la fixation de la moindre part d'enfant se fait toujours au *cui minus de jure*, en sorte que la portion de l'époux donataire doit se trouver équivalente à celle re-

404. 3°. Le droit qu'il s'étoit réservé par son contrat de mariage d'avantager, sur sa portion d'acquêts, tel de ses enfants que bon lui sembleroit (V. *sup.*, n. 379), pourvu toutefois qu'en usant de ce droit, il laissât aux autres enfants leur légitime (V. même numéro), légitime qui, dans ce cas, ne pourra être que celle fixée par l'art. 913 du code civil, la faculté d'élire se trouvant exercée seulement sous l'empire dudit code. Observons, par occasion, quant au pouvoir d'élire qui auroit pu être déféré à l'époux survivant (V. *sup.*, n. 381), que ce dernier ne pourroit en faire usage, soit que son conjoint fût mort sous une législation autorisant la transmission de ce pouvoir, soit qu'il fût décédé sous une législation différente, p. ex., sous le code civil, qui, d'après la doctrine des auteurs (V. M. Merlin, au Nouveau Rép^re^., t. 6, p. 761 et 762; M. Grenier, des Donat., t. 1er., p. 113, 2e. édit.; M. Jaubert, rapport au tribunat sur le projet de loi relatif aux donations entre-vifs et aux testaments, t. 4,

---

venant à un des enfants réduit à sa part dans la portion indisponible. (M. Merlin, au Nouveau Rép^re^., t. 8, p. 577).

p. 326 du Recueil des rapports, motifs, etc.), ne reconnoît pas le droit d'élire. Dans le premier cas, en effet, par le changement de législation, la faculté d'élire déférée auroit été frappée de stérilité, faute d'avoir été réduite en acte antérieurement (M. Merlin, *sup.*, t. 16, p. 221, v°. *Mais tel n'a jamais été un droit purement facultatif*, et t. 2, p. 304 et suiv.); dans le second cas, cette faculté n'auroit pu être donnée à l'époux survivant.

405. La règle posée au n. 401 régit, par identité de raison, les droits, quoique éventuels et expectatifs, qui prennent leur source dans toute disposition irrévocable de sa nature, telle, p. ex., qu'une donation à cause de mort contenue dans un contrat de mariage. (Chabot de l'Allier, Quest. transit., t. 1er., p. 179 et suiv.).

406. Ainsi, en cas de concours d'enfants de divers lits, les enfants issus du mariage à l'occasion duquel les acquêts leur ont été affectés, en renonçant à la succession de l'auteur commun décédé sous le code, conserveront, aujourd'hui comme autrefois, le droit de réclamer la portion d'acquêts du chef dudit auteur commun; et cela, à l'exclusion des enfants d'un autre mariage, sauf la légitime due à ces derniers sur lesdits acquêts, en cas d'insuffisance des autres biens délaissés par l'époux prédécédé. (V. n. 336). Et peu importe qu'entr'autres conditions, l'expectative des enfants, donataires des acquêts, se trouvât, dès l'origine, éventuellement subordonnée, notamment pour le cas qui vient d'être prévu, à la condition de répudier l'hérédité, et que cette répudiation n'ait lieu que sous le code; car la nature des conditions suspensives étant d'avoir un effet rétroactif (L. 11, §. 1er., ff. *qui pot.;* art. 1179, code civil), ce n'est pas seulement du jour de l'accomplissement de la condition dont il s'agit, que peut être censé avoir été acquis aux enfants le droit résultant pour eux de la donation contractuelle des acquêts. (V. M. Merlin, au Nouveau Répre., t. 16, p. 222; Chabot de l'Allier, *sup.,* t. 1er., p. 128 et suiv.).

407. Ainsi, en retenant l'hypothèse ci-dessus, la réduction pour la légitime des enfants d'une autre union, ne pourra, le cas échéant, être réclamée sur les acquêts affectés aux enfants du mariage pendant lequel lesdits acquêts ont été faits, que jusqu'à concurrence de la légitime déterminée par la loi du jour du contrat de mariage contenant la donation des acquêts [1]. C'est ce que décident unanimement les auteurs, soit à l'égard des institutions contractuelles, soit à l'égard de toute donation irrévocable à cause de mort. (V. M. Proudhon, Cours de droit civil, t. 1er., p. 33 à 35; M. Grenier, au Répre. de M. Merlin, t. 11, p. 742 et suiv., et au traité des Donat., t. 2, p. 67 à 83; Chabot de l'Allier, Quest. transit., t. 2, p. 240 et suiv.; M. Merlin, au Nouveau Répre., t. 15, p. 640 et suiv., et t. 16, p. 268 et 269).

408. Ainsi, la portion d'acquêts du chef de celui d'entre les époux qui, après le décès de son conjoint, aura survécu à la promulgation du code civil, restera, sous l'empire

---

[1] Eu égard, toutefois, à la valeur des biens et au nombre des enfants au jour du décès. (M. Grenier, au Répre. de M. Merlin, t. 11, p. 745 et 746, et au traité des Donat., t. 2, p. 77 et 78; Chabot de l'Allier, Quest. transit., t. 2, p. 262; M. Proudhon, Cours de droit civil, t. 1er., p. 34).

de ce code, soumise à la dévolution dont elle étoit frappée, sous l'ancienne jurisprudence, par suite de la donation contractuelle des acquêts faite au profit des enfants à naître du mariage. (V. n. 349 et suiv.).

409. En un mot, la donation dont il vient d'être parlé, soit pendant la vie des époux qui auront survécu à la mise en activité des lois qui nous régissent, soit après le décès de l'un desdits époux, se réglera, dans tous ses effets, à l'égard des époux ou des enfants, par les principes en vigueur avant le code civil.

410. Ce n'est pas seulement pour les conventions expresses qu'il faut considérer uniquement la loi du contrat, il en est de même pour les conventions tacites. (M. Proudhon, Cours de droit civil, t. 1er., p. 24 et 28; M. Merlin, au Nouveau Répre., t. 16, p. 253).

411. Dès-lors, comme les époux, en contractant une société d'acquêts, étoient censés la stipuler telle qu'elle avoit lieu d'après la jurisprudence et les usages établis (V. Pothier, de la Comté., n. 279), ce sera à ces usages et à cette jurisprudence [1] qu'il faudra recourir, abstraction faite des dispositions du

---

[1] Une jurisprudence uniforme et constante avant le code, ayant l'effet d'imprimer aux droits privés le caractère de droits acquis, doit conserver tout son empire pour les cas antérieurs au code. (Chabot de l'Allier, Quest. transit., t. 2, p. 109 et suiv.). D'après cela, la femme, pour les engagements par elle contractés pendant sa société conjugale, mais antérieurement au code civil *, pourroit, sous ce code, exciper du *S. C. Velléïen* dans tous les cas où nous avons vu (n. 191) qu'elle en avoit le droit anciennement. (Chabot de l'Allier, *sup.*, p. 353; M. Merlin, au Nouveau Rép^re^., t. 16, p. 252 et précéd.). D'après cela encore, la cour de Bordeaux, par arrêt du 2 Mars 1827, 4e. chambre, présid^t^. M. Duprat, plaidants M^es^. Brochon jeune et Gergerès, a décidé que la présomption de paiement de la dot après dix ans, établie par l'art. 1569 du code civil, ne s'appliquoit pas à un mariage antérieur au code. (V. n. 246, n^te^. 2). D'après cela enfin, il a été jugé que la femme *séparée de biens*, mariée avant le code, pouvoit, sous le

(*) *Secùs*, à l'égard des engagements souscrits *postérieurement* à la loi abrogative du *S. C. Velléïen*. (Chabot de l'Allier, *sup.*, p. 312 et suiv.; arrêt de la cour de Bordeaux, du 10 Août 1827. *Sic* décidé en consultation, le 10 Juin 1812, par M^es^. Ferrère, Ravez et Denucé, pour des obligations consenties par une veuve, comme associée aux acquêts, avant sa renonciation à la société).

code civil sous l'empire duquel la société aura pris fin, pour savoir, p. ex., quels biens composeront l'actif de cette société, de quelles dettes elle sera grevée, etc., pour les reprises à exercer, pour les partages des fruits et pour toutes les parties accessoires de la société, puisqu'il ne s'agit que d'exécuter ce qui a été convenu dès le principe. (V. M. Proudhon, *sup.*, t. 1er., p. 29 et 30 ; Chabot de l'Allier, Quest. transit., t. 1er., p. 79 et suiv.).

412. Encore que les droits, soit actuels, soit éventuels ou expectatifs, qui résultent des contrats, soient hors de l'atteinte de la loi postérieure, dit M. Merlin, au Nouveau Répre., t. 16, p. 259, cette loi postérieure ne laisse pas de pouvoir en subordonner l'exer-

---

code, user du droit de rétention (arrêt du 25 Mars 1819, cité au n. 226, nte. 1re.), ou du droit d'insistance. (Arrêt du 2 Juillet 1828, en 1re., présidt. M. de Saget. — V. même note). Disons, par occasion, que ce droit de rétention, s'il étoit stipulé sous l'empire des lois nouvelles, ne pourroit produire aucun effet. (Arrêt de la cour de Bordeaux, du 1er. Février 1826, en 1re., présidt. M. de Saget, plaidants Mes. Dufaure et Hervé).

cice, pour l'avenir, à telles formalités, à telles diligences, à telles conditions qu'il lui plaît, pourvu que les parties ne puissent imputer qu'à leur propre incurie la perte qu'elles éprouvent par l'omission ou l'inaccomplissement de ces formalités, de ces diligences, de ces conditions. Ce qui vient d'être dit des droits résultants des contrats, regarde non-seulement les conventions expresses, mais encore les conventions qui sont sous-entendues dans un contrat par l'autorité de la jurisprudence sous l'empire de laquelle le contrat a été passé. En un mot, la règle rappelée s'applique à tout droit acquis dont l'exercice appartient exclusivement à la loi nouvelle. (V. M. Merlin, *sup.*, p. 281).

413. Ainsi, p. ex., dans le cas de l'art. 1463 du code civil, la femme qui, séparée de corps sous l'empire dudit code, aura laissé passer les délais à elle accordés pour accepter la société, devra être censée y avoir renoncé, encore que l'ancienne jurisprudence, sous laquelle le contrat de mariage aura été passé, lui donnât trente ans pour renoncer. (V. n. 181). La cour de Bordeaux l'a jugé de la sorte par arrêt du 5 Décembre 1825, rendu à la 1re. chambre, sous la présidence de M. Ravez, plaidants Mes. Brochon jeune et Barennes. « Ce n'est pas, dit cet arrêt, don- » ner à la loi nouvelle un effet rétroactif, » puisque l'art. 1463 se borne à régir un fait » postérieur à sa promulgation, et qu'en dé- » terminant le délai de l'acceptation de la » communauté, dans le cas par lui prévu, il » ne porte aucune atteinte au droit, résul- » tant du contrat de mariage, d'accepter la » société ou d'y renoncer ».

414. Ainsi, bien que l'ancienne jurisprudence admît la renonciation de la femme à la société d'acquêts, au moyen de la production d'un simple état assermenté (V. n. 181), toutefois, en cas que la société vienne à se dissoudre sous le code, la femme, quoique mariée antérieurement, devra, pour appuyer sa renonciation, rapporter un inventaire par acte public, conformément aux dispositions de l'art. 1456. Jugé dans ce sens par la 2e. chambre de la cour de Bordeaux, le 20 Juillet 1816, présidt. M. de Chalup, plaidants Mes. de Saget et Devaulx.

415. Ainsi, dans le cas où les enfants,

donataires des acquêts, se trouveront obligés, pour avoir lesdits acquêts, soit de répudier la succession de leur auteur, décédé avant le code, soit d'accepter cette succession sous bénéfice d'inventaire (V. n. 236, 369 et 377), l'acceptation bénéficiaire ou la renonciation devront se faire dans la forme prescrite par le code civil.

416. Ainsi, tout ce qui tient au mode de partage et de liquidation de la société d'acquêts, dissoute sous l'empire des lois anciennes, se réglera par les dispositions des lois aujourd'hui en vigueur.

416 *bis*. Il a été fait mention des offices, *sup*., n. 94 et suiv. Ici, nous avons à dire un mot de quelques questions transitoires qui peuvent s'élever à leur sujet. L'art. 91 de la loi du 28 Avril 1816, porte que : *les avocats à la cour de cassation, notaires, avoués, greffiers, huissiers, agents de change, courtiers, commissaires-priseurs, pourront présenter à l'agrément de Sa Majesté des successeurs, pourvu qu'ils réunissent les qualités exigées par les lois*. D'après cette loi, les charges ci-dessus désignées se trouvent évidemment *cessibles;* mais elles ne peuvent être regardées aujourd'hui que comme meubles, le droit de présentation n'ayant pour objet que de procurer des valeurs mobilières. (V. M. Toullier, Droit civil, t. 12, n. 112, p. 198 et suiv.; M. Duranton, Droit civil, t. 4, p. 136 et suiv.). Si donc un homme, marié anciennement, avoit acquis une des charges en question sous l'empire de la loi de 1816, la charge, comme meuble, tomberoit dans la société d'acquêts (V. *sup.*, n. 103, par analogie) qui embrassoit les acquisitions mobilières ou immobilières faites par les époux. En seroit-il de même si le titulaire de la charge en avoit fait l'acquisition sous l'empire des lois intermédiaires, c'est-à-dire, à une époque où le droit de présentation n'étoit pas attaché aux charges dont il s'agit? Non, si le titulaire étoit décédé avant la loi de 1816, car, avant cette loi, ces charges n'étant pas *cessibles*, ne pouvoient faire partie de l'actif d'une société d'acquêts. (V., par analogie, n. 110, 111, *sup.*). Non encore, si le titulaire avoit survécu à la promulgation de cette loi, le droit de présentation ayant été créé pour lui. (V., par analogie, *sup.*, n. 108 *in fine*). Mais, dans ces deux cas, la *pratique* acquise pendant la durée de la société constitueroit un acquêt. (V. *sup.*, n. 101).

§. II.

La clause d'affectation des acquêts aux enfants, telle qu'elle avoit lieu sous l'ancienne jurisprudence, peut-elle être admise sous l'empire du code civil?

417. L'affectation des acquêts aux enfants avoit pour objet des biens à venir; elle intéressoit des enfants à naître.

a. Les biens à venir qui, sous l'empire de l'ordonnance des Donations de 1731, pouvoient être donnés par contrat de mariage (art. 17 et 13), peuvent également, sous le code, être donnés avec effet par contrat de mariage. (Art. 1084 et 1082, notamment). Ainsi, sous ce premier rapport, les mêmes principes conduiroient, aujourd'hui comme autrefois, à une décision favorable à la clause d'affectation.

b. Mais cette clause, disions-nous à l'instant, étoit au profit d'enfants à naître. Il faut donc voir si, sous ce nouveau rapport, les règles admises dans l'ancienne jurisprudence sont encore en vigueur.

D'après l'ordonnance de 1731, il étoit permis non-seulement de donner entre-vifs, même hors contrat de mariage, soit à des enfants nés et à naître conjointement (art. 12; Furgole, sur cet article, p. 97; Sallé, sur le même article, p. 26, édit. de 1759), soit à une personne et à ses enfants à naître, ou avec charge de substitution au profit desdits enfants (art. 11), mais encore de donner directement à des enfants à naître par contrat de mariage. (Art. 10; Furgole, sur cet article, p. 84 et 85; Ricard, des Donat., 1re. part., ch. 4, sect. 1re., n. 869, t. 1er., p. 218 et 219). Les enfants à naître pouvoient, à plus forte raison, être l'objet direct d'une donation à cause de mort faite par contrat de mariage (V. art. 3 et 13; Furgole, sur l'art. 3, p. 26, v°. *Toutes les personnes;* Domat, Lois civiles, liv. 4, tit. 2, sect. 2, n. 3, p. 509, et liv. 3, tit. 1er., sect. 2, n. 22, p. 431), indépendamment des dispositions de biens à venir qui pouvoient être faites à leur profit par contrat de mariage. (V. M. Merlin, au Nouveau Répre. v°. *Institution contractuelle*, §. 5, n. 3 et 2, t. 6, p. 290; art. 17 de l'ordonnce.

Le code civil présente, sur les points qui précèdent, les règles suivantes :

1°. On ne peut, même par contrat de mariage, donner entre-vifs directement à des enfants à naître, non conçus à l'époque de la donation. (Art. 906 et 1081, al. 2; M. Grenier, des Donat., t. 2, p. 6 à 9).

2°. On ne peut que par testament disposer, d'une manière directe, en faveur d'enfants à naître, conçus à l'époque du décès du testateur. (Art. 906).

3°. On ne peut disposer de ses biens, à titre gratuit, que par donation entre-vifs ou par testament. (Art. 893). Ainsi, en admettant que les donations à cause de mort ne soient pas aujourd'hui prohibées (c'est ce que pensent M. Toullier, t. 5, p. 15 et suiv.; M. Merlin, au Nouveau Rép^re^., t. 4, p. 157, et aux Quest. de droit, t. 6, p. 173 et suiv.), on ne pourroit donner à cause de mort que dans la forme testamentaire.

4°. Toutefois, un troisième mode de disposition à titre gratuit se trouve autorisé, et l'on peut, par contrat de mariage, disposer au profit des époux et des enfants à naître du mariage, de ses biens à venir, et cela, soit en faisant une institution contractuelle, soit en donnant simplement ses biens à venir.

Cette disposition qui, interdisant au donateur toute aliénation à titre gratuit [1] (art. 1083), participe ainsi de la donation entre-vifs par son irrévocabilité, comme elle participe de la donation à cause de mort par rapport à la condition de survie du donataire et de sa postérité (art. 1089; Furgole, sur l'art. 13 de l'ordonn[ce]. des Donat., p. 101, et sur l'art. 17, p. 167 et 168), et à la faculté qu'a le donateur d'aliéner à titre onéreux les biens donnés, de les grever de dettes (M. Grenier, *sup.*, t. 2, p. 12, 13 et 53, d'après Furgole, *sup.*, p. 106 et 167), cette disposition, disons-nous, peut être faite soit au profit de l'époux seul, soit au profit des époux et des enfants à naître qui sont alors appelés, par forme de substitution vulgaire, au défaut de l'époux donataire; mais les enfants à naître ne peuvent être *uniquement et directement* appelés au bénéfice d'une disposition de la nature de celle qui nous occupe.

---

(1) Il en étoit de même, dans l'ancienne jurisprudence, à l'égard des donations de biens à venir (Furgole, sur l'art. 17 de l'ordonn[ce]. des Donat., p. 163), comme à l'égard des institutions contractuelles. (V. n[te]. 1re. du n. 316).

c. Il faut établir cette dernière assertion qui a pour elle, ainsi qu'on va s'en convaincre, le suffrage unanime des auteurs.

« Aujourd'hui, dit M. Merlin (au Nouveau » Rép^re^., v°. *Institution contractuelle*, §. 5, » n. 4, t. 6, p. 293), un futur époux ne peut » plus, par son contrat de mariage, instituer » héritiers *ses enfants à naître* : aucune dis- » position du code ne lui confère ce pouvoir; » il rentre, à cet égard, sous l'empire de la » règle générale écrite dans l'art. 893 de ce » code, savoir, qu'on ne pourra disposer de » ses biens à titre gratuit que par donation » entre-vifs ou par testament ». — « En com- » binant les dispositions de l'art. 1130 avec » l'art. 1082, il en résulte clairement, ajoute » le même auteur (au Nouveau Rép^re^., v°. » *Renonciation*, §. 1er., t. 11, p. 295), qu'on » peut bien, par contrat de mariage, dispo- » ser d'une succession future en faveur des » époux qui se marient, *mais que les époux » eux-mêmes ne peuvent pas, en se ma- » riant, disposer de leur succession à venir » en faveur de personnes tierces* ».

M. Toullier, Cours de droit civil, enseigne, en parlant des donations rappelées aux art. 1082 et 1084, que le disposant est censé avoir appelé les enfants *au défaut de l'époux donateur*, et que c'est comme s'il avoit dit : Je donne à Titius, futur époux, et, en cas qu'il ne puisse recueillir mon don, je donne aux enfants qui naîtront de son mariage (V. t. 5, p. 820). Mais, dit-il, il n'est plus permis de faire ces donations *uniquement et directement en faveur des enfants à naître*, qui sont déclarés incapables de recevoir, quand ils ne sont pas conçus (V. t. 5, p. 831), ce qui, au surplus, résulte de la combinaison des art. 1130 et 1082. (V. t. 12, p. 53 et 37).

M. Delvincourt, Cours de droit civil, t. 2, p. 641 et 642, tient le même langage. « Il » est vrai, dit-il, que le premier alinéa de » l'art. 1082 porte que l'on peut donner tant » aux époux qu'aux enfants à naître du ma- » riage, ce qui peut s'entendre tant séparé- » ment que collectivement, mais ce qui suit » prouve que l'on doit entendre cette dispo- » sition dans le sens que l'on peut donner » soit à l'époux seul, soit à l'époux et aux » enfants à naître. En effet, l'article ajoute » que l'on peut donner aux enfants à naître » dans le cas où le donateur survivroit à l'é- » poux donataire. Il faut donc *deux choses*

» pour que les enfants à naître puissent être » l'objet de la libéralité : la première, *que* » *l'époux soit lui-même donataire*, et la se- » conde, qu'il prédécède le donateur ».

Enfin, M. Guilhon, dans son traité des Donat., s'exprime dans le même sens et dans les termes suivants : « Par l'art. 1389, il est » défendu aux époux de changer entre leurs » enfants l'ordre légal des successions, et l'on » sent que cet ordre seroit changé toutes les » fois qu'il existeroit des enfants d'un autre » mariage, ou qu'il en proviendroit d'un pos- » térieur. Cet article, il est vrai, réserve aux » futurs époux le droit de disposer par do- » nation et par testament, dans les formes et » dans les cas déterminés par la loi ; *mais* » *nul article du code ne donne aux époux* » *la faculté d'instituer leurs enfants à naî-* » *tre* ». (V. t. 2, p. 361 et suiv.). « Par » l'effet de l'institution contractuelle, ou de » la donation des biens à venir, les droits » de propriété du donateur ne sont plus en- » tiers ; ils ont éprouvé une diminution ; ainsi » le donateur ne peut plus disposer à titre » gratuit.... ; mais le droit de propriété du » donateur ne peut éprouver une diminu- » tion par l'effet de la donation, sans que le

» donataire n'en ait profité : d'où résulte la » conséquence rigoureuse que la donation » transmet un véritable droit au donataire; » mais pour recevoir ce droit, pour en être » investi, *il faut nécessairement exister;* » *or. les enfants du mariage sont dans le* » *néant ;* donc, la donation leur étant faite, » personne ne seroit là pour recevoir le droit » résultant de la donation. C'est toute autre » chose, quand la donation est faite au père, » puis aux enfants : ici tout s'opère d'une » manière naturelle; le père est d'abord in- » vesti, et s'il meurt laissant des enfants du » mariage, ceux-ci prennent sa place par » l'effet de la substitution vulgaire : ici la » propriété n'est jamais en suspens, et si » nous voyons un droit transmis, nous trou- » vons, en même temps, la personne qui le » reçoit ». (V. t. 2, p. 346, 347, 352 et » 353).

La solidité de la doctrine qui vient d'être rappelée s'établit encore par l'intention bien marquée du législateur de s'écarter des anciens principes.

Faites attention, en effet, que la rubrique du chap. 8 du tit. 2 du liv. 3, relatif aux donations par contrat de mariage, est intitulée :

Des donations faites par contrat de mariage aux époux ET *aux enfants à naître du mariage ;* qu'aucun des articles placés sous ce chapitre ne parle de donations faites *par les époux* EUX-MÊMES *en faveur de leurs enfants à naître ;* qu'au contraire, l'ordonnance de 1731, dans les articles relatifs aux donations par contrat de mariage, autorisoit littéralement ces donations, soit qu'elles fussent faites au conjoint *ou* à leurs enfants à naître, soit qu'elles fussent faites *par les conjoints mêmes*, ou par les ascendants, parents collatéraux, ou par des étrangers. (V. art. 10 et 17 de ladite ordonnance). Cette différence de rédaction démontre l'esprit de la loi nouvelle ; aussi M. Bigot-Préameneu, dans son exposé des motifs (V. t. 4, p. 316 et 317 du Recueil des motifs, etc.), dit-il que « les donateurs, soit ascendants, parents collatéraux des époux, soit étrangers, » pourront prévoir le cas où l'époux donataire mourroit avant eux, et, *dans ce cas*, » étendre leurs dispositions au profit des enfants à naître du mariage ». Il reconnoît ainsi que les donations dont il parle ne peuvent être faites au profit des enfants à naître que *dans le cas de prédécès de leur auteur*.

d. Tout cela posé, la question qui fait l'objet du présent paragraphe se trouve disposée à recevoir une solution.

On a vu, dans le cours de cet ouvrage, que la réserve des acquêts aux enfants équipolloit pour ces derniers à une donation (V. n. 310); que cette donation étoit subordonnée à la condition de survie desdits enfants ou de leur postérité (V. n. 311), et qu'elle avoit, sous ce rapport, le caractère d'une donation à cause de mort (V. n. 312); qu'enfin, à l'instar des donations entre-vifs, elle étoit irrévocable de sa nature (V. n. 312); de telle sorte que toute aliénation à titre gratuit des acquêts étoit interdite aux époux donateurs (V. n. 316).

Or, d'après les principes du code, les donations à cause de mort ne seroient permises, hors le cas de mariage, que dans la forme testamentaire (V. *sup.*, al. *b* 3°.); et, dans le cas de mariage où elles participent par leur irrévocabilité de la donation entre-vifs, elles ne peuvent avoir lieu directement qu'au profit des époux. (V. *sup.*, al. *b* 4°., et al. *c*). D'un autre côté, pour recevoir un droit, même résoluble, il faut exister. (V. *sup.*, à l'al. *c*). Donc, les enfants à naître sont incapables, sous le code, d'être investis des acquêts à titre de donataires; s'il en étoit autrement sous l'ancienne jurisprudence, c'est que les règles n'étoient pas les mêmes. (V. *sup.*, à l'al. *b*).

e. Mais une première objection est présentée : on dit que la clause d'affectation des acquêts aux enfants ne constituoit pas une donation; qu'elle n'étoit regardée que comme une condition de la société convenue, et, dès-lors, que comme un *pacte*.

Sur quels fondements repose cette objection? Sur une note de l'Apostillateur de Lapeyrère, let. I, n. 21, v°. *Il y a divers cas*, t. 1er., p. 175, et sur deux attestations du barreau, l'une du 23 Septembre 1694, syndics M[es]. Grégoire et Bensman, et l'autre du 14 Août 1697, syndics M[es]. Planche et Beaune.

Voici en quels termes est conçue la première (1) de ces attestations. « Attesté.... que » lorsque, dans un contrat de mariage, il y » a la clause ordinaire que la propriété des

(1) Quant à la seconde attestation, elle est transcrite *inf.*, let. *f*, p. 547. On verra qu'elle est bien loin de se prêter à l'argument qu'on en tire sur la foi de Salviat.

» acquêts qui se feront durant le cours du » mariage, appartiendra aux enfants qui en » seront procréés, ce pacte et cette conven- » tion portant affectation desdits acquêts aux- » dits enfants, n'est pas sujette à insinuation : » cette clause étant regardée comme *un sim-* » *ple pacte,* et non comme *une donation* su- » jette à insinuation ».

La note de l'Apostillateur de Lapeyrère porte, de son côté, que « quand les acquêts » sont affectés aux enfants en vertu *d'un pacte* » *et d'une convention* apposés au contrat de » mariage, alors cette *convention* n'est pas » sujette à insinuation ».

On sent le besoin d'éclaircir, avant tout, ce point de jurisprudence, et malheureusement ceux qui ont écrit d'après nos anciens usages, ne nous offrent le secours d'aucunes lumières.

Salviat, après avoir rapporté les attestations précitées, se borne, en effet, à dire (V. p. 9), « que notre jurisprudence auroit été con- » traire à l'ordonnance de Moulins [1], si la

---

[1] Nous verrons plus bas (al. *f*) que, même dans le cas prévu par Salviat, cette jurisprudence n'avoit rien de contraire à l'ordonnance de Moulins.

» clause d'affectation étoit regardée *plutôt*
» *comme une donation que comme un pacte ;*
» que l'ordonnance de 1731 n'avoit pas dé-
» rogé à notre usage, surtout si on ne trou-
» voit dans la clause en question *qu'un simple*
» *pacte* ».

D'une autre part, les auteurs des Conférences m. s. sur Lapeyrère, let. I, n. 21, v°. *Il y a divers cas,* pour expliquer la dispense d'insinuation, attachée par notre jurisprudence à la clause d'affectation des acquêts aux enfants à naître, vont argumenter des pactes de survie intervenus entre conjoints dans leur contrat de mariage. Écoutons-les parler : « Il faut distinguer avec tous les au-
» teurs (disent-ils), et notamment avec Ri-
» card, des Donat., part. 1re., ch. 4, sect. 3,
» glose 1re., n. 1128, les clauses qui con-
» tiennent des conventions réciproques dans
» un contrat de mariage, d'avec celles qui ne
» contiennent que de pures libéralités. Les
» premières n'étoient pas sujettes à l'insinua-
» tion, même avant l'ordonnance de 1731,
» ce qui étoit confirmé par la déclaration
» du 27 Juin 1729, et c'étoit par cette raison
» que l'ancienne jurisprudence, attestée par
» notre auteur, dispensoit de l'insinuation la

» réserve des acquêts et la donation d'usu-
» fruit de ces acquêts au survivant. *Id.* Cho-
» pin, Coute. d'Anjou, liv. 3, ch. 2, tit. 1er.,
» n. 11. Brodeau sur Louet, let. D, sommre.
» 64, n. 2, va plus loin, et il soutient que
» non-seulement la réserve des acquêts aux
» enfants n'est pas sujette à insinuation, mais
» encore la donation réciproque que se fe-
» roient les conjoints des acquêts qu'ils fe-
» roient pendant leur mariage. *Id.* Ricard,
» *sup.*, n. 1135. Et quoique l'ordonnance
» des Donations de 1731 et la déclaration de
» 1729 n'aient pas parlé nommément de la
» donation des acquêts, et que Furgole même
» n'en parle pas, on ne doute pas que *cette*
» *donation ou plutôt cette convention* ne
» soit dispensée de la formalité de l'insinua-
» tion. C'est, en effet, ce qui résulte assez
» clairement du préambule de la déclaration
» de 1729, dont la disposition est confirmée
» par l'art. 2 de l'ordonnance de 1731 [1] ».
(V. au n. 15).

---

[1] Chopin, cité dans ce passage des Conférences, ne parle que de l'usufruit des acquêts stipulé en faveur du survivant, et nullement de la réserve des acquêts aux enfants. Brodeau et Ricard, également cités, ne disent mot de la réserve des acquêts aux enfants.

f. Tâchons de nous faire, sur tout cela, des idées justes.

Les dispositions insérées dans un contrat de mariage, quoique contenant un titre lucratif, n'étoient, généralement parlant, que de véritables conventions, que des pactes sous lesquels le mariage avoit eu lieu (V. Sallé, sur l'ordonn^ce^. de 1731, p. 43, édit. de 1759), soit qu'elles eussent été stipulées par les époux dans leur intérêt respectif, soit qu'elles n'eussent pour objet que l'intérêt des enfants à naître, p. ex. Aussi Pothier, Introd. au traité de la Com^té^., §. 1er., n. 1er. à 3 inclusivement, rangeoit-il, parmi les conventions matrimoniales, les institutions contractuelles, les donations aux époux et à leurs enfants à naître. Aussi l'institution contractuelle, p. ex., étoit-elle ordinairement qualifiée par les auteurs de *pacte*, de *convention*, quoiqu'elle formât une véritable donation au profit des institués.

Mais considérées en elles-mêmes, et comme détachées du traité nuptial, elles ne se résolvoient pas indifféremment en de simples conventions.

Étoient-elles au profit des époux, parties contractantes, et ne consistoient-elles qu'en des conventions réciproques et ordinaires dans les contrats de mariage ? On les considéroit (encore cette opinion n'étoit-elle ni généralement ni indistinctement reçue) comme des lois de l'association conjugale, *propter considerationem mutui commodi et incertitudinem eventûs*. C'est pour cela qu'elles étoient affranchies de la formalité de l'insinuation.

Se trouvoient-elles stipulées par les époux en faveur de leurs enfants à naître appelés à recueillir directement [1] un avantage purement gratuit ? Étrangères à tout motif possible de réciprocité, et procédant *ex solâ voluntate et liberalitate conjugum*, elles ne pouvoient constituer que de véritables donations, car *donari videtur quod nullo jure cogente conceditur, ex solâ liberalitatis causâ*. (L. 29 et 1re., ff. *de donat.*). A la vérité, elles n'étoient pas sujettes à l'insinuation notamment

---

[1] Nous disons *directement*, car nous ne parlons pas des avantages que les enfants à naître pouvoient être appelés à prétendre comme *héritiers* de leurs père et mère, par suite des conventions matrimoniales intervenues entre ces derniers, qui, en règle générale, étoient censés stipuler pour leurs héritiers ce qu'ils stipuloient pour eux-mêmes. (V. notamment L. 3, cod. *de contr. et commit. stipul.*; Pothier, des Oblig., n. 63).

sous l'ordonnance de Moulins [1]; mais la raison en est simple : c'est que cette ordonnance ne disposoit qu'à l'égard des donations entre-vifs (art. 58), et qu'ainsi les donations à cause de mort n'y étoient pas soumises. (Ricard, des Donat., 1re. part., ch. 4, sect. 3, glose 1re., n. 1089, p. 277, et n. 1147, p. 289; Despeisses, tit. des Donat., sect. 2, n. 5, t. 1er., p. 414, 2e. col.). Or, nous avons eu l'occasion de dire que les donations aux enfants à naître étoient des donations à cause de mort, et l'on sait que la nature de ces donations à cause de mort n'étoit altérée en rien par le caractère d'irrévocabilité que leur imprimoient les contrats de mariage qui les renfermoient. (V. au n. 312).

Ainsi donc, en prononçant que la clause d'affectation des acquêts aux enfants ne pouvoit être considérée *comme une donation sujette à insinuation*, l'attestation de 1694

---

(1) Elles n'y étoient également pas soumises ni sous l'édit de Décembre 1703, dont l'art. 2 exceptoit de l'insinuation les donations à cause de mort faites en ligne directe par contrat de mariage, ni sous l'ordonnance de 1731, qui n'exigeoit l'insinuation que pour les donations entre-vifs.

et la note de l'Apostillateur de Lapeyrère disoient vrai et elles décidoient juste.

Ainsi donc, en qualifiant de simple *pacte, de convention* la clause d'affectation, et en la déclarant, en cette qualité, exempte d'insinuation, l'Apostillateur de Lapeyrère et les rédacteurs de l'attestation précitée parloient encore vrai, et elles décidoient encore juste, sous un certain rapport du moins. Considérée comme faisant partie du contrat de mariage, cette clause étoit bien une convention matrimoniale qui, à part une irrévocabilité commune à tous les pactes nuptiaux, n'opérant aucun effet *actu* à l'égard des enfants, ne pouvoit être sujette à insinuation.

Ainsi donc, l'attestation et l'apostille qui viennent de nous occuper, entendues comme elles nous paroissent devoir l'être, et *secundum subjectam materiam*, par rapport à l'insinuation, se trouvent sans force pour établir que les acquêts, dont l'affectation étoit une concession purement gratuite et volontaire de la part des époux, n'étoient recueillis par les enfants qu'en qualité d'héritiers et non à titre de donataires.

Au surplus, notre conclusion peut être démontrée juste d'une manière plus directe.

Qu'on ouvre le Recueil des attestations du barreau ; on y lira l'attestation suivante : « Attesté, le 14 Août 1697, pour M. le pré- » sident Lacaze, syndics Dussol et Domenge, » que, dans l'usage du parlement de Bor- » deaux, lorsque dans un contrat de ma- » riage il y a une société d'acquêts stipu- » lée entre les conjoints, pour être propre aux » enfants qui viendront du mariage, cette *do-* » *nation* d'acquêts n'a pas besoin d'insinua- » tion ».

Que l'on reporte, en effet, les yeux sur l'attestation de 1709, transcrite au n. 310, on y lira que « lorsqu'une société d'acquêts » étoit stipulée avec réserve des mêmes ac- » quêts aux enfants, ou convention que les » conjoints n'en pourroient disposer qu'en » faveur desdits enfants, cette réserve ou con- » vention étoit regardée comme une *dona-* » *tion* faite aux enfants ».

Que l'on recoure aux arrêts cités au n. 337, et décidant, qu'en cas de concours d'enfants de divers lits, les acquêts, quoique réservés, devoient se partager par égales portions entre tous ces enfants, lorsqu'ils se portoient héritiers, on y verra que ces arrêts sont motivés sur ce que l'affectation renfermoit *une do-*

nation sujette à rapport, comme toute donation faite en avancement d'hoirie.

Que si l'on fixe de nouveau son attention, soit sur l'attestation de 1709 ci-avant rappelée, soit sur les décisions contenues aux n. 324 et 336, on y trouvera, qu'à l'exemple de tous donataires, les enfants avoient droit à l'émolument résultant pour eux de l'affectation des acquêts, même *en renonçant* à l'hérédité des époux donateurs. Que l'on revoie l'attestation du 1er. Août 1691, rapportée au n. 351, les décisions comprises aux n. 324 et 377, ainsi que les autorités qui appuient ces décisions, on y trouvera que les enfants donataires, au moyen *de leur renonciation* aux successions de leurs auteurs, étoient fondés à revendiquer les acquêts en cas d'aliénation ou de saisie. Si la réserve des acquêts n'eût été qu'un simple pacte, qu'une pure convention de mariage, les enfants n'auroient pu prétendre aucun droit aux acquêts *qu'en se portant héritiers* desdits époux, et en cette qualité d'héritiers, ils n'auroient pu en exercer la revendication (V. n. 377).

Il nous paroît donc démontré que la clause d'affectation contenoit une *véritable donation* des acquêts aux enfants à naître.

g. Nous n'ignorons pas que le parlement de Bordeaux, par arrêt du 25 Mai 1762, semble avoir jugé le contraire, en décidant que la réserve des acquêts n'étoit pas une *disposition* qui fît défaillir le droit d'aînesse, aux termes de l'art. 75 de la Coutᵉ. de Bordeaux, ainsi conçu : « En succession de comtes, captaux, vicomtes, soudicts et autres » nobles, quand le père aura disposé de ses » biens par testament, contrat de mariage » ou autre disposition valable, sans frauder » les autres enfants de la légitime, telle disposition tiendra ».

Mais, d'abord, dans l'espèce de cet arrêt, les puînés ne s'étoient pas présentés comme simples donataires des acquêts, mais bien comme *héritiers* de leur père ; et les frères Lamothe, qui font mention de cet arrêt (t. 2, p. 78 et suiv., et t. 1er., p. 376 de leur Commentaire), rapportent que ce motif, à entendre des personnes qui prétendoient tenir ce fait d'un de MM. les juges, auroit seul déterminé la cour. A la vérité, ces commentateurs pensent que rien n'empêchoit les puînés de réclamer les acquêts en vertu *de la donation,* et le partage du reste de l'hérédité comme *cohéritiers*. parce que (disent-ils avec Renusson, Ricard, Ferriere et Brodeau sur Louet, *loc. inf. cit.*) la qualité *d'héritier* et celle *de légataire* ou *de donataire*, ne sont pas incompatibles parmi nous, à la différence de certaines coutumes.

Cette raison de décider, donnée par les frères Lamothe, n'est pas tout-à-fait juste.

Il étoit bien de maxime que les qualités *d'héritier et de légataire* n'étoient pas incompatibles, car les legs n'étoient pas assujettis au rapport, suivant Barry, des Success., liv. 14, tit. 4, p. 206, 2e. col., n. 1er., édit. de 1671; Chabrol, Coute. d'Auvergne, t. 2, p. 48; Lapeyrère, let. R, n. 22, et les auteurs des Conférences m. s. sur ce numéro.

Mais il n'étoit pas également vrai que les qualités *d'héritier et de donataire* fussent toujours compatibles en ligne directe et entre enfants. On distinguoit : la donation étoit-elle *précipuaire?* on pouvoit être *héritier et donataire* tout-à-la-fois. N'étoit-elle pas faite à titre de préciput? le rapport en étoit dû (V. nte. 1re. du n. 337), et, dès-lors, la qualité de donataire devenoit incompatible avec celle d'héritier. (Montvallon, des Success., t. 1er., p. 44).

Les autorités citées par les frères Lamothe

confirment elles-mêmes ce qui vient d'être dit.

En effet, Renusson, des Propres, ch. 3, sect. 11, n. 1er., p. 153, ne parle que de la compatibilité de la qualité d'héritier avec celle de donataire, *lorsque le don a été fait à titre de préciput.*

Ricard et son Annotateur, des Donat., 1re. part., ch. 3, sect. 15, n. 640, t. 1er., p. 169, n'admettent cette compatibilité des qualités d'héritier et de donataire que dans le même cas.

Il en est de même de Ferriere sur l'art. 300 de la Coutc. de Paris, glose unique, n. 1er. et 2, p. 411, et de Brodeau sur Louet, let. H, sommre. 16, n. 1er., t. 1er., p. 777.

La donation des acquêts aux enfants étoit-elle faite à titre de préciput?

Non. (V. n. 337).

La qualité de donataire des acquêts ne pouvoit donc concourir entre enfants avec la qualité d'héritier.

Cette conséquence en amène une autre : c'est que les puînés qui, dans l'espèce de l'arrêt ci-dessus, agissoient en qualité d'héritiers de leur père, n'avoient aucun titre pour soustraire les acquêts à l'exercice du droit d'aînesse, leur titre de donataire s'étant fondu, si l'on peut s'exprimer ainsi, dans la qualité d'héritiers qu'ils avoient prise.

Par où l'on voit que l'arrêt du 25 Mai 1762 ne contrarie en rien nos idées sur la nature de la réserve des acquêts en faveur des enfants. Cet arrêt, à raison du défaut de renonciation, de la part des puînés, à la succession de leur père, se trouve parfaitement en règle.

Abstraction faite de cette circonstance, comment eût-on pu ne pas reconnoître, dans la réserve des acquêts, une *disposition* capable de faire défaillir le droit d'aînesse ?

Par suite d'une semblable réserve, les époux, durant leur société, ne pouvoient faire un don des acquêts, au préjudice de leurs enfants, soit à des personnes étrangères, soit même à leurs petits-enfants (V. n. 316); le survivant des époux ne pouvoit les aliéner, ni même les assujettir au paiement de ses dettes contractées depuis le décès de l'autre époux. (V. n. 324, 325, 351 et 352); enfin, les enfants avoient droit aux acquêts, quoiqu'ils eussent renoncé à la succession de leurs auteurs. (V. n. 334 et 336).

Il y avoit donc, dans cette réserve, une *disposition* et *une disposition irrévocable*.

puisqu'on ne pouvoit y porter atteinte par des libéralités postérieures ; puisqu'à la mort de l'un des époux, elle frappoit les acquêts d'inaliénabilité ; puisqu'elle conféroit aux enfants, non héritiers de leurs père et mère, un titre particulier pour les réclamer, et que ce titre ne venoit ni de la loi, ni de l'usage, mais de la seule volonté de l'homme, car les acquêts, ainsi que nous l'avons dit au n. 302, n'étoient pas affectés aux enfants sans une stipulation expresse.

Si tels étoient les effets de la clause d'affectation des acquêts aux enfants, il n'est pas possible de refuser à cette clause tous les caractères d'une disposition ou donation, car, d'un côté, il est de maxime générale que la qualité d'un acte s'établit par ses effets, et non par d'arbitraires dénominations, et d'un autre côté, il est particulièrement vrai que le mot *donner* n'est pas de la substance de la donation [1].

---

[1] *Potest fieri donatio sine verbo dono.* (Dumoulin, *consil.* 56, n. 8, t. 3, p. 216). V., dans le même sens, Gui-Pape, décis. 510, p. 476, 2e. col., édit. de 1667 ; Tuschus, *pract. conclus. jur.*, t. 2, p. 497, conclus. 652, édit. de 1661.

Ainsi, que l'on qualifie la réserve des acquêts, soit de simple destination éventuelle, avec la L. 11, cod. *de donat.*, soit de simple promesse de laisser les acquêts dans la succession, ou de simple assurance de ne pas les faire passer en des mains étrangères, comme on le trouve énoncé dans les frères Lamothe, t. 2, p. 82, cette promesse, cette assurance, cette destination, comme on voudra, n'en constitueront pas moins une donation, puisqu'elles en auront tous les effets. Observons en passant, au sujet de la L. 11, *sup.*, dont on vouloit plus particulièrement se servir pour caractériser l'affectation des acquêts, que la destination dont parle cette loi, si elle n'avoit pas été révoquée (et l'affectation ne pouvoit l'être), étoit considérée par quelques auteurs comme ayant formé *ab initio* une donation entre-vifs. (Boutaric, Inst., t. 1er., p. 197, édit. de 1783; Fachin, Controv., liv., 6, ch. 64, t. 1er., p. 657, édit. de 1623). Par où l'on s'aperçoit que le mot destination, attaché à la clause qui nous occupe, étoit loin d'enlever à cette clause quelque chose de sa force et d'en détruire la nature.

Quant à la faculté d'avantager que conservoient les époux, parce qu'elle étoit inhérente à la nature des donations faites en faveur de plusieurs personnes, *nomine collectivo* (V. n. 379), on a vu (n. 386) qu'à défaut d'exercice de cette faculté, tous les enfants trouvoient dans la clause d'affectation un titre égal pour réclamer les acquêts. La faculté d'avantager n'effaçoit donc pas une disposition dont elle n'étoit qu'un des attributs. Il faut en dire autant du droit que les époux, pendant la durée de l'association conjugale, avoient d'aliéner et d'hypothéquer les acquêts, puisque ce droit découloit de la nature de la disposition que formoit la réserve, c'est-à-dire, de la nature de la donation à cause de mort.

Il reste donc démontré pour nous que cette réserve constituoit une vraie donation des acquêts aux enfants à naître.

h. Or, sous le code, une semblable donation ne peut avoir lieu. Nous l'avons déjà établi; mais on le conteste.

L'on dit, avec les art. 1387, 1527, al. 2, 1388 et 1389 du code civil, que les époux peuvent insérer dans leur contrat de mariage telles conventions qu'ils jugent à propos, pourvu qu'ils respectent notamment l'ordre établi pour les successions par rapport aux enfants entr'eux, et qu'ils ne violent aucune loi prohibitive. L'on ajoute ensuite que la réserve des acquêts ne peut apporter aucun changement à cet ordre légal des successions, et qu'elle n'est contraire aux dispositions d'aucune loi prohibitive.

Cette conclusion est-elle juste ?

Les époux, par cette réserve, donnoient *à cause de mort ;* mais l'art. 893 du code civil porte qu'on *ne pourra* disposer de ses biens à titre gratuit *que par donation entre-vifs* ou *par testament.* Or, pour le cas de dispositions en faveur d'enfants à naître par les époux en se mariant, il n'est fait aucune exception à la règle générale consacrée dans ledit art. 893, compris dans le ch. 1er. (du tit. 2 du liv. 3 sur les donations entre-vifs et les testaments) intitulé *dispositions générales,* par aucun des articles placés sous le ch. 8 (du même titre), relatif aux donations par contrat de mariage.

Par la même réserve, les époux donnoient par contrat de mariage aux enfants à naître de leur union, et ce, *à l'exclusion des enfants d'un premier lit ou d'un mariage subséquent.* Mais l'art. 1389 du code civil porte que les époux *ne peuvent faire aucune convention dont l'objet seroit de changer l'ordre légal des successions.... par rapport à leurs enfants entr'eux,* sans préjudice des donations entre-vifs ou testamentaires qui pourront avoir lieu en faveur desdits enfants.

Enfin, par ladite réserve, les époux s'interdisoient, de leur vivant, toute aliénation à titre gratuit des biens qu'ils pourroient acquérir (V. n. 316), et même toute aliénation à titre onéreux de ces biens après le décès de l'un d'eux. (V. n. 351). En un mot, ils disposoient *d'une manière irrévocable, en faveur d'enfants à naître, de biens à venir.* Mais, à l'exception des dispositions de cette nature, permises par contrat de mariage en faveur des époux qui se marient (V. au ch. 8 du tit. 2 du liv. 3 du code civil), les règles tracées par le législateur sont : 1°. qu'on *ne peut* faire aucune stipulation sur une succession non ouverte, même du consentement de celui de la succession duquel il s'agit (art. 1130); 2°. que toute disposition au profit d'un incapable *est nulle* (art. 911), et les enfants à naître sont incapables de recevoir autrement que par testament, et ils ne peuvent être l'objet d'une disposition irrévocable. (V. *sup.*, al. *b* et *c*).

Qui pourroit se refuser à reconnoître dans tout cela des dispositions vraiment prohibitives [1] que violeroit ouvertement l'affectation des acquêts aux enfants ?

---

[1] Quelques auteurs, considérant les contrats de mariage comme les lois des familles pour la conservation desquelles toutes les autres lois avoient été faites, enseignoient qu'on pouvoit, par contrat de mariage, déroger aux dispositions prohibitives du droit qu'ils appeloient *jus publicum secundarium*, et qui étoit établi par l'autorité des lois publiques pour l'utilité des particuliers, comme l'ordre des successions, les testaments, etc. (V. Bretonnier sur Henrys, liv. 6, quest. 41, t. 3, p. 867 et 868). D'après cela, il ne suffisoit pas qu'une loi fût prohibitive *en général*, pour qu'on ne pût y déroger par contrat de mariage; il falloit qu'elle fût prohibitive *spécialement* pour les contrats de mariage. (V. Nouveau Denisart, v°. *Conventions matrimoniales*, §. 2, n. 9 et 1er., t. 5, p. 547 et 544). D'autres principes ont été admis par le code. Les conventions qui contrediroient quelque loi prohibitive *en général* ne seroient pas valables : les époux, dit l'art. 1388, placé sous le titre relatif au contrat de mariage, ne peuvent déroger aux dispositions prohibitives *du présent code.* Cette règle se trouve en harmonie avec l'opinion émise par Cochin, t. 3, p. 479, et par Pothier, Introd. au traité de la Comté., n. 6 et suiv.

Qui nieroit que cette affectation, dans le cas particulier d'enfants d'un autre lit, ne dérangeât l'ordre légal des successions? En effet, il ne peut être porté atteinte à cet ordre établi par

---

Comme il y a diverses lois prohibitives qui n'empêchent pas que l'acte fait contre leur prohibition ne subsiste par lui-même (Bouhier, Cout[e]. de Bourgogne, ch. 21, n. 52, t. 1er., p. 391), il est évident que la défense de déroger aux dispositions prohibitives du code ne regarde que celles d'entre ces dispositions qui sont *formellement prohibitives*. La prohibition est expresse lorsque le législateur y a ajouté la clause irritante (Bouhier, *sup.*, n. 53) ou autre équivalente, comme si la disposition est conçue par ces termes, *ne peut;* car encore que les lois, conçues en termes négatifs, ne soient pas regardées, *dans tous les cas*, comme renfermant une prohibition absolue (M. Merlin, au Nouveau Rép[re]., t. 12, p. 531; MM. Bigot-Préameneu et Béranger, lors de la discussion au conseil d'état du titre du contrat de mariage), elles passent généralement pour telles à l'égard des contrats, surtout lorsqu'elles touchent à l'ordre public (Bouhier, *sup.*, n. 62 à 64, t. 1er., p. 392) : telles sont, par exemple, les lois qui règlent l'ordre des successions, qui fixent le mode de disposition des biens, etc., ou bien lorsqu'elles intéressent les bonnes mœurs : telle est, p. ex., la loi qui défend toute stipulation sur une succession non ouverte, etc.

le législateur que par *des donations entre-vifs ou testamentaires* (art. 1389); or, l'affectation des acquêts ne pourroit être considérée ni comme *une disposition testamentaire,* en raison de son irrévocabilité, ni comme *un don entre-vifs,* puisque pour être capable de recevoir par cette voie, il faut au moins être conçu à l'époque de la donation.

Il est bien vrai que, d'après les anciens principes, les enfants donataires des acquêts ne pouvoient conserver la propriété de la portion d'acquêts du chef de l'époux ayant des enfants d'un autre mariage, qu'en renonçant à la succession dudit époux; que, nonobstant une semblable renonciation, les enfants de cet autre mariage avoient droit de prendre leur légitime sur les acquêts, en cas d'insuffisance des autres biens de ce même époux. (V. n. 336). Mais avant le code, la clause d'affectation étoit autorisée; elle ne l'est pas aujourd'hui, à notre avis; et, dès-lors, les enfants donataires ne pourroient pas plus conserver les acquêts, au moyen d'une renonciation, même jusqu'à concurrence de la quotité disponible, que les enfants d'un autre lit ne pourroient être réduits au seul droit de réclamer une légitime sur lesdits acquêts. Aussi M. Delvincourt, après avoir posé la question de savoir si les époux auroient la faculté d'assurer, par contrat de mariage, la portion disponible, à titre de préciput, à l'un des enfants à naître du mariage, résout négativement cette question dans les termes suivants : « Ce seroit, dit-il (au t. 3, » p. 230), changer l'ordre légal des successions par rapport aux enfants. L'art. 1389 » ajoute, à la vérité, sans préjudice des donations entre-vifs ou testamentaires qui » pourront avoir lieu, suivant les formes et » dans les cas déterminés par le présent code. » Mais cette disposition ne pourroit être regardée ni comme testamentaire, puisqu'elle » seroit irrévocable, ni comme donation entre-vifs, puisque l'on ne peut donner de » cette manière qu'à l'individu qui est au » moins conçu lors de la donation. Il n'y a » que deux cas dans lesquels on puisse donner à des enfants à naître : celui de substitution dans les degrés permis, ce qui ne » peut avoir lieu entre époux, et le cas de » l'art. 1082, lorsqu'on donne en même temps » à l'époux. Mais cette dernière disposition » n'est pas applicable aux dispositions de biens » à venir faites par les époux entr'eux. Nous

» voyons au contraire, par l'art. 1093, qu'elles » ne sont pas transmissibles aux enfants du » mariage ; à plus forte raison, ne le seroient-» elles pas à l'un d'entr'eux ».

C'est donc avec raison que nous avons déjà décidé (V. *sup.*, al. *d*), en nous étayant de l'autorité des auteurs qui ont écrit d'après les principes du code civil, que les enfants étoient aujourd'hui inhabiles à être investis des acquêts à titre de donataires.

i. Assurément, il peut bien résulter pour les enfants des avantages par suite des conventions matrimoniales de leurs père et mère : c'est même ce qui s'induit notamment de l'art. 304 du code civil, qui dit que « la dis-» solution du mariage par le divorce admis » en justice ne privera les enfants nés de ce » mariage, *d'aucun des avantages qui leur* » *étoient assurés par les conventions matri-* » *moniales de leurs père et mère* ». D'après cela, si, p. ex., les père et mère des époux ou de l'un d'eux, usant de la faculté qui leur est accordée par l'art. 1048 du code, avoient fait à ceux-ci une donation, non excédant leur quotité disponible, de biens présents, avec charge de les rendre aux enfants de leur mariage, la séparation de corps des époux donataires ne porteroit aucune atteinte aux droits des enfants substitués. D'après cela encore, dans le cas d'une institution contractuelle faite aux époux dans leur contrat de mariage, laquelle institution, d'après l'art. 1082 du code, est toujours présumée faite au profit des enfants et descendants à naître du mariage, comme s'ils étoient vulgairement substitués, à défaut des institués, la séparation de corps prononcée entre les époux institués laisseroit intact le droit qu'auroient les enfants de recueillir l'institution contractuelle, au cas que le décès de leurs père et mère arrivât avant celui du donateur. D'après cela enfin, la séparation de corps ne causeroit aucun préjudice au droit des enfants, soit dans le cas de dispositions anciennement faites par les père et mère en faveur des enfants à naître du mariage, soit dans le cas où, depuis la promulgation du code, les père et mère auroient fait une donation en faveur de leurs enfants nés avant le mariage et légitimés par ce mariage subséquent. Mais il est évident que l'art. 304 en question ne peut servir de régulateur pour autoriser, en faveur des enfants à naître, des dispositions qui ne sont pas permises par le titre du code spécialement relatif aux donations, et qu'il ne peut être étendu au-delà des cas auxquels il peut naturellement s'appliquer, en le combinant surtout avec les dispositions qui, d'après ledit titre, sont susceptibles d'être faites au profit des enfants à naître.

k. Assurément encore, comme la loi autorise la stipulation de parts inégales dans la société (art. 1520), il est permis aux époux de convenir que le survivant d'entr'eux n'aura pour toute part que l'usufruit des acquêts (ou seulement de la moitié de son chef). Au moyen de cette clause, la masse des acquêts, après le décès de l'un des époux, se trouvera bien frappée d'inaliénabilité en faveur du survivant, quant à la nue propriété, et il s'opèrera bien ainsi une sorte de réserve au profit des enfants. Mais cette réserve, n'émanant que d'une simple convention de mariage et entre associés, n'aura rien de commun avec notre ancienne réserve qui constituoit une donation en faveur des enfants. Ainsi, du vivant des deux époux, les acquêts pourront être l'objet d'une disposition à titre gratuit de la part des époux, ce qui ne pouvoit avoir lieu autrefois. (V. n. 316). Ainsi, après la mort de l'un des conjoints, les enfants seront saisis de la nue propriété de tous les acquêts, et le conjoint survivant n'en conservera que l'usufruit, à la différence de l'ancienne réserve, dans laquelle le survivant des époux restoit propriétaire de sa portion d'acquêts dont les enfants n'étoient saisis qu'à son décès. (V. n. 357 et 369). Ainsi, observe avec justesse M. Massé, dans son Parfait Notaire, t. 3, p. 148, édit. de 1821, « les enfants du » mariage ne pourront recueillir la nue pro» priété des acquêts que comme représen» tants de l'associé prédécédé, *à titre d'hé» ritiers ;* ils ne le pourront pas (comme » autrefois, V. al. *e*) *à titre de donataires,* » parce qu'aucun des époux ne peut faire, » par son contrat de mariage, des donations » à des enfants à naître. Si donc le prédécédé » a laissé un ou des enfants d'un lit précé» dent, la clause souffrira les restrictions et » modifications suivantes. De deux choses » l'une : ou les enfants du mariage accepte» ront la succession du prédécédé, ou ils la » répudieront. Dans le premier cas, les en» fants du premier lit prendront part avec » ceux du second tant dans les acquêts que » dans les autres biens du prédécédé. Dans » le second cas, les enfants du mariage ne

» pourront, malgré la réserve, rien prendre » dans les acquêts qui seront réputés faire » partie de la succession. (Le contraire avoit » lieu sous l'ancienne réserve, V. n. 336). » Autrement il y auroit, dans l'ordre légal » des successions, une interversion prohibée » par la loi ».

l. Cette réserve, dont il vient à l'instant d'être parlé, est sans doute celle qu'ont eu en vue soit M. Duvergier lorsqu'il a dit, dans son rapport au tribunat sur la loi relative au contrat de mariage : « qu'on pourra encore stipuler la totalité des acquêts en faveur de » l'époux survivant, ou des acquêts en faveur » des enfants, pourvu que l'ordre légal des » successions soit maintenu et la loi limitative » des donations respectée » (V. t. 5, p. 390, du Recueil des rapports, etc.), soit M. Maleville (V. t. 3, p. 347 de son analyse), et M. Guilhon, (t. 2, p. 363 du traité des Donat.), lorsqu'ils ont avancé, d'après M. Duvergier, que les stipulations d'acquêts réversibles aux enfants étoient permises sous le code. Au surplus, en admettant que, dans la pensée de M. Duvergier, la réserve des acquêts dût avoir, sous le code, les mêmes effets que sous l'ancienne jurisprudence, ce ne seroit là qu'une opinion personnelle d'autant moins faite pour en imposer, qu'on ne trouve, dans la discussion préparatoire de la loi relative au contrat de mariage, rien qui puisse l'autoriser (1), et que, d'un autre côté, elle est formellement en opposition avec les principes consacrés par le code et avec la doctrine professée par les auteurs les plus recommandables.

Consulté en 1822 sur la question qui vient

---

(1) « Les exposés des motifs et les exposés du vœu du tribunat ne doivent être que les développements de la discussion créatrice des projets de loi. Quand donc ils s'en écartent, ils n'ont aucune autorité. Mais souvent ils l'outrepassent et donnent des explications beaucoup plus étendues; comment en apprécier la valeur?... Les connoissances personnelles de l'orateur deviennent d'une grande importance quand il s'agit d'en fixer l'autorité... L'autorité absolue qu'on prêteroit aux exposés des motifs..., seroit la première des méprises dans lesquelles on pourroit tomber». (M. Locré, Législation civile, etc., t. 1er., p. 65 à 67). Qu'on lise (il suffit de donner un exemple de ces méprises signalées par M. Locré) ce que dit le tribun Labary, sur l'art. 2205 du code civil (V. au t. 7, p. 124 du Recueil des exposés des motifs) : on y verra que cet orateur paroît n'appliquer la disposition dudit article qu'au cas où la dette n'est pas hypothécaire, ce qui est une opinion des plus erronées.

d'être discutée, nous la décidâmes alors, comme nous avons cru devoir le faire maintenant. Depuis cette époque, nous avons vu cette même question se présenter en justice, et y recevoir une solution différente par jugement du 14 Mai 1824, rendu en 1re. instance, présidt. M. Emérigon, plaidants Mes. Brochon jeune et Lacoste. Voici ce jugement, que nous transcrivons, afin que le lecteur soit en situation de peser les motifs allégués à l'appui des deux opinions contraires, et de se prononcer en pleine connoissance de cause.

« Attendu, en fait, que dans le contrat de mariage passé le 12 Septembre 1810, entre feu Samuel Specht et Jeanne Duvergier, les futurs époux déclarèrent qu'ils entendoient se marier sous le régime dotal ; qu'ils firent, dans ce contrat, diverses conventions dont la septième est ainsi conçue : *Les sieur et demoiselle futurs époux s'associent, par moitié, en tous les acquêts qu'ils feront pendant leur mariage ; la propriété en appartiendra en entier aux enfants de leur union, si le futur époux vient à décéder ; dans le cas contraire, le futur époux se réserve la pleine administration de sa moi-*

tié et la faculté d'en disposer pour ses affaires seulement : la jouissance du total demeure, à titre de convention expresse, réservée au survivant pendant sa vie. — Que, par l'art. 8 du même contrat, les futurs époux se firent réciproquement donation, en faveur du survivant d'eux, de la jouissance viagère de tous les biens du prédécédé, sauf les réductions prescrites par la loi. — Que, par l'art. 9, les parties s'obligèrent à l'exécution de leurs conventions matrimoniales, à peine de tous dépens, dommages et intérêts. — Qu'il naquit de cette union un seul enfant nommé Wilhem Specht ; que Samuel Specht étant décédé, Jeanne Duvergier a contracté un second mariage avec le sieur Cavailhon ; que le sieur Albrech Cristian Conrad Gevers, élu subrogé tuteur du mineur Wilhem Specht, ayant voulu faire procéder à la liquidation des biens délaissés par le père dudit mineur, des contestations se sont élevées, devant le notaire liquidateur, sur la validité de la clause par laquelle les futurs époux affectèrent aux enfants de leur union la propriété de la totalité des acquêts, dans le cas de prédécès de Samuel Specht ; que Jeanne Duvergier a prétendu que cette clause étoit nulle comme contraire aux lois sous l'empire desquelles le contrat de mariage du 12 Septembre 1810 a été fait; que le subrogé tuteur a soutenu, de son côté, que cette clause est valable et qu'elle doit recevoir son exécution; que les parties ont été renvoyées devant le tribunal pour qu'il statue sur la contestation qui les divise. — Attendu, en droit, que les contrats de mariage ont toujours été considérés comme les actes les plus importants de la société civile; que ces contrats constituent en quelque sorte le fondement et la base de l'état et de la fortune des citoyens; qu'ils ont constamment joui d'une faveur bien plus grande que les autres actes; que nos lois anciennes les rendoient susceptibles de toutes sortes de stipulations en faveur des conjoints ou des enfants à naître de leur union; que la procréation des enfants étant le but essentiel du mariage, il étoit permis d'y fixer d'avance le sort des enfants qu'on espéroit en provenir, et de faire à leur égard telles stipulations qu'on jugeoit à propos, pourvu qu'elles n'eussent rien de contraire aux bonnes mœurs et aux dispositions prohibitives des lois; que ces règles, enseignées par tous les auteurs, sont notamment rappelées par Ricard, des Donat., art. 1er., ch. 4, sect., 1re. n. 869; par Bourjon, Droit commun, t. 2, p. 104 et suiv. ; par Pothier, des Donat. entre-vifs, sect. 1re., art. 2, §. 9; par Furgole, des Donat., quest. 49, n. 3, et par les auteurs du Nouveau Répre., vo. *Contrat de mariage*, §. 1er. ; que, dans le ressort du parlement de Bordeaux, il étoit d'usage immémorial de stipuler dans les contrats de mariage une société d'acquêts, et d'en affecter la propriété aux enfants à naître ; que cette affectation de propriété étoit regardée parmi nous comme une condition de la société d'acquêts stipulée entre les époux, c'est-à-dire, comme un *pacte*, et nullement comme une *donation* sujette à l'insinuation à laquelle toutes les donations étoient autrefois assujetties par l'ordonnance de Moulins ; que c'est ce qui fut nettement déclaré par les attestations du barreau, des 23 Septembre 1694 et 14 Août 1697, rapportées par Salviat, vo. *Acquêt*, n. 5 ; qu'une autre attestation du barreau, donnée le 1er. Août 1691, porte que : *Lorsqu'un mari et une femme se sont associés par leur contrat de mariage aux acquêts qu'ils feront, avec convention que ces acquêts seroient affectés aux enfants, tous les acquêts appartiennent aux enfants dudit mariage par la force du* PACTE; que notre Lapeyrère dit également, p. 175 : *Quand les acquêts sont affectés aux enfants en vertu d'un* PACTE *et d'une* CONVENTION *apposés au contrat de mariage, alors cette* CONVENTION *n'est point sujette à insinuation*; qu'ainsi il faut tenir pour constant que l'affectation des acquêts aux enfants, a toujours été considérée parmi nous comme une condition de la société d'acquêts stipulée entre les futurs époux, c'est-à-dire, comme un *pacte* qui forme partie intégrante de cette convention; qu'il s'agit d'examiner si les lois contenues dans le code civil ont proscrit ces sortes de stipulations, ou si elles en ont changé la nature; que Jeanne Duvergier fonde ses moyens de nullité, 1°. sur l'art. 893, qui porte *qu'on ne pourra disposer de ses biens, à titre gratuit, que par donation entre-vifs ou par testament*, et qui exclut ainsi l'affectation de la propriété des acquêts aux enfants, affectation qui n'est elle-même qu'une donation à cause de mort; 2°. sur l'art. 906 qui porte que *pour être capable de recevoir une donation, il faut être conçu au moment de la donation,* d'où il suit que des enfants non encore conçus ne sont pas susceptibles de recevoir une donation ; 3°. enfin, sur l'art. 943 qui porte que *la donation entre-vifs ne pourra comprendre que les biens présents du donateur, et que si elle comprend des biens à venir, elle sera nulle à cet égard*, ce qui exclut la donation d'acquêts qui n'existent pas encore. — Attendu qu'on doit observer d'abord que le système de Jeanne Duvergier, est entièrement fondé sur ce qu'elle qualifie de *donation* l'affectation de la propriété des acquêts aux enfants à naître ; que cette qualification est une erreur de droit, parce qu'il a déjà été établi que cette clause, considérée en elle-même et par rapport au contrat de mariage qui la contient, ne constitue pas une donation, mais qu'on ne doit la regarder que comme une condition de la société convenue et comme un *pacte* qui en est inséparable ; que le code civil ne contient aucune disposition spéciale qui ait changé le caractère que ce pacte a toujours eu dans ce ressort ; qu'on doit en outre observer que les trois articles invoqués par Jeanne Duvergier, sont contenus dans les quatre premiers chapitres du titre *des donations entre-vifs et des testaments*, chapitres entièrement étrangers aux contrats de mariage et aux règles qui les concernent ; que s'agissant de statuer sur le mérite d'une clause insérée dans un contrat de mariage, c'est dans les ch. 8 et 9 de ce même titre, et dans le tit. 5 du liv. 3 du code civil, titre entièrement relatif au *contrat de mariage*, ainsi que les ch. 8 et 9 du titre des donations, qu'il faut chercher les raisons de décider ; que si on s'arrête d'abord aux discours des orateurs du gouvernement, qui proposèrent le titre du contrat de mariage au tribunat et au corps législatif, on voit que ces orateurs, chargés d'analyser la loi proposée et d'en faire connoître l'esprit et le but, se sont exprimés de la manière la plus positive sur la question qu'il s'agit de décider ; que M. Duvergier fit observer au tribunat les dispositions de la nouvelle loi, *laissant à la société d'acquêts son existence accoutumée, et à ceux qui la contractent la liberté des stipulations usitées ; qu'on pourra encore stipuler la totalité des acquêts en faveur de l'époux survivant, ou des acquêts en faveur des enfants, pourvu que l'ordre légal des successions soit maintenu et la loi limitative des donations respectée ; que les rédacteurs de cette loi n'ont voulu arracher aucune de ces institutions que l'habitude avoit rendues chères ;* que M. Siméon, en proposant la même loi au corps législatif, s'exprima en ces termes : *Il est indifférent à l'état, pourvu que l'on se marie, que les époux mettent leurs biens en communauté ou sous le régime dotal, qu'on stipule tout ce qu'on voudra, pourvu qu'on ne stipule rien que ce qui est honnête et permis, et qu'on stipule clairement : voilà le premier précepte et tout le désir de la loi.... Dans quelques pays attachés au régime dotal, et notamment dans le ressort du parlement de Bordeaux, on formoit souvent entre les époux une société d'acquêts ; l'usage en auroit été tacitement conservé par la faculté, si positivement accordée, de faire telles conventions que l'on voudra ; mais afin de marquer plus d'égards pour les habitudes, dans une matière si importante que les conventions matrimoniales, la loi a soin de réserver les sociétés d'acquêts ; c'est une espèce de communauté restreinte ;* qu'on doit observer encore que M. de Maleville, qui a participé à la rédaction du code civil, et qui devoit connoître mieux que personne l'intention des rédacteurs de la loi relative aux contrats de mariage, s'exprime en ces termes, t. 3, p. 347 de son ouvrage sur le code civil : *Les époux peuvent stipuler que les acquêts de la société appartiendront au survivant d'entr'eux, ou qu'ils appartiendront aux enfants provenus du mariage.* — Attendu que si de ces discours et de ces doctrines on passe à l'examen de la loi relative au contrat de mariage, on sera irrévocablement convaincu que les futurs époux ont, sous l'empire du code civil, la faculté d'apposer telles conditions qu'ils jugent à propos à la société d'acquêts qu'ils contractent, notamment d'en affecter la propriété aux enfants à naître; qu'en effet, les art. 1387 et suiv., qui forment le commencement du tit. 5 du liv. 3, portent que *les futurs époux peuvent insérer dans leur contrat de mariage telles conventions qu'ils jugent à propos, pourvu qu'elles ne soient pas contraires aux bonnes mœurs, qu'elles ne dérogent ni aux droits résultants de la puissance maritale, ni à ceux conférés au survivant des époux par les titres de la puissance paternelle, de la minorité, de la tutelle et de l'émancipation, ni aux dispositions prohibitives du code civil; enfin pourvu qu'elles n'apportent au-*

cun changement à l'ordre légal des successions, soit par rapport aux époux à l'égard de leurs enfants, soit par rapport aux enfants entr'eux; qu'il est évident que la clause insérée dans le contrat de mariage du 12 Septembre 1810, ne contient rien de contraire aux bonnes mœurs, qu'elle ne déroge en aucune manière aux droits résultants de la puissance maritale, ni à ceux conférés au survivant des époux par les titres de la puissance paternelle, de la minorité, de la tutelle et de l'émancipation; qu'elle ne peut apporter aucun changement à l'ordre légal des successions par rapport aux enfants entr'eux, même dans le cas où le survivant des époux convoleroit et auroit des enfants d'un second mariage; qu'en effet, les enfants du premier lit ne peuvent conserver la propriété exclusive de la moitié d'acquêts provenants du chef de l'époux qui a convolé, qu'en renonçant à sa succession, et que même, dans ce cas, les enfants du second lit peuvent réclamer sur cette moitié d'acquêts le supplément de la portion successive qui leur est assurée par l'art. 913 du code civil, si les autres biens de leurs auteurs ne suffisent pas pour la leur donner. ; qu'ainsi il reste uniquement à examiner si la clause insérée dans le contrat de mariage du 12 Septembre 1810, est contraire aux *dispositions prohibitives du code civil.* — Attendu qu'il est impossible de supposer que, par les mots *dispositions prohibitives*, le législateur ait entendu parler de toutes les dispositions contenues dans le code civil; que les jurisconsultes ont toujours établi une différence marquée entre les dispositions purement générales et les dispositions prohibitives des lois; qu'on ne peut considérer comme prohibitives que les lois qui défendent impérativement et dans tous les cas, ou dans un cas spécialement déterminé, de faire une chose, ou qui prononcent la peine de nullité pour les actes qui seroient contraires à leurs dispositions; que d'ailleurs, la faveur accordée aux contrats de mariage seroit illusoire et sans effet, si ces sortes de contrats étoient soumis à toutes les dispositions de nos lois. — Attendu que dans les ch. 8 et 9 du tit. des Donations, chapitres relatifs aux contrats de mariage et aux stipulations dont ils sont susceptibles, le législateur a lui-même reconnu que les art. 893, 906 et 943 ne concernent en aucune manière le contrat de mariage et les conventions qu'il est permis aux futurs époux d'y insérer; que c'est ce qui résulte évidemment de la faculté conférée par les art. 1082, 1091 et 1093 : 1°. d'insérer dans les contrats de mariage des donations à cause de mort; 2°. de faire des donations aux enfants à naître, quoique non encore conçus; 3°. de disposer valablement des biens à venir; que ces dispositions ne permettent pas d'appliquer aux contrats de mariage les art. 893, 906 et 943 du tit. des Donations, et encore moins de les classer au nombre des dispositions prohibitives du code civil; qu'en effet, l'art. 1082, faisant partie du ch. 8, permet aux père et mère, ainsi qu'aux parents collatéraux des époux et même à des étrangers, de disposer, dans un contrat de mariage, de tout ou partie des biens qu'ils laisseront au jour de leur décès, tant au profit des époux qu'au profit des enfans à naître de leur mariage; que le législateur va plus loin encore; que confondant dans sa pensée les futurs époux et les enfants à naître de leur union, il veut que les donations à cause de mort qui n'ont été faites qu'aux époux, ne deviennent pas caduques par le prédécès des donataires, mais qu'elles soient recueillies par les enfants, comme présumées toujours faites au profit des enfants et descendants à naître; que l'art. 1091 permet aux époux de se faire réciproquement telles donations qu'ils jugeront à propos; que l'art. 1093 veut que les donations de biens à venir faites entre époux dans leur contrat de mariage, soient soumises aux règles établies par l'art. 1082 à l'égard des donations pareilles qui leur seront faites par un tiers. Qu'il est impossible de supposer que le législateur ait voulu interdire aux époux la faculté de faire en faveur de leurs enfants à naître ce qu'il permettoit même à des étrangers de faire en faveur de ces enfants; que les discours des orateurs du gouvernement et les dispositions positives de l'art. 1387 repoussent cette idée; que l'art. 304 feroit encore disparoître tous les doutes, s'il pouvoit en exister, puisqu'il porte que *la dissolution du mariage par le divorce ne privera les enfants nés du mariage, d'aucun des avantages qui leur étoient assurés par les lois, ou par les conventions matrimoniales de leurs père et mère :* que, par conséquent, Jeanne Duvergier n'est nullement fondée à invoquer les art. 893, 906 et 943 du code civil, pour arguer de nullité le pacte par lequel les acquêts de son union conjugale avec feu Samuel Specht ont été affectés en propriété à Wilhem Specht, fils de son premier mariage; que ce pacte est une condition de la société d'acquêts stipulée, et dont il est inséparable; qu'il n'est prohibé par aucune disposition du code civil; que quand on voudroit considérer ce pacte sous le seul rapport de son effet futur, et y voir une donation en faveur de l'enfant provenu du premier mariage de Jeanne Duvergier, cette donation, loin d'être contraire à aucune disposition prohibitive du code civil, rentre d'elle-même dans les dispositions formellement autorisées par le législateur, soit dans l'art. 1387, soit dans les art. 1082, 1091 et 1093 du même code. — Attendu enfin, qu'il importe à l'ordre public qu'un pacte, dont l'usage, dans ce ressort, remonte à plusieurs siècles, et qui a été constamment respecté et maintenu, reçoive son exécution; qu'une décision contraire entraîneroit les plus graves inconvénients, et exciteroit, dans une foule de ménages, des inquiétudes qu'il est du devoir des magistrats d'empêcher et de prévenir. — Par ces motifs, le tribunal, faisant droit aux parties, déclare valable la convention de société d'acquêts avec réserve et affectation de leur propriété aux enfants à naître, inserée dans le contrat de mariage de Samuel Specht et de Jeanne Duvergier, en date du 12 Septembre 1810; en conséquence, ordonne que ladite convention sera exécutée, suivant sa forme et teneur, dans la liquidation confiée à Me. Macaire, notaire, etc. ».

FIN.

CONSULTATION

POUR

LES HÉRITIERS MONTBADON,

RÉDIGÉE

PAR M. RAVEZ.

Vu un rapport fait, le 15 Septembre dernier, au conseil d'administration de l'enregistrement et des domaines,

Les jurisconsultes soussignés sont d'avis que la question principale débattue dans ce rapport, est résolue par les règles positives constamment enseignées et suivies dans le ressort de l'ancien parlement de Bordeaux.

Christophe Lafaurie de Montbadon et Jeanne Raymond de Lalande contractèrent mariage, le 24 Août 1747; ils stipulèrent, en ces termes, une communauté entr'eux :

« Sont lesdits sieur et demoiselle futurs » époux associés dans tous les acquêts que » Dieu leur fera la grâce de faire pendant

» leur mariage, lesquels *appartiendront aux* » *enfants qui en proviendront*, sauf auxdits » futurs époux d'avantager, chacun de leur » moitié, un ou plusieurs de leurs enfants, » ainsi qu'ils trouveront à propos; et, dans » le cas où ils n'auroient pas d'enfants, cha- » cun d'eux pourra disposer de sadite moitié » d'acquêts, ainsi et en faveur de qui il trou- » vera à propos, *l'usufruit du total desdits* » *acquêts réservé au survivant desdits futurs* » *époux pendant sa vie*, soit qu'ils aient des » enfants dudit mariage, ou qu'il n'y en ait » pas ».

M. Christophe de Montbadon mourut en 1775, laissant plusieurs enfants.

Sa veuve est décédée le 23 Mai 1813.

Il s'agit aujourd'hui de savoir si, à l'instant de la mort du père, la propriété de la totalité des acquêts faits pendant son mariage, fût acquise à ses enfants, ou s'ils ne devinrent alors propriétaires que de la moitié desdits acquêts; et s'il n'est intervenu de mutation de propriété, pour l'autre moitié, qu'au décès de la mère, et en faveur des enfants qui lui ont survécu.

Qoique Salviat ait dit, p. 19 de sa jurisprudence, « que, dans la coutume de Bor-

» deaux, les acquêts sont, de droit, réver-
» sibles aux enfants, *sans convention,* tandis
» que dans les pays du ressort, qui sont régis
» purement par le droit écrit, ils ne leur ap-
» partiennent qu'autant que les père et mère
» les leur ont expressément donnés dans
» leur contrat de mariage », cette assertion
n'est pas généralement exacte.

Il est bien vrai que, suivant nos anciennes coutumes, art. 82, 108, 109 et 110, les acquêts revenoient aux enfants après la mort du mari; que la femme n'y prenoit aucune part; que le mari ne pouvoit pas les vendre après la mort de sa femme, et que, s'il passoit à de secondes noces, les acquêts du premier mariage appartenoient aux enfants qui en étoient provenus.

Mais la réserve statutaire des acquêts aux enfants n'a été maintenue que dans ce dernier cas par la nouvelle coutume, dont la rédaction fut définitivement adoptée en 1527. Aussi Automne, sur l'art. 70 du nouveau statut, n. 16, et sur l'art. 63, n. 17 et 21; les frères Lamothe, sur l'art. 70, n[te]. 4; l'Apostillateur de Lapeyrère, let A, p. 3, v°. *Les acquêts n'appartiennent*, etc., et let. N, n. 37, enseignent-ils, de concert, que la réserve des acquêts aux enfants n'a plus lieu de droit; qu'elle doit être expressément stipulée par le contrat de mariage, excepté dans le cas particulier des enfants de divers lits, conformément au texte dudit art. 70.

Encore faut-il, pour que la disposition de cet article soit applicable, que le contrat de mariage porte la stipulation d'une société d'acquêts; car dans le territoire de la coutume de Bordeaux, comme dans les pays du ressort de notre ancien parlement, régis par le droit écrit, il n'y avoit de société entre mari et femme, qu'autant qu'elle avoit été stipulée par le contrat de mariage, ainsi que le prouvent les attestations du barreau, rapportées par Salviat, p. 3 et 4 de l'ouvrage que nous avons déjà cité.

Recherchons donc maintenant quels étoient dans nos mœurs la nature et les effets de la clause d'une société conjugale, qui affectoit aux enfants la propriété des acquêts.

Cette affectation étoit bien plutôt une destination aux enfants qu'une donation parfaite de l'actif net de la société formée entre les époux. Voilà pourquoi, lorsqu'il étoit question de la caractériser, on se prévaloit de la loi 11, au code, *de donationibus : non est incerti juris..... destinationem magis paternæ voluntatis factam, quam perfectam donationem pervenisse.*

A considérer, sous ce rapport, la clause qui nous occupe, on s'aperçoit déjà qu'elle ne seroit pas de nature à conférer aux enfants un droit actuel et irrévocable de propriété sur les acquêts ; mais il faut convenir que si on étoit réduit à l'apprécier uniquement par l'analogie qu'elle présente avec le genre de donation auquel la loi précitée est plus spécialement relative, il resteroit encore, pour tout éclaircir, beaucoup de choses à expliquer.

Dupin avoit entrevu la difficulté que nous examinons, et il l'avoit sainement résolue, sans cependant remonter aux véritables principes.

Il discute, p. 10 de sa Conférence sur Ferron, l'opinion émise par ce commentateur, p. 81, que la femme associée aux acquêts, dont la propriété est attribuée aux enfants par une clause subséquente, sans convention sur l'usufruit, ne pourroit pas, après la mort de son époux, jouir au préjudice de leurs enfants, même d'une moitié desdits acquêts.

Après avoir fait remarquer qu'une telle contestation est presque sans exemple, parce que dans notre usage on réserve au survivant l'usufruit de tous les acquêts, Dupin s'exprime en ces termes : « Mais j'estime que » l'opinion de M. Ferron est erronée, parce » que la réserve des acquêts aux enfants ne » détruit pas le premier pacte de société; ce » n'est qu'une réserve ou donation; *chacun* » *des conjoints assure sa moitié aux en-* » *fants qui proviendront du mariage, et qui* » *seront survivants lors du décès de l'un des* » *conjoints*. La loi *scripto*, ff. *unde liberi*, » ne dit rien qui puisse autoriser l'opinion » de M. Ferron. Ainsi, sans une clause claire » qui révoque le pacte de société, on ne peut » regarder les enfants que comme appelés *or-* » *dine successivo*, ou, en tout cas, comme » donataires, sauf le choix entr'eux en faveur » du survivant; car la réserve ou donation » des acquêts aux enfants à naître, n'empêche » pas que les père et mère donateurs ne » puissent choisir un d'entr'eux, comme l'ob- » serve l'Apostillateur de Lapeyrère, let. S, » p. 441. Ainsi, la donation ou réserve des » acquêts aux enfants s'entend conditionnel- » lement, au cas que les enfants survivent

» les donateurs : et cependant l'usufruit des » acquêts réservés aux enfants appartient au » père ou mère survivant *pour sa moitié* » pendant sa vie, n'étant tenu de la remettre » qu'après sa mort ».

Tout est indiqué dans ce passage de Dupin, et on se convaincra bientôt que sa décision est, en tout point, conforme aux principes que nous allons développer.

Nos sociétés d'acquêts entre époux étoient régies, à quelques exceptions près, par les mêmes règles que les sociétés entre particuliers. Salviat, p. 7, nous a conservé un fragment d'une consultation de Mr. Dumoulin, célèbre avocat de Bordeaux, qui répondit le 23 Septembre 1759 : « Que quand il s'agit » d'une société d'acquêts conventionnelle en » pays de droit écrit, on ne peut la régler » qu'en conformité des lois civiles qui con» cernent les sociétés, dans le partage des» quelles chaque associé reprend les capitaux » qu'il avoit conférés ; mais les fruits et autres » émoluments qui en sont provenus se par» tagent ».

On sait que, d'après nos lois civiles, les parts de chaque associé étoient égales lorsqu'elles n'avoient pas été déterminées par la convention : *si non fuerint partes societatis adjectæ, æquas eas esse constat*, L. 29, ff. *pro socio*.

On sait aussi que la société étoit dissoute par la mort de l'un des associés : *adeo morte socii solvitur societas, ut nec ab initio pacisci possimus ut hæres etiam succedat societati*, L. 59, ff. *eod. tit.*

Chacun des associés étoit donc copropriétaire de l'actif social, c'est-à-dire, de tous les effets sociaux qui restoient, les dettes acquittées, jusqu'à concurrence de la part qu'il avoit dans la société.

Ainsi l'association aux acquêts entre époux, sans désignation de la part qu'y auroit chacun d'eux, les constituoit associés par portions égales.

Le mari étoit le chef et l'administrateur de cette société, dont la mort de l'un des conjoints opéroit la dissolution ; et l'époux survivant étoit, en vertu de la clause de société, propriétaire de la moitié des acquêts, dont l'autre moitié appartenoit aux héritiers de l'époux décédé, à moins de stipulations ou de dispositions contraires.

L'affectation des acquêts aux enfants du mariage ne pouvoit ni révoquer le pacte de société, qui étoit une des conditions de l'union des époux, ni en détruire les effets. On peut même dire qu'elle étoit une confirmation expresse du droit de copropriété résultant de l'association conjugale, puisque les deux époux, stipulant en commun cette affectation, en grevoient individuellement leur moitié d'acquêts. Il y avoit donc, dans la clause d'affectation des acquêts aux enfants, deux dispositions : l'une faite par le mari, l'autre par la femme, et qui, tendant toutes deux au même but, avoient chacune pour objet la part de chacun des futurs époux dans leur société matrimoniale.

Considérée comme donation, cette affectation des acquêts aux enfants par le contrat de mariage de leurs père et mère, étoit évidemment une donation aux enfants à naître, par conséquent, une disposition à cause de mort, que les donateurs ne pouvoient pas révoquer, parce qu'elle étoit établie dans un acte irrévocable de sa nature, mais qui ne saisissoit point les donataires, qui étoit susceptible de caducité, et qui ne recevant son complément et sa force qu'au moment du décès des donateurs, ne profitoit qu'aux donataires survivants.

Vulson, p. 39 et suiv. de son traité des Élections d'héritier, expose l'idée, communément adoptée de son temps, que les donations contractuelles aux enfants à naître saisissoient les enfants, formoient en leurs personnes un droit certain, et les rendoient véritablement donataires actuels. « Mais, » quelque reçue que soit cette manière de » penser, continue Vulson, elle m'a toujours » paru contraire à la nature des dispositions » dont il s'agit; et je crois que ces donations » n'ont le caractère de donations entre-vifs » que vis-à-vis du donateur, pour lui interdire la liberté de disposer des biens autrement qu'il ne l'a destiné par le contrat » de mariage; mais que pour ce qui concerne les enfants, elles sont de pures donations à cause de mort, qui ne leur donnent de droit qu'au temps précis que le » donateur a marqué. C'est ce qui s'établit » également, soit par les principes généraux » du droit, soit par l'esprit de la jurisprudence française ».

L'auteur justifie sa doctrine par le rapprochement et l'analyse de ces principes généraux, et il ajoute :

» Tel est l'esprit de la jurisprudence fran-

» çaise ; car ne décide-t-on pas constamment,
» d'un côté, que ces sortes de donations de-
» viennent caduques par le prédécès des en-
» fants ; et, de l'autre, que le prédécès des
» uns fait accroître les biens à ceux qui sur-
» vivent ; or cette caducité et cet accroisse-
» ment supposent, d'une manière bien sen-
» sible, que les enfants n'avoient encore rien
» acquis, autrement leur mort n'auroit point
» l'effet de rendre les biens libres dans les
» mains du donateur, ou d'en enrichir les
» frères survivants : elle feroit passer leur
» portion à leurs héritiers.

» Enfin, poursuit Vulson, c'est ainsi que
» la nature des donations dont il s'agit a été
» expliquée par deux auteurs bien recom-
» mandables. Valla, *de rebus dubiis*, traité
» second, sur la fin, enseigne, en termes ex-
» près, ce que j'ai dit au commencement,
» que les donations dont il s'agit ne sont con-
» sidérées comme des donations entre-vifs
» que par l'irrévocabilité qui les affranchit de
» l'inconstance du donateur ; mais que par
» rapport aux enfants, elles se réduisent en
» vraies donations à cause de mort, et ne
» saisissent que ceux qui se trouvent en état
» au temps du décès : *sustinetur autem ista*

» *donatio in personâ eorum liberorum qui*
» *patri supervixerunt, quasi mortis causâ*
» *facta sit.* M. Cujas tient le même langage
» dans sa consultation 58; il ne comprend
» pas que la donation puisse prendre le ca-
» ractère de donation entre-vifs en la per-
» sonne d'un fils qui n'est point encore et
» qui n'a pu l'accepter; elle est donc, dit-il,
» à son égard une pure donation à cause de
» mort, et la mort est le seul temps qui lui
» défère quelque droit : *dicebam non esse*
» *donationem inter vivos quæ facta est ei*
» *qui in rebus humanis nondum esset, et*
» *quamvis filio nondum concepto donari pos-*
» *sit, exemplo institutionis, tamen effec-*
» *tum donatio non habet antequam nasca-*
» *tur.... et vires accipiat ex morte patris* ».

Vulson cite, en outre, l'autorité de Fontanella, de Molina, de Gregorius Tolosanus et de Fernand, qui dit lui-même que ces sortes de donations faites par le père à son fils à naître, *mortuo patre effectum duntaxat habent et executionem, nec vires habent nisi post mortem.* Enfin il cite un arrêt conforme à cette doctrine, rendu en 1679 au parlement de Toulouse, et rapporté par Catelan, t. 1er., liv. 2, ch. 28.

Furgole, qui écrivoit après Vulson, ne laisse rien à désirer sur la nature et les effets des donations contractuelles aux enfants à naître.

» Elles n'acquièrent pas, dit-il dans sa der-
» nière note sur l'art. 11 de l'ordonnance
» de 1731, un droit irrévocable au moment
» qu'elles sont faites : leur effet est suspendu
» jusqu'à la mort du donateur, et auparavant
» aucun droit n'est acquis aux donataires,
» parce qu'elles sont conditionnelles, et que,
» pour les rendre efficaces, il faut que les
» conditions dont elles sont impliquées ar-
» rivent.

» La première condition est celle de la
» naissance des enfants.

» La deuxième, que les enfants à naître,
» auxquels la donation est destinée, survivent
» au donateur, parce que la condition de sur-
» vie est tacitement sous-entendue, et que le
» donateur est censé n'avoir fait la donation
» qu'aux enfants qui lui survivent, comme
» l'ont fort bien remarqué Duval..., Cambo-
» las..., Vulson .. et Catelan..., et quoique
» les enfants naissent, s'ils décèdent avant le
» donateur, la donation devient caduque, à
» moins qu'ils ne laissent des enfants qui sur-

» vivent au donateur; *et l'on doit raisonner* » *à cet égard des donations en faveur des* » *enfants à naître, comme des institutions* » *contractuelles,* qui deviennent caduques » lorsque l'institué prédécède sans laisser des » enfants du mariage en faveur duquel elles » ont été faites.

» On trouve, en effet, continue Furgole, » dans la donation en faveur des enfants à » naître, la marque caractérisque de la dona- » tion à cause de mort, puisque le donateur » ne se dépouille pas, et qu'il ne transfère » aux donataires futurs, qui n'existent pas, » aucune propriété. Il se préfère lui-même » aux donataires, en retenant la propriété et » l'administration pendant sa vie, et il pré- » fère les donataires à son héritier, ce qui » constitue la nature et l'essence de la dona- » tion à cause de mort, suivant la L. 1re., » ff. *de mortis causâ donationibus : mortis* » *causâ donatio est, cùm quis habere se* » *vult magis quàm eum cui donat, magis-* » *que eum cui donat quàm hæredem suum ;* » et cela est, en même temps, incompatible » avec la nature de la donation entre-vifs, » dont l'essence est de transférer la propriété, » et d'en dépouiller le donateur : *dat aliquis*

» *eâ mente ut statim velit accipientis fieri* » *nec ullo casu ad se reverti,* suivant les » expressions de la L. 1re., ff. *de donatio-* » *nibus*. Il est vrai que, dans notre usage, » la donation aux enfants à naître est irré- » vocable, à cause de la faveur du contrat » de mariage où elle a été faite; mais cette » irrévocabilité, qui n'est qu'accidentelle, » n'en change pas la nature, et n'empêche » pas qu'elle ne soit une vraie donation à » cause de mort, laquelle renferme essen- » tiellement la condition de la survie du do- » nataire, et devient caduque quand il pré- » décède ».

Nous avions donc bien raison de dire que l'affectation contractuelle des acquêts aux enfants à naître du mariage, étoit une véritable donation à cause de mort au profit des enfants survivants, irrévocable par la nature de l'acte, mais qui ne transféroit la propriété des acquêts aux donataires qu'après la mort des donateurs, lesquels ne s'étoient dépouillés de rien pendant leur vie.

Il en résulte qu'en 1775, époque de la mort de M. Christophe de Montbadon, la donation faite, par son contrat de mariage, des acquêts de sa société conjugale à ses enfants, n'a reçu sa force et son effet qu'en faveur de ceux qui étoient alors vivants, et qui ont acquis, par le prédécès de leur père, la propriété de sa portion dans lesdits acquêts, sauf l'usufruit de cette même portion réservé, par une clause spéciale, à leur mère pendant sa vie.

Quant à l'autre moitié, qui étoit la portion de la mère dans ladite société conjugale, elle a été, à la même époque, dévolue aux enfants, mais ils n'ont pu en acquérir la propriété réelle qu'au décès de la dame veuve de Montbadon, qui ne la leur avoit aussi donnée que par une disposition à cause de mort, dont l'effet étoit d'en laisser sur sa tête, jusqu'à son décès, l'usufruit et la propriété.

Rendant hommage à une partie des principes dont nous tirons ces conséquences, on objectera, peut-être, que le décès d'un seul des conjoints associés fait produire à la clause d'affectation des acquêts aux enfants son entier effet; qu'alors les enfants existants sont définitivement saisis de la propriété, non-seulement de la portion d'acquêts de l'associé décédé, mais encore de celle de l'associé survivant qui ne retient l'usufruit du tout que par la réserve qu'il s'en étoit faite dans le contrat de mariage ; que c'est précisément parce que l'époux survivant est dessaisi de toute propriété sur les acquêts, qu'il ne lui est plus permis de les vendre après la mort de son conjoint; que cette rétention d'usufruit, cette prohibition d'aliéner, et le droit qu'ont les enfants de revendiquer les acquêts vendus après la dissolution du mariage, sont exclusifs de tout droit de propriété sur lesdits biens dans la personne de l'époux survivant, et caractérisent une délation réelle et entière de cette même propriété aux enfants, dès l'instant de la mort de l'un des époux.

Pour essayer de donner plus de poids à cette objection, on excipera des attestations du barreau, données le 1er. Août 1691 et en 1709; de la doctrine de l'Apostillateur de Lapeyrère; des arrêts de notre parlement, enfin d'un passage de Salviat.

La première de ces deux attestations porte que : « quand il y a convention que les ac-
» quêts seront affectés aux enfants, tous ces
» acquêts leur appartiennent par la force du
» pacte, et que, quoiqu'après la dissolution
» de la société par le décès de la femme, le
» père ait, en vertu de la puissance pater-
» nelle, la jouissance desdits acquêts, la pro-

» priété d'iceux ne cesse d'appartenir auxdits » enfants, en telle sorte qu'il ne peut, après » le décès de la mère, les vendre ni les hypo- » théquer, ni les affecter à ses créanciers par- » ticuliers dont le droit ne peut faire aucun » préjudice auxdits enfants, lesquels ont cons- » tamment la faculté de revendiquer lesdits » acquêts, en cas d'aliénation ou de saisie, » pourvu toutefois qu'ils répudient l'héré- » dité de leur père, ou qu'ils ne soient que » ses héritiers au bénéfice d'inventaire.

L'attestation de 1709, qui est rapportée avec la précédente par Salviat, p. 11, parle aussi de la faculté qu'ont les enfants de répudier l'hérédité de leurs père et mère pour prendre les acquêts s'ils y trouvent plus d'avantage.

L'Apostillateur de Lapeyrère, let. A, n. 2, p. 3, rappelle, comme un point certain de jurisprudence, que : « la propriété des ac- » quêts réservés aux enfants par le contrat » de mariage leur appartient si incommuta- » blement, qu'après le décès de l'un des con- » joints, le survivant ne peut pas les aliéner, » ni les hypothéquer au préjudice desdits » enfants, lesquels répudiant l'hérédité du » survivant qui a aliéné, ont droit d'en pour- » suivre le délaissement et d'en dépouiller » les acquéreurs ».

Quatre arrêts indiqués par Salviat, p. 12, rendus à Bordeaux, en 1725, 1728, 1755 et 1759, sont conformes à ces attestations sur la revendication par les enfants des acquêts aliénés après la disolution du mariage.

La vente n'en est maintenue, suivant d'autres attestations, p. 13 du même auteur, et un arrêt de 1709, p. 3 de Lapeyrère, que lorsqu'elle a été faite pour payer les dettes de la société conjugale.

Enfin Salviat, p. 10, exposant ses propres réflexions, va jusqu'à soutenir que « si les » acquêts ne sont pas affectés aux enfants, le » survivant en prend la moitié tant en pro- » priété qu'usufruit ; mais lorsqu'ils sont don- » nés aux enfants par le contrat de mariage, » la propriété leur en est irrévocablement » *dévolue* dès le moment du décès de l'un » des époux ; le survivant, quel qu'il soit, est » tellement lié par cette clause, qu'il n'a que » l'usufruit de sa moitié ; il ne peut vendre, » ni hypothéquer, ni donner le capital de » cette moitié, encore moins celle qui est » revenue au prédécédé ».

Entraîné par la note de l'Apostillateur de Lapeyrère, M. le Procureur général à la cour de cassation, qui portoit la parole dans un procès de Bordeaux où il s'agissoit de savoir si la veuve qui, avant la renonciation à la société d'acquêts, s'étoit obligée après la mort de son mari, comme associée aux acquêts avec sondit mari, et comme usufruitière des biens de ce dernier pouvoit, après avoir renoncé et en vertu du Sénatus-consulte Velléïen, se faire décharger de son obligation, attribua à la clause d'affectation des acquêts aux enfants l'effet de leur en transmettre la propriété entière au décès de l'un des conjoints.

« Rappelons-nous, disoit ce magistrat,
» que, par le contrat de mariage de la veuve
» Dupin, il étoit dit que les acquêts faits pen-
» dant la durée de la société matrimoniale
» *appartiendroient aux enfants, la jouis-*
» *sance du tout réservée à l'époux survi-*
» *vant*. Or, quel a dû être l'effet de cette
» clause? C'est qu'au moment de la dissolu-
» tion de cette société par la mort du mari,
» tous les biens qui la composoient ont passé
» immédiatement sur la tête des enfants, et
» que la veuve n'est restée propriétaire de
» rien ».

Il se fonde sur le passage que nous avons cité de Lapeyrère, let. A, n. 2, p. 3.

Plus bas, il ajoute : « La veuve Dupin n'a

» donc eu, après la mort de son mari, aucune » part dans les acquêts qui avoient été faits » pendant le mariage....; son obligation a dû » être anéantie par cela seul que la veuve Du- » pin l'avoit contractée comme propriétaire » de la moitié des acquêts, tandis que cette » moitié appartenoit à ses enfants comme » celle de son mari ».

La cour suprême confirma, en quelque sorte, cette opinion, par son arrêt du 22 Ventôse an 9, en y énonçant *que la part de la veuve Dupin dans la société d'acquêts, étoit l'usufruit de ces mêmes acquêts.* (Quest. de droit, par Merlin, t. 4, p. 672 et 673).

Faut-il conclure de toutes ces autorités que la clause d'affectation des acquêts aux enfants du mariage, leur en transmet irrévocablement l'entière et absolue propriété, dès l'instant du décès de l'un des conjoints, et que l'époux survivant ne conserve, même sur sa moitié, qu'un simple droit d'usufruit ?

Non sans doute, une telle conséquence ne seroit pas moins contraire à nos traditions qu'à la pureté des principes du droit.

Déjà nous avons dit que la clause d'affectation des acquêts aux enfants étoit plutôt une destination contractuelle qu'une donation parfaite de ce genre de biens; qu'à la considérer comme donation, elle étoit au profit d'enfants à naître, par conséquent une disposition à cause de mort, de la part des deux conjoints, pour la portion qui appartenoit à chacun d'eux dans la société conjugale; et c'est, en effet, comme donation que la considèrent Dupin dans l'endroit que nous avons cité de sa Conférence sur Ferron, l'attestation de 1709, et Salviat lui-même, p. 9.

Or, une donation à cause de mort ne peut pas changer de nature, et se convertir, par un accident particulier, en une donation entre-vifs, sans qu'un nouvel acte, signé par le donateur, lui confère ce nouveau caractère. Si le titre n'est pas changé, elle doit toujours rester telle que le contrat originaire l'a faite.

Cette même disposition ne peut pas non plus être une donation à cause de mort, de la part de l'époux qui prédécède, et une donation entre-vifs, de la part du survivant; car sa qualité étant déterminée à l'époque même de la signature de l'acte qui la renferme, le prédécès de l'un ou de l'autre des deux époux ne peut pas empêcher que cette donation ne soit, à l'égard du survivant, ce qu'elle a été à l'égard du prédécédé, une simple donation à cause de mort, quoique irrévocable, de la part de l'un et de l'autre.

Cependant si l'on admettoit qu'au décès de l'un des conjoints, la propriété de la moitié d'acquêts du survivant est actuellement et irrévocablemeut transmise aux enfants du mariage, comme celle de la moitié du prédécédé, le survivant en seroit dépouillé pendant sa vie; la donation, qui n'avoit été faite qu'à cause de mort, produiroit à son égard l'effet absolu d'une donation entre-vifs, et ce changement, qui s'opéreroit seulement au préjudice de l'époux associé, survivant à la dissolution de la société, seroit le résultat d'un événement qui, n'ayant aucune relation avec sa volonté personnelle, seroit contraire à la volonté qu'il avoit consentie.

La réserve de l'usufruit de tous les acquêts en faveur du survivant n'est pas capable de favoriser cette illégale interversion qu'il faudroit supposer dans le titre originaire et dans ses effets naturels et légitimes; car il est positif, en droit, qu'une donation à cause de mort ne peut jamais saisir le donataire, du vivant du donateur, et que le donataire ne peut ni la recueillir ni la transmettre, s'il décède avant l'auteur de cette libéralité.

Ces deux décisions ont lieu (disent les éditeurs de la nouvelle Collection de jurisprudence, t. 7, sous les mots *Donation par contrat de mariage*, §. 2, p. 86), « quand même » la donation à cause de mort seroit qualifiée » par l'acte de donation entre-vifs; *quand » elle seroit accompagnée des clauses de » rétention d'usufruit*, constitut et précaire, » ou d'autres qui ne conviennent qu'à une » donation, *parce que ces circonstances ne » peuvent changer la nature de la donation » à cause de mort*. Ainsi jugé par arrêt des » 12 Décembre 1736, 12 Mars 1739, 29 Février et 30 Août 1760...... ».

La réserve de l'usufruit de la totalité des acquêts en faveur du survivant, laisse donc à la donation son caractère de disposition à cause de mort, et n'opère d'autre effet que celui de faire jouir le survivant de la portion d'acquêts de l'époux prédécédé.

Veut-on d'autres preuves, qu'après le décès de l'un des conjoints, l'autre époux conserve la propriété de la moitié d'acquêts de leur mariage, et que, par conséquent, l'affectation de la portion d'acquêts aux enfants ne cesse pas à son égard d'être une disposition à cause de mort? Nous les trouverons dans les monuments de notre jurisprudence.

Lapeyrère, let. S, n. 112, décide que le grevé de substitution faite en faveur de plusieurs personnes incertaines et qui n'étoient pas nées au temps de la disposition, a le pouvoir de rendre à tel des substitués que bon lui semble.

« Par la même raison de cette décision, » ajoute l'Annotateur, on ne doute pas qu'en » réserve d'acquêts, ou autre disposition en » faveur des enfants qui naîtront du mariage, » on peut choisir un d'entr'eux pour recueil- » lir l'entier effet de la disposition ».

Nos Conférences m. s. sur le même auteur, let. N, n. 37, développent ce point de jurisprudence, et prouvent textuellement que, parmi nous, le choix dans la disposition des acquêts affectés aux enfants du mariage, n'est pas ôté au survivant, malgré l'opinion de Bechet et d'Automne, qui ont soutenu le contraire, sur la foi d'un ancien arrêt qui, aujourd'hui, disent nos Conférences, ne seroit pas suivi.

Salviat, p. 12, résume en ces termes tout ce qu'on a écrit à ce sujet : « Les acquêts ré-

» servés aux enfants se partagent, par égales » portions, entre tous ceux qui sont nés du » mariage, s'il n'y a clause contraire dans le » contrat, *ou si les père et mère n'en dis-* » *posent par testament; mais ceux-ci peu-* » *vent choisir parmi eux celui que bon leur* » *semble*. L'affectation aux enfants les prive » de la faculté de les donner à un étranger à » leur préjudice, mais non de la liberté d'en » nommer un ou plusieurs d'entr'eux pour » les recueillir. *Les autres n'y ont pas plus* » *de droit que sur le restant des biens,* » *c'est-à-dire, qu'ils ne peuvent prétendre* » *qu'une légitime*. Il ne faut pas même une » disposition expresse à ce sujet: les acquêts » sont compris dans l'institution générale, et » n'ont pas besoin, comme l'agencement, » *speciali notâ;* c'est ce que tous les juris- » consultes décident en consultation, d'après » la maxime *instituendo eligit*, et l'avis de » Lapeyrère, let. E, n. 18; entr'autres, Me. » Dumoulin dans la consultation du 23 Sep- » tembre 1759, dont j'ai déjà parlé».

Le choix entre les enfants n'est donc pas, dans la personne de chaque époux, une simple faculté, un nu ministère, mais un droit attaché à sa qualité de donateur, dérivant de la nature de la donation faite à des enfants à naître, et qui lui appartient même sans aucune stipulation.

D'un autre côté, il ne faut pas oublier que, parmi nous, suivant l'exacte observation de Dupin sur Ferron que nous avons cité plus haut, « par la réserve ou donation » des acquêts aux enfants, chacun des con- » joints assure *sa moitié* aux enfants qui pro- » viendront du mariage.........; que cette » donation s'entend *conditionnellement, au* » *cas que les enfants survivent les dona-* » *teurs*..... ».

Mais si l'époux survivant conserve le droit de choisir, parmi les enfants du mariage, un seul d'entr'eux pour recueillir sa moitié d'acquêts; s'il peut disposer de cette moitié par testament en faveur de l'enfant qu'il voudra choisir; si les autres n'ont pas plus de droit sur cette moitié d'acquêts de l'époux survivant que sur ses autres biens, et qu'ils ne puissent y prétendre qu'une légitime; si, enfin, les enfants doivent survivre pour prendre part aux acquêts, comme pour réclamer leur portion dans les autres biens du dernier époux décédé, il est donc vrai qu'ils ne sont pas saisis de cette moitié d'acquêts de l'époux survivant pendant sa vie; que cet époux n'en est pas réellement dépouillé, et que l'affectation qu'il en a faite aux enfants par son contrat de mariage, quoique irrévocable de sa nature, a toujours le caractère et les effets d'une disposition à cause de mort.

Comment donc concilier avec les principes et la doctrine locale qui nous conduisent à ce résultat nécessaire, la prohibition à l'époux survivant d'aliéner sa portion d'acquêts, les arrêts qui l'ont maintenue, les termes des attestations de 1691 et 1709, de la décision de l'Apostillateur de Lapeyrère, let. A, n. 2, p. 3, et du passage de Salviat, p. 10, enfin l'opinion de M. Merlin, et l'arrêt de la cour de cassation du 22 Ventôse an 9?

Car s'il étoit certain, d'après ces autorités, que les enfants sont réellement et irrévocablement saisis, après la mort de l'un des conjoints, non-seulement de la propriété de la moitié d'acquêts de l'époux prédécédé, mais encore de la portion du survivant, celui-ci ne pourroit plus en disposer par testament au profit de l'un d'entr'eux; chacun des enfants auroit sur cette espèce de biens un droit acquis; il pourroit aliéner ou transmettre la nue propriété de sa portion, et cette nue propriété ne seroit dépendante ni de la condition de survie, ni de la volonté et du choix de l'époux qui auroit vu dissoudre la société conjugale; la donation changeroit de nature au moment du décès de l'un des donateurs, et néanmoins nous venons de voir que tout cela choqueroit pleinement les règles du droit et notre jurisprudence.

Si nos traditions étoient contradictoires, il faudroit bien se rattacher aux principes, et décider que la clause d'affectation des acquêts aux enfants ne dépouille pas l'époux survivant de la propriété de sa portion dans les acquêts, lors de la dissolution de la société par la mort de l'autre associé.

Mais quelques explications suffisent pour tout concilier.

L'arrêt de la cour de cassation, lorsqu'il fut connu à Bordeaux, y causa plus de surprise que d'inquiétude. Il n'avoit pas statué en thèse sur la nature et les effets de la clause d'affectation des acquêts aux enfants. Cette question n'étoit pas le sujet du procès; la cour ne la préjugea qu'accidentellement, et *per transennam*, sur l'opinion de M. Merlin, qui, lui-même, ne se fondoit que sur la décision de l'Apostillateur de Lapeyrère, let. A, n. 2. Le mérite de cette opinion et de ce préjugé indirect dépendent donc uniquement de la décision qui leur a servi de base.

Cette décision, marquée par une *main*, n'est que la répétition de l'attestation de 1691, comme on peut le voir dans l'avertissement de l'éditeur de Lapeyrère, qui, en parlant de la troisième édition de cet ouvrage imprimé en 1706, dit que tout ce qui fut ajouté à la troisième édition fut marqué par une *main*, et qu'on y mêla les notoriétés et attestations d'usage données dans le barreau.

Ainsi le préjugé de l'arrêt de cassation de l'an 9, l'opinion de M. Merlin, et la note de l'Apostillateur de Lapeyrère, p. 3, ont pour unique fondement l'attestation donnée par notre barreau en 1691, et renouvelée en partie en 1709.

Quel fut l'objet de l'acte de notoriété? D'établir que le père, après la dissolution du mariage par la mort de sa femme, ne pouvoit, lorsqu'il y avoit dans son contrat société d'acquêts et clause d'affectation aux enfants, vendre lesdits acquêts ni les hypothéquer, ou affecter à ses créanciers particuliers, au préjudice desdits enfants, qui avoient constamment la faculté de revendiquer lesdits acquêts, en répudiant ou acceptant sous bénéfice d'inventaire la succession de leur père.

L'attestation de 1709 ne constate que la faculté réservée aux enfants donataires des acquêts de prendre les effets de la société en répudiant *l'hérédité de leurs père et mère*, s'ils y trouvent plus d'avantage.

Nous ne contestons pas cette faculté accordée aux enfants de s'en tenir aux acquêts en répudiant les hérédités de leurs auteurs, et même de revendiquer les acquêts vendus par l'époux survivant, soit en acceptant au bénéfice d'inventaire, soit en répudiant la succession.

Nous reconnoissons que cette action en revendication fut accueillie par les quatre arrêts de 1725, 1728, 1755 et 1759, indiqués par Salviat, p. 12; que ces arrêts confirmèrent, par conséquent, la prohibition faite au survivant des époux d'aliéner les acquêts affectés aux enfants, si ce n'est pour acquitter les dettes de la société conjugale.

Mais en réfléchissant sur ces arrêts et sur ces actes de notoriété, on demeure convaincu, 1°. que la faculté de revendiquer les acquêts vendus après la mort de l'un des conjoints par l'autre époux, n'est accordée qu'aux enfants survivants au vendeur, puisque pour exercer cette action, ils doivent répudier sa succession ou ne l'avoir acceptée qu'au bénéfice d'inventaire, ce qui ne peut être fait que par les enfants au profit desquels cette succession s'est ouverte; 2°. que les enfants, pour prendre les effets de la société d'acquêts, c'est-à-dire, pour s'en tenir à la donation qui leur en a été faite, doivent répudier la succession de leurs père et mère.

Ainsi, dans le cas où tous les enfants viendroient à mourir avant l'époux survivant à la dissolution de la société conjugale, il n'y auroit pas lieu à revendiquer les acquêts vendus par lui depuis cette dissolution, et l'aliénation en demeureroit valable. Les enfants n'étoient donc pas saisis de la propriété de sa portion d'acquêts, qu'ils auroient transmise à leurs héritiers, si le survivant des époux en eût été dépouillé après le décès de l'autre conjoint.

Ainsi encore, ils ne sont pas saisis de la propriété de tous les acquêts, après la mort d'un seul des époux, puisque pour s'en tenir à la donation qui leur en a été faite, ils sont obligés de répudier, suivant l'attestation de 1709, l'hérédité *de leurs père et mère*, c'est-à dire, de l'un et de l'autre époux.

Ajoutons à ces réflexions qu'il est d'autant moins possible de trouver dans les attestations de notre barreau la preuve du transport sur la tête des enfants de l'entière propriété des acquêts, à l'instant de la mort de l'un des époux, qu'une attestation de 1706, rapportée par Salviat, p. 11, immédiatement après celle de 1691, dit textuellement le contraire.

« Les créanciers du père, postérieurs à la » dissolution de la société, ne peuvent saisir » lesdits acquêts; mais cela doit s'entendre » de la saisie du capital, car les fruits lui ap- » partenant, *tant de sa moitié comme pro-* » *priétaire*, que de la moitié de sa femme, » en vertu de la puissance paternelle, peu- » vent être saisis tant qu'il vivra ».

Voilà donc l'époux survivant nettement déclaré propriétaire de la moitié dans les acquêts, après la mort de son époux.

Et cependant l'attestation de 1691 semble indiquer, comme propriétaires de cette moitié, les enfants du mariage; l'Apostillateur de Lapeyrère semble les désigner en cette qualité; Salviat le dit formellement, p. 11.

Cette apparente contradiction dans des actes de notoriété dont celui de 1691, reproduit par l'Annotateur de Lapeyrère, n'avoit pour objet que d'attester la prohibition faite à l'époux survivant d'aliéner les acquêts, vient uniquement de la négligence qu'on a mise à développer la véritable cause de cette inaliénabilité.

Salviat la connoissoit : il la rappelle, non pour l'expliquer, mais pour en tirer une fausse conséquence, parce qu'il n'en comprenoit pas bien la nature.

Suivant cet auteur, lorsque les acquêts sont donnés aux enfants par le contrat de mariage, *la propriété leur en est dévolue irrévocablement dès le moment du décès de l'un des conjoints;* et le survivant est tellement lié par cette clause, qu'il n'a que l'usufruit de la moitié, et qu'il ne peut vendre, hypothéquer ni donner le capital de cette moitié.

Là est tout le mystère de notre jurisprudence sur le point que nous cherchons à éclaircir, et qui n'a pu paroître douteux que par l'obscurité de quelques rédactions et par la confusion du langage de Salviat.

Sans doute, à la mort de l'un des conjoints associés aux acquêts, dont la propriété est affectée à leurs enfants, cette propriété, qui leur est acquise pour une moitié du chef de l'époux décédé, leur est *dévolue* pour l'autre moitié du chef de l'époux survivant.

Cette dévolution ôte bien à l'époux survivant la faculté d'aliéner, mais elle ne le dépouille pas de la propriété des biens dévolus; elle ne la transfère pas aux enfants qui ne peuvent la recueillir qu'après sa mort, s'ils lui survivent.

La prohibition d'aliéner, imposée au survivant des époux associés, dérive donc, non de son expropriation, qui n'existe ni dans le fait ni dans le droit, mais de la dévolution qui s'est opérée de sa portion d'aquêts en faveur des enfants, par le fait seul de la dissolution de la société conjugale.

Tant que les deux époux ont vécu, la destination des acquêts aux enfants n'avoit aucun objet certain, car les acquêts ne consistant que dans les bénéfices de la société conjugale, et les bénéfices d'une société n'étant connus que lorsqu'elle est dissoute, c'est à l'époque où cette dissolution arrive par la mort de l'un des associés, qu'il y a véritablement des acquêts, si la société a fait des bénéfices, et que la clause d'affectation de ces acquêts aux enfants porte sur un objet certain.

C'est aussi pourquoi, à la même époque, la portion de l'époux survivant est dévolue aux enfants du mariage, toujours sous la condition de survie inhérente à la nature de la donation à cause de mort qui leur en a été faite ; cette dévolution empêche que le survivant n'altère la destination contractuelle que renferme la disposition portant affectation des acquêts du mariage aux enfants qui en proviendroient : elle assure l'exécution de de cette convention matrimoniale, sans en changer le caractère.

Admise dans nos mœurs, la dévolution l'étoit aussi par le texte de plusieurs coutumes.

« Stokmans en a fait, dit M. Merlin, un
» un traité fort étendu et dans lequel il en a
» parfaitement défini la nature et développé
» les effets.

» Il commence par établir que la dévolu-
» tion n'est pas une succession, comme l'ont
» prétendu quelques praticiens, puisque nul
» ne peut être héritier d'un homme vivant ;
» ce n'est, comme il le prouve, qu'une des-
» tination légale et assurée de la succession

» future du père ou de la mère à leurs enfants.

» Ainsi ce ne sont pas les enfants qui sont » propriétaires des biens dévolus; ils y ont, » à la vérité, un droit réel; mais ce droit » n'est qu'expectatif : le père et la mère ne » cessent pas d'en être propriétaires; mais la » propriété n'est qu'imparfaite, puisqu'elle » n'est pas accompagnée de la faculté d'alié- » ner; aussi la nomme-t-on *propriété bri-* » *dée, dominium vinculatum.*

» De là il suit, que si l'un des enfants vient » à mourir avant le père ou la mère survi- » vant, les biens frappés de dévolution se » partagent en totalité entre les enfants qui » restent après la mort de celui-ci, suivant » les règles des successions directes, sans » qu'on puisse y adapter, pour la portion de » l'enfant prédécédé, les règles des succes- » sions collatérales. La raison en est que les » enfants qui restent ne succèdent pas à leur » frère, mais à leurs père et mère.

» Si le fils, au profit duquel la dévolution » a eu lieu, vient à mourir avant son père » survivant, et laisse des enfants, ceux-ci » succèdent au droit incertain, ou, si l'on » veut, à l'expectative qu'il avoit sur les biens » de leur aïeul.

» Du reste, l'aliénation que fait un père » de ses biens dévolus, n'est pas absolument » nulle : elle ne devient telle que lorsque ses » enfants lui survivent; et dans ce cas, ils » recouvrent de plein droit la propriété in- » dûment aliénée par leur père; mais s'ils » meurent avant lui, sans laisser d'enfants, » l'aliénation demeure valable. C'est ainsi » que, dans le droit romain et aux termes » du chap. 26 de la novelle 22, les gains » nuptiaux du premier mariage étoient, par » l'effet du convol du survivant à de secon- » des noces, tellement affectés et réservés » aux enfants du premier lit, que l'époux » remarié ne pouvoit pas aliéner, à leur pré- » judice, les biens qui s'y trouvoient com- » pris, et que néanmoins l'aliénation finissoit » par devenir valable, si tous les enfants du » premier lit mouroient avant leur père ou » mère remarié.

» Si le père frappé de dévolution, ne peut » aliéner les biens, quoiqu'il en soit encore » propriétaire, à plus forte raison le fils ne » peut-il le faire, puisqu'il n'a sur ces biens » que des droits expectatifs qu'une mort pré- » maturée peut faire évanouir; ainsi, il ne » peut en disposer, ni par testament, ni par

» acte entre-vifs, même à titre onéreux,
» parce que, dès qu'il meurt avant son père,
» celui-ci recouvre la liberté pleine et en-
» tière de sa propriété». (Quest. de droit, t. 2, de la 2e. édit., p. 127).

Cette lumineuse théorie de la dévolution achève de résoudre l'objection que nous avions proposée, d'éclaircir le sens de nos attestations et de justifier notre jurisprudence sur les acquêts, en montrant qu'elle est dans une harmonie parfaite avec la nature et les effets de la destination contractuelle de cette espèce de biens aux enfants du mariage.

La clause d'affectation des acquêts d'une société conventionnelle aux enfants à naître, est donc, parmi nous, une disposition à cause de mort, faite individuellement par chacun des époux en faveur des enfants qui naîtront de leur union conjugale.

Cette disposition est conditionnelle. La condition est la survie des enfants à chacun des deux auteurs de l'affectation des acquêts.

A la mort de l'un des époux, la donation reçoit pour la portion de cet époux dans les acquêts, son complément et sa force au profit des enfants existants; ils deviennent propriétaires de cette portion, sauf la faculté que l'époux décédé a pu laisser au survivant d'en avantager, de son chef, un ou plusieurs d'entr'eux; mais la propriété en repose dès-lors sur leur tête, parce que cette faculté n'est, dans ce cas, qu'un nu ministère.

L'autre portion leur est aussi dévolue au même instant, mais elle ne leur est pas transmise. Cette dévolution ne permet pas à l'époux survivant de l'aliéner en tout ou en partie, quoiqu'il en conserve la propriété, avec le droit personnel d'en avantager un ou plusieurs de leurs enfants au préjudice des autres. Les enfants ne peuvent ni la vendre, ni la transmettre, parce qu'ils n'en sont pas saisis, et qu'il n'y aura mutation de la propriété de cette portion qu'au décès de l'époux à qui elle appartient, et en faveur seulement des enfants qui lui auront survécu; en telle sorte que si tous les enfants venoient à mourir avant lui sans postérité, l'aliénation qu'il en auroit faite, malgré la dévolution, deviendroit efficace et inattaquable.

Ce sont là nos véritables traditions et notre vraie jurisprudence, qu'attestent tous les jours, à l'exemple de leurs devanciers, les avocats de notre barreau, dans leurs consultations.

Il n'y a point d'exemple de jugements ou

d'arrêts rendus dans notre ressort en opposition avec cette jurisprudence et ces traditions. Nous croyons même pouvoir dire qu'il n'y auroit pas à Bordeaux un jurisconsulte instruit, ou un magistrat éclairé, qui ne fût prêt à en rendre le même témoignage que nous.

Si nous sommes entrés dans de longs détails pour les expliquer, c'est que nos règles locales pouvoient être méconnues ou mal interprétées à Paris, et que nous avons senti la nécessité de les fixer d'une manière positive, afin de prévenir des difficultés et des réclamations qui viendroient échouer contre l'usage invariablement suivi à Bordeaux.

Le contrat de mariage de M. de Montbadon avec la dame de Lalande n'a point dérogé à cet usage. Les deux époux s'y sont associés aux acquêts *chacun pour moitié*.

Ils en ont affecté la propriété aux enfants, se réservant d'avantager *chacun de leur moitié* un ou plusieurs de leurs enfants à leur gré.

Ils ont stipulé que, dans le cas où ils n'auroient pas d'enfants, *chacun pourroit disposer de sadite moitié* en faveur de qui il trouveroit à propos.

Enfin l'usufruit du total desdits acquêts a été réservé au survivant desdits époux pendant sa vie, soit qu'il y ait ou qu'il n'y ait pas d'enfants.

Cette convention est semblable à toutes celles qu'on trouve dans nos contrats de mariage, où, suivant l'observation de nos auteurs, elle étoit devenue presque de style et un protocole habituel.

M. le comte de Montbadon et sa sœur, qui ont survécu à leur mère, n'ont donc pu acquérir qu'à l'époque de sa mort la propriété de sa portion d'acquêts, qui leur avoit été simplement dévolue, sans mutation de propriété, en 1775, date du décès de leur père.

La dame veuve de Montbadon a terminé sa carrière le 23 Mai 1813; c'est donc à cette époque seulement que sa portion dans les acquêts a été transmise à ses enfants, et que le fait de cette mutation a donné ouverture aux droits déterminés par la loi sous l'empire de laquelle elle s'est opérée.

Délibéré à Bordeaux, le 27 Novembre 1815.

DENUCÉ, MARTIGNAC, RAVEZ.

TABLE DES MATIÈRES.

Nota. Les chiffres arabes se rapportent au corps de l'ouvrage, et les chiffres romains à la table.

ACCEPTATION DE LA SOCIÉTÉ D'ACQUÊTS.

Voy. v°. *Société d'acquêts*, XXVI; *Dettes passives de la société d'acquêts.*

I. L'acceptation de la femme n'étoit pas irrévocable (n. 183).

II. Elle étoit expresse ou tacite (n. 199).

III. De l'acceptation tacite (n. 200 et suiv.). Actes qui n'induisoient aucune acceptation (n. 205 et suiv.). Du recélé fait par la veuve (n. 210).

IV. La femme contre laquelle un créancier avoit obtenu un jugement, même en dernier ressort, la condamnant au paiement d'une dette sociale, n'étoit réputée associée qu'à l'égard de ce créancier (n. 211).

V. Du cas où, entre plusieurs héritiers de la femme, les uns acceptoient et les autres renonçoient (n. 212).

VI. Si l'acceptation pouvoit avoir lieu sous bénéfice d'inventaire (n. 213).

VII. L'acceptation donnoit à la femme le droit de demander le partage de l'actif, encore qu'aucune liquidation n'eût été faite (n. 243 et 244). Ce partage avoit lieu dans les mêmes formes, d'après les mêmes règles, et avoit les mêmes effets que le partage des sociétés ordinaires (n. 275).

VIII. Le mode de partage tracé par le code, doit être suivi pour les sociétés d'acquêts dissoutes sous l'empire du code (n. 416).

IX. Après le partage effectué, comment s'exerçoient les créances personnelles de l'un des époux contre l'autre (n. 276 et 277). Exemples de ces créances personnelles (n. 277).

X. La femme séparée de corps pouvoit réclamer sa part d'acquêts (n. 172), et si la société s'étoit dissoute sous le code, l'acceptation devoit être faite dans les délais déterminés par ce code (n. 413).

Quid, de la femme condamnée pour adultère (n. 172), de celle qui avoit abandonné son mari (n. 178), de la femme séparée de biens (n. 173 à 175).

XI. La femme acceptante qui avoit survécu à son mari, avoit action pour moitié contre les débiteurs de la société (n. 240), lesquels débiteurs ne pouvoient lui opposer le défaut de liquidation de la société (*ib.*); elle avoit la voie parée et d'exécution (n. 241), et elle pouvoit exiger la totalité des dettes, si ces dettes étoient tombées dans son lot (n. 242).

XII. Par l'effet de l'acceptation, les dettes sociales contractées par le mari étoient pour une moitié à la charge de la femme (n. 218), que les créanciers avoient la faculté de convenir pour moitié (n. 220), mais jamais au-delà, même en cas de dissipation, de la part des héritiers du mari, des effets mobiliers de la société, ou en cas d'insolvabilité des mêmes héritiers (*ib.*). La femme pouvoit, toutefois, être poursuivie hypothécairement, à raison des mêmes dettes, sur les immeubles de la société à elle échus en partage (n. 221), mais non sur ses biens personnels (*ib.*); elle étoit subrogée au premier créancier hypothécaire qui l'avoit poursuivie (*ib.*).

XIII. Quant aux dettes sociales que la femme avoit contractées ou auxquelles elle avoit parlé, elle pouvoit être actionnée par les créanciers, pour le tout ou pour moitié, suivant les cas, sauf son recours contre son mari (n. 225), et sauf à elle à renoncer à la société qu'elle avoit acceptée, et à se faire relever des mêmes dettes par le bénéfice du Velléïen (n. 191 et 183).

XIV. La femme ne pouvoit opposer aux créanciers de la société, ni le défaut de liquidation de ladite société (n. 226), ni sa qualité de rétentionnaire (*ib.*).

XV. Si la femme acceptante étoit tenue des dettes souscrites par le mari, et n'ayant pas de date certaine avant la dissolution de la société (n. 222).

XVI. Du privilége qu'avoit la femme, malgré son acceptation, de n'être tenue de sa moitié dans les dettes sociales que jusqu'à concurrence de son émolument dans l'actif de la société (n. 227 à 233). La femme qui avoit payé des dettes au-delà de cet émolument, avoit-elle une action en répétition contre les créanciers? (n. 233).

ACHAT.

Voy. v°. *Acquisition*.

ACQUÊT.

Voy. v°. *Société d'acquêts; Réserve contractuelle; Réserve coutumière.*

I. Pas d'acquêts qu'après le paiement des dettes (n. 14, 116, 299 et 326), et, en cas de plusieurs mariages contractés avec société d'acquêts, pas d'acquêts pour la seconde société qu'après la liquidation et le paiement des droits de la première (n. 277 *bis*).

II. Bien présumé acquêt, dans le doute sur sa qualité (n. 83, al. 1er.); exceptez les meubles meublants (n. 83, al. 2).

III. Quand l'acquêt fait durant le mariage devoit-il être présumé fait des deniers sociaux? (n. 82).

IV. Acquêts se composoient des biens acquis, *ex mutuâ collaboratione*, pendant le mariage (n. 22), par les deux époux, ensemble ou séparément, même au nom de la femme marchande publique, quoique le prix en eût été seulement payé par l'un des époux, de ses deniers, après la société finie (n. 68).

V. Étoient acquêts :

1°. L'héritage acquis pendant le temps intermédiaire entre la sentence de séparation et le jour du rétablissement de la société (n. 177);

2°. L'héritage retiré par retrait lignager (n. 71);

3°. L'immeuble rétrocédé à l'un des époux, qui l'avoit vendu avant ou pendant le mariage, et dont il avoit reçu le prix (n. 70);

4°. Les biens vendus, purement et simplement, par un père à son fils ou à sa fille (n. 54);

5°. L'immeuble donné au mari en paiement de la dot constituée à son épouse (n. 52);

6°. L'héritage acquis du prix de la vente d'un bien appartenant à l'un des conjoints, lorsqu'il n'avoit été fait aucune déclaration de remploi (n. 47);

7°. Les biens acquis des deniers dotaux, quoique l'emploi en eût été stipulé, si aucune déclaration d'emploi n'avoit été faite dans le contrat d'achat (n. 49);

8°. L'héritage donné par le père, à la charge d'une rente viagère excédant notablement le revenu de cet héritage (n. 55);

9°. Les biens dont le titre d'acquisition étoit antérieur au mariage, lorsque ce titre, confirmé pendant le mariage, étoit radicalement nul dans son principe (n. 36);

10°. Les dettes des conjoints antérieures au mariage, acquittées des deniers sociaux (n. 77), ainsi que toutes autres sommes dues par les époux à la société, à titre de récompense (n. 78), tels que le coût des bâtiments, réparations et améliorations pour l'utilité perpétuelle de l'héritage, faits sur les propres des époux (n. 66 et 266);

11°. Les livres de la profession des époux, achetés pendant le mariage (n. 75);

12°. Les habits de prix et de parure (n. 79);

13°. Les bagues et joyaux précieux donnés à la femme huit jours après les noces (n. 80);

14°. Le gain fait à la loterie, lorsque le billet avoit été acheté des deniers sociaux (n. 76);

15°. *Quid*, des offices, des fruits et revenus des

biens appartenants en propre aux époux, des émoluments d'une profession quelconque, des bénéfices d'une entreprise. (Voy. v°. *Fruits*, et v°. *Offices*).

V *bis*. Étoient acquêts de la société du fils ou du gendre :

1°. Les acquisitions faites par le fils ou le gendre, en leurs noms, après s'être soumis à rapporter leurs gains et revenus dans la maison du père ou beau-père (n. 73);

2°. L'héritage acheté par un père, de ses deniers, au nom et pour le compte de son fils, sans mandat de celui-ci, qui, toutefois, avoit accepté, *vivente patre*, l'acquisition faite en son nom (n. 72).

VI. Pouvoient être réclamées, par les enfants d'un premier mariage, comme acquêts de ce mariage, les sommes que le père avoit déclaré dans son testament avoir omises dans l'inventaire par lui fait après le décès de sa première femme (n. 277 *bis*).

VII. Il en étoit de même :

1°. Des dettes d'un second mariage, acquittées sur les acquêts du premier (n. 286);

2°. Des augmentations et améliorations faites, de l'argent de la première société, aux biens de la seconde (n. 286);

3°. Des valeurs inventoriées après la mort de la première femme (n. 277 *bis*).

VIII. N'étoient acquêts, les immeubles acquis dans le temps intermédiaire du contrat à la célébration nuptiale (n. 8);

IX. Ni les biens dont le titre d'acquisition étoit antérieur au mariage (n. 23). Exemples :

1°. Droit d'usufruit établi, avant le mariage, sur un fonds propre, et naturellement éteint pendant le mariage (n. 24);

2°. Immeuble acheté avant le mariage, payé depuis (n. 25), dont il ne dépendoit pas du mari de faire un acquêt (n. 26);

3°. Bien acquis, avant le mariage, sous une condition arrivée depuis le mariage (n. 28). *Ibid.* d'une créance conditionnelle d'une somme d'argent, d'un billet de loterie appartenant à l'un des époux lors du mariage (*ib.*);

4°. Bien acquis par l'effet d'une prescription commencée avant le mariage, mais accomplie postérieurement (n. 29);

5°. Héritage dont le juste prix étoit suppléé durant le mariage, sur une action en lésion d'outre moitié (n. 30);

6°. Dont l'un des époux étoit laissé en possession, par suite d'un jugement ou d'une transaction intervenus depuis le mariage (n. 31);

7°. Bien acquis d'un mineur, avant le mariage, la vente étant ratifiée pendant le mariage (n. 32);

8°. Ou d'un tiers, agissant au nom et se faisant fort du propriétaire qui avoit ratifié durant le mariage (n. 33);

9°. Fonds dotal acquis, avant le mariage, soit du mari seul avec promesse de faire ratifier la vente, soit de la femme seule autorisée de son mari, soit du mari et de la femme conjointement, lorsque la femme ratifioit pendant le mariage des époux associés aux acquêts (n. 34);

10°. Héritage, dont l'un des époux, avant son mariage, avoit été copropriétaire, et par lui acquis, durant le mariage, par licitation ou autrement (n. 60);

11°. Immeuble dont la promesse de vente, faite à l'un des époux, avant le mariage, avoit été exécutée pendant le mariage (n. 52);

12°. Bien acquis, avant le mariage, par l'un des époux, sous une faculté de rachat dont le vendeur se désistoit pendant le mariage (n. 35).

X. N'étoient encore acquêts les biens rentrés aux époux par rescision, résolution ou simple cessation d'une aliénation par eux faite avant leur mariage (n. 38); par exemple :

1°. Dans le cas d'un héritage rentré par l'exercice du réméré (n. 39). Même décision, si la vente avoit été faite, pendant le mariage, par l'un des époux exerçant le rachat *durante matrimonio* (*ib.*);

2°. Dans le cas d'une vente annullée par des lettres de rescision (n. 40);

3°. Dans celui de résolution d'une donation pour cause d'ingratitude ou de survenance d'enfants (n. 41);

4°. Dans celui d'un héritage rentré par le désistement de l'acquéreur n'ayant pas payé le prix, ou ne l'ayant payé qu'en partie (n. 42).

XI. Les biens, quoique acquis pendant le mariage, en vertu d'un titre non antérieur, n'étoient pas acquêts en cas de subrogation (n. 43).

Application de cette règle :

1°. A l'héritage acquis par échange (n. 44 *ubi tamen* condition indiquée);

2°. A l'immeuble acquis pour opérer un emploi de deniers stipulé dans le contrat de mariage (n. 48) : falloit-il que la femme acceptât l'emploi? (*ib.*);

3°. Ou pour effectuer le remploi du prix d'un héritage vendu par l'un des époux (n. 46), pourvu qu'il eût été fait une déclaration de remploi (n. 47), sauf prélévement du prix, au partage de la société, en faveur de l'époux à qui avoit appartenu le bien aliéné (n. 248).

XII. N'étoient pas acquêts les biens acquis à titre de succession, donation ou legs (n. 22 et 50), et conséquemment :

1°. Les biens acquis par retrait successoral (n. 57);

2°. Par suite d'un partage de succession (n. 58);

3°. Par licitation avec des cohéritiers (n. 59);

4°. A titre de vente, ou à titre onéreux quelconque passé avec des cohéritiers (n. 61);

5°. Par adjudication ou autrement en faveur du mari, agissant en son nom personnel, dans le cas où la femme avoit un droit indivis sur l'immeuble adjugé ou vendu au mari : option qu'avoit la femme dans cette hypothèse (n. 62);

6°. Par adjudication, par suite de vente par décret, en faveur de l'un des époux, héritier bénéficiaire (n. 63);

7°. L'immeuble abandonné ou cédé par un père à son fils ou à sa fille, pour demeurer quitte envers eux d'une dette quelconque ayant toute autre cause qu'une dot, ou à la charge de payer ses dettes en tout ou en partie (n. 53);

8°. L'immeuble donné par un père à son fils, pendant le mariage, en paiement de la somme dont il lui avoit fait donation en le mariant (n. 51);

9°. L'héritage vendu par un père à son fils pour

une rente viagère inférieure au revenu de cet héritage (n. 55).

XIII. Les biens unis corporellement, durant le mariage, à l'héritage propre de l'un des époux, ne tomboient pas dans la société d'acquêts (n. 64): tels étoient, p. ex., les bâtiments (n. 66), les accrues par alluvion (n. 65). *Quid*, de l'augmentation de la valeur vénale d'un semblable héritage (n. 67).

XIV. N'étoient pas encore acquêts :

1°. Les meubles propres des époux, soit ceux qu'ils possédoient en se mariant, soit ceux qu'ils avoient recueillis, pendant le mariage, par succession ou donation (n. 257);

2°. Les habits et linge à leur usage journalier (n. 256);

3°. Les manuscrits des ouvrages par eux composés (n. 258), ni les ouvrages que les époux avoient fait imprimer durant le mariage (*ib.*); mais les bénéfices qu'avoit procurés l'ouvrage, par suite des éditions faites pendant la société, entroient, comme fruits, dans ladite société (*ib.*);

4°. Les inventions et découvertes faites par les époux (n. 258).

XV. Pour savoir quels biens étoient acquêts d'une société contractée avant le code, il faut recourir aux anciens usages (n. 411).

XVI. De la clause portant, « que s'il se faisoit des » acquêts pendant que les futurs époux resteroient » avec leurs père et beau-père, ils appartiendroient » aux futurs époux » : c'étoit une stipulation à titre onéreux (n. 73).

XVII. Droits du mari sur les acquêts (Voy. v°. *Société d'acquêts*, XIV et suiv.).

Droits de la femme (Voy. *Société d'acquêts*, XXII et suiv.).

— des enfants en cas de réserve (Voy. v°. *Réserve contractuelle* et *Réserve coutumière*.

— des créanciers (Voy. v°. *Acceptation de la société d'acquêts*, et v°. *Dettes passives dans les sociétés d'acquêts*).

ACQUISITION.

Voy. v°. *Acquêt*; *Propriété*, I; *Dévolution*, XXVI.

I. Faite conjointement par un mari et une femme, quoique non associés aux acquêts, appartient pour une moitié à chacun d'eux (n. 4, 6 et 7);

II. Au nom d'une personne, lui appartient, n'importe à qui soient les deniers employés (n. 47); par un tuteur, en son nom, de l'argent des pupilles, est à ceux-ci, s'ils le veulent (n. 47, n[te]. 1re.);

III. De l'argent appartenant en commun à deux personnes, p. ex., à deux associés, n'est pas commune (n. 68, n[te]. 1re.);

IV. Par une femme mariée, *durante matrimonio*, présumée payée des deniers du mari (n. 68, n[te]. 1re.): à qui appartient cette acquisition? (n. 68, n[te]. 1re.);

V. Par la femme, dans l'an de deuil, est sa propriété personnelle, même dans le cas d'une société d'acquêts avec le mari défunt (n. 68, n[te]. 1re.). L'acquisition étoit pourtant présumée faite des deniers du mari ou de la société, et la femme devoit tenir compte desdits deniers (*ib.*). Cas où cessoit la présomption (*ib.*).

VI. Si le mari pouvoit acheter pour sa femme (pag. 92).

VII. Acquisition faite par le fils ou le gendre, après s'être soumis à rapporter leurs gains et revenus dans la maison du père ou beau-père (n. 73);

VIII. Par un père, de ses deniers, au nom et pour le compte de ses fils (n. 72).

ACTE.

I. Un acte est présumé passé plutôt en notre nom qu'au nom d'autrui (n. 370, p. 462, à la note).

II. Premier acte entre cohéritiers, réputé partage (n. 61).

III. Dénomination donnée à un acte n'en détermine pas la nature (n. 61).

ACTE NOTARIÉ.

Voy. v°. *Conventions matrimoniales*, IV; *Donation, Donataire*, XVIII et XXII.

ACTE SOUS SEING PRIVÉ.

Voy. v°. *Articles de mariage*, I et suiv.; *Réserve contractuelle des acquêts*, XX et XXXVI; *Acceptation de la société d'acquêts*, XV.

I. Quand faisoit foi de sa date contre les tiers (n. 10).

II. La femme ou ses héritiers étoient-ils des tiers relativement aux actes sous seing privé du mari, n'ayant aucune fixité de date avant la dissolution du mariage (n. 222)? *Quid*, des enfants donataires des acquêts (n. 326).

ADJUDICATION.

Voy. v°. *Acquêt*, XII, 5°. et 6°.

AFFECTATION.

Voy. v°. *Réserve contractuelle; Réserve coutumière.*

ALIÉNATION.

Voy. v°. *Vente; Disposition.*

ALIMENTS.

Voy. v°. *Dettes passives dans les sociétés d'acquêts*, IX, 1°. et 2°.

ALLUVION.

Voy. v°. *Acquêt*, XIII.

AMÉLIORATION.

Voy. v°. *Acquêt*, VII, 2°.; *Récompense*, VII, 4°.; *Réserve coutumière*, XIII.

Qu'entend-on par ce mot (n. 265)?

AN DE DEUIL.

Voy. v°. *Deuil.*

APPOINTEMENTS.

Voy. v°. *Fruits*, III, 8°.

ARRÉRAGES DE RENTE.

Voy. v°. *Dettes passives dans les sociétés d'acquêts*, IX, 4°.; *Fruits*, III, 5°.

ARTICLES DE MARIAGE.

Voy. v°. *Conventions matrimoniales*, IV; *Institution contractuelle*, I; *Donation*, XI, XIV et XXII; *Société d'acquêts*, VIII.

I. Sous seing privé, étoient valables (n. 10).

II. De quel jour prenoient date contre les tiers (n. 10).

De quel jour emportoient hypothèque (n. 10).

ASSOCIÉ.

Voy. v°. *Sociétés ordinaires.*

AUGMENTATION.

Voy. v°. *Acquêt*, VII, 2°., XIII; *Réserve coutumière*, XIII.

I. Externe, interne aux biens propres des époux (n. 64 à 67).

AUTORISATION DE FEMME MARIÉE.

Voy. v°. *Femme.*

AVANTAGE.

Voy. v°. *Élection.*

BAGUES ET JOYAUX.

Voy. v°. *Acquêt*, V, 13°.

I. Donnés en nature (n. 80).

II. Si la donation pour bagues et joyaux étoit subordonnée à la condition de survie de la femme (n. 80, n^te^. 1re.).

BAIL EN PAIEMENT.

Voy. v°. *Dation en paiement.*

BATIMENT.

Voy. v°. *Acquêt*, XIII.

BÉNÉFICES D'UN BAIL A FERME, D'UNE ENTREPRISE QUELCONQUE.

Voy. v°. *Fruits*, III, 7°.

BÉNEFICE D'INVENTAIRE.

Voy. v°. *Acceptation de la société d'acquêts*, VI; *Dévolution*, XVII.

BIBLIOTHÈQUE.

I. Droit que le mari, avocat ou docteur, avoit de la retenir au partage de la société (n. 243).

CAUTIONNEMENT, CAUTION.

Voy. v°. *Dettes passives dans les sociétés d'acquêts*, II; *Dot, biens dotaux*, XIV et XXIV; *Usufruit*, II et III; *Dévolution*, IV.

I. Le mari et la femme, communs en biens, qui cautionnoient quelqu'un conjointement avec une tierce personne, n'étoient comptés que pour une tête (n^te. 1re. du n. 225).

CHARGES.

Voy. v°. *Dettes passives dans les sociétés d'acquêts*, IX.

CHOIX.

Voy. v°. *Option*.

Du choix entre les enfants relativement aux acquêts. Voy. v°. *Élection*.

COMMISSION.

Voy. v°. *Offices*, x et xi.

COMMUNAUTÉ.

I. N'avoit pas lieu chez les Romains sans convention (n. 2). *Secus*, d'après le droit commun des pays coutumiers (n. 1er.).

II. Le terme de communauté n'étoit pas en usage dans notre ressort (n. 17).

III. En pays coutumier, les époux ne pouvoient se rappeler à la communauté (n. 9).

CONDITION.

Voy. v°. *Acquêt*, ix, 3°.

I. Son effet rétroactif (n. 28).

CONFESSION.

Voy. v°. *Acquêt*, vi; *Dot, biens dotaux*, xiii.

I. Qui ne peut donner, ne peut confesser devoir (n. 194).

II. Confession d'un testateur fait preuve contre lui à l'égard des héritiers, mais non à l'égard des créanciers (n. 277 *bis*).

CONFISCATION.

I. N'avoit pas lieu dans le ressort du parlement de Bordeaux (n. 170).

CONSTRUCTIONS.

Voy. v°. *Acquêt*, xiii; *Dévolution*, vi.

CONSULTATION DE M. RAVEZ SUR LES ACQUÊTS.

Voy. pag. 583 et suiv.

CONTRAT.

Voy. vº. *Acte*.

I. Tous contrats permis entre époux en pays de droit écrit (n. 9 et 6), mais non en pays coutumiers (n. 9).

II. Dans les contrats, *tempus contractûs inspiciendum* (n. 25).

CONTRAT DE MARIAGE.

Voy. vº. *Articles de mariage*.

CONVENTIONS MATRIMONIALES.

I. Comprenoient, généralement parlant, les donations aux enfants à naître et aux époux, les institutions contractuelles (n. 417, let. *f*).

II. Stipulées par les époux à leur profit, quand formoient-elles des donations? (*ib.*).

III. Stipulées par les conjoints en faveur de leurs enfants à naître, étoient pour ceux-ci de véritables donations. (*ib.*).

IV. N'avoient pas besoin d'être consignées dans un acte public (n. 10).

COUTUME DE BORDEAUX.

I. Étendue de son territoire (n. 18, al. 3).

CRÉANCES, CRÉANCIERS.

Voy. vº. *Dettes actives dans les sociétés d'acquêts*;

Dettes passives dans les sociétés ordinaires, III; *Acceptation de la société d'acquêts*, XII et suiv.; *Dettes passives dans les sociétés d'acquêts*, XI et suiv.

I. Créances personnelles de l'un des époux contre l'autre (n. 277, *ubi* exemples).

II. Sur quels biens s'exerçoient (n. 576).

DATION EN PAIEMENT.

Voy. v°. *Acquêt*, V, 5°.; XII, 7°., 8°.; *Dot*, XV à XVIII.

I. Tenoit lieu de vente (n. 51).

II. Opéroit novation (n. 52).

DÉCLARATION.

Voy. v°. *Confession*; *Reprises*, I.

I. Déclaration, faite dans un testament, de sommes omises dans un inventaire (p. 554).

DÉCOUVERTE.

Voy. v°. *Acquêt*, XIV, 4°.

DÉLIT.

Voy. v°. *Dettes passives dans les sociétés d'acquêts*, II, VII.

DÉROGATION.

I. A une loi prohibitive, Voy. v°. *Loi*, III.

DÉSISTEMENT.

Voy. v°. *Acquêt*, X, 4°.

DETTES PASSIVES DANS LES SOCIÉTÉS ORDINAIRES.

I. Quelles dettes étoient à la charge de ces sociétés

(n. 114). De la dot constituée par l'un des associés (n. 127).

II. Se divisent, de plein droit, de leur nature (n. 240).

III. Préférence des créanciers de la société sur les créanciers particuliers des associés (n. 239).

DETTES ACTIVES DANS LES SOCIÉTÉS D'ACQUÊTS.

Voy. v°. *Acceptation de la société d'acquêts*, XI.

DETTES PASSIVES DANS LES SOCIÉTÉS D'ACQUÊTS.

Voy. v°. *Acceptation de la société d'acquêts*, XI et suiv.; *Acquêt*, I; V, 10°.; VII, 1°.; *Réserve contractuelle des acquêts*, XIX et XX.

I. Toutes dettes, contractées pendant la durée d'une société d'acquêts, étoient à la charge de cette société, nonobstant toute réserve conventionnelle ou coutumière (n. 116, 299 et 326).

II. Les dettes souscrites par le mari, *constante matrimonio*, étoient, en règle générale, à la charge de la société, quand même elles auroient été étrangères aux affaires de la société, tel un cautionnement envers un tiers, ou auroient procédé de délits commis par le mari ou de fautes par lui commises dans les fonctions de sa charge (118 à 121). *Quid*, de l'obligation de garantie résultante de la vente faite par le mari d'un bien de sa femme (n. 122).

III. Quoique contractées *par le* mari, durant le mariage, n'étoient pas sociales, mais à lui personnelles :

1°. Les dettes qu'il avoit contractées pour son utilité particulière, ou par la décharge de ses propres (n. 124);

2°. Ou envers ses enfants d'un premier lit, ou ses collatéraux, héritiers présomptifs (n. 125);

3°. La dot par lui seul constituée, pendant le mariage, à un enfant commun, que le contrat indiquât ou non son intention de doter en son nom seul (n. 126 et 127);

4°. Celle qu'il avoit constituée même pour droits paternels et maternels, lorsque la mère n'avoit pas signé le contrat (n. 127);

5°. La moitié de celle par lui constituée *pro mediâ*, ou pour droits paternels et maternels, lorsque sa femme avoit signé le contrat (n. 126);

6°. La portion le concernant dans la dot qu'il avoit constituée conjointement avec sa femme (n. 128, 264, 3°.).

IV. Étoient encore personnelles au mari les dettes qu'il avoit contractées avant le mariage, ou après la dissolution de la société, telle, p. ex., que la dot constituée, de son chef seul, à cette dernière époque (n. 137 et 127, n^te. 1re., p. 174), ou la moitié de ladite dot, s'il avoit dit qu'il faisoit la constitution pour droits paternels et maternels (n. 127, n^te. 1re., p. 174).

V. Étoient réputées sociales les dettes faites par la femme, pour les affaires de la société, avec l'autorisation expresse ou tacite du mari : expresse, lorsqu'elle avoit été autorisée à contracter et à s'obliger (n. 131), ou lorsqu'elle traitoit comme mandataire de son mari, en vertu de pouvoirs exprès de ce dernier, sans contracter elle-même aucune obligation

(n. 135) ; tacite, quand la femme traitoit ou comme marchande publique (n. 132), ou comme factrice de son mari (n. 134), ou pour provisions ordinaires du ménage (n. 133).

VI. Mais la femme étoit personnellement tenue, et non la société, des dettes par elle souscrites sans aucune espèce d'autorisation, quand même ces dettes eussent eu pour objet les affaires de la société (n. 130).

VII. De même la société d'acquêts n'étoit pas chargée, soit des délits commis par la femme (n. 136), soit des dettes contractées par celle-ci ou par son mari avant ou après la société conjugale (n. 137).

VIII. La femme étoit également tenue personnellement :

1°. Du montant de la dot par elle fournie à un enfant du premier lit (n. 264, 1°.) ;

2°. Du montant de celle qu'elle avoit fournie, aux dépens de la société, à un enfant du mariage, lorsqu'elle avoit seule parlé au contrat de dotation (n. 264, 1°.) ;

3°. De la moitié de celle constituée *pro mediâ*, ou pour droits paternels et maternels, par son mari, dans le cas où elle avoit signé le contrat (n. 126) ;

4°. De la portion la concernant dans la dot constituée par elle et par son mari conjointement (n. 128 et 264, 3°.) ;

5°. De la moitié de la dot constituée, après la société finie, par le père survivant, pour droits paternels et maternels (n^te. 1re. du n. 127, p. 174).

IX. Indépendamment des dettes sociales, la société d'acquêts étoit tenue de diverses charges :

1°. De la nourriture et de l'entretien des époux, des frais de dernière maladie (n. 139);

2°. Des aliments et des frais d'éducation des enfants communs (n. 140);

3°. Des réparations des immeubles personnels des époux (n. 141);

4°. Des intérêts de leurs dettes passives et des arrérages de rente par eux dus (n. 142);

5°. Des frais d'inventaire et de liquidation (n. 143).

X. Le mari, pendant la durée de la société, comme après sa dissolution, étoit tenu à l'égard des créanciers, sauf son recours pour moitié contre la femme, en cas d'acceptation par cette dernière de la société, de la totalité des dettes sociales, et cela, tant sur ses propres que sur les acquêts (n. 216, 217, 218 et 219).

XI. La femme, pendant la durée de l'association conjugale, étoit tenue, à l'égard des créanciers, des dettes sociales qu'elle avoit contractées ou auxquelles elle avoit parlé, pour le tout ou pour moitié, suivant les cas, sauf à elle à se faire restituer contre ces dettes par le bénéfice du Velléïen (n. 224). *Quid*, après la dissolution de la société? Voy. v°. *Acceptation de la société d'acquêts.*

XII. Les créanciers personnels du mari pouvoient, durant l'existence de la société, se pourvoir contre lui, et non-seulement sur ses biens propres, mais encore sur les acquêts (n. 237). Ils ne pouvoient, après que la société avoit pris fin et avoit été acceptée par la femme, se pourvoir que sur la moitié d'acquêts du mari (*ib.*).

XIII. La femme, pour les dettes à elle personnelles, ne pouvoit être poursuivie, pendant la durée de sa société, que sur les biens à elle propres, et non sur les acquêts (n. 236).

XIV. En cas de concours de créanciers de la société d'acquêts et de créanciers particuliers de l'un ou l'autre des époux, les créanciers de la société avoient un droit de préférence sur l'actif social (n. 239).

XV. Lorsqu'une dette personnelle à l'un des époux avoit été acquittée, pendant la durée de la société, des deniers sociaux, y avoit-il subrogation légale au profit du conjoint par qui le paiement avoit été fait? (n. 238).

DEUIL, AN DE DEUIL.

Voy. v°. *Acquisition*, v.

I. Le deuil de la veuve étoit une dette de la succession du prédécédé (n. 145).

II. Étoit-il dû à la veuve qui avoit reçu des avantages du testament de son mari? (n. 146).

DÉVOLUTION.

Voy. v°. *Réserve contractuelle*, XIII.

I. A la mort de l'un des époux associés aux acquêts réservés aux enfants par contrat de mariage, la portion d'acquêts du chef de l'époux survivant étoit dévolue aux enfants (n. 249 et 250).

II. Par la séparation de biens ou de corps survenue entre les époux, la masse entière des acquêts affectés aux enfants se trouvoit dévolue à ces derniers (n. 319).

III. L'époux survivant n'étoit pas simple usufruitier, mais réellement propriétaire des acquêts dévolus, quoique sa propriété fût imparfaite (n. 349 et 357); et, en cas de prédécès des enfants sans postérité, il étoit considéré comme n'ayant jamais cessé d'être propriétaire des mêmes acquêts (n. 363).

IV. L'époux survivant n'étoit pas tenu de faire inventaire ni de donner caution à raison des acquêts dévolus (n. 358).

V. Il ne se rendoit pas coupable de stellionat en les vendant ou en les hypothéquant (n. 358).

VI. Il pouvoit réclamer la plus value des constructions par lui faites sur un terrain, acquêt d'une première société restée indivise, ou sur des emplacements à lui échus en partage pour sa portion d'acquêts dans ladite société (n. 359).

VII. L'époux survivant pouvoit faire choix entre les enfants pour recueillir les biens dévolus (n. 355). Voy. v°. *Élection.*

VIII. Il pouvoit, dans le cas d'enfants de divers lits, ordonner par testament le partage égal, entre tous les enfants, tant des acquêts dévolus que des autres biens (n. 356).

IX. Les acquêts dévolus ne pouvoient être vendus ou hypothéqués par le survivant des époux, ni saisis par les créanciers (n. 351), si ce n'est pour le paiement des dettes de la société dissoute, ou pour celles contractées par ledit époux avant son mariage, mais non pour celles souscrites après la dissolution de la société (n. 352 et 353). — L'aliénation pouvoit avoir lieu, dans tous les cas, du consentement des enfants (n. 352). Que si la dissolution de la société s'étoit opérée par la séparation de biens ou de corps, la prohibition d'hypothéquer et de vendre les acquêts, objet de la dévolution, portoit sur les deux conjoints vivants (319).

X. Le survivant des époux pouvoit-il aliéner les acquêts dévolus, pour se rembourser à lui-même les sommes qu'il avoit conférées dans sa société? (n. 352).

XI. Pendant la vie de l'époux survivant, les enfants n'avoient, sur les biens dévolus, qu'une simple expectative soumise à la condition de leur survie (n. 361). Il en étoit de même des petits-enfants, dont l'expectative étoit subordonnée à la double condition de leur survie à leur auteur et à l'époux (n. 362).

XII. Les enfants, durant la vie dudit époux, ne pouvoient attaquer les aliénations à titre gratuit ou onéreux par lui faites, ces aliénations n'étant pas nulles et pouvant sortir à effet (n. 367).

XIII. Ils pouvoient bien vendre leur droit éventuel sur les acquêts dévolus (n. 368), mais non en transporter la propriété, à moins que l'époux survivant n'y consentît (*ib.*).

XIV. Si l'un des enfants avoit aliéné sa portion, même du consentement de cet époux, et qu'il fût ensuite décédé avant celui-ci, l'aliénation ne devenoit valable que dans le cas où les autres enfants venoient également à prédécéder (n. 368).

XV. Les enfants, en cas de dissolution de la société par la séparation, n'étoient saisis, pendant la vie des époux, d'aucune portion des acquêts dévolus (n. 319). Si la société conjugale s'étoit dissoute par la mort de l'un des conjoints, la portion de l'époux survivant, frappée de dévolution à leur profit, leur étoit transmise au décès de cet époux (n. 369).

XVI. Avant ledit décès, ils ne pouvoient ni réclamer le partage des acquêts dévolus (n. 365), ni être tenus des dettes qui, à la mort de l'époux survivant, devoient être à la charge de ces acquêts (n. 366), ni être soumis à aucune prescription à l'égard des mêmes acquêts (n. 370).

XVII. Mais le décès de l'époux survivant arrivé, ils pouvoient agir en délaissement contre les tiers-acquéreurs des biens dévolus (n. 370), en se portant héritiers sous bénéfice d'inventaire ou en répudiant (n. 377); et l'acceptation bénéficiaire ou la renonciation devront être faites dans la forme prescrite par le code civil, dans le cas où elles n'auront pas eu lieu auparavant (n. 415). — *Quid*, si les enfants s'étoient portés héritiers purs et simples? Distinction à faire (n. 377).

XVIII. Du délai déterminé soit pour la revendication des enfants, soit pour la prescription des tiers-acquéreurs (n. 370 et 371).

XIX. Du cas où le contrat d'aliénation de l'acquêt n'avoit pas été exécuté : délai pour la revendication (n. 372).

XX. L'usufruit du survivant des époux n'étoit pas un obstacle à la prescription (n. 373).

XXI. La prescription étoit acquise aux tiers-détenteurs pour les portions afférentes à ceux d'entre les enfants majeurs qui ne s'étoient pas pourvus dans les délais, malgré la minorité de quelques-uns des autres enfants (n. 374).

XXII. Les acquéreurs, pour se soustraire au délaissement, ne pouvoient exciper du défaut de liquidation des acquêts (n. 275).

XXIII. Pouvoient-ils, en cas d'éviction, réclamer de leur vendeur autre chose que la remise du prix et les frais et loyaux-coûts du contrat? Distinguez (n. 376).

XXIV. La fille qui, par contrat de mariage et après le décès de sa mère, avoit renoncé à la succession future du père, pouvoit-elle, à la mort de ce dernier et nonobstant sa renonciation, prendre part aux acquêts dévolus? (n. 378).

XXV. Au surplus, la dévolution ne changeoit pas le caractère de la donation faite par chaque époux de sa portion d'acquêts (p. 441). Ainsi, des décisions devoient être communes à l'une et à l'autre portion (n. 369).

XXVI. Fruits des acquêts dévolus (Voy. n. 324 *bis*); acquisitions faites, par le survivant des époux, des épargnes provenantes de ces acquêts (*ib.*).

XXVII. Si le prédécès de l'un des conjoints a eu lieu, et que l'autre époux ait survécu à la promulgation du code civil, la portion d'acquêts du chef de ce dernier sera frappée de dévolution sous l'empire de ce code (n. 408), et, pour cette dévolution, on se réglera d'après les principes en vigueur avant le code (n. 409).

DISPOSITION.

I. Ce mot s'entend de toutes aliénations, soit entre-vifs, soit à cause de mort (n. 297, n[te]. 1re.).

DONATION, DONATAIRE.

Voy. v°. *Acquêt,* v, 8°.; x, 3°.; xii; *Réserve contractuelle des acquêts,* vi et viii; *Société d'acquêts,* xiv et autres.

I. Donation au fils, en le mariant, emporte-t-elle des intérêts de plein droit? (p. 11).

II. Donation pour bagues et joyaux. Voy. ce dernier mot.

III. Donation peut s'effectuer sans l'emploi du mot donner (p. 553).

IV. Quand est-on censé donner? (p. 544).

V. En ligne directe, donation présumée faite en avancement d'hoirie, et sujette à rapport et imputation, sauf le cas de préciput (n. 337 et n[te]. 1re.), ou de renonciation, de la part du donataire, à la succession du donateur (n. 334).

VI. Les qualités de donataire et d'héritier étoient-elles compatibles? (n. 320, et 417, let. *g*).

VII. Donataire à titre particulier, pas tenu des dettes du donateur (n. 146); *secus,* du donataire à titre universel (n. 327).

VIII. Donation faite aux deux époux conjointement, par quelque ascendant de l'un d'eux, présumée faite au seul descendant du donateur (n. 55).

IX. Donation à charge de rente viagère, quand réputée vente (n. 55).

X. Donation à cause de mort, interdite entre époux en pays coutumiers, mais non en pays de droit écrit (n. 9).

XI. Faite par contrat de mariage, n'étoit pas

assujettie à être passée par acte public (n. 10, al. 2).

XII. Ne pourroit avoir lieu, sous le code, que dans la forme testamentaire (p. 531).

XIII. Donation aux enfants à naître : nature de cette donation (n. 312).

XIV. Étoit-elle valable dans des articles de mariage sous seing privé ? (n. 10, al. 2).

XV. Pouvoit, sous l'ancienne jurisprudence, être directement faite auxdits enfants par contrat de mariage (p. 530); *secus*, sous l'empire du code (p. 532 à 537, 555 et suiv.)

XVI. Donation entre-vifs, défendue entre époux en pays coutumiers (n. 9).

XVII. En pays de droit écrit, valoit entre époux comme donation à cause de mort (n. 9).

XVIII. Ne pouvoit être faite dans un contrat de mariage sous seing privé (n. 10, al. 2).

XIX. Donation de biens présents et à venir : le donateur ne pouvoit y porter atteinte par des donations entre-vifs ou testamentaires (n. 12 ; 417, let. *b*, p. 532).

XX. Permise par contrat de mariage, sous le code comme autrefois (n. 417, let. *a* et *b*).

XXI. Si elle étoit un obstacle à ce que le donateur contractât des dettes, aliénât à titre onéreux (p. 532).

XXII. Donation par un père à ses enfants sous sa puissance : pouvoit-elle avoir lieu dans des articles de mariage sous seing privé ? (n. 10, al. 2).

XXIII. Donation des biens qu'on délaissera à son

décès (n. 315, nte. 1re.) : si elle pouvoit être divisée (*ib.*).

XXIV. Si la donation faite par contrat de mariage, étoit caduque dans le cas où le mariage ne s'ensuivoit pas (p. 9 et 10).

DOT, Biens dotaux.

Voy. v°. *Acquêt*, v, 5°. et 7°.; ix, 9°.; *Reprises*, i; *Garantie*, ii; *Récompense*, vii, 5°.; *Remplacement*, iv.

I. Dot constituée, pendant le mariage, à un enfant commun, ou par le père seul (n. 126 et 127), ou pour droits paternels et maternels, lorsque la mère n'avoit pas signé le contrat (n. 127), étoit à la charge du père seul.

II. Dot constituée, durant le mariage, à un enfant commun, par le père conjointement avec la mère, ou pour droits paternels et maternels, ou *pro mediâ*, étoit à la charge de chaque époux, pour moitié dans les deux derniers cas (n. 126), et pour la portion fixée au contrat dans le premier cas (n. 182 et 264, 3°.). La femme, en cas d'insolvabilité du mari, étoit tenue de la portion du chef de celui-ci (n. 128).

III. Constitution de dot faite à un enfant du mariage par la mère autorisée du mari, mais ayant seule parlé au contrat, regardoit la mère seule (n. 264, 2°.).

IV. Dot constituée par l'un ou l'autre des époux, *durante matrimonio*, à un enfant d'un premier lit, étoit à la charge du constituant (n. 264, 1°.).

V. Constitution faite par le père survivant, de

son chef seul, ou pour droits paternels et maternels, étoit à la charge du père seul, dans le premier cas, et pour une moitié à la charge de chaque époux dans le second cas, auquel cas même le père en étoit tenu pour tout ce qui ne pouvoit être pris sur les biens de la mère décédée, s'ils ne suffisoient pas à remplir la moitié de la dot regardant cette dernière (p. 174).

VI. Dot constituée par la mère survivante, à la charge de cette dernière *in subsidium* seulement, en cas d'insuffisance des biens du père (p. 176).

VI *bis.* Si la dot constituée demeuroit valable dans le cas où le mariage n'avoit pas eu lieu (p. 9).

VII. Donation au fils, en le mariant, improprement appelée dot (p. 11).

VIII. Fruits et administration des biens dotaux appartenoient au mari (n. 38, n[te]. 1re., let. *d*).

IX. Des intérêts de la dot (n. 8, let. *c*, al. 3).

X. Actions réelles concernant la dot, appartenoient à la femme (n. 8, n[te]. 1re., let. *d*).

XI. Après quel laps de temps le mari étoit-il présumé avoir été payé de la dot (n. 246, p. 319). Si la présomption admise par le code au sujet du paiement de la dot, s'applique à un mariage antérieur au code (n. 411, n[te]. 1re.).

XII. Quels biens étoient dotaux (n. 8, n[te]. 1re., let. *c*), et particulièrement des biens échus à la femme par suite d'une institution ou d'une promesse d'institution (*ib.*), de la clause par laquelle les époux déclaroient se prendre avec leurs biens et droits (*ib.*), de la constitution ou augmentation de dot pendant le mariage (*ib.*).

XIII. Des reconnoissances de dot faites par le mari (n. 194 et 195).

XIV. Dans quels cas le mari étoit tenu de donner caution pour la réception de la dot (2e. nte. du n. 48, p. 83).

XV. Le mari ne pouvoit être contraint de recevoir un immeuble en paiement de la dot constituée en argent (nte. 1re. du n. 52).

XVI. Si l'immeuble reçu par le mari en paiement de la somme constituée en dot appartenoit audit mari (n. 52 et 2e. nte. du même no.).

XVII. Au partage des hérédités de ses père et mère, la femme devoit-elle faire rapport de la somme constituée ou de l'immeuble donné en paiement (n. 52 et 2e. nte. du même no.).

XVIII. L'immeuble reçu en paiement de la dot constituée en argent, étoit subsidiairement dotal (2e. nte., al. 2 du même no.).

XIX. Dans quelles circonstances l'immeuble acheté des deniers dotaux étoit dotal (n. 48, et 2e. nte. du même no., *ubi* mention des stipulations d'emploi).

XX. Il étoit dans tous les cas subsidiairement dotal (nte. 2 du n. 48).

XXI. De l'immeuble dotal livré avec estimation : quand l'estimation faisoit vente (n. 8, nte. 1re., let *h*, 3o.).

XXII. Étoit solidairement dotal, en cas d'insolvabilité du mari (*ib.*).

XXIII. Action en revendication d'un fonds subsidiairement dotal, duroit trente ans (p. 102).

XXIV. Biens dotaux inaliénables, nonobstant la société d'acquêts stipulée, soit de la part du mari, soit de la part de la femme, même après la séparation de biens (n. 8, n^te^. 1re., let. *d*), laquelle séparation ne donnoit même pas à la femme le droit de toucher le capital de sa dot mobilière, sans emploi ou bail de caution (*ib.*).

XXV. Le mari et la femme ne pouvoient faire aucun acte qui pût nuire à la dot (*ib.*, let. *i*).

XXVI. La nullité de la vente du fonds dotal n'étoit pas absolue (*ib.*, let. *f*; n. 34).

XXVII. Aucune prescription, à moins qu'elle n'eût commencé avant le mariage, ne pouvoit courir contre la femme, *durante matrimonio*, relativement aux biens dotaux aliénés (n. 8, n^te^. 1re., let. *d*), quoique le mari ne fût pas garant (*ib.*, let. *d* *).

XXVIII. En cas d'aliénation, les biens dotaux pouvoient être revendiqués par la femme, après la dissolution du mariage, quoiqu'elle fût entrée dans la vente (n. 8, n^te^. 1re., let. *d*). *Quid*, s'il avoit existé entr'elle et son mari une société d'acquêts par elle acceptée? (n. 122).

XXIX. Au lieu d'agir d'éviction contre les acquéreurs de son fonds dotal, la femme pouvoit se borner à poursuivre, sur les biens du mari, le paiement du prix de vente (n. 8, n^te^. 1re., let. *f*).

XXX. Dans quel délai l'action en revendication des biens dotaux aliénés, devoit-elle être exercée par la femme? Distinguez (*ib.*, let. *e*).

XXXI. Si la femme, héritière de son mari, pouvoit agir d'éviction : distinction à faire (*ib.*, let. *f*).

XXXII. La femme devoit-elle rembourser à l'acquéreur évincé les réparations utiles et nécessaires faites par ce dernier ? (n. 8, n[te]. 1re., let. *g*).

XXXIII. Devoit-elle la restitution du prix ? (*ib.*).

XXXIV. De la revendication par les enfants, en cas de prédécès de leur mère, du fonds dotal vendu par leur père (*ib.*, let. *f*, *ubi* plusieurs questions).

XXXV. Le mari pouvoit-il revenir contre l'aliénation par lui consentie des biens dotaux ? (*ib.*, let. *g*).

XXXVI. L'acquéreur du fonds dotal pouvoit-il demander la rescision de son contrat ? (*ib.*).

XXXVII. Étoit-il en droit de répéter les réparations utiles et nécessaires ? (*ib.*).

XXXVIII. Lui étoit-il dû par le mari, ou par les héritiers de celui-ci, outre la remise du prix et les frais et loyaux-coûts du contrat, des dommages et intérêts ? (*ib.*).

XXXIX. La présomption étoit que le mari avoit seul touché le prix de vente du fonds dotal (*ib.*, et n. 249).

XL. L'inaliénabilité cessoit dans divers cas, p. ex. :

1°. Lorsque le pouvoir de vendre avoit été donné au mari par contrat de mariage (n. 8, n[te]. 1re., let. *h*, 1°.). Ce pouvoir, une fois révoqué par la séparation de biens, la femme pouvoit elle-même aliéner, sous autorisation, les biens que son mari avoit eu mandat de vendre (*ib.*). Du pouvoir donné à la charge d'un emploi : obligation de l'acquéreur (*ib.*) ;

2°. Lorsque le fonds dotal avoit été livré au mari avec estimation (n. 8, n^te. 1re., let. *h*, 3°.);

3°. Lorsque la femme, autorisée de son mari, en faisoit une donation à ses enfants, en les mariant (*ib.*).

XLI. Biens dotaux soumis au paiement des dettes de la femme antérieures au mariage (n. 236).

XLII. L'hypothèque de la femme, pour sa dot et ses conventions matrimoniales, avoit lieu du jour du contrat de mariage, sur tous les biens du mari, et même sur les acquêts aliénés par le mari durant la société (n. 8, n^te. 1re., let. *i*, al. 1er.).

XLIII. Cette hypothèque avoit lieu à quelque époque que la numération de la dot se fût opérée, et quoique la quittance du mari, relative à la dot d'une somme certaine, eût été fournie sous seing privé (*ib.*).

XLIV. La femme ne pouvoit renoncer à cette hypothèque (*ib.*).

XLV. Les tiers-acquéreurs des biens du mari ne pouvoient prescrire cette hypothèque pendant la durée du mariage, et quoique la femme fût séparée de biens (*ib.*).

XLVI. La femme, *durante matrimonio*, encore qu'elle fût séparée de biens, ne pouvoit agir hypothécairement contre lesdits tiers-détenteurs (*ib.*).

XLVII. Droit qu'elle avoit, quoique non séparée de biens, de demander des inhibitions contre la vente des effets du mari (n^te. 1re. du n. 171).

XLVIII. Préférence à elle accordée, sur les meubles du mari, à tous les créanciers de ce dernier, à l'exception du propriétaire de la maison (*ib.*), qui n'avoit pourtant pas de privilége sur les meubles de la femme, quoique donnés estimés (n[te]. 1re., du n. 171).

XLIX. L'hypothèque de la femme pour ses biens dotaux aliénés, avoit lieu du jour du contrat de mariage (n. 8, n[te]. 1re., let. *i*, al. 1er.).

L. Elle n'avoit lieu que du jour de la vente faite par le mari, en vertu d'un pouvoir de vendre révoqué par la séparation de biens, lorsque la femme avoit ratifié ladite vente (*ib.*).

LI. L'hypothèque pour le supplément de dot, avoit lieu du jour du supplément (*ib.*).

DROIT ACQUIS.

I. Les droits, même éventuels et expectatifs, résultants des contrats, constituent des droits acquis (n. 401). Il en est de même de ceux qui prennent leur source dans toute disposition d'une nature irrévocable (n. 405), ou qui naissent des conventions tacites (n. 410).

II. L'exercice de ces droits peut être subordonné, par la loi nouvelle, à des formalités, diligences ou conditions (n. 412).

III. Une jurisprudence uniforme et constante avant le code, constitue un droit acquis (n[te]. 1re. du n. 411).

DROIT ROMAIN.

I. Les dispositions de ce droit, qui se trouvoient arbitraires ou subtiles, n'étoient pas observées en pays de droit écrit (p. 92).

II. Pays du ressort du parlement de Bordeaux régis par le droit romain (n. 18).

ÉDUCATION (Frais d').

Voy. v°. *Dettes passives dans les sociétés d'acquêts*, ix, 2°.

ÉCHANGE.

Voy. v°. *Acquêt*, xi, 1°.

ÉLECTION.

Voy. v°. *Dévolution*, vii; *Réserve contractuelle*, xi; *Réserve coutumière*, ix.

I. Chaque époux, nonobstant l'affectation des acquêts, pouvoit, en sa seule qualité de donateur, et indépendamment de toute stipulation à ce sujet, faire choix d'un enfant pour recueillir sa portion d'acquêts (n. 379). S'il peut user du droit d'élire, de son chef, sous l'empire du code (n. 404).

II. La mère, nonobstant la renonciation, par elle faite en jugement, à l'usufruit des acquêts, et la jouissance des acquêts par les enfants, ne perdoit pas la faculté d'élire (n. 380).

III. Le convol ne privoit pas les époux du droit d'élire de leur chef (n. 384).

IV. En réserve coutumière, le survivant des époux pouvoit faire choix entre les enfants du premier mariage, pour recueillir sa moitié d'acquêts (n. 295).

V. La faculté du choix pouvoit être transmise à l'époux survivant (n. 381); elle ne peut l'être sous le code (n. 404).

VI. Cette faculté, laissée à l'époux survivant, ne pouvoit être transmise par ce dernier à ses héritiers, ni par lui cédée à des tiers (n. 383).

VII. La femme qui répudioit l'institution d'héritière, faite en sa faveur dans le testament de son mari, perdoit le droit qu'elle avoit d'élire aux termes de ce testament (n. 382).

VIII. Le droit d'élire, déféré à l'époux survivant, ne se perdoit pas par le convol dudit époux (n. 384).

IX. La légitime devoit être laissée aux enfants sur lesquels ne tomboit pas le choix (n. 379). Cette légitime doit être celle fixée par le code, si le choix est exercé sous le code, de la part d'un époux à qui il appartient de son chef (n. 404).

X. La faculté de choisir entre les enfants, formoit-elle une condition suspensive du droit des éligibles? (n. 385).

XI. A défaut de ce choix, les acquêts se partageoient également entre tous les enfants (n. 386).

XII. L'enfant choisi par testament, étoit seul saisi de la moitié d'acquêts du chef du testateur (n. 387).

XIII. En cas de choix par le survivant des époux chargé d'élire, la propriété des acquêts, du chef de l'époux prédécédé, étoit censée n'avoir fait que reposer sur la tête des autres enfants (n. 388).

XIV. Les petits-enfants, en cas de prédécès de quelques-uns des enfants, pouvoient-ils être élus? (n. 389). *Quid*, en cas de prédécès de tous les enfants? (n. 390).

XV. Le choix pouvoit être fait d'un seul enfant ou de plusieurs (n. 391).

XVI. L'époux survivant, à qui le choix avoit été déféré, ne pouvoit grever l'élu de substitution, même au profit d'un éligible (n. 392). Il en étoit de même de l'époux qui élisoit de son chef (n. 393).

XVII. Étoit irrévocable le choix que les époux, en vertu de leur droit personnel, faisoient par contrat de mariage ou par acte entre-vifs dûment accepté (n. 395).

XVIII. L'époux survivant, chargé d'élire, pouvoit varier après un premier choix fait par testament. *Secus,* si le choix avoit été fait par contrat de mariage ou par acte entre-vifs accepté (n. 394).

XIX. L'élection pouvoit ne comprendre qu'une partie des acquêts (n. 396).

XX. Elle étoit expresse ou tacite (n. 396). Dans quels cas étoit-elle expresse (n. 397), tacite? (n. 398).

XXI. Si l'élection tacite résultoit de la donation universelle (n. 400). De l'institution générale d'héritier (n. 399).

XXII. Nulle solennité requise pour l'élection expresse, qui étoit valable quoique contenue dans un acte nul (n. 397).

EMPLOI.

Voy. v°. *Acquêt,* V, 7°.; XI, 2°.; *Dot,* XIX, XL.

EMPRUNT.

I. Le mari et la femme, qui empruntoient une somme conjointement avec un tiers, n'étoient comptés que pour une tête (n. 225, n[te]. 1re.).

ENFANTS, PETITS-ENFANTS.

Voy. pour les petits-enfants, v°. *Dévolution,* XI; *Élection,* XIV; *Réserve contractuelle des acquêts,* XIII et XIV.

I. Si les petits-enfants sont compris sous le nom d'enfants (nte. 1re. du n. 288).

ENTRETIEN (Frais d').

Voy. vo. *Dettes passives dans les sociétés d'acquêts*, ix, 1o.; *Usufruit*, i.

ÉPOUX.

Voy. vo. *Mari; Femme; Contrat*, 1; *Donation*, viii, x, xvi et xvii ; *Acquisition*, i.

ESTIMATION.

Voy. vo. *Dot*, xxi; xl, 2o.

ÉTAT.

Voy. vo. *Renonciation à la société d'acquêts*, v à vii.

ÉVICTION.

Voy. vo. *Revendication; Garantie.*

I. Si les enfants, héritiers purs et simples, pouvoient agir d'éviction (n. 377).

II. *Quid*, des enfants héritiers bénéficiaires? (n. 377)

III. *Quid*, du fils de famille pendant la vie du père? (n. 371).

IV. La femme, héritière de son mari, pouvoit-elle agir d'éviction? Distinguez (n. 8, nte. 1re., let. *f*).

V. *Quid*, des personnes qui, ayant été investies de l'administration des biens d'autrui, en avoient consenti la vente sans droit, *puta*, du mari et du tuteur? (*ib.*, let. *g*).

VI. Si, en cas d'éviction, l'acquéreur de la chose d'autrui, qu'il savoit être telle, pouvoit réclamer des dommages-intérêts (n. 376).

EXCEPTION.

I. L'exception est perpétuelle (n. 372).

FACULTÉ.

I. Une faculté contraire au droit commun, ne peut être étendue ni appliquée d'un cas à un autre (n. 183).

FILS DE FAMILLE.

Voy. v°. *Éviction*, III; *Prescription*, V.

FEMME.

Voy. v°. *Époux*.

I. Les actes faits par une femme mariée non autorisée, étoient-ils nuls d'une nullité absolue? (n. 37).

II. Femme factrice de son mari (n. 134).

III. Marchande publique (n. 132).

FRAIS FUNÉRAIRES.

I. Étoient une charge des biens du défunt (n. 144).

FRUITS.

Voy. v°. *Dot*, VIII; *Dévolution*, XXVI.

I. Les fruits et revenus des biens appartenants aux époux, tomboient dans les sociétés d'acquêts (n. 84), ce qui avoit lieu même pour les fruits et revenus des biens paraphernaux de la femme (n. 85).

II. Il n'y avoit que les seuls fruits et revenus restés libres après l'acquittement des charges, et que les émoluments provenus de l'excédant des mêmes fruits et revenus sur lesdites charges, qui formassent des acquêts, et fussent ainsi sujets à partage à la dissolution de la société (n. 84).

III. Le droit déféré à la société d'acquêts sur les fruits et revenus, s'exerçoit :

1°. Sur toute espèce de fruits, naturels, industriels, civils (n. 87);

2°. Sur les fruits naturels et industriels, quoique pendants par branches et racines lors de la célébration du mariage, mais non sur ceux qui se trouvoient au même état à la dissolution de la société (n. 88);

3°. Sur les fermages, si les fruits qu'ils représentoient avoient été recueillis pendant la société (n. 89);

4°. Sur les loyers des maisons, à proportion du temps de la durée de la société (n. 90);

5°. Sur les arrérages des rentes viagères dont les époux étoient propriétaires au temps du mariage (n. 91). *Quid*, des arrérages d'une rente pour laquelle l'un des époux, durant le mariage, avoit aliéné un bien à lui appartenant? (n. 251);

6°. Sur les intérêts des dettes actives des époux (n. 92);

7°. Sur les bénéfices d'un bail à ferme, d'une entreprise quelconque (n. 93), d'un ouvrage livré à l'impression (n. 258);

8°. Sur les gains obvenus aux époux par l'exercice de leurs professions, leur solde, leurs appointements, les émoluments d'un office (n. 93, 101 et 113).

GARANTIE.

Voy. v°. *Dettes passives dans les sociétés d'acquêts*, II ; *Éviction*.

I. Si une donation est sujette à garantie (n^te^. 1re. du n. 128).

II. *Quid*, d'une dot constituée? (*ib.*).

HABITS.

Voy. v°. *Reprises*, II.

I. De prix et de parure. Voy. v°. *Acquêt*, V, 12°.

II. Servant à l'usage de tous les jours. Voy. v°. *Acquêt*, XIV, 2°.

III. De deuil. Voy. v°. *Deuil*.

HERITIER.

Voy. v°. *Donation*, VI.

I. Pur et simple. Voy. v°. *Éviction*, I et IV.

II. Bénéficiaire. Voy. v°. *Éviction*, II.

III. Si l'héritier bénéficiaire est véritablement héritier. (n. 337, n^te^. 1re.).

IV. L'héritier sous bénéfice d'inventaire ne fait pas confusion (n. 377).

HYPOTHÈQUE.

Voy. v°. *Dot; Biens dotaux*, XLII à XLVI, XLIX à LI; *Paraphernaux*, III; *Renonciation à la société d'acquêts*, XI.

IMPENSES.

I. Voluptuaires (n. 265).

II. Nécessaires. (*ib.*).

III. Utiles. (*ib.*).

INDEMNITÉ.

I. De l'indemnité due à la femme à raison des dettes par elle contractées conjointement avec son mari, ou de celles auxquelles elle avoit parlé. Voy. v°. *Renonciation à la société d'acquêts*, XI.

INHIBITIONS.

Voy. v°. *Dot*, XLVII.

INSISTANCE (DROIT D').

I. Voy. sur le droit d'insistance, 1re. nte. du n. 226.

INSTITUTION CONTRACTUELLE,

PROMESSE D'INSTITUTION.

Voy. v°. *Dot*, XII.

I. Sa nature (n. 315, nte. 1re.).

II. Pouvoit-elle être faite dans des articles de mariage sous seing privé? (n. 10, al. 2).

III. Si l'instituant pouvoit disposer à titre gratuit (n. 417, let. *b*, nte. 1re.; n. 316, 2e. nte., p. 398);

IV. A titre onéreux (n. 315, nte. 1re.).

V. L'institution pouvoit-elle être divisée? (*ib.*).

VI. L'institution contractuelle peut-elle, sous le code, être faite directement au profit des enfants à naître? (n. 417, let. *c*).

INTÉRÊTS.

Voy. v°. *Dettes passives dans les sociétés d'acquêts*, IX, 4°.; *Fruits*, III, 6°.; *Dot*, IX; *Récompense*, VI; *Reprises*, I.

INVENTAIRE.

Voy. v°. *Bénéfice d'inventaire; Déclaration; Acquêts*, VII, 3°.; *Dettes passives dans les sociétés d'acquêt*, IX, 5°.; *Dévolution*, IV; *Renonciation à la société d'acquêts*, V.

INVENTIONS.

I. Des inventions et découvertes par rapport à la société d'acquêts. Voy. v°. *Acquêt*, XIV, 4°.

JUGEMENT.

Voy. v°. *Acceptation de la société d'acquêts*, IX, 6°.

JURISPRUDENCE.

Voy. v°. *Droit acquis*, III.

I. Condition requise pour former une jurisprudence propre à être invoquée (n^te^. 1re. du n. 80).

LABOURS (Frais de).

Voy. v°. *Récompense*, VII, 1°.

LÉGATAIRE, LEGS.

Voy. v°. *Acquêt*, XII; *Renonciation à la société d'acquêts*, IX, 1°.; *Société d'acquêts*, XXI.

I. Compatibilité des qualités d'héritier et de légataire (n. 417, let. g).

II. Legs d'une chose commune (n. 163).

III. Legs pénal (n. 356).

LÉGITIME.

Voy. v°. *Élection*, IX; *Réserve contractuelle des acquêts*, XXXIV; *Réserve coutumière*, XII.

LIBÉRALITÉS.

I. Les biens provenus des libéralités d'un conjoint décédé, étoient, en droit romain, réservés aux enfants du mariage, à l'exclusion des enfants d'un second lit (n. 278).

II. Ces biens ne pouvoient être aliénés ni hypothéqués au préjudice des enfants du mariage (*ib.*), qui devoient les avoir francs et quittes de toutes dettes créées postérieurement à la dissolution de premier mariage (n[te]. 1re. du n. 285), lesquelles dettes engendroient une indemnité en faveur desdits enfants contre les enfants d'un second lit (n[te]. 1re. du n. 286).

III. En cas de convol, l'époux survivant étoit-il dépossédé de la propriété des biens en question? (n[te]. 1re. du n. 283).

IV. Pendant la vie de l'époux qui avoit survécu, aucune prescription ne couroit à l'égard des mêmes biens contre les enfants (n. 284).

LICITATION.

Voy. v°. *Acquêt*, IX, 10°.; XII, 5°.

LIQUIDATION.

Voy. v°. *Réserve contractuelle*, XXXVII.

I. Frais de liquidation. Voy. v°. *Dettes passives dans les sociétés d'acquêts*, IX, 5°.

II. Effet du défaut de liquidation de la société d'acquêts :

1°. A l'égard de la femme. Voy. v°. *Acceptation de la société d'acquêts*, VII;

2°. A l'égard des tiers-acquéreurs. Voy. v°. *Réserve contractuelle; Dévolution*, XXII;

3°. A l'égard des débiteurs. Voy. v°. *Acceptation de la société d'acquêts*, XI;

4°. A l'égard des créanciers. Voy. *ib.*, XIV.

LIVRES.

Voy. v°. *Acquêt*, V, 11°.

LOI.

I. Loi *hâc edictali*. Voy. v°. *Société d'acquêts*.

II. Quand une loi est réellement prohibitive (p. 559).

III. On ne peut, par contrat de mariage, déroger aux lois prohibitives du code (p. 558).

LOYERS.

Voy. v°. *Dot*, XLVIII; *Fruits*, III, 4°.

LOT, LOTERIE.

Voy. v°. *Acquêt*, V, 14°.; IX, 3°.

MALADIE.

I. Frais de dernière maladie. Voy. v°. *Dettes passives dans les sociétés d'acquêts*, IX, 1°.

MANUSCRITS.

Voy. v°. *Acquêt*, XIV, 3°.; *Reprises*, II.

MARI.

Voy. v°. *Époux*.

I. Le mari et la femme étoient considérés comme

une seule tête à l'égard des obligations par eux contractées avec un tiers (n. 225, nte. 1re.).

MEUBLES, MEUBLES MEUBLANTS.

Voy. v°. *Acquêt*, II; XIV, 1°.; *Dot*, XLVIII; *Reprises*, II.

MINEUR, MAJEUR.

Voy. v°. *Prescription*, II à IV.

MORT CIVILE.

Voy. v°. *Réserve contractuelle des acquêts*, XIII.

I. Si la mort civile équipolloit à la mort naturelle (n. 321 et 323).

NOCES (SECONDES).

Voy. v°. *Libéralités; Sociétés d'acquêts*, XI.

NOTAIRE.

Voy. v°. *Offices*, VI.

NOURRITURE (FRAIS DE).

Voy. v°. *Dettes passives dans les sociétés d'acquêts*, IX, 1°.; *Usufruit*, I.

NULLITÉS.

I. Les nullités de droit n'étoient pas reçues au parlement de Bordeaux (n. 8, nte. 1re., let. *e*).

OFFICES.

I. Office vénal, réputé immeuble (n. 95).

II. Semblable office, propre au mari qui en étoit titulaire à l'époque de son mariage (n. 96), quoique le prix n'en eût été payé par le mari que durant le mariage (n. 97), sauf récompense, en ce cas, à la dissolution de la société (*ib.*). Récompense étoit également due pour les taxes payées, *durante matrimonio*, par le mari, à raison dudit office (*ib.*).

III. Pareil office dont le mari étoit titulaire en se mariant, s'il avoit été supprimé, puis rétabli pendant le mariage, restoit-il propre au mari? (n. 98).

IV. De l'augmentation survenue, par sa propre nature, à l'office vénal dont le mari étoit revêtu lors de son mariage : qui en profitoit? (n. 99).

V. Prélèvement, au profit du mari, du prix de l'office à lui propre, vendu pendant la société (n. 100).

VI. La pratique des offices de notaire et de procureur, dont le mari se trouvoit revêtu en se mariant, tomboit-elle dans la société d'acquêts? Distinguez (n. 101). En quoi consistoit la pratique? (*ib.*).

VII. Les offices vénaux, acquis pendant le mariage, étoient acquêts (n. 103).

VIII. Comme le titre en étoit, toutefois, inhérent à la personne du mari, celui-ci, à la dissolution de la société conjugale, avoit le droit personnel de retenir l'office, en payant aux héritiers de la femme la moitié du prix d'achat (n. 104).

IX. Des cas où l'office vénal, quoique acquis pendant la société, restoit propre au mari (n. 105 à 107).

X. Si les commissions, dont le mari étoit pourvu en se mariant, et qui étoient érigées en titre d'office pendant le mariage, formoient des acquêts (n. 108).

XI. Des offices de la maison du Roi : c'étoient de simples commissions (n. 110). Ces offices ne constituoient jamais des acquêts (n. 111 et 112); les seuls émoluments en provenant tomboient dans la société (n. 113).

OPTION.

I. Irrévocable, lorsque des droits ont été acquis à des tiers (n. 183).

OUVRAGES D'ESPRIT.

Voy. v°. *Acquêt*, XIV, 3°.

PAIEMENT.

Voy. v°. *Dation en paiement*; *Propriété*, I.

PARAPHERNAUX.

Voy. v°. *Remplacement*, II.

I. Quels biens étoient paraphernaux (n. 8, n^te^. 1re., let. *b*).

II. Droits de la femme et du mari sur les paraphernaux (*ib.*, let. *a*).

III. De l'hypothèque de la femme, soit pour ses deniers paraphernaux, soit pour ses biens paraphernaux aliénés (*ib.*, let. *i*, al. 2).

IV. Mari présumé avoir seul touché le prix des paraphernaux aliénés (n. 249).

V. De la prescription à l'égard des paraphernaux (n. 8, n^te^. 1re., let. *d**).

PARLEMENT DE BORDEAUX.

I. Étendue de son ressort (n. 18).

PARTAGE.

Voy. v°. *Acceptation de la société d'acquêts*, VII et suiv.; *Acquêt*, XII, 2°.; *Dévolution*, VIII; *Réserve contractuelle des acquêts*, XXXI et suiv.

PETITS-ENFANTS.

Voy. v°. *Enfants*.

POSSESSEUR.

I. Si le possesseur de mauvaise foi a la répétition des constructions par lui faites sur le fonds d'autrui (n. 359, n[te]. 1re.).

POUVOIR DE VENDRE.

Voy. v°. *Dot*, XL.

PRATIQUE.

Voy. v°. *Offices*, VI.

PRÉLÈVEMENTS.

Voy. v°. *Reprises*.

PRESCRIPTION.

Voy. v°. *Acquêt*, IX, 4°. ; *Dévolution*, XVI, XVIII à XXI; *Dot*, XXVII; *Libéralités*, IV; *Réserve contractuelle des acquêts*, XXIII et suiv.; *Réserve coutumière*, V; *Substitution fidéicommissaire*, IV.

I. Il falloit aux tiers-acquéreurs trente ans pour prescrire contre le propriétaire (n. 370). Exceptez les aliénations consenties par les père et mère, *tutorio nomine*, des biens de leurs enfants, à l'égard desquelles la prescription de dix ans étoit reçue (*ib.*).

II. Cette prescription dormoit pendant la minorité, de même que pendant la pupillarité (n. 370).

III. *Quid*, lorsqu'elle avoit commencé à courir sur la tête d'un majeur? (*ib.*).

IV. Dans quels cas les mineurs relevoient les majeurs (n. 372).

V. Nulle prescription ne couroit contre le fils de famille non émancipé, pendant la vie du père, à raison des aliénations faites par ce dernier des biens de ses enfants (n. 371). Il en étoit autrement pour les ventes faites par la mère (*ib.*).

VI. De la prescription entre copropriétaires (n. 370).

PRÉSOMPTION.

Voy. v°. *Acquêt*, II et III; *Dot*, XI et XXXIX; *Paraphernaux*, IV et V.

PRIX.

Voy. v°. *Propriété*, I.

PROCUREUR.

Voy. v°. *Offices*, VI.

PROMESSE.

D'institution. Voy. v°. *Dot*, XII.

De vente. Voy. v°. *Acquêt*, IX, 2°.

De faire ratifier. Voy. v°. *Ratification*.

PROPRIÉTÉ.

I. Se transmet, non par le paiement du prix d'achat, mais par le contrat d'acquisition (n. 25).

II. Propriété littéraire. Voy. v°. *Acquêt*, XIV, 3°.

PROTESTATION.

I. Contraire à la substance de l'acte, de nul effet, lorsque celui qui l'a faite pouvoit agir autrement (n. 204).

RACHAT.

Voy. v°. *Acquêt*, IX, 12°.; X, 1°.

RAPPORT.

Voy. v°. *Donation*, V; *Dot*, XVII; *Réserve contractuelle des acquêts*, XXXVI.

RATIFICATION, PROMESSE DE FAIRE RATIFIER.

Voy. v°. *Acquêt*, IX, 7°., 8°. et 9°.

I. Son effet rétroactif (n. 32), à moins que l'acte ratifié ne fût radicalement nul (n. 36).

RECÉLÉ.

Voy. v°. *Acceptation de la société d'acquêts*, III.

RÉCOMPENSE.

Voy. v°. *Acquêt*, V, 10°.; *Réserve coutumière*, XIV.

I. Étoit due par les époux de tout ce qu'ils avoient tiré de la société pour s'avantager (n. 260), et dans tous les cas où l'un des époux avoit retiré un profit personnel des biens de la société (*ib.*).

II. Étendue et limites de la récompense (*ib.*).

III. Les récompenses diminuoient de plein droit, jusqu'à due concurrence, les reprises et remplacements dus par la société à l'époux débiteur desdites récompenses (n. 273).

IV. De la confusion que faisoit sur lui l'époux débiteur des récompenses (n. 273).

V. Les récompenses dues par la femme s'exerçoient subsidiairement sur les propres de cette dernière (n. 274).

VI. Toutes récompenses emportoient des intérêts de plein droit, du jour de la dissolution de la société (n. 272).

VII. Des récompenses :

1°. Pour frais de labours et semences aux biens propres des époux (n. 259 et n[te]. 1re.);

2°. Pour les dettes personnelles des époux, acquittées des deniers sociaux (n. 261, 262, 263, et n[tes]., *ubi* mention des rentes viagères ou autres);

3°. Pour les dots constituées par les époux à des enfants du mariage ou d'une première union (n. 264 et n[tes].);

4°. Pour améliorations et réparations aux héritages de l'un des époux (n. 265 à 269 inclusivement); pour le rachat d'une servitude dont l'héritage de l'un des époux étoit chargé (n. 270);

5°. Pour les sommes tirées de la caisse sociale par l'un des époux, à l'effet de rentrer dans un héritage ayant appartenu à lui ou à ses auteurs avant son mariage, ou à l'effet de devenir propriétaire de quelque immeuble en vertu d'un droit antérieur au mariage (n. 271, *ubi* exemples).

RECONNOISSANCE.

Voy. v°. *Confession*.

RÉMÉRÉ.

Voy. v°. *Rachat.*

REMPLACEMENT, REMPLOI.

Voy. v°. *Acquêt*, v, 6°.; xi, 3°.

I. Au partage de la société d'acquêts, il étoit fait remplacement du prix pour lequel avoit été vendu, pendant le mariage, un bien propre à l'un des époux (n. 248).

II. Ce remplacement avoit-il lieu, au profit de la femme, pour ses paraphernaux aliénés conjointement par elle et par son mari, ou par elle seule autorisée de son mari? (*ib.*).

III. Le remploi avoit lieu dans les pays coutumiers, au profit de la femme séparée de biens, qui avoit vendu un de ses héritages sous l'autorisation du mari (*ib.*).

IV. Du remplacement à l'égard d'un immeuble propre à l'un des époux, constitué en dot (n. 128).

RENONCIATION A UN DROIT.

I. Les renonciations n'admettent pas d'interprétation extensive, et elles doivent être renfermées dans leurs termes précis (n. 380).

RENONCIATION A UNE HÉRÉDITÉ.

Voy. v°. *Dévolution*, xxiv; *Réserve contractuelle*, xxxiii et suiv.; xli.

I. Étoit permise, pendant trente ans, aux héritiers en ligne directe (n. 181 et n[te]. 1re.) qui, nonobstant leur renonciation, pouvoient ensuite accepter (n. 183 et n[te]. 2).

RENONCIATION A LA SOCIÉTÉ D'ACQUÊTS.

Voy. v°. *Séparation de biens*, IV.

I. Elle pouvoit avoir lieu, de la part de la femme ou de ses héritiers (n. 179), nonobstant toute convention contraire faite dans le contrat de mariage, ou après le mariage célébré, mais seulement après la dissolution de la société (n. 180).

II. La renonciation étoit permise pendant trente ans (n. 181 et n[te]. 2), même après une précédente acceptation (n. 183). Les trente ans seroient-ils accordés à la femme séparée de corps sous l'empire du code civil? (n. 413).

III. Régulièrement la renonciation étoit irrévocable (n. 184).

IV. Le mari ne pouvoit renoncer à la société (n. 196).

V. La femme, pour renoncer, devoit rapporter un inventaire ou même un simple état assermenté (n. 181).

VI. Cas où le rapport de cet état n'étoit pas exigé (n. 182).

VII. L'état assermenté ne suffiroit pas, si la société s'étoit dissoute sous l'empire du code civil (n. 414).

VIII. Droit des créanciers d'attaquer la renonciation faite en fraude de leurs droits (n. 184).

IX. Par sa renonciation, la femme étoit considérée comme n'ayant jamais été associée, et les acquêts étoient censés avoir toujours été la propriété du mari (n. 185). Conséquences :

1°. A l'égard d'un legs des acquêts fait par le mari (n. 186);

2°. A l'égard des dettes et charges de la société (n. 187);

3°. A l'égard des condamnations prononcées contr'elle et son mari pour affaires sociales (n. 188).

X. Du cas où, parmi les héritiers de la femme, les uns renonçoient et les autres acceptoient (n. 179).

XI. Si la renonciation de la femme l'affranchissoit des dettes qu'elle avoit contractées conjointement avec son mari ou auxquelles elle avoit parlé (n. 189). De l'action des créanciers à l'égard de ces dettes (*ib.*). Du recours en indemnité accordé à la femme, pour les mêmes dettes, contre le mari ou ses héritiers, et de son hypothèque à raison de cette indemnité (n. 190). De l'exception du Velléïen, par laquelle la femme pouvoit se défendre de celles d'entre les mêmes dettes qui tomboient dans le cas de ce S. C. (n. 191).

XII. La renonciation de la femme ne s'étendoit pas aux reprises de la femme (n. 192). Voy. v°. *Reprises.*

RENTE VIAGÈRE.

Voy. v°. *Acquêt*, v, 8°.; xii, 9°.; *Donation*, ix; *Reprises*, iii; *Arrérages de rente.*

RÉPARATIONS.

Voy. v°. *Dettes passives dans les sociétés d'acquêts*, ix, 3°.; *Dot*, xxxii et xxxvii; *Récompense*, vii, 4°.

I. Qu'entend-on par ce mot? (n. 265).

REPRISES.

I. Des diverses reprises des époux au partage de la société d'acquêts (n. 245 à 248 inclusivement; n. 255 à 258 inclusivement), et particulièrement de la reprise de la dot (n. 246); des sommes que le mari, lors du contrat de mariage, avoit déclaré être en son pouvoir (n. 246 et n^te. 1re.); de celles, qu'avant de passer à de secondes noces, il avoit déclaré, dans un inventaire par lui fait, être en sa possession avant son premier mariage (n^te. 1re., *sup.*); des intérêts des apports (n. 247); du prix de vente des biens personnels de l'un ou de l'autre époux (n. 248 et 249); des intérêts de ce prix (n. 250).

II. De la reprise, 1°. des immeubles des époux (n. 259); 2°. des manuscrits des ouvrages par eux composés (n. 258); 3°. de leurs meubles (n. 257); 4°. des habits et linge à leur usage journalier (n. 256).

III. En quoi consistoit la reprise :

1°. Lorsque l'héritage de l'un des conjoints avoit été aliéné, moyennant une rente viagère, ou pour un prix converti par l'acte de vente en rente viagère (n. 251);

2°. Lorsqu'il avoit été vendu un droit d'usufruit ou de rente viagère appartenant à l'un des époux (*ib.*).

IV. Les reprises du mari ne pouvoient s'exercer que sur l'actif social, et qu'après que la femme avoit prélevé les siennes (n. 252 et 253).

V. La femme, au contraire, en cas d'insuffisance des biens de la société, exerçoit ses reprises sur les biens du mari (*ib.*), quand même le mari n'eût rien reçu, ou par l'effet d'une prescription opérée par sa négligence, ou par défaut de poursuites contre les débiteurs (n. 254).

RESCISION.

Voy. v°. *Acquêt*, x.

RÉSERVE CONTRACTUELLE DES ACQUÊTS.

Voy. v°. *Acquêt; Société d'acquêts.*

I. Cette réserve n'avoit lieu qu'en vertu d'une stipulation expresse (n. 302). Toutefois, les termes de *réserve* et d'*affectation* n'étoient pas sacramentels (n. 303).

II. Clauses d'où l'on pouvoit induire ou non la réserve (n. 304 à 308 inclusivement).

III. Les acquêts pouvoient-ils être affectés aux enfants, nonobstant une donation de biens à venir faite antérieurement par les époux à un enfant du premier lit? (n. 12).

IV. Après une réserve des acquêts par eux stipulée dans leur contrat de mariage, en faveur de leurs enfants à naître, les époux ne pouvoient, en mariant un des enfants de leur union et en stipulant avec lui une société d'acquêts, affecter aux enfants à naître de cette nouvelle union les acquêts de cette société (n[te]. 1re. du n. 389).

V. La réserve s'étendoit sur tous les acquêts, en quelque lieu qu'ils eussent été faits (n. 309).

VI. La réserve étoit considérée à l'égard des enfants comme une donation (n. 270 et 417, let. *e*, *f* et *g*). Cette donation n'étoit pas précipuaire (n. 337).

VII. Quant aux époux, elle n'étoit qu'un pacte de mariage (n. 11, al. 2; 417, let. *f*).

VIII. La donation, que constituoit la réserve, étoit à cause de mort (n. 311 et 312).

IX. Elle pouvoit être faite dans un contrat de mariage sous seing privé (n. 10, al. 2).

X. Elle étoit dispensée de la formalité de l'insinuation (n. 417, let. *e* et *f*).

XI. Droits des époux sur les acquêts réservés, pendant la durée de leur union ou après la dissolution de la société par la séparation (n. 314, 315, 316 et 319). De la faculté qu'ils avoient de faire choix entre les enfants pour recueillir les acquêts (Voy. v°. *Élection*).

XII. Droits des enfants sur les acquêts, aux époques ci-dessus (n. 317 et 319). Qu'avoient à faire les enfants pour conserver, *dans tous les cas*, le fruit de la donation à eux faite ? (n. 320).

XIII. Les enfants ou petits-enfants étoient saisis, à la mort (naturelle ou civile) de l'un des conjoints, de la portion d'acquêts du chef du conjoint décédé (n. 321 et 322). *Quid*, des enfants ou petits-enfants frappés de mort civile ? (n. 323). Quant à la portion de l'époux survivant, elle leur étoit seulement dévolue (Voy., à la présente table, le mot *Dévolution*).

XIV. Les petits-enfants prenoient, *jure suo*, la moitié d'acquêts de l'époux décédé (n. 322); ils venoient en concours avec leurs oncles ou tantes (n. 323).

XV. L'époux survivant ne pouvoit vendre ou hypothéquer la portion d'acquêts transmise aux enfants (n. 324), si ce n'étoit pour acquitter les dettes de la société dissoute (n. 328), limitation qui ne concerne que le père survivant (n. 330).

XVI. Pouvoit-il aliéner, pour se rembourser à lui-même les sommes qu'il avoit conférées dans la société ? (n. 329).

XVII. Cette même portion d'acquêts ne pouvoit être frappée de saisie pour les créances de l'époux survivant, antérieures au mariage ou postérieures à la dissolution de la société (n. 325); mais elle pouvoit être saisie, soit pour les dettes du conjoint prédécédé antérieures au mariage, soit pour les dettes contractées pendant la société conjugale (n. 326).

XVIII. Si la saisie, pour les dettes sociales, pouvoit être faite sur la tête du mari survivant (*ib.*).

XIX. Comment les enfants étoient-ils tenus des dettes de la société, après le décès de l'un des époux? Distinguez (n. 327).

XX. Des dettes chirographaires souscrites par le mari survivant, et n'ayant aucune fixité de date à l'époque de la dissolution de la société (*ib.*).

XXI. En cas d'aliénation faite hors les circonstances où les ventes étoient permises, une action en revendication étoit ouverte aux enfants (n. 331).

XXII. Les premiers acheteurs ne pouvoient pas renvoyer cette action contre les derniers (n. 329, n[te]. 1re.).

XXIII. Du délai déterminé soit pour la revendication des enfants, soit pour la prescription des tiers-acquéreurs (n. 370 et 371).

XXIV. Du cas où le contrat d'aliénation de l'acquêt n'avoit pas été exécuté : délai pour la revendication (n. 372).

XXV. L'usufruit du survivant des époux n'étoit pas un obstacle à la prescription (n. 373).

XXVI. Si la prescription étoit acquise aux tiers-détenteurs pour les portions afférentes à ceux d'entre les enfants majeurs qui ne s'étoient pas pourvus à temps, malgré la minorité de quelques-uns des autres enfants (n. 372).

XXVII. Après la mort de leur père ou de leur mère, les enfants pouvoient agir d'éviction en répudiant la succession de leur auteur par qui l'aliénation avoit été faite, ou en ne l'acceptant qu'au bénéfice d'inventaire (n. 377). Forme de la répudiation ou de l'acceptation bénéficiaire, si elles étoient faites sous l'empire du code (n. 415).

XXVIII. *Quid*, s'ils s'étoient portés héritiers purs et simples? (n. 377).

XXIX. Les acquéreurs, pour se soustraire au délaissement, ne pouvoient exciper du défaut de liquidation des acquêts (n. 375).

XXX. Pouvoient-ils, en cas d'éviction, réclamer de leur vendeur, outre la remise du prix et les frais et loyaux-coûts du contrat, des dommages et intérêts? (n. 376, *ubi* distinction).

XXXI. Les enfants, propriétaires d'une moitié d'acquêts par le décès de l'un des époux, avoient une action en partage des acquêts contre l'époux survivant, quoique ce dernier se trouvât investi de l'usufruit de la moitié d'acquêts du chef du conjoint prédécédé (n. 332).

XXXII. Cette action en partage atteignoit les acquêts que l'époux survivant avoit aliénés hors les cas voulus (n. 333). Une semblable vente, avant partage, étoit-elle nulle? (*ib.*).

XXXIII. Les enfants avoient droit au partage des acquêts, encore qu'ils eussent renoncé à la succession de leurs auteurs (n. 334). Il en étoit de même des petits-enfants, quoiqu'ils eussent répudié l'hérédité de leur auteur (n. 335).

XXXIV. Les enfants de chaque lit (plusieurs mariages ayant été contractés avec société d'acquêts affectés aux enfants), en cas de répudiation de l'hérédité du conjoint binube, prenoient exclusivement la portion revenant à ce conjoint dans les acquêts de chaque mariage (n. 336), sauf, toutefois, la légitime due, le cas échéant, sur les acquêts d'un mariage, aux enfants d'un autre mariage, légitime qui se régloit suivant le droit romain (*ib.*), et qui se règleroit encore de même, quoique la succession eût été ouverte et répudiée sous le code seulement (n. 407).

XXXV. Le droit accordé, dans l'hypothèse qui précède, aux enfants de chaque lit, seroit le même quoique l'auteur commun fût décédé sous l'empire du code civil, et que la répudiation de son hérédité n'eût lieu que sous le code (n. 406).

XXXVI. Au moyen de leur répudiation, les enfants restoient simples donataires des acquêts (n. 338). Dès-lors, il ne pouvoit être question entr'eux de rapport pour les libéralités qu'ils tenoient de leurs auteurs (n. 340); dès-lors encore, ils n'étoient pas justiciables de la juridiction commerciale, à raison des billets souscrits par celui d'entre les époux dont ils avoient répudié l'hérédité (n. 338), et les actes sous seing privé, passés par cet époux, ne pouvoient être judiciairement tenus pour reconnus avec lesdits enfants (n. 339).

XXXVII. Nonobstant leur renonciation, les enfants avoient qualité pour surveiller la liquidation de la succession répudiée (n. 341).

XXXVIII. En cas d'acceptation de l'hérédité de l'un ou de l'autre époux, marié plusieurs fois et ayant des enfants de plusieurs lits, le partage des acquêts, du chef de l'époux binube, avoit lieu par portions égales entre les enfants des divers lits (n. 337).

XXXIX. La qualité d'héritiers, prise par les enfants, effaçoit-elle leur titre de donataires? Distinguez (n. 320 et 417, let. *g*).

XL. La réserve des acquêts étoit-elle une disposition qui fît défaillir le droit d'aînesse? (n. 417, let. *g*).

XLI. La fille mineure, qui, par contrat de mariage, avoit renoncé à la succession future de son père, pouvoit-elle, au décès de celui-ci, prendre part aux acquêts? (n. 378).

XLII. Si la réserve des acquêts, telle qu'elle avoit lieu dans l'ancienne jurisprudence, peut être admise sous l'empire du code civil (n. 417).

XLIII. Règle à suivre pour les questions transitoires (n. 409).

RÉSERVE COUTUMIÈRE.

Voy. v°. *Acquêt; Société d'acquêts.*

I. Dans les pays du ressort du parlement de Bordeaux régis par le pur droit écrit, les acquêts d'un premier mariage n'étoient pas réservés aux enfants de ce mariage (n. 279 et 280).

II. Cette réserve avoit lieu, dans la Saintonge, d'une manière absolue (n. 281). Par suite de cette réserve, l'époux qui étoit passé à de secondes noces ne pouvoit :

1°. Disposer des acquêts à titre gratuit, sauf en faveur des enfants du premier lit, entre lesquels il pouvoit même faire un partage inégal (n. 282);

2°. Aliéner sa part d'acquêts, hors le cas de nécessité (n. 283).

III. Mais, nonobstant la réserve, l'époux remarié pouvoit aliéner sa part d'acquêts de la première société (n. 283), et même la grever d'hypothèques pour sûreté des emprunts par lui faits pendant son second mariage (n. 285).

IV. Les enfants, en cas d'aliénation faite sans nécessité, ne pouvoient agir d'éviction, du vivant de l'époux, vendeur, l'aliénation étant en suspens et pouvant sortir à effet par le prédécès des enfants (n. 283).

V. Aucune prescription, pendant le même temps, ne pouvoit courir contre lesdits enfants (n. 284).

VI. La réserve avoit lieu en cas de survie d'un seul enfant à l'époux qui avoit convolé. Si les frères ou sœurs de cet enfant avoient laissé des enfants, ceux-ci recueilloient par souche la portion que leur auteur auroit prise dans les biens réservés (n. 288).

VII. Les enfants, qui s'étoient portés héritiers, ne pouvoient agir d'éviction contre les acquéreurs à titre onéreux des biens soumis à la réserve, ni faire révoquer les aliénations à titre gratuit (n. 289).

VIII. *Quid*, si lesdits enfants avoient répudié l'hérédité de l'époux remarié? (n. 290).

IX. Dans la coutume de Bordeaux, la réserve

étoit imparfaite et conditionnelle (n. 292 et 293). L'époux survivant, malgré son convol, pouvoit disposer des acquêts du premier mariage (n. 294); il pouvoit faire choix entre les enfants du premier mariage pour recueillir la moitié d'acquêts de son chef (n. 295); aliéner et hypothéquer cette moitié (n. 296); en transmettre la propriété à toutes personnes et à quelque titre que ce fût (n. 297).

X. Les biens réservés ne se prenoient pas par préciput (n. 300); ils étoient soumis aux dettes contractées pendant la durée de chaque mariage (n. 299).

XI. Ces biens, quoique acquis dans une coutume où la réserve n'avoit pas lieu, appartenoient toutefois aux enfants du mariage, lorsque le contrat avoit été passé dans une coutume admettant la réserve (n. 301).

XII. Malgré la réserve, les acquêts étoient subsidiairement tenus à la légitime des enfants d'un autre lit (n. 287).

XIII. Augmentations et améliorations aux biens d'une seconde société, étoient des acquêts de la première (n. 286).

XIV. Les dettes d'une seconde société, acquittées sur les acquêts d'une première, engendroient récompense en faveur des enfants du premier lit (*ib.*).

RÉSOLUTION.

Voy. v°. *Acquêt*, x.

RESSORT.

Du parlement de Bordeaux. (Voy. à ce dernier mot).

RÉTENTION (Droit de).

Voy. v°. *Acceptation de la société d'acquêts*, xiv.

I. Sur le droit de rétention, Voy. n[tes]. du n°. 226, ce numéro, et n[te]. 1re. du n. 411, *ubi* plusieurs questions.

RETRAIT.

I. Successoral, Voy. v°. *Acquêt*, xii, 1°.

II. Lignager, Voy. v°. *Acquêt*, v, 2°.

RÉTROCESSION.

Voy. v°. *Acquêt*, v, 3°.

REVENDICATION.

Voy. v°. *Dévolution*, xvii et suiv.; *Dot*, xxiii, xxviii, xxx, xxxi, xxxiv et xxxv; *Réserve contractuelle des acquêts*, xxiii et suiv.; *Réserve coutumière*, iv, vii et viii.

REVENTE.

Voy. v°. *Rétrocession*.

REVENUS.

Voy. v°. *Fruits*, i.

SAISIE.

Voy. v°. *Réserve contractuelle des acquêts*, xvii et xviii.

SEMENCES.

Voy. v°. *Récompense*, vii, 1°.

SÉPARATION DE BIENS.

Voy. v°. *Acceptation de la société d'acquêts*, x; *Dévolution*, ii; *Dot*, xxiv, xlvi, xlvii et l.

I. Pouvoit être demandée par la femme à raison du désordre des affaires de son mari (n. 171).

II. Remontoit au jour de la demande (*ib.*).

III. Le consentement des époux, manifesté par acte, la faisoit évanouir (n. 176).

IV. Tenoit lieu, parmi nous, de renonciation à la société (n. 173).

SÉPARATION DE CORPS.

Voy. v°. *Acceptation de la société d'acquêts*, x; *Dévolution*, II.

I. S'évanouissoit par le rétablissement de la cohabitation des conjoints (n. 176).

SOCIÉTÉ D'ACQUÊTS.

Voy. v°. *Acquêt.*

I. Devoit être stipulée (n. 2 et 3). Pouvoit-elle l'être après la célébration du mariage? (n. 9) Ne commençoit que du jour de la bénédiction nuptiale (n. 8).

II. Le terme de *société* n'étoit pas sacramentel (n. 17).

III. La société d'acquêts pouvoit être stipulée entre époux, nonobstant une précédente donation de tous biens faite par le mari à des enfants d'un premier lit (n. 12).

IV. Cette société ne portoit aucune atteinte au principe de l'inaliénabilité de la dot (n. 8).

V. Elle se régloit en conformité des lois relatives aux sociétés ordinaires (n. 13 et 22, al. 1er.).

VI. Elle étoit susceptible de toute convention

licite ; p. ex., les époux pouvoient convenir que tout l'actif social appartiendroit au survivant d'entr'eux, soit en pleine propriété, soit en usufruit seulement (n. 14 ; Voy. v°. *Usufruit*).

VII. Dans le cas où tous les acquêts devoient rester au survivant des époux, les dettes contractées pendant la société étoient à la charge de cet époux, nonobstant toute clause contraire (n. 14).

VIII. Pour être valables, les conventions sociales, et en particulier les stipulations dont il vient d'être question, n'avoient pas besoin d'être consignées dans un acte public (n. 10, al. 1er. et 3).

IX. Nature de ces mêmes stipulations (n. 15 et 16). Elles ne pouvoient jamais renfermer qu'une donation à cause de mort (n. 10, al. 3), et n'avoient pas besoin d'être insinuées (n. 15).

X. L'époux survivant à la promulgation du code civil, a droit de conserver le bénéfice de ces mêmes stipulations (n. 402 et 403).

XI. La simple société d'acquêts n'étoit pas sujette au retranchement de la loi *hâc edictali* (n. 11). *Quid*, si, indépendamment de la société stipulée, il avoit été convenu que le survivant des époux retiendroit tout l'actif social, soit en pleine propriété, soit en usufruit ? (n. 16). Dans ce cas, la légitime étoit-elle due aux enfants sur la portion d'acquêts de l'époux prédécédé ? (n. 15).

XII. De la clause portant que, s'il se faisoit des acquêts pendant que les futurs époux resteroient avec leurs père et beau-père, ils appartiendroient aux futurs époux (n. 73).

XIII. La société d'acquêts, considérée relativement au pouvoir du mari, étoit exorbitante des sociétés ordinaires; mais abstraction faite de ce pouvoir, elle n'en différoit pas (n. 13 et 148).

XIV Le mari, chef de la société (n. 148), avoit la libre administration des acquêts, qu'il pouvoit charger de dettes, hypothéquer, aliéner à titre onéreux ou à titre gratuit (n. 149).

XV. Ce pouvoir du mari, quant à la disposition des acquêts, n'étoit pas en immensité et sans bornes, et il devoit être exempt de fraude (n. 150).

XVI. Ainsi, le mari ne pouvoit :

1°. Disposer des acquêts à titre onéreux par contrat d'aliénation générale (n. 151);

2°. En faire une donation générale (n. 152), ou les donner par plusieurs donations particulières (n. 153);

3°. Même en faire une donation particulière excessive (n. 154).

XVII. Le mari ne pouvoit encore :

1°. Faire un don des acquêts dont il avoit disposé en faveur de sa femme par contrat de mariage (n. 155);

2°. Appliquer les acquêts à son profit particulier, ou s'en avantager indirectement par des donations à son père, à ses enfants d'un autre lit, à sa concubine, à ses enfants naturels, à ses héritiers présomptifs en ligne collatérale (n. 156);

3°. Donner des acquêts pendant la maladie dont la femme étoit morte (n. 157).

XVIII. Les donations faites par le mari en fraude de sa femme étoient-elles nulles? Pouvoient-elles sortir à effet? A partir de quelle époque des prescriptions pouvoient courir contre la femme au profit des donataires? (n. 158 et 159).

XIX. Des donations faites par le mari avec réserve d'usufruit en sa faveur (n. 160). Des ventes par lui faites moyennant une rente viagère assise sur sa tête (n. 161). Du placement à fonds perdu des deniers de la société (*ib.*).

XX. Le mari ne pouvoit disposer par testament que de sa moitié d'acquêts (n. 162).

XXI. Du legs fait par le mari d'un acquêt de la société (n. 163).

XXII. La femme n'avoit, pendant la durée de la société, qu'un droit informe, virtuel, potestatif sur les acquêts; qu'une espérance d'y prendre part un jour (n. 164 et 13).

XXIII. Elle ne pouvoit, dès-lors, *durante matrimonio*, contredire les aliénations faites par son mari (n. 165); disposer seule et par elle-même des effets de la société, ni les engager (n. 166). *Secus*, si elle contractoit avec l'autorisation expresse ou tacite de son mari (n. 167).

XXIV. La société d'acquêts finissoit, 1°. par la mort naturelle, quoique le survivant des époux n'eût pas fait procéder à un inventaire ou en eût fait un défectueux (n. 169); 2°. par la mort civile (n. 170); 3°. par la séparation de corps ou de biens (n. 171). Voy. v°. *Séparation de biens*.

XXV. Quoique dissoute par la séparation, la société d'acquêts pouvoit être rétablie par le consentement des époux (n. 176).

XXVI. Une fois la société dissoute, la femme avoit le choix de l'accepter ou d'y renoncer. Voy. v°. *Acceptation de la société d'acquêts*, et *Renonciation à cette société*.

XXVII. Nonobstant sa dissolution sous l'empire du code civil, la société d'acquêts se régira toujours d'après les règles de l'ancienne jurisprudence, soit pour les conventions expresses, soit pour les conventions tacites (n. 411), mais non pour le mode de partage et de liquidation (n. 416).

XXVIII. Du partage de la société d'acquêts. Voy v°. *Acceptation de la société d'acquêts*, VII et suiv.

SOCIÉTÉS ORDINAIRES.

Voy. v°. *Acquisition*, III.

I. Droits des associés sur les choses dépendantes de la société (n. 147).

II. Comment ces sociétés prenoient fin (n. 168).

III. Les avances faites par l'un des associés dans l'intérêt commun, et les sommes par lui appliquées à son profit particulier, emportoient des intérêts de plein droit (n. 272).

SOCIÉTÉS *UNIVERSORUM QUÆ EX QUÆSTU VENIUNT*.

I. De quels biens se composoient (n. 20 et 21).

STATUT.

I. Fondé sur une convention tacite et présumée des contractants, est personnel (n. 301, n^{te}. 2).

STELLIONAT.

Voy. v°. *Dévolution*, v.

STIPULATION.

I. Les stipulations pour autrui étoient-elles permises? (2e. nte. du n. 48).

SUBROGATION PERSONNELLE.

Voy. vo. *Acceptation de la société d'acquêts*, XII; *Dettes passives dans les sociétés d'acquêts*, XV.

SUBROGATION RÉELLE.

I. Quand avoit-elle lieu dans les choses singulières (n. 47; 2e. nte. du n. 48).

II. Si elle étoit admise de plein droit dans l'échange (n. 44).

SUBSTITUTION FIDÉICOMMISSAIRE.

I. Les appelés, avant la mort du grevé, n'avoient aucun droit formé, mais une simple espérance (n. 283).

II. Pendant la vie du grevé, la propriété des biens substitués reposoit sur la tête de ce dernier (*ib.*).

III. Le sort des aliénations consenties par le grevé étoit en suspens pendant qu'il demeuroit incertain si les appelés survivroient ou non audit grevé (*ib.*).

IV. Aucune prescription ne couroit contre les substitués avant l'ouverture du fidéicommis (n. 284).

SUCCESSION.

Voy. vo. *Acquêt*, XII.

TESTAMENT.

Voy. v°. *Dévolution*, VIII; *Société d'acquêts*, XX.

I. Ne peut comprendre des biens dont le testateur n'est pas propriétaire ou dont il n'a qu'une propriété résoluble, à moins que le testateur ne dispose par forme de condition attachée à une libéralité de ses propres biens (n. 356).

TRANSACTION.

Voy. v°. *Acquêt*, IX, 6°.

TIERS.

Voy. v°. *Acte sous seing privé*, I et II.

USUFRUIT, USUFRUITIER.

Voy. v°. *Acquêt*, IX, 1°.; *Dévolution*, XX; *Reprises*, III, 2°.; *Réserve contractuelle des acquêts*, XXV et XXXI.

I. La nourriture et l'entretien des enfants étoit une charge de l'usufruit des acquêts réservé au survivant des époux (n. 343). *Ib.* de l'usufruit légal du père sur les biens de ses enfants (*ib.*).

II. Le père survivant n'étoit pas tenu de donner caution, même en cas de convol, à raison de l'usufruit des acquêts (n. 344). Étoit-il tenu de faire inventaire? (n. 345 et n[te]. 1re.).

III. *Quid*, de la mère survivante? (n. 346).

IV. L'usufruitier a les actions actives (n. 241).

V. L'usufruitier universel ou à titre universel

n'est pas obligé personnellement au paiement des dettes ; il est seulement tenu d'en souffrir la déduction (n. 146).

VI. L'usufruitier est fondé à répéter la plus value des constructions par lui faites sur un terrain soumis à son usufruit (n. 359, n^te. 1re.).

VELLÉIEN.

I. Dans quel cas avoit lieu (n. 191).

VENTE.

Voy. v°. *Acquisition; Dévolution*, IX et suiv.; *Dot; Réserve contractuelle des acquêts*, XV et suiv.; *Réserve coutumière*, II, 2°.; III, IX; *Société d'acquêts*, XIV et autres.

I. Promesse de vente. Voy. v°. *Acquêt*, IX, 11°.

II. Vente d'un fonds dotal. Voy. v°. *Acquêt*, IX, 9°.

III. Vente d'objets indivis : son effet (n. 333).

IV. Vente par décret. Voy. v°. *Acquêt*, XII, 6°.

V. Quand une vente est faite en notre nom ou au nom d'autrui (n. 370, n^te. 2); et, dans le doute, en quel nom est-elle présumée faite? (*ib*).

VI. Des ventes faites en nom qualifié, soit par le mari (n. 8, n^te. 1re., let. *f*), soit par des père et mère (n. 370 *in princip.*; 377).

VII. Ventes faites par un père à son fils purement et simplement (n. 54), ou à la charge d'une rente viagère inférieure ou supérieure au revenu de l'héritage (n. 55).

VIII. Par un tiers, se faisant fort du propriétaire (n. 33).

IX. Par un mineur (n. 32).

X. Vente à pacte de rachat. Voy. v°. *Rachat*.

FIN DE LA TABLE.

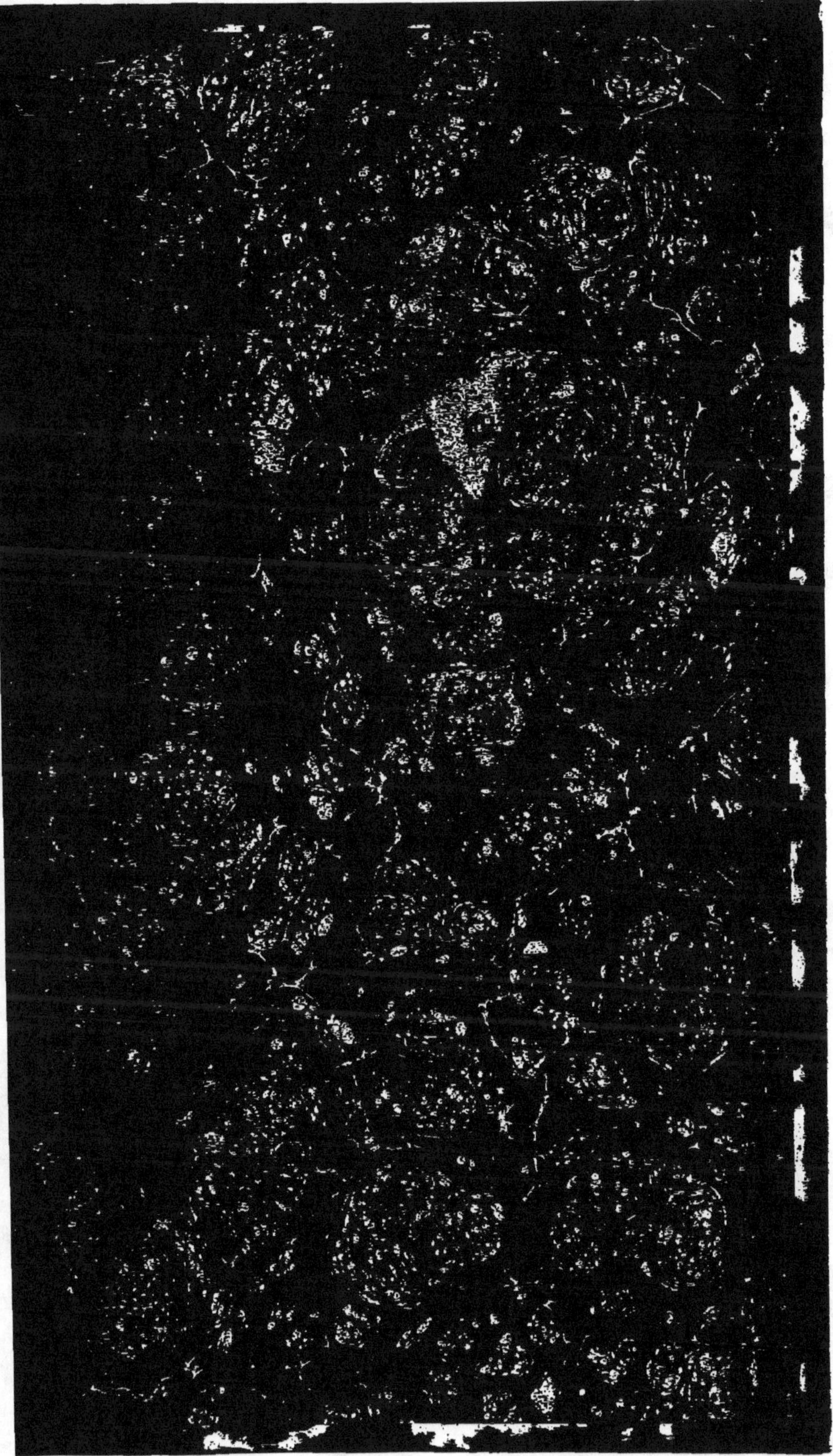

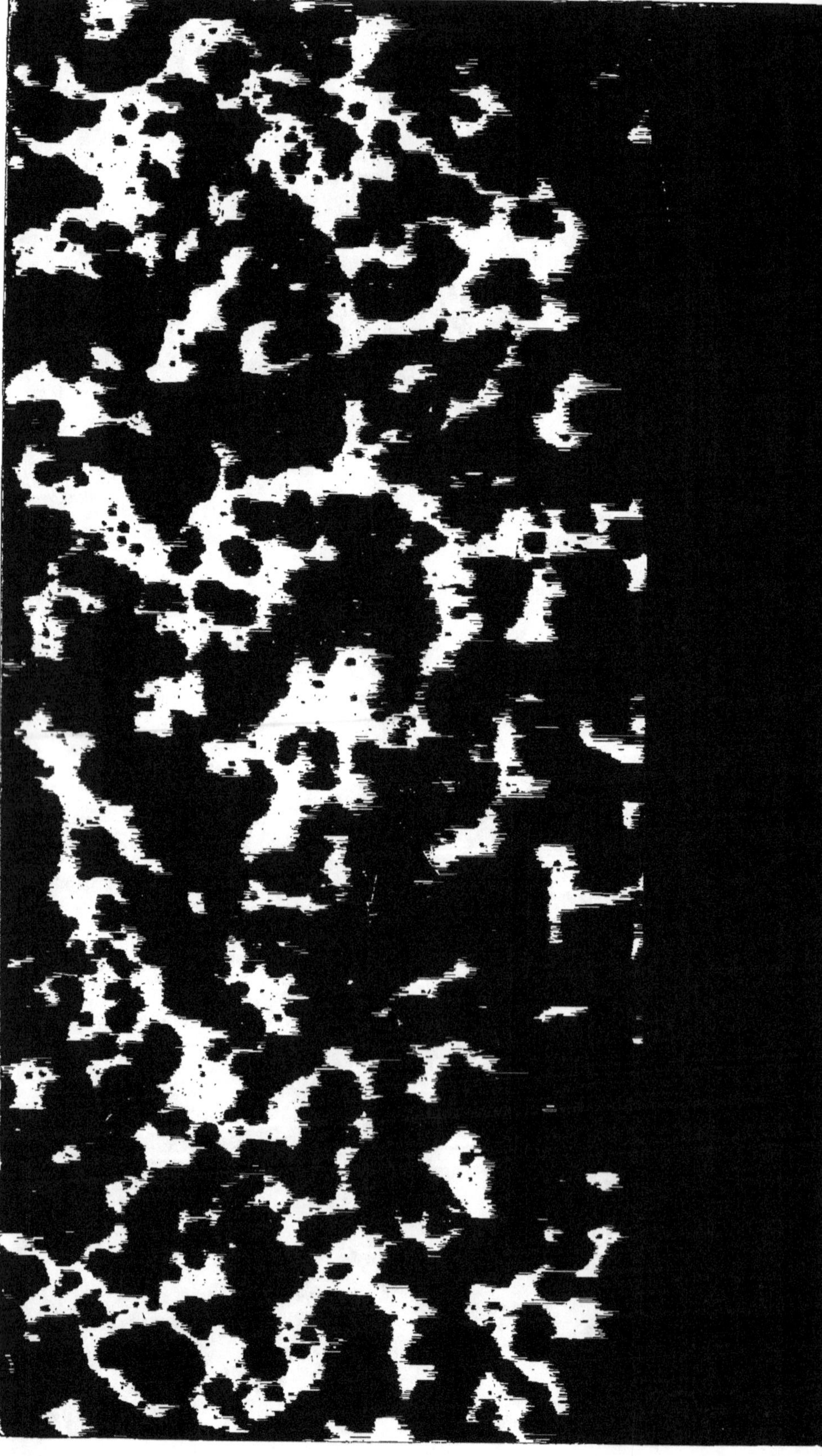

www.ingramcontent.com/pod-product-compliance
Lightning Source LLC
Chambersburg PA
CBHW031540210326
41599CB00015B/1957

* 9 7 8 2 0 1 3 7 3 4 6 5 3 *